혁명과
이행

이 도서의 국립중앙도서관 출판예정도서목록(CIP)은 서지정보유통지원시스템 홈페이지(http://seoji.nl.go.kr)와 국가자료공동목록시스템(http://www.nl.go.kr/kolisnet)에서 이용하실 수 있습니다.
CIP제어번호: CIP2017009789(양장), CIP2017009790(반양장)

혁명과 이행

러시아혁명의
현재성과
21세기 이행기의
새로운 혁명 전략

제8회
맑스코뮤날레
엮음

한울
아카데미

차례

머리말

촛불혁명의 원년에 러시아혁명을 기념하며

맑스코뮤날레가 제8회를 맞이했다. 특히 이번 행사는 대한민국의 역사에 촛불혁명의 원년으로 기록될 2017년에 치러지게 되었다는 점에서 다른 어느 때보다 의의가 크다 할 것이다. 민주화의 결정적인 전기를 마련했던 87혁명에 이어 꼭 30년 만에 다시 타오른 촛불혁명은 국민이 대한민국의 진정한 주권자임을 확인하면서 국민 모두의 가슴에 민주주의의 승리라는 감동을 안겨준 역사적 사건이다. 물론 촛불혁명으로 촉발된 광장민주주의는 이제부터가 시작이다. 촛불혁명이 행한 탄핵은 표면적으로는 국정농단으로 나라의 정치를 망가트린 무능하고 나쁜 대통령의 탄핵, 유신체제의 과거에서 벗어나지 못한 역사적 적폐의 탄핵이지만, 대중이 촛불을 들게 된 근본적인 이유는 자신들의 삶을 파탄으로 몰아넣은 신자유주의 체제를 탄핵하고, 대중 스스로 '헬조선'이라고 빗대었던 것처럼 오늘날의 견디기 힘든 사회적 상황을 탄핵하는 데 있었다. 이제 촛불혁명을 전기로 한국 사회에는 신자유주의 체제가 초래한 사회적 황폐화를 청산하는 사회적 대개혁이라는 과제와 더불어, 진보 세력에게는 특히 신자유주의 체제를 넘어서는 대안사회로 이행하는 사회적 전환의 과제가 주어졌다.

촛불혁명의 원년으로 국내적으로도 특별한 해인 2017년은 러시아혁명 100주년이 되는 해이다. 또한 『자본론』이 발행된 지 150주년이 되는 해이기도 하다. 제8회 맑스코뮤날레 대회는 『자본론』 150주년을 포함해 러시아혁명 100주년을 기념하는 의미에서 '혁명과 이행'을 주제로 정했다. 1917년의 러시아혁명은 20세기 최대의 세계사적 사건이었다. 특히 사회 진보세력에게 러시아혁명이 갖는 실천적 의미는 각별하다. 혁명에 이어 수립된 소비에트 정권이 스탈린 체제하에서 왜곡의 과정을 겪고, 이를 개혁하려는 페레스트로이카의 시도마저 실패해 결국 소련이 몰락하면서 러시아혁명의 명예가 실추되었던 것은 부인할 수 없는 사실이다. 이에 친자본주의 세력은 '역사의 종언'이라는 이데올로기를 전면에 내세우면서 소련의 몰락을 자본주의의 궁극적인 승리로 대대적으로 설파했다.

그러나 '역사의 종언', 자본주의의 궁극적인 승리는 그리 오래가지 못했다. 신자유주의 체제가 전면화되면서 마르크스가 『자본론』에서 밝혀낸 자본의 논리, 모순의 논리가 사회적으로 표출되었고, 이는 다시금 자본주의의 전반적인 위기를 초래했다. 자본주의는 이윤 실현이라는 자본의 특수한 이해를 관철시키기 위해 사회의 보편적인 이해를 파괴시켜나가기 시작한 것이다. 여성과 사회적 약자는 저임금, 비정규직의 상황으로 내몰렸고, 고령화시대를 맞아 노인들은 아무런 노후 대책을 세울 수 없는 막막한 상황에 처하게 되었으며, 청년들은 취업에 대한 희망을 잃은 채 알바족으로 전락해버렸다. 인구의 다수가 생존을 위협받는 상황으로 내몰린 것이다. 이는 다시금 다수 대중의 저항을 불러일으키고 있다. 신자유주의 체제가 초래한 사회적 모순, 사회적 갈등과 대립의 격화, 삶의 황폐화로 인해 신자유주의는 대중의 혐오 대상이 되었다.

이제 현대 사회는 다른 역사적 시간으로 옮아가고 있다. 대중의 삶을 절망의 어둠 속으로 몰아넣은 신자유주의를 넘어 대중의 삶에 다시 희망의 빛을 비추는 새로운 역사적 시간으로 전환해가고 있다. 따라서 혁명과 이행은 20세기로 막이 내린 과거의 전략이 아니라, 21세기에도 여전히 유효한 전략이다. 물론 이는 새로운 내용과 개념으로 충전되어야 한다.

제8회 맑스코뮤날레는 당연히 러시아혁명을 역사적으로 기념하는 데 그치지 않는다. 그에 대한 새로운 평가와 사유로부터 출발해 바로 현재의 사회적 위기와 어둠을 넘어서는 새로운 사회 혁명의 가능성, 사회적 대전환의 가능성을 모색하는 데 그 취지가 있다. 제8회 맑스코뮤날레에서 발표된 글을 묶은 이 책에서는 러시아혁명과 레닌주의에 대한 다각적인 평가와 더불어, 68혁명과 중국혁명을 비롯해 20세기의 여러 혁명적 운동에 대한 새로운 해석을 시도했으며, 나아가 인공지능, 4차 산업혁명과 같은 최근의 담론을 고려한 혁명과 이행의 전략, 생태 위기에 대한 대안적 전략, 녹보적 연대, 기본소득을 심도 있게 논의했다.

이 책에는 모두 11편의 글이 실렸다. 먼저 1부 '레닌주의와 러시아혁명의 현재성'에서는 러시아혁명을 둘러싼 여러 각도의 수준 높은 검토와 고민을 담은 글들이 수록되어 있다.

'러시아혁명과 세계혁명: 글로벌 자본주의 체제에서의 혁명과 이행'에서 이재현은 마르크스와 엥겔스의 혁명과 이행 개념을 문헌사적으로 검토한 뒤 이를 토대로 러시아혁명을 세계혁명의 관점에서 조명한다. 저자는 러시아와 중국의 사회주의 실험 사례를 역사적으로 분석하면서 시장화 노선을 펼치던 중국에서의 재-사회주의화에 주목하는 것으로 글을 마무리하고 있다.

'레닌의 사회주의론 재검토'에서 정성진은 레닌의 사회주의론을 1914년 이전 시기, 1914~1917년 전쟁과 혁명 시기, 1917년 혁명 직후 국가자본주의 시기, 전시공산주의 시기, 신경제정책 시기로 나누어 '레닌 사회주의론의 전화' 과정을 서술한다. 저자는 구체적인 정체 국면에서 달라지는 레닌의 강조점 속에 그의 사회주의론이 어떻게 나타나는지를 추적하면서 이를 마르크스의 공산주의론과 비교한다. 저자는 레닌의 사회주의론은 마르크스의 그것과는 거리가 있고 제2인터내셔널의 유산에서 자유롭지 못했음을 밝히면서, 소련의 몰락은 마르크스가 아닌 레닌 사회주의론의 실패였다고 주장한다.

'소비에트 민주주의와 프롤레타리아 독재: 러시아혁명에서의 코뮌과 국가, 마음의 문제'에서 최진석은 소비에트 민주주의의 정신을 4월 테제에서 발견하고자 시도하며, 이것이 프롤레타리아 독재 개념과 상충함을 지적한다. 저자는 '코뮌주의 공화제'는 인민 대중의 민주주의에 기반을 둔 것이어야 한다고 주장한다.

2부 '20세기 이행의 아포리아와 21세기 이행의 정세'는 20세기 혁명운동을 평가하면서 이행 전략이 갖는 한계들을 검토하고 21세기적인 방식의 이행을 고민하는 여러 저자의 시각을 보여준다.

'68운동이라는 수수께끼: 이율배반으로서의 68운동 분석'에서 서동진은 68혁명을 러시아혁명이나 레닌주의 모델, 나아가 계급투쟁 전선에서 벗어나는 운동이었다는 식의 규정들이 좌파 진영 내부에서도 지배적이라는 사실을 지적하면서, 이러한 시도들은 68운동을 자본주의 체제의 재생산을 위해 소모하는 데 기여했을 뿐이라고 지적한다.

'문화대혁명의 문화적 조건: 부단한 혁명에서 계속혁명으로의 전환과 그 인간학적 요구에 관한 고찰'에서 피경훈은 중국의 문화대혁명을 부정·기각하려는 시각, 그리고 반대로 문화대혁명으로부터 과도한 가능성을 이끌어내려는 시각 모두를 비판한다. 저자는 문화대혁명이 매우 이질적이고 다양한 시도들의 결합이며, 마르크스의 자본주의 경제 분석에는 결여되어 있는 사회주의/공산주의 운동의 주체적 측면을 발견하려는 시도였다고 주장한다.

'무정형의 불만과 저항: 브렉시트와 코빈의 노동당'은 현 시점의 유럽 좌파운동과 정치 지형을 다룬다. 이 글에서 서영표는 유럽에서 중도좌파의 우경화와 극좌파의 고립을 배경으로 등장한 신좌파 신우파 현상에 주목하며, 브렉시트를 전후로 한 제레미 코빈의 노동당을 분석하는 가운데 구체적인 맥락 속에서 좌파 정치의 현주소에 대해 살펴본다.

'포스트사회주의 중국의 혁명사 인식'에서 임춘성은 리쩌허우의 근현대 사상사론에 주목한다. 저자는 '반봉건 계몽과 반제 구망의 이중 과제'가 중국 혁명사의 내적 동력이었다고 주장한 리쩌허우 주장을 소개하면서, 현재 중국을 포스트사회주의 관점에서 바라보는 작업이 필요하다고 제안한다.

3부 '21세기의 새로운 사회적 연대와 혁명 전략'에는 현대 사회를 둘러싼 다양한 논쟁 속에서 새로운 탈자본주의 사회를 향한 혁명과 이행 전략을 검토하는 여러 저자의 관점이 수록되어 있다.

'인공지능 시대의 사회적 연대 전략에 관한 인지생태학적 밑그림'에서 심광현은 인공지능 시대의 가속화가 가져올 자본주의 생산양식과 사회 구성체의 배치 형태 변화를 전반적으로 예측해보고, 그에 따라 새로운 사회적 연대 전략의 기본 방향을 제시한다. 저자는 인공지능에 대한 사회적 통제를 강조하면서 여기에서 새로운 사회적 연대 전략을 발전시켜야 한다고 주장한다.

'마르크스 이론으로 '생태주의'에 질문하기'에서 김민정은 현대 사회의 생태 위기를 생태주의의 틀만으로는 제대로 이해할 수 없다고 비판하면서도 마르크스주의가 생태주의와의 대화의 끈을 놓아버려서는 안 된다고 주장한다. 이를 통해 정의로운 전환으로 나아가기 위한 사회 변혁적 전망을 도출하는 것이 저자의 주된 관심이다.

'21세기 이행과 기본소득'에서 강남훈은 기본소득은 임금노동이 아닌 인간의 일반적인 활동에 대해 보상하는 것인 만큼 단순한 복지 정책의 일환으로 간주될 수 없으며, 오히려 임금노동으로부터의 탈피와 생산수단 소유의 전환을 모색하기 때문에 21세기 이행을 위한 정책이 될 수 있다고 주장한다. 즉, 기본소득은 단순히 자본주의 생산양식의 틀 내에서 복지를 확대하는 것을 넘어, 생산관계의 변형을 가져올 수 있는 새로운 형태의 이행 전략이라는 것이 저자의 주장이다. 저자는 인공지능, 빅데이터 등 이른바 '4차 산업혁명' 담론이 등장하는 시대에 걸맞은 이행 전략으로서 기본소득을 적극적으로 검토한다.

'21세기 혁명과 이행에서의 주체 형성 전략'에서 박영균은 마르크스주의가 상정하는 노동계급 중심의 주체 전략이 실패로 돌아간 것이 20세기 마르크스주의 운동이 실패한 이유였다는 인식하에, 적-녹-보라 연대를 위한 조건들을 탐색한다. 저자는 적-녹-보라 중 어느 하나의 우위에 기초한 연대가 아니라 상호 차이를 나누는 방식의 연대가 작동해야 한다고 보고 있으며, 마르크스주의, 생태주의, 페미니즘 간의 연대를 구축하고 이런 이념에 따른 가치를 보편적인 가치로 만들어가는 헤게모니 투쟁을 통해 신자유주의적 자본의 패권질서를 극복해나가야 한다고 주장한다.

이 책을 통해 21세기 이행기의 새로운 혁명 전략을 모색할 수 있기를 기대한다.

2017년 5월

제8회 맑스코뮤날레 집행위원장 이성백

제 1 부

레닌주의와 러시아혁명의 현재성

러시아혁명과 세계혁명

_글로벌 자본주의 체제에서의 혁명과 이행

이재현 | 문화평론가

1.

러시아혁명은 그람시의 유명한 표현에 따르자면, '『자본론』에 반한 혁명'이다. 또 엥겔스는 이미 그 전에 유럽 곳곳에서의 혁명적 가능성에 기대를 가지면서도 자본주의적 발전이 덜 이루어진 사회에서의 국지적 혁명운동이나 봉기들이 갖는 '시기상조적(premature) 성격'에 관해서는 여러 번 우려하면서 조심스럽게 언급한 바 있다. 19세기 후반의 독일은, 영국과 같은 다른 선진 자본주의 국가에 비해, 또 프랑스처럼 부르주아 혁명이 일찍 성취된 다른 나라에 비해 사회-경제적·정치적·문화적으로 보아 '상대적 후진성'이 특징이었다. 이 '상대적 후진성'은 20세기에 러시아, 동유럽, 북한, 중국, 쿠바, 베트남 등에서의 혁명 성취 또는 사회주의 체제의 형성과 발전에서도 중대하면서도 엄청나게 곤란한 문젯거리가 되어왔다.[1]

---

1 여기서 말하는 '사회주의'란 '역사적 사회주의', 즉 '역사적으로 현존하는 사회주의' 또는 '역사적으로 현존했던 사회주의'를 뜻한다. 한편 그러한 '상대적 후진성'은 종종 '특수성'이라는 개념이나 표현으로 표상되어왔다. 러시아의 특수성, 중국의 특수성 등을 전제함으로써 러시

러시아혁명(이하 러혁) 이후 소비에트 러시아에서 성립한 체제가 과연 무엇인가에 대해서는 상당히 많은 논의와 주장이 제기되었다. 이 글에서는 일단 러혁에 관한 최근의 논의들을 전제하고 수용한 바탕 위에서[2] 러혁과 세계혁명에 대해 시론적 탐구를 시도한다. 이 시도가 최종적으로 도달하고자 하는 것은, 혁명과 이행 개념을 중심으로 하는, 21세기 글로벌 자본주의 체제에서의 포스트자본주의적 전망이다. 그런데 혁명과 이행 중에서 나는 이행에 더 강조점을 두는 쪽이다. 왜냐하면 나는 개념적으로나 현실의 역사 과정에서나 오늘날에는 이행이 혁명보다 더 포괄적이며 중요하다고 생각하기 때문이다. 달리 말해 오늘날의 이행이란 '장구한 혁명' 바로 그것이다.

이 글의 구성은 다음과 같다. 2에서는 글로벌 혁명으로서의 공산주의 혁명에 대한 마르크스와 엥겔스의 주장을 다룬다. 3에서는 이행과 공산주의에 관한 마르크스의 구상을 다룬다. 4에서는 약한 고리 이론 및 자본주의 불균등 발전 문제를 다룬다. 5에서는 코민테른을 중심으로 한 세계혁명의 문제를 다룬다. 6에서는 코민테른 및 스탈린의 '전반적 위기' 이론을 다룬다. 7에서는 이행기 및 포스트사회주의 문제를 주로 중국을 중심으로 해서 다룬다. 8에서는 오늘날 글로벌 이행에서 중국의 중요성 및 한반도의 과제를 다룬다.

다른 한편으로 이 글의 주된 동기는 '꼰대 세대'에 속하는 내가 이미 알고 이해하고 있는, 또는 적어도 그렇다고 생각하고 있는 바의 '혁명적 교

아의 혁명가들과 중국의 혁명가들은 각기 기존의 제2인터내셔널 혁명이론이나 소련의 혁명이론과는 다른 독자적인 혁명이론을 안출해냈고 또 각기 이 이론들을 정당화해냈다. '소련', '소비에트', '볼셰비키'라는 말은 러시아의 특수성과 관련된 것이며, 중국은 아예 노골적으로 '마르크스주의의 중국화'라든가 '중국 특색'을 내세워왔다.

2 발상, 관점, 방식이 서로 다르기는 하지만, 정성진(2017), 이재현(2017), 이정구(2017)를 참조하기 바람.

양'을 가급적 내 말투로 나보다 훨씬 더 젊은 세대들에게 전하려는 것이다. 물론 나는 내가 '무지한 꼰대'라는 사실을 잘 알고 있다. 이렇듯 혁명적 교양을 전하려고 의도하는 것 자체가 결국 일종의 '꼰대질'이라서 이게 내 뜻대로 쉽게 되지는 않을 것이라는 점을 나는 잘 알고 있다. 또한 내가 혁명적 교양 일반이라고 여기고 있는 것이 실은 내가 속한 세대의 기억에 불과하다는 점을, 더 나아가 내가 속한 세대의 집단적 기억이라고 내가 여기고 있는 것 역시 단지 내가 그렇게 상상하고 있는 것이거나 나의 기억에 불과하다는 점을 나는 잘 알고 있다. 꼰대라는 것은 기껏해야 '무지한 스승'의 나쁜 반쪽이 될 따름이다. 바로 이런 점을 다시금 깨닫고 확인하는 것만으로도 나는 충분히 만족한다. 내가 상상하고 있는 내 '말투'의 효과에 관해서도 마찬가지이다.

2.

세계혁명으로서의 공산주의 혁명에 대한 마르크스와 엥겔스의 중요한 언급들은 다음과 같다. 핵심은 기본적으로 세계혁명으로서의 공산주의 혁명은 '동시에' 이루어져야 한다는 것이다.[3]

---

3 마르크스와 엥겔스의 혁명 이론 전반에 관해서는 마르크스·엥겔스(1988a, 1988b)를 참조하기 바란다. 내가 이해하고 정리해두고 있는 바에 따르면, 마르크스와 엥겔스가 정의내린 공산주의 혁명은 글로벌한 동시 혁명일 뿐만이 아니라, ㉠ 노동자계급 자신에 의한 해방이고(아래로부터의 혁명), ㉡ 사회(경제적) 혁명이 그 본질이지만 기존의 정치 지배 체제를 타도해야 한다는 점에서 정치 혁명이 선차적이며, ㉢ 혁명 이후 이행 과정에서의 부르주아지 계급 등의 반혁명 및 외국의 폭력적 간섭에 대처하면서 새로운 사회를 건설해나가기 위한 정치적 지배 형태로서 프롤레타리아트 독재를 취하고, ㉣ 프롤레타리아트 독재의 계급적 내용에서, 사회 발전 수준과 계급 구성이라는 점에서 따라서는, 계급 동맹이 선택되어야 하며, ㉤ 상대적으로 후진적인 지역 및 사회에서는 프롤레타리아트가 주도하는 부르주아적 성격의 혁명이 사회주의 혁명으로 성장·전화해야 한다는 연속혁명일 수밖에 없고, ㉥ 19세기 말 이래 변화된 정치적·군사적 조건에서는 다수자 혁명인데, 이는 '의회를 통한 길'과 '위로부터의 혁명'을 선험적으로 배제하는 것은 아니다.

경험적으로 공산주의는 지배적인 국민(독[4] Volk)들의 행위로서 오직 **한꺼번에**, 그리고 동시적으로만 가능하며, 그것은 생산력의 보편적 발전 및 그것과 연관된 세계 교류(독 Weltverkehr)를 전제한다[마르크스·엥겔스, 『독일 이데올로기』(1846)](MEW[5] 3: 35; 渋谷正,[6] 1998: 67; MEJ, 2003: 22~23; Carver, 2014: 98)(강조는 필자).

공산주의 혁명은 한 나라가 아니라 모든 문명 국가(독 Land)에서, 적어도 영국, 미국, 프랑스, 독일에서 동시에 일어날 것이다[엥겔스, 「공산주의의 원리」(1847)](MEW 4: 374).

단결된 행동, 적어도 문명 국가들 내에서의 단결된 행동은 프롤레타리아트 해방의 첫째 조건 가운데 하나이다[마르크스, 『공산당 선언』(1848)](MEW 4: 493).

파리코뮌이 붕괴하게 된 원인은 모든 중심 도시에서, 즉 베를린, 마드리드 등등에서 파리의 프롤레타리아트가 일으킨 저 장대한 봉기에 호응하는 대규모적인 혁명운동이 [동시적으로][7] 일어나지 못했기 때문이다[마르크스, 「국

4 이하 원어 병기가 필요한 경우 독일어는 '독', 영어는 '영', 러시아어는 '러'로 표기했다.

5 MEW는 독일어판 마르크스-엥겔스 전집의 약자이다. 마르크스-엥겔스 및 레닌 등의 주요 마르크스 사상가의 저작은, 전집에 포함되어 있지 않은 것을 제외하고는 저자 이름에 따라서가 아니라 여러 언어로 이루어진 전집 약호로 인용한다. 자세한 내용은 참고문헌 참조.

6 『독일 이데올로기』의 「포이어바흐에 관한 테제」를 가급적 초고 상태 그대로 편집·재현·간행하려는 시도가 현재까지는 일본어(渋谷正, 1998), 독일어(MEJ, 2003), 영어(Carver, 2014)에서만 이루어졌다. 『독일 이데올로기』「포이어바흐에 관한 테제」로부터의 인용 출처는 이 세 개의 판을 모두 병기하기로 한다. 2003년 독일어판인 『마르크스-엥겔스 연보(The Marx-Engels-Jahrbuch)』(MEJ, 2003)는 상당한 문제를 안고 있다. 이 점에 관해서는 Carver(2014b: 119~135)를 참조하기 바란다. 내 독서 경험으로는 일본어 독해가 가능한 전문가라면 시부야 다다시(渋谷正)의 책이 제일 낫다.

7 마르크스의 이 연설 텍스트는 원래 헤이그 대회에 관한 신문 기사에서부터 성립되었다. 러

제노동자협회(제1차 인터내셔널) 헤이그 대회 연설」(1872)](MECW 23: 256; MEW 18: 161).

그런데 동시적인 세계혁명에 의해서만 공산주의 혁명이 가능하다는 구상은 이론적으로야 당연하다거나 있음직하다고 간주할 수 있지만, 이는 실제로 벌어지기가 매우 힘든 일이다. 현실에서는 어느 한 국가 또는 어느 한 지역에서 혁명이나 혁명적 봉기가 먼저 일어날 개연성이 크다. 그런 다음 약간의 시차를 두고 다른 여러 나라(및 지역)에서 잇달아서, 예컨대 도미노 현상처럼 혁명이 일어날 것이라고 상정하거나 기대하는 것이 훨씬 합리적이다. 이 과정에서 늘 문제가 되는 것은, 앞에서 인용한 『독일 이데올로기』에서 마르크스가 강조한 것처럼, '생산력의 보편적 발전 및 그것과 연관된 세계 교류'의 구체적인 실정일 것이다. 그런데 이 구체적 실정에서 볼 때 글로벌한 범위와 일국적 범위에서 서로 격차나 시차가 있을 수 있다.

그렇다면 세계혁명은 어디에서 먼저 일어나는 것인가. 19세기 내내 영국에서는 차티스트 운동과 조합주의적 노동운동이 강세를 보였고, 프랑스에서는 강력한 사회주의 전통 아래에서도 생디칼리슴과 무정부주의 등이 강세를 보였다. 독일 출신의 망명자로서 마르크스는 1840년대 중반 이후 파리, 브뤼셀 및 런던 등에서 활동했고, 1848년 혁명기를 제외하고는 다시는 독일로 되돌아가지 못했다. 마르크스로서는 세계혁명에 관해 스스로 독일 출신이라는 점에서는 독일 혁명을, 자본주의 선진국이라는 점에서는 영국의 혁명을, 그리고 사회주의 전통 및 1848년 이후의 유럽 상황과 관련

시아어 『마르크스-엥겔스 전집』 제2판부터는 '동시적으로'라는 말이 보충되어 있다. 영어판과 독일어판에서의 '동시적으로'(영 simultaneously, 독 gleizeitig)에 관해서는 MECW 및 MEW의 해당 주석을 참조하기 바람(MECW 23: 688 주석 194 및 MEW 18: 730 주석 182).

해서는 프랑스 혁명을 우선적으로 고려하는 것이 당연했다. 한참 더 시간이 지나서는 러시아에서의 혁명이 중요하게 부각되었다.[8]

일본의 니시다 테루미(西田照見)는 마르크스(및 엥겔스)의 세계혁명론을 다음과 같이 정리하고 있다(西田照見, 1989: 219~220).

마르크스

- 제1기: 프랑스·독일(준선진국) 기폭론
  - 1843년 「헤겔 법철학 비판을 위하여: 서설」
- 제2기: 독일·프랑스(준선진국) 기폭론과 선진국(산업혁명을 끝낸 나라=영국) 경제관계 주도론의 병존
  - 1848년 『공산당 선언』
- 제3기: 여러 선진국(영국, 이어서 프랑스·독일 등) 혁명 주도론
  - 1859년 「경제학 비판 서문」
  - 1867년 『자본론』
  - 1872년 「헤이그 대회 연설」
- 제4기: 러시아(여러 후진국 가운데 준선진국 성격을 복합적으로 갖고 있던 국가) 기폭과 서구 선진국들 혁명 사이의 상호작용적 전개론
  - 1881년 「자수리치에게 보내는 편지」[9]
  - 1882년 『공산당 선언』(러시아어판)의 '서문'

---

8 내가 이해해서 정리해두고 있는 바에 따르면, 마르크스와 엥겔스의 혁명 이론은 크게 두 가지 범주적 계열에 따라 변화·발전했다. 하나는 1848년 혁명 및 1870년 파리코뮌의 혁명적 봉기 상황과 관련해서이고, 다른 하나는 1852년 공황, 1857년 공황, 1873년 공황 등과 같은 경제 위기와 관련해서이다. 한편 이러한 혁명 이론의 발전적 변화에 따른 전략 및 전술의 변화를 다룬 저작으로는, 비록 상당히 오래된 것이기는 하지만, Moore(1963)를 참조하기 바란다.

9 만년에 마르크스가 러시아 사회 및 러시아혁명에 대해 갖고 있던 생각에 관해서는 淡路憲治(1971); Shanin(1983)을 참조하기 바람.

엥겔스

1) 초기부터 계속 주로 선진국 혁명 주도론

 - 대표적으로 1895년 『프랑스에서의 계급투쟁』(단행본)의 「서설」

2) 마르크스 사후 엥겔스의 러시아론

 - 1894년 「러시아 사회관계」의 '후기'

그런데 앞에서 인용한 『독일 이데올로기』 해당 부분의 바로 앞에서 마르크스와 엥겔스는 혁명의 두 가지 실천적 전제조건에 대해 부연하고 있다. 하나는 현존하는 부 및 교양의 세계와 모순 관계에 놓인 무산자들의 존재이고, 다른 하나는 생산력의 발전이다. 특히 생산력의 발전 없이는 궁핍이 일반적인 것으로 되어버림으로써 필수품을 둘러싼 투쟁도 다시 시작되고 '낡은 오물 전체'가 부활한다고 명시하고 있다. 세계혁명을 가능하게 하는 실천적 전제로서의 '보편적 세계 교류'는 무소유의 대중이라는 현상이 모든 국민에게서 동시에 나타나게 하며(요즘 말로 하면 '글로벌한 양극화'에 해당한다), 이들 국민 각각을 다른 여러 국민의 변혁에 의존하게 만들고, 그럼으로써 국지적인 개인들을 세계사적인 보편적 개인들로 대체시키며 국지적 공산주의를 지양한다는 것이다(MEW 3: 34~35; 渋谷正, 1998: 65~67; MEJ, 2003: 21~22; Carver, 2014: 95~97).[10]

'공산주의가 이념이 아니라 운동'이라는 마르크스의 유명한 명제는 이처럼 한편으로는 세계 교류(요즘 말로 하면 '글로벌한 교류'에 해당한다) 및 세계시장을 전제로 하고 다른 한편으로는 생산력의 발전을 전제로 하는 무산자 대중의 존재를 강조하는 맥락에서 나온 말이다. 그런데 흥미롭게도

10 『독일 이데올로기』 「포이어바흐에 관한 테제」의 초고는 기본적으로 좌우 2단으로 되어 있는데, 지금까지 인용한 부분은 우단에 있으며 글씨체는 마르크스의 것으로 판명되었다. 시부야 다다시 판에서는 마르크스 글씨가 굵은 고딕체로 재현되어 있다(渋谷正, 1998: i).

바로 이 대목에서 마르크스는 무산자 대중의 '불안정한 상태'(독 die rein prekäre Lage, 영 the purely precarious position)에 대해 이것은 '세계시장'을 전제한다고 언급한다(MEW 3: 36, 渋谷正, 1998: 67; MEJ, 2003: 23; Carver, 2014: 97). 오늘날 우리는 글로벌 자본주의 체제가 세계 곳곳에서 프리케어리어트(precariat, 불안정 노동자)를 양산하고 있다는 것을 잘 알고 있는데, 마르크스는 이미 19세기 중반에 이런 인식을 맹아적으로 선취하고 있었다고 오늘날의 우리는 이해할 수 있다.[11]

'공산주의가 이념이 아니라 운동'이라는 원칙으로 인해 마르크스와 엥겔스는 미래 사회에 대해 적극적으로 발언하기가 어려웠다. 『자본론』 독일어 제2판 「후기」(1873)에서 마르크스가 '미래 식당을 위한 요리 레시피'를 제시하는 데 대해 경멸적으로 언급했던 것이나(MEW 23: 25), 「주택 문제에 관하여」(1872)에서 엥겔스가 프롤레타리아트의 권력 장악 후 생산수단 및 생활 수단의 사회화와 관련된 보상 여부에 관해 이 문제에 완벽한 해답을 미리 구하려는 것을 '유토피아 지어내기'(독 Utopien fabrizieren)라고 단정했던 것은(MEW 18: 282) 바로 이러한 원칙에서 나온 것이라고 나는 이해하고 있다.

3.

마르크스의 『고타 강령 비판』(1985)은 포스트자본주의에 대해 집중적으로 다룬다. 이런 점에서 이 텍스트는 앞에서 말한 것처럼 유토피아적 담론을 제시하기를 거부하던 마르크스와 엥겔스의 일관된 원칙에서 벗어난 것으로 보인다. 하지만 이 텍스트의 원래 제목은 「독일노동자당 강령에 대한

11 물론 당시의 '불안정한 상태'라는 것이 오늘날의 '불안정 노동자'를 지칭하는 것은 당연히 아니다. 단지 함축적으로 또 유비적으로 그렇다고 오늘날에 받아들일 수 있다는 뜻이다.

평주(Randglossen)」이다(MEW 19: 15). 즉, 이 텍스트는 미래 사회에 대해 본격적이고 체계적으로 발화된 담론이 아니다. 이 텍스트는 「밀 평주」(1844), 「리스트 평주」(1845), 「바쿠닌 평주」(1868 및 1874~1975), 「바그너 평주」(1881) 등의 텍스트들과 같은 수준으로 제한적이며 소규모적인 비판 장르에 속한다.[12]

이미 잘 알려져 있다시피, 『고타 강령 비판』에서 마르크스는 포스트자본주의 사회에 관해서 세 가지 주요 개념을 변별적으로 제시한다(MEW 19: 15~32).

① 이행기[13]: 자본주의 사회에서 공산주의 사회로 가는 혁명적 변화의 시기

- 이때 국가는 프롤레타리아트 독재

② 공산주의의 낮은 국면[14]: 자본주의 사회에서 방금 생겨난 공산주의 사회

- '일한 만큼 돌려받는(분배되는)' 국면
- 각 개인은 자신의 노동 시간에 상응하는 노동 증서를 받음

---

12 이 텍스트들에 비해 상대적으로 좀 더 집중적인 중간 수준의 비판 장르로는 바우어 일파 비판[『신성가족』(1845)], 포이어바흐와 슈티르너 비판[『독일 이데올로기』(1845)], 프루동 비판[『철학의 빈곤』(1857)]이 있다. 아주 본격적이고 포괄적이며 전면적인 비판 장르로는 부르주아 정치경제학 비판 텍스트들(『자본론』과 그 초고들)이 있다. 물론 마르크스는 이 마지막 장르에서 원래 자신이 구상했던 계획(plan)을 제대로 다 실행하지는 못했다.

13 '이행'은 독일어로는 'Übergang'이고 영어로는 'transition'이다. 한편 '이행기'는 일본 및 중국에서 '과도기'라고 표현되어왔다. 나는 이행기에서 '낮은 국면의 공산주의'로 옮아가는 것도 '이행'이고, 이행기에서 몸부림치다가 자본주의로 복귀하거나 체제 전환(transformation)하는 것도 '이행'에 속한다고 여긴다. 즉, 나는 이 글 전체를 통해 아주 넓은 의미에서의 '이행'에 관해 말하고 있는 것이다.

14 여기서 '국면'이라고 번역한 말은 독일어로 'Phase'이다. 이 말은 영어의 'phase'에 상응한다. 'Phase'를 '단계'라고 번역한다고 해서 틀린 것은 아니다. 다만, 'Stufe'(단계, 계단, 층계)와 비교해서 'Phase'는 시간 변화에 따른 위상의 변화 및 교체라는 뉘앙스를 지닌다.

- 노동력 상품, 축적 수단으로서의 화폐, 생산수단의 사적 소유 폐지(개인적 소비재 이외에는 모든 것이 사회적 소유)
- 사회적 노동일은 개인적 노동시간의 총계(잉여가치의 착취가 없음)
- 단, 재생산, 복지, 공동 수요의 충족 등을 위한 공제는 있음
- 각자 노동의 길이 및 강도, 부양 가족의 수 등이 다르다는 점에서 불평등하며 이런 취지에서 '부르주아적 권리'가 잔존함(레닌의 『국가와 혁명』 이래 나중에 흔히 '사회주의'라고 일컬어짐)

③ 공산주의의 높은 국면: 자체의 토대 위에서 발전한 공산주의 사회
- '능력에 따라 일하고 필요에 따라 분배받는' 국면
- 분업에의 예속 및 정신노동 – 육체노동 사이의 대립이 소멸
- 개인들의 전면적 발전과 더불어 생산력도 성장해 집단적 부가 흘러넘침(레닌의 『국가와 혁명』 이래 나중에 흔히 '공산주의'라고 일컬어짐)

『고타 강령 비판』이 '평주 장르'에 속하는 만큼, 마르크스 자신도 유토피아적 레시피를 제시하는 것에 대해 원칙적으로 매우 부정적으로 보았기 때문에 이 텍스트에는 우리가 원하는 만큼 구체적이고 충분한 내용은 없다. 이로 인해 오늘날까지의 역사적 경험을 놓고 볼 때 문제가 되는 것은 대체로 다음과 같다.

A. '이행기'란 '공산주의의 낮은 국면'의 이전까지를 가리키는가 아니면 '공산주의의 높은 국면'의 이전까지를 가리키는가.[15]

---

15 보통 상식적으로는 '이행기 – 낮은 국면 – 높은 국면'이라는 해석이 거의 다수이지만, '(낮은 국면을 포함하거나 낮은 국면 다음의) 이행기 – 높은 국면'이라는 해석도 없지 않았다. 후자에 속하는 해석으로는 독특하게도 과거 일본 학계에서는 사이토 미노루의 견해가 있었고(斎藤稔, 1971), 정치적으로는 '과도기의 총 노선' 제기(1953년) 이후 마오쩌둥(毛澤東)의 입장도 이러한 '대과도기론'이었다. 참고로 총 노선(general line)이라는 표현은 소련공산당이 오

B. '낮은 국면'에서[16] 사회적 생산의 계획과 실행은 어떻게 이루어지는가.

1) 상대적으로 저발전된 사회에서 산업화를 위한 축적 기금은 어디에서 어떻게 마련되는가. 또 이것은 누가 어떻게 정하는가.[17]

2) 생산재 부문과 소비재 부문 사이, 또는 여러 산업 부문 사이의 상호 관계 및 비례 관계, 예컨대 중공업(군사 부문 포함) 우선 발전이냐 경공업 및 소비재 산업 우선 발전이냐, 또는 삼농(농민, 농업, 농촌)을 우선적으로 또는 중대하게 고려하느냐 아니냐는 누가 어떻게 정하는가.

3) '낮은 국면'에서 협동조합 등을 포함한 다양한 소유 형태는 각기 어떻게 변화·발전하며 또 서로 어떻게 결합하는가. 또 상대적으로 저발전된 사회에서 존재했던 갖가지 전자본주의적 우클라드(경제 제도 또는 생산 제도),[18] 특히 그중에서도 소상품 생산 우클라드는 어떠한 과정을 통해 잔존하거나 소멸하는가.

4) 한 사회 또는 국가가 모든 것을 다 생산할 수는 없다고 할 때 국제 교역의 문제는 어떻게 처리되는가. 이때 국제적 수탈과 착취, 그리

래 전에 먼저 사용했다.

16 여기서 거론한 문제들은 '이행기'에 대해서 관련되는 것으로 볼 수도 있다.

17 1920년대 중반 소련에서 이 문제를 '사회주의 원시 축적'이라는 개념을 통해 최초로 제기한 프레오브라젠스키에 대해서는 Preobrazhensky(1965)를 참조하기 바람. 다만, '사회주의+원시 축적'이라는 개념은 동그란 네모와 같다는 점을 명심해야 한다. 마르크스의 원시 축적 개념은 생산자와 생산수단의 분리(이른바 이중의 의미에서 자유로운 노동자의 창출)를 뜻하는 반면, 사회주의란 생산자가 생산수단을 사회적으로 소유하고, 생산과정을 계획·통제하며, 최종적으로는 생산자가 생산물을 온전히 자기 것으로 전유하는 것을 뜻한다. 여전히 해석과 논쟁의 여지가 남아 있기는 하지만, 기본적으로는 이런 취지에서 마르크스가 사회주의적 소유에 관해 '부정의 부정'을 말했고 '개인적 소유의 재건'을 말한 것이라고 이해해야 온당하다.

18 러시아어 '우클라드(uklad)'는 영어 'structure'에 대응한다(LCW 27: 335~336). 그런데 러시아어에서 우클라드라는 말은 다양하고 폭넓게 쓰인다. 우리말로는 맥락에 따라 '구조', '요소', '(경제)제도', '(경제)성분' 등으로 번역될 수 있다.

고 국제적 수준에서의 잉여가치 이전(移轉) 문제는 어떻게 되는가. 즉, 국제 부등가교환 및 국제 부등노동량 등가교환의 문제를 어떻게 볼 것인가. 또 더 일반적으로 오늘날 남북문제라고 부르는 것(국민적 생산력 수준 및 생산성의 차이, 부의 차이, 임금의 차이 등)은, 그리고 이것의 정치적 물신화 형태로서의 내셔널리즘과 인종주의와 지역주의는 어떻게 처리되고 해결되는가. 이와 관련해 2)의 문제는 '세계 시장'과 관련해 어떻게 규정되는가.

C. 이상의 문제들은 어떠한 정치 과정을 통해 결정·실행되는가. 또 프롤레타리아트 독재는 언제까지 지속되는가. 프롤레타리아트 독재와 프롤레타리아트 민주주의 또는 혁명적 민주주의 사이의 관계는 어떠한가. 또 국가는 언제 어떻게 소멸하는가.

D. 오늘날의 생태적 위험 및 한계를 고려할 때 '필요에 따라 분배받는' 것이 가능한가. 자본주의에 총체적으로 또는 '자본의 총 과정' 안에 포섭되었던 바의 욕망 및 소비의 구조를 근본적으로 바꾸는 일 없이도 '높은 국면의 공산주의'는 가능한가. 또 분업에의 예속 및 정신노동 - 육체노동 대립이, 더 나아가 노동 일반의 소멸이 과연 가능한가.

E. '역사적 사회주의'로부터 자본주의로 이행한 이른바 '포스트사회주의' 사회의 문제는 어떻게 봐야 하는가. 공산주의로의 (재)이행을 우리는 기대할 수 있는가.

이런 문제들에 관해 나는 충분히 만족스러운 해답이나 해결책을 갖고 있지 않다.[19] 다만 내 입장에서, 특히 내가 살고 있는 한국의 상황과 관련

---

19 현재 이 문제들에 관해 한국에서 제출되어 있는 최선의 대안적 탐구는 정성진(2006, 2016a, 2016c)이다.

해서 다소간에 확신을 가지고 힘주어 말할 수 있는 것은 다음과 같다.

ⓐ 자본주의의 위기와 모순적 양극화, 현대 자본주의의 구조적 및 순환적 위기, 특히 2008년 이후의 경제 위기에 대해, 그리고 또 글로벌화로 인해 강화된 신자유주의적 양극화 및 과도한 금융 자립화 현상 등에 대해 마르크스주의적 설명과 비판을 수행하고, 더 나아가 포스트자본주의적 전망을 널리 퍼뜨리는 것이 중요하고 시급하다. 특히 한국에서 다수의 젊은 세대가 현실에 대해 '헬조선', '흙수저' 등의 담론으로 표상하고 있는 바의 긍정적 측면과 부정적 측면을 동시에 고려해야 한다(마르크스의 용어를 빌리면, '즉자적' 청년들이 '대자적' 청년들로 성장·전화할 수 있도록 기성세대는 청년들을 돕고 격려하고 자극해야 한다).

ⓑ 이러한 비판과 전망은 '역사적 사회주의'의 실패 및 '포스트사회주의'의 현존을 적극적으로 고려해야 한다. 즉, 소련, 중국 등은 진정한 의미에서 사회주의가 아니었다고 간단히 말해버리고 마는 것은 매우 무책임한 일이다. 이는 대중적 설득력이 없으며, 대개의 경우 그곳에 살았거나 살고 있는 사람들을 '타자'로 만들어버린다.

ⓒ 마르크스의 주요 개념들과 관련해 말하자면, 특히 생태적 한계 및 위험을 중요하게 고려할 때 '높은 국면'에 대해 '유토피아 지어내기' 수준의 말을 많이 하는 것은 위험하며 불필요하다.[20] '낮은 국면'의 실체 또는 실질은 '이행기'의 효과에 의해 규정되며, 개념적으로 구분된 양자 사이에 현실적인 만리장성이 있는 것은 결코 아니다.[21]

---

20 나는 '높은 국면'의 합리적 핵심은 '낮은 국면'에 남아 있는 '부르주아적 권리'를 폐지하는 것에 있다고 생각한다.

21 모든 개념이나 이론을 기계적·도식적으로 적용하는 것은 매우 위험한 일이다. 그렇기는 하지만 『고타 강령 비판』에서의 개념 규정에 따르면 노동 시간에 상응하는 분배가 제대로 이루어지지 않는 사회는 '낮은 국면의 공산주의'(사회주의)가 아니라고 단정할 수 있다. 따라

ⓓ 이상의 것들, 특히 '역사적 사회주의'의 실패 및 '포스트사회주의'의 현존 및 (재)이행을 고려할 때 '이행'은 '혁명'보다 더 포괄적이고 근본적이며 중대한 주제이다. 그런데 마르크스적 의미에서 말한다면 '이행'은 이념이 아니라 운동이다. '이행'은 이미 시작되었고 진행 중이다.[22]

4.

레닌, 트로츠키, 스탈린, 부하린 등 볼셰비키 또는 러시아 혁명가들이 20세기에서 러혁[23]을 일으키고 혁명 이후의 소비에트 사회에서 혁명적 실천을 해나가는 과정에서 이론적으로 제기한 테마 또는 모티브가 여럿 있는데, '제국주의론', '자본주의 불균등 발전 이론', '노동자와 농민의 동맹(러 smychka) 이론', '연속혁명론(또는 영속혁명론)', '일국사회주의 이론' 등이 바로 그것이다. 이들이 이러한 각각의 테마에 관해 1917년 11월을 전후해서 지녔던 정치적·이론적 입장, 그리고 각자가 자신의 입장을 고수하거나

서 '현존했던 사회주의'는 실질적으로 또는 원칙적으로 이행기 사회이다. 그렇다면 이행기 사회를 사회주의라고 오인한 것이 '현존 사회주의'가 실패 및 몰락한 핵심 원인이었다고 강하게 주장할 수 있다. 노동력 상품, 축적 수단으로서의 화폐, 생산수단의 사적 소유가 폐지되는 '낮은 국면의 공산주의'가 아닌 이행기 사회에서는 당연히 부르주아적 '가치법칙'이 작동하며, 상품 및 화폐 관계도 당연히 존재한다. '이윤'이나 '이자'도 일정 기간 잔존한다고 이해하는 게 온당하다. 1980년대 후반까지 소련과 중국 등에서 벌어진 수많은 정치적·정책적·이론적 논쟁들은 이러한 오인에서 비롯되었다고 할 수 있다. 따라서 오늘날 중요한 것은 이른바 '사회주의 (정치)경제학'이 아니라 실은 '이행기의 (정치)경제학'이다. 소련, 동유럽, 중국 등에서 이른바 '사회주의 경제'에 대해 벌어진 많은 논쟁과 토론과 노력은 이렇듯 실로 전적으로 무의미한 것이었다. 다만, 나는 이른바 '시장사회주의론'은 받아들이지 않는다. '시장사회주의론'은 이행기에 있는 사회를 '낮은 국면의 공산주의'에 있다고 상상적으로 오인하는 이데올로기 형태들의 한 변종이기 때문이다. 이행기에서 부르주아적 시장은 부분적으로 남아 있다. 반면에 개념 정의상 '낮은 국면의 공산주의'에서 부르주아적 시장은 당연히 폐지된다. 이는 그 국면에서 노동력 상품, 축적 수단으로서의 화폐, 생산수단의 사적 소유가 폐지되는 것과 마찬가지이다.

22 이러한 문제의식에서 비롯된 극히 제한적이며 서투른 탐구로는 이재현(2015) 참조.

23 호주 출신으로 미국에서 활동하는 '수정주의' 러시아 역사학자인 셰일라 피츠패트릭(Sheila Fitzpatrick)에 따르면, 포스트 - 사회주의 러시아에서는 러혁을 가리키는 말로 '볼셰비키 혁명'을, 때로는 '볼셰비키 쿠데타(putsch)'를 선호한다고 한다(Fitzpatrick, 2001: 173의 주1).

변화시킨 패턴은 각기 서로 다르지만,[24] 크게 봐서 서로 공유하고 있던 합리적인 핵심이 있다.[25] 그것은 바로 제국주의 시대에서는, 그리고 자본주의가 불균등하게 발전하고 있는 상황에서는 러시아와 같이 상대적으로 후진적인 사회에서도 프롤레타리아트 혁명이 가능하다는 것이다. 그들은 이러한 생각을 이른바 '약한 고리'라는 매우 직관적이며 동시에 상당히 '파퓰러한' 개념을 통해 요약적으로 표상했다.[26]

레토릭 이론에서 보자면 '약한 고리'는 일종의 '생각의 무늬(figure of thought)'에 해당한다.[27] 또 개념의 발생사라는 점에서 보자면 '약한 고리'는

24 이들 사상의 경제학적 측면에 한정할 때, 레닌에 대한 비판적 논의로는 정성진(2004, 2017), 트로츠키에 관해서는 정성진(1993); Day(1973), 부하린에 관해서는 이정구(2012)를 참조하기 바람. 영미권에서 이들 각자의 사상 전체를 다룬 저작들은 대개 다소간 편향적이다. 다만, 레닌에 관해서는 리브만(2007); Lih(2008); Krausz(2015)를 참조할 수 있다. 독자들은 정성진이 이른바 정통파에 대해, 그러니까 스탈린주의적인 국가독점자본주의론에 대해 아주 비판적이며 그 연장선에서 일체의 현대 자본주의 '단계론' 및 '유형론'에 대해서도 비판적이라는 점(정성진, 2016b), 따라서 결과적으로 스탈린주의적 프리즘에 의해 이해되고 수용된 레닌에 대해서도 비판적이라는 점을 염두에 두어야 한다. 한편, 부하린을 스탈린주의에 대한 대안으로서 긍정적으로 평가하는 코헨의 저작(Cohen, 1971)을 이정구는 비판적으로 보고 있다(이정구, 2017). 분명 트로츠키주의는 스탈린주의에 대한 강력하고도 효과적인 해독제이다. 또한 물론 거의 모든 해독제는 그 자체로 일종의 독약이기도 하다.

25 여기서의 '합리적 핵심'은 마르크스가 『자본론』 제2판 「후기」에서 사용했던 바로 그 의미로 사용한다(MEW 23: 27).

26 불균등 발전 법칙론과 약한 고리 이론이 레닌주의 이름으로 정식화된 것은 스탈린의 1924년 논문 「레닌주의 기초」(SW 6: 71~196)에서이다. 한국의 마르크스(- 레닌)주의의 수준을 놓고 볼 때, 우리는 스탈린주의가 갖는 독단주의, 도식주의, 통속화, 관료주의 등의 문제점에 관해 지속적으로 경계해나가야만 한다. 반면, 스탈린주의라는 신비한 외피 속에 감추어진 마르크스(- 레닌)주의 사상의 합리적 핵심이 무엇인가 하는 점에 관해서도 충분히 심사숙고해야 한다. 목욕물(스탈린주의)과 아이[마르크스(- 레닌)주의 사상]를 구별하는 일은 생각만큼 간단한 일이 결코 아니다.

27 전통적인 레토릭 이론의 일각에서는 생각의 무늬(figure of thought)와 말의 무늬(figure of speech)가 서로 구분된다. 물론 이 둘을 엄밀하게 구분하는 것은 쉽지 않다. 오늘날 우리가 어떤 이론의 'configuration'(구성, 배치, 성좌)이라고 부르는 것은 단지 이론적 명제의 집합인 것만은 아니다. 이는 레토릭한 담론을 만들어내는 각각의 사람들에게 고유한 여러 가지 무늬(생각의 무늬, 말의 무늬, 논쟁의 무늬, 심성의 무늬, 기질의 무늬, 습관의 무늬 등)가 서로 모여 조합되고 결합된 개성적 구성물이기도 하다. 20세기 초 러시아의 마르크스주의에는 레닌, 트로츠키, 부하린, 노동자 반대파, 스탈린 등 적어도 몇 개의 유력한 'configuration'이 있었다. 당연히 오늘날 한국의 마르크스주의 또는 진보좌파 인텔리들 사이에도 여러 'configuration'이

19세기 후반으로, 심지어 18세기 후반으로까지 거슬러 올라간다. 1868년에 레슬리 스티븐(Leslie Stephen)은 "체인은 그것의 가장 약한 고리보다 강하지 않다"라고 말했고, 1786년에 토머스 리드(Thomas Reid)는 "모든 추론의 연쇄에서 마지막 결론의 증거는 그 연쇄의 가장 약한 고리보다 더 탁월할 수 없다. 그 나머지가 제아무리 강할지라도 말이다"라고 말했다 (Simpson and Speake, 2008: 47~48).

레닌은 19세기 중후반에 퍼져 있던 이러한 '생각의 무늬'를 받아들여 제국주의 시기의 자본주의 세계 체제와 이 체제의 불균등 발전 과정에 적용시켰다. 그럼으로써 당시로는 후진적이던 러시아 사회에서 프롤레타리아트 혁명 가능성을 추구했다. 제국주의 세계 체제 안에서 러시아는 선진 자본주의 국가들에 비해서는 매우 후진적이지만, 러시아 특유의 자본주의 발전과 노동자 계급의 역량으로 보아서는 후진국들 사이에서 매우 선진적, 즉 혁명적이라는 것이다. 당시 자본주의 세계 체제라는 전체 연쇄에서 러시아는 '약한 고리', 그것도 '가장 약한 고리'에 해당했으므로 이 고리를 끊으면 전체 연쇄를 파괴할 수 있다는 발상이었다.[28]

있다. 문화평론가로서 나는 여러 사람이 제시한 각 이론적 주장의 차이만큼이나 그들 사이에 있는 무늬들의 차이를 중시한다.

28 약한 고리 이론에는 다른 이론적 주장들이 결합되어 있다. 내 맘대로 논리적으로 재구성해 보면, 레닌의 경우 우선 마르크스-엥겔스로부터 내려온 '세계 동시 혁명론'은 물론이고, ㉠ 자본주의 최후의 단계로서의 제국주의, ㉡ 식민지에 대한 제국주의 체제의 결정적인 의존, ㉢ 제국주의 열강들에 의한 세계의 분할과 재분할, ㉣ (재)분할 과정에서 제국주의 열강끼리의 불가피한 전쟁, ㉤ 이 전쟁을 계기로 해서 자국 제국주의의 패배를 혁명 및 내전으로 전환시키는 것(혁명적 패배주의), ㉥ 이 혁명 과정에서 농민과 전략적으로 동맹을 맺은 프롤레타리아트 계급이 행사하고 관철시키는 바의 헤게모니, ㉦ 프롤레타리아트 계급을 지도하는 전위당의 이념적·정치적·조직적 능력 등이 바로 그것들이다. 한편, '약한 고리'의 프롤레타리아트는 제국주의의 프롤레타리아트보다 더 선진적일 수밖에 없다. 레닌에 따르면 그 이유 중 하나는 후자의 상층부가 제국주의 체제가 식민지로부터 획득하는 '초과 이윤'에 의해 매수됨으로써 '노동 귀족'이 되어버렸기 때문이다. 그런데 실제 역사적으로 벌어진 사태들을 앞에 놓고 오늘날 냉정하게 판단해보면 레닌의 이러한 추론이야말로 약한 고리들을 너무 많이 지니고 있다고 해야 할 것이다.

자본주의의 불균등 발전이란, 어느 정도 동어반복적으로 들리겠지만, 쉽게 말해 글로벌 체제 안에서 또는 '세계 시장' 안에서 자본주의가 불균등하게 발전한다는 것을 의미한다.[29] 내가 이해하고 정리한 바에 따라 내 말투로 설명한다면, 지구 표면 위에서 글로벌 자본주의 체제가 발전한다는 것은 매끄럽게 잘 발라진 시멘트 벽 위에 페인트를 칠하는 것과는 전혀 다르다. 오히려 그와는 반대로 앞서거니 뒤서거니, 울퉁불퉁, 들쑥날쑥, 삐죽빼죽, 오돌토돌하게 발전이 이루어진다. 이러한 발전은 무엇보다도 자연적이고도 지리적 차이를 바탕으로 하며, 또 자연적·지리적 차이 위에 주권적 권력들에 의한 영토국가적 경계선으로 구분되어 형성된 각 국가(네이션-스테이트)들 사이에서 벌어진다. 그리고 더 나아가 국가들을 포함한 더 큰 지역들 사이에서, 반면에 당연히 국가 안의 작은 지역들 사이에서, 따라서 도시와 농촌 사이에서, 해안과 내륙 사이에서, 큰 도시와 작은 도시 사이에서, 도시 안에서도 중심부와 주변부 사이에서 불균등하게 발전한다. 이는 지리적·공시적으로 봐서도 그러하고, 역사적·통시적으로 봐서도 그러하다. 또는 지정학적으로 봐서도 그러하고, 경제지리학적으로 봐서도 그러하다.

한편 자본주의 발전은 서로 다른 산업 부문 사이에서, 대자본과 중소자본 사이에서, 그리고 갖가지 부문, 규모 및 성격의 자본들과 대면한 서로 다른 노동자계급 집단 사이에서, 즉 요즘 같으면 독점 기업에 고용된 노동

29 이하의 에세이적 서술은 자본주의 불균등 발전에 관한 내 나름의 버전이다. 나는 '자본주의 불균등 발전'을 폭넓게, 동시에 매우 포괄적인 것으로 해석하고자 한다. 즉, 내게 '자본주의 불균등 발전'은 현대 자본주의 및 세계경제와 관련해 일종의 우산 개념(umbrella term)이다. 불균등 발전에 관한 기존의 이론적 논의와 관련해서는, 짧은 논문으로는 Davidson(2006), 단행본으로는 Amin(1977); Löwy(1981)를 참조하기 바란다. Amin은 주변부 사회 및 저발전의 문제를 강조하고 있고 Löwy는 연속혁명과 후진국 자본주의 혁명을 강조하고 있다. 또 불균등 발전의 공간적·지리(학)적 측면에 강조점을 둔 논의로는 Harvey(2004); Smith(2008)를 참조하기 바란다. 특히 Harvey는 불균등 발전의 신자유주의적 국면을 탐구한다.

자와 중소기업에 고용된 노동자 사이에서, 정규직 노동자와 비정규직 노동자 사이에서, 그리고 남성 노동자와 여성 노동자 사이에서, 사무직 노동자와 생산직 노동자 사이에서, 생산직 노동자과 서비스직 노동자 사이 등에서 불균등하게 이루어진다.

자본주의의 불균등 발전의 결과로 인해 성적 분업으로 인한 모순적 차이, 정신노동과 육체노동 사이의 분업으로 인한 대립적 차이가 계급 모순과 결합한다. 또한 지역·인종·종교·세대 등과 같은 전체 인구 집단 사이의 여러 가지 차이는, 그리고 오늘날에 점점 더 명백하게 악화되어가는 생태적 모순은 바로 이 계급 모순과 겹쳐지거나, 계급 모순과 응축되거나, 계급 모순과 자리바꿈하거나, 계급 모순을 대체한다. 그리고 때로는 계급 모순과 더불어 다중적으로 현실을 규정한다. 이 모든 것이 다 불균등 발전의 효과라고 볼 수 있다. 단지 차이에 불과했던 것이 차별적 요소로 변하거나 대립적 모순으로 변하는 것은 전적으로 자본주의 불균등 발전 과정에서 벌어지는 일이다.

한 국가 및 사회의 자본주의적 발전 과정에서 경제적으로 종종 낡은 전자본주의적 또는 전근대적 제도나 요소(우클라드)가 이월된 형태로 잔존하는 것도 바로 이 불균등 발전의 효과이다. 또한 한 사회 또는 한 지역 안에서 자본주의적 불균등 발전은 종종 기존의 지배 구조를 온존시키거나 기존의 지배 제도와 새로운 제도가 타협적으로 병존하는 기형적인 통치 구조를 만들어낸다. 그리고 자본주의의 불균등 발전으로 인해 경제에서뿐만 아니라 정치·사회·문화 각각의 영역 안에서도 낡은 제도와 새로운 제도가 서로 이질적이면서도 단단한 '아말감(amalgam)'의 형태로 혼합적으로 결합되어 존재하게 된다. 그 결과 충(忠), 효(孝), 성(誠)과 같은 기존의 봉건적이고 전근대적인 이데올로기 요소나 우애(fraternity) 같은 초기 근대적인 이데올로기 요소가 자본주의적 착취 이데올로기와 결합하기도 하고,

지역에 따라 과거로부터 이월된 에토스나 아비튀스가 이른바 '근면 혁명'의 형태로 지연되어 작용하기도 한다. 이런 점에서 볼 때 이른바 유교자본주의론이나 근면혁명론은 아주 잘못된 파편적인 추상이다.

결국 사회구성체 전체 수준에서 보자면, 이러한 불균등 발전의 효과로 인해 정치적·경제적·사회적·문화-이데올로기적 영역 각각은 서로 비대칭적이고 불비례적이고 부조화적인 상태로 결합되어 있다. 서로 다른 낡은 것과 새로운 것은 때로는 격렬하게 갈등하기도 하고 때로는 잠정적으로 타협적인 관계에 놓이기도 한다. 그람시가 '헤게모니'라는 개념으로 표상하고자 한 것은 바로 이러한 과정의 통치-이념적이고 도덕적·문화적인 상황의 전략적 방향이었다고 할 수 있다. 결론적으로 '불균등 발전' 개념은 이미 부르주아 (신)제도주의 경제학이 '제도'라는 개념을 통해 이제야 겨우 이룬 성과와 아직 제대로 이루지 못한 성과를 20세기 초에 이론적으로 포괄하고 선취했던 것이다.

트로츠키는 이러한 과정을 '불균등·결합 발전(uneven and combined development)'으로 개념화했다(트로츠키, 1989: 6~11).[30] 내가 이 글의 맨 앞에서 언급한 '상대적 후진성'이라든가 '특수성'을 트로츠키는 '결합 발전' 개념을 중심으로 설명한다(트로츠키, 1989: 153~155). 이른바 '상대적 후진성'이나 '특수성'이 갖가지 역사적 국면에서 발현하는 것, 그리고 그러한 성격들이 역사적으로 중대한 국면으로 발현하거나 중대한 계기를 창출할 수

30 '불균등·결합 발전'의 개념화는 누구도 부인할 수 없는 트로츠키의 공헌이자 업적이다. 또한 트로츠키는, 스탈린 등과는 달리, 제국주의 시대에 이르러서 불균등 발전이 생겨난 게 아니라 그 이전부터 불균등 발전이 이루어져왔다고 주장한다. 그렇기는 하지만 나는, 내 담론의 최종심 법정에서, 불균등 발전 개념을 둘러싸고 스탈린주의자들과 트로츠키주의자들 사이에서 오랫동안 지루하게 벌어져온 소유권 및 저작권 분쟁 소송을 '각하'한다. 연속혁명 및 프롤레타리아트의 지도성-헤게모니에 관련된 다툼들도 마찬가지이다. 오히려 나는 그러한 일련의 논쟁 또는 분파 투쟁에서 이론적 '최소 강령'에 주목하고 싶다. 이들 개념의 '합리적 핵심'은 바로 그 최소 강령적 부분으로 이루어져 있을 것이라고 나는 생각한다.

있는 것도 다 불균등·결합 발전의 효과라는 것이다. 알튀세가 훨씬 나중에 '중복 규정(overdetermination)'이라는 이론적 개념으로 탐구하고 해명하려 했던 것도 기본적으로는 트로츠키의 불균등·결합 발전 개념과 연관해서 충분히 설명할 수 있다고 나는 이해하고 있다.

자본주의 불균등 발전은 세계 체제에서의 자본 축적에서도 확인된다. 베블렌주의자들은 흔히 마르크스(주의)적 축적, 즉 잉여가치 착취에 의한 생산적 축적과는 아주 다른 범주적 개념으로서 '차별적 축적(differential accumulation)'을 대항적으로 제시한다. 그들은 생산수단으로서가 아니라 권력 수단으로서 자본의 사용가치를 강조한다. 즉, 권력적 위계를 만들어내는 자본의 힘과 '상대적' 자본화(capitalization)를 통해 유통적·비생산적 축적을 증대시키는 힘을 과도하게 그리고 전면적으로 강조하는 것이다.[31] 또 2008년 금융위기 이후 포스트-케인주의자나 조절이론 신봉자들은 금융적 축적을 별도로 강조하고 내세운다.

그러나 마르크스는 자본의 원시적 축적을 다루는 과정에서, 그리고 최종적으로는 자본의 총 과정을 해명하는 과정에서 이러한 유통적·비생산적 축적들에 관해 충분히 다룬 바 있다.[32] 우리는 바로 그러한 유통적·비생산적 축적들이 자본주의의 불균등 발전에 의한 축적 과정 전체에서 잉여가치 착취의 생산적 축적에 포섭되거나 또는 생산적 축적과 결합되거나

---

31 베블렌주의자들은 자본 축적 과정에서 '사보타지' 등과 같은 극히 배제적이거나 심지어 자기파괴적인 유형의 지대 추구 행위를 강조한다. 그런데 베블렌 자신이 목격한 이러한 차별적 축적의 원형적 사례들은 19세기 후반과 20세기 초반 미국 자본주의 사회의 현상적 특징이었다는 점을 명심할 필요가 있다. '차별적 축적'에 관한 이론적 논의로는 Nitzan and Bichler (2009: 302~333)를 참조하기 바란다.

32 예컨대 『자본론』 훨씬 이전의 단계에서 마르크스는 '차별적 축적'에 상응하는 현상들에 관해 이렇게 표현했다. "동일한 매춘, 동일한 파렴치한 사기, 생산을 통하지 아니하고 이미 남의 수중에 있는 부에 요술을 걺으로써 치부하려는 동일한 병적 욕망"[「프랑스에서의 계급투쟁」(1850)](MEW 7: 14).

응축되는 것이라고, 또는 때로 단지 특정 역사적 국면에서 현상적으로 과도하게 가공적·의제적·가상적으로 자립화해서 투기적 거품으로 나타나는 것이라고 이해할 수 있다. 이 모든 유통적·비생산적 축적은 대개 생산적 축적 영역으로부터의 잉여가치의 이전이라는 필수적인 허용 한도 안에서만 제한적으로 작동하는 법이다. 잉여가치의 이전이 매끄럽게 허용되지 않는 범위나 수준을 넘어서는 순간부터는 거품이 만들어지며, 조만간에 그 거품은 패닉 상태로 터지고야 만다. 여기서 길게 설명할 여유는 없지만, 자본주의 불균등 발전은 자본주의의 위기 또는 공황과 관계가 깊다. 세계 경제에서의 자본주의 불균등 발전의 과정은 동시에 자본주의의 고유한 위기를 글로벌하게 퍼뜨리고 심화시키는 과정이다. 1998년 동아시아 외환위기 및 2008년의 금융 위기는 우리에게 이를 실감시켜주었다.

물론 '이념적 평균'에서 보자면 자본주의 발전이라는 것은 잉여가치의 착취에 의한 생산 및 그에 의한 자본의 축적 과정을 특정한 사회 및 지구 전체로 점점 더 확산시키는 것이 본디 근본적인 경향이다. 즉, '이념적 평균'에서 말한다면, 자본주의 발전이라는 것은 부르주아적 지배와 부르주아적 생산관계를 사회 전체에서 전면적이고 전일적으로 만들어나가는 게 본래의 근본적인 경향이다.[33] 마르크스는 일반 이윤율(평균 이윤율)의 균등화를 설명하면서 '끊임없는 불균등성의 끊임없는 균등화'(독 Die beständige Ausgleichung der beständigen Ungleichheiten)를 이야기한 바 있다(MEW 26: 206). 그런데 자본주의 불균등 발전이라는 관점을 강조하는 각도에서 보자면, 그리고 특히 가능하다면 늘 '차별적 축적'을 통해 화폐적 집중과 집

---

33 마르크스가 『그룬트리세』에서 '자본주의의 문명화 과정' 개념으로 설명하려 한 것, 또한 『공산당 선언』에서 부르주아들의 '혁명적' 역할을 스피디하고 거시적으로 묘사하면서 강조하려고 한 것은 바로 이러한 '이념적 평균'에서의 부르주아적 지배 및 부르주아적 생산관계가 글로벌한 차원에서 전면적으로 발전하고 전개되는 과정이다.

적을 도모하려는 개별 자본의 입장에서 보자면 자본주의적 축적 과정은 현상적으로 그리고 잠정적으로 '끊임없는 균등성의 끊임없는 불균등화'로 나타난다. 부르주아적 이노베이션, 독과점, 사보타지, 특허, 보호무역주의, 그리고 무엇보다 군비 경제 확산 및 전쟁에 의한 과잉 생산능력의 해소 같은 것은 불균등화 과정의 유력한 수단 또는 계기들이다. 자본주의 발전이라는 것에는 자본주의 생산관계의 글로벌화가 전면적으로 강력하게 진행되는 경향과 이에 맞서서 이미 주어진 다양한 지리적·역사적 조건에 따라 불균등하게 발전하는 경향이 서로 동시에 작용한다.[34] 한편, 이른바 '비동시적인 것의 동시성'이라는 표현은 후기 자본주의 또는 후기 산업사회에서 나타나는, 또 특별히 주변부 사회에서 더 잘 나타나는 자본주의 불균등 발전의 발현 형태에 불과하다.[35]

내가 이해하고 있는 바에 따르면, 트로츠키는 나름의 연속혁명론('영구혁명'론)을 통해 생산력과 생산관계의 모순이 세계적 차원에서 전개되고 있고 세계적 규모에서 불균등·결합 발전이 이루어지고 있다는 사실을 설파했다. 그는 이러한 전제들로부터 당시 후진적 러시아에서의 연속혁명, 즉 사회주의 혁명의 전망을 도출해내기에 이른 것이다. 트로츠키는 러시

34 이는 '이윤율의 경향적 저하 법칙'에서 이윤율 저하 경향과 그에 반대되는 경향이라는 서로 다른 두 가지 경향이 대립적으로 작용하는 것과 마찬가지라고 나는 이해하고 있다. 참고로 '경향(성)'(tendency)이라는 것은 고전파 정치경제학의 비판 과정에서 마르크스가 존 스튜어트 밀(John Stuart Mill)로부터 가져와서 발전시킨 개념이다.

35 이쯤 되면 불균등 발전의 근본 원인은 무엇인가 혹은 마르크스주의 자본주의론 또는 현대 글로벌 세계 체제의 이론 체계 전체에서 이것이 차지하고 있는 이론적·개념적 지위는 대체 무엇인가라는 질문이 나올 법하다. 나는 한편으로는 이러한 형태와 수준과 표현으로는 물음 자체가 제대로 정립되지 않는다고 생각한다(마르크스가 강조했듯이 물음이 제대로만 정립되면 대개 답은 어렵지 않게 찾을 수 있다). 다른 한편으로는 굳이 마르크스에게서 답변의 실마리를 찾고자 한다면, 그것은 다음과 같다. "인간은 자신의 고유한 역사를 만든다. 그러나 제멋대로가 아니라, 스스로 선택한 상황 아래에서가 아니라, 매개적으로 현존하고 주어지고 넘겨받은 상황 아래에서 역사를 만든다"[「루이 보나파르트의 브뤼메르 18일」(1852)](MEW 8: 115). 바로 이런 점에서 '불균등 발전'은 유물론적 역사 이론의 기초 명제들 중의 하나라고 나는 생각한다.

아에서 노동자계급은 권력을 장악해 부르주아 혁명의 과제를 수행하고 나아가 연속적으로 사회주의 혁명의 과제를 수행해야 하는데, 이는 노동자계급의 국제적 연대에 기초한 혁명의 글로벌화, 즉 세계혁명을 통해서만 가능하다고 강조했던 것이다.

그런데 레닌과 스탈린은 트로츠키와는 정치적 포지션이 매우 달랐다. 그들에게는 소비에트 러시아에서 성립한 일원화된 당-국가 체제의 존속이 무엇보다도 중요했다. 정치적 입장의 상대적인 포지션으로 말하자면, 레닌과 스탈린은 늘 중앙파, 그것도 '극-중앙파' 또는 '초-중앙파'였다고 할 수 있다. 물론 그렇다고 해서 혁명가인 그들이 세계혁명을 전적으로 무시하거나 아주 소홀히 했다고 말할 수는 없다. 다만 결정적인 순간들, 즉 트로츠키의 전기를 쓴 아이작 도이처(Issac Deutscher)가 '마키아벨리적 순간'이라고 부른 상황들에서(도이처, 2005: 659~660) 그들은 늘 소련의 당-국가 체제의 존속을 택했던 것이다.

레닌의 경우, 볼셰비키 정당 이외의 다른 사회주의 정당들의 배제, 제헌의회의 해산, 브레스트-리토프스크 조약 체결, 크론슈타트 수병 반란의 진압, 노동자 통제·관리 이념의 형해화(形骸化),[36] 노동조합의 국가 종속화, 노동자 반대파 및 좌익 반대파에 대한 억압, 분파들에 의한 당내 민주적 토론의 봉쇄, 내전기 식량 징발 정책의 강행, 내전기에 행사된 갖가지 가혹하고 야만적인 학살과 폭력 묵인 등이 그러한 예이다. 스탈린의 경우, 식량의 폭력적 징발, 민주적 설득 및 동의에 기초하지 않은 강제적 농업 집단화 및 공업화 강행, 정적에 대한 무자비하고 반인륜적인 처형 실시, 대숙청 및 주기적 숙청 자행, 병영적 감시 및 처벌 체계 수립, 독재적 개인 숭배 조장 등이 그러한 예이다. 그런데 이것들은 한때 혁명가였던, 하지만

36 소련에서의 노동자 통제·관리 문제에 대해서는 이정희(2003)를 참조하기 바람.

1917년 쿠데타 이후로는 당-국가 체제 유지가 스스로에게 부과한 가장 중요한 임무였던 그 두 사람 입장에서 보자면 체제의 존속이라는 목적을 위해 선택할 수밖에 없었던 방책들이었다고 말할 수도 있다.

물론 오늘날 우리의 입장에서 보자면 이러한 선택들은 극히 잘못되었으며 지속적으로 엄중한 비판을 받아야 마땅하다. 하지만 점차 "1917년에 열렸던 가능성이 자꾸만 닫혀 갔던"(스미스, 2007: 197) 흐름에서 볼 때 구조적으로 불가피한 측면이 없지 않다고 여겨진다. 예컨대 1920년대에 벌어진 공업화 논쟁에서 트로츠키와 스탈린의 차이는 정책적으로 미미했다는 연구 결과가 있다(노경덕, 2016).[37] 이는 리브만의 표현에 따르면 "스탈린주의가 레닌주의에 통치상의 폭압과 관료적 공포를 더한 것이라면, 이는 또한 레닌주의에서 변증법을 뺀 것이다"(리브만, 2007: 566). 반면 '중국 특색'의 역사적·정치적 평가 비율에 기대 말하자면, 스탈린을 낳은 것의 7할은 레닌이고[38] 나머지 3할은 트로츠키이다. 적어도 1917년 이후의 트로츠키는 결정적인 순간에 때때로 그 자리에 없었거나, 있었더라도 종종 침묵을 지키거나 아니면 자주 어리석게 처신했다(도이처, 2007: 137 등).

1930년대 스탈린 체제는 이미 1920년대부터 구조적으로 불가피했다고 해석할 수 있는 여지가 없지 않다. 기본적으로 나는 스탈린(주의)에 대해 무척 비판적이지만 그러한 구조적 제약을 어느 정도는 인정한다. 나는 스

37 여기서 트로츠키의 경제 정책에 대한 리처드 데이(Richard B. Day)의 연구를 참고할 필요가 있다. 데이에 따르면, 트로츠키가 반대한 것은 '일국 사회주의'가 아니라 세계경제로부터 고립되어 발전할 수 있다고 하는 개별 국가에서의 사회주의였다. 또한 데이는 트로츠키가 1920년대 초반에는 경제적 고립주의를 취한 반면, 1920년대 중반 이후에는 국제적 통합의 입장을 취했다고 주장한다. 그런데 이 각각의 입장은 소련공산당 주류 중앙파가 택했던 방향과는 정반대였고, 그 결과 트로츠키가 정치적으로 배제되었다고 주장한다(Day, 2004).

38 레닌과 스탈린 사이에 연속과 단절의 두 측면이 있다는 것은 분명하다. 이 두 측면을 다 다루되 크게 봐서 결과적으로 연속의 측면을 강조한 것으로 여겨지는 한국어 문헌으로는 이완종(2004)을 참조하기 바람.

탈린과 트로츠키가 서로 종이의 양면을 이룬다고 여긴다. 종이의 어느 한 면을 눌러 쓰면 다른 면에도 자국이 남는다. 또 종이의 앞뒷면은 늘 동시에 함께 구겨진다. 그런데 1980년대 후반에서 1990년대 초반에 이르는 역사적 사회주의 체제 몰락의 시기에는 종이 전체가 아예 쭉 찢겨졌다.

이런 시각에서 보자면, 일반적으로 말해 이른바 영구혁명론과 이른바 일국사회주의는 서로 형이상학적으로 대립시켜놓은 채로 이해하거나 선택할 문제가 아니다. 둘 다 '네이션-스테이트' 문제를 제대로 돌파하고 있지 못한 것은 마찬가지이다. 주어진 '네이션-스테이트'를 고집하고 그 안에 갇혀버리는 것이나 주어진 '네이션-스테이트'가 우리에게 가하는 현실적 압력을 관념적으로만 초월하는 것이나 둘 다 결함을 갖고 있다. '현존하는 모든 것에 대한 가차 없는 비판'을 수행하려는 사람은 일국사회주의론의 나이브하면서도 종족주의적인 성격에 대해 가차 없는 비판을 내려야 한다. 또 유물론자라면 '영구혁명론'의 낭만주의적이고 몽상적인 측면에 둔감해서는 절대 안 된다.

이러한 딜레마적·문제적 상황에 대해 우리는 단지 책상 앞이나 이불 속에서 어떤 원리나 원칙을 미리 선험적으로 이러쿵저러쿵 말할 수는 없다. 만약 그러한 상황 아래에 우리가 실제로 놓이게 된다면 그때 가서 우리는 바로 그러한 상황의 엄중한 압력 아래에서 어느 하나를 심사숙고하고 결단하고 선택하는 도리밖에 없다. 내 말은 어떠한 것도 미리 결정할 수는 없다는 얘기이다. 무엇보다 바로 그러한 엄중한 압력 아래의 상황에서는 사회 구성원 전체 또는 거의 다수가 중요하고 핵심적인 정보가 투명하게 공개된 상태에서 그 진로를 민주적으로 직접 결정해야 한다는 것이다. 또한 그 결정의 공과를 모두 나눠 짊어지지 않으면 안 된다는 것이다. 이때 정치적 리더십은 단지 의제를 제대로 설정해주는 한에서만 제 기능을 수행한다.

5.

러혁은 트로츠키의 유명한 규정에 따르면 '배반당한 혁명'이다. 또 무정부주의자 볼린(V. M. Volin)에 따르면 '알려지지 않은 혁명'이고, 페이비언 사회주의자이자 철학자인 러셀에 따르면 '실패한 러시아적 실험'이며, 반스탈린주의적 역사학자 제임스(C. L. R. James)에 따르면 '포기된 혁명'이다. 나는 러혁을 '오인된 혁명'이라고 부른 바 있다.[39] 다른 사람들은 러혁이 실패하고 배반당하고 포기되었으며 알려지지 않은 혁명이라고 규정하는데, 필자가 보기에는 러혁에 관한 볼셰비키들의 정치적·집단적 '상상적 오인'이 그런 성격이나 측면들보다 더 근본적이다. 그들은 '이행기'에 있는 소련이 '낮은 국면의 공산주의 사회'에 있다고 오인했고, 볼셰비키들만의 독재를 프롤레타리아트 독재로 오인했다. 이러한 볼셰비키들의 오인이 실패, 배반, 포기, 알려지지 않음을 낳았다고 나는 주장한다.

그런데 이러한 실패와 굴절이 소비에트 러시아에서만 일어난 것은 아니다. 프롤레타리아트 혁명의 국제 조직인 '코뮤니스트 인터내셔널(코민테른, 제3차 인터내셔널)'에서도 일어났다. 코민테른은 치머발트 회의 이후 레닌과 러시아 마르크스주의 정당의 호소로부터 시작되었다. 1914년 11월 러시아 사회민주당 중앙위는 선언(「전쟁과 러시아사회민주당」)을 발표했는데 이는 레닌이 집필한 것이다.[40] 1928년 제6회 대회에서 코민테른은 그때까지의 논의 및 결정들을 총괄해서 강령을 만들었다. 이 강령에 따르면,

---

39 각각 볼린(1973); Russell(1921); ジェームズ(1971); 이재현(2017)을 참조하기 바람. 제임스의 저작 「세계혁명 1917~1936」의 영어 인터넷 텍스트는 https://www.marxists.org/archive/james-clr/works/world/ 참조.

40 19세기 말에서 20세기 초까지 중부 유럽, 동부 유럽, 러시아 등의 사회주의 정당은 좌파적이든 우파적이든 간에 독일의 선례를 따라 거의 모두 '사회민주주의당'이라는 이름을 갖고 있었다. 러시아의 경우 1918년에 '러시아공산당'으로, 1924년에 '소련공산당'으로 이름을 바꿨다. 레닌이 집필한 글은 LCW 21(25~34) 참조. 그 이후 독일의 사민당은 오늘날 이른바 '사회민주주의 이념'을 추구하는 정당으로 남게 되었다.

코민테른은 '프롤레타리아의 단일한 중앙집권적인 국제당'이며[41] '프롤레타리아 국제혁명의 조직자로서 행동하는 유일한 국제 세력'이다(동녘 편집부, 1989: 81~83). 각 나라의 당은 바로 이 국제당의 지부로서 존재했는데, 1920년 제2회 대회 때 엄격한 21개조의 가입 조건이 부과되었다(동녘 편집부, 1989: 58~64). 이 엄격한 가입 조건은 두고두고 말썽을 일으켰는데, 그 당시 제국주의 전쟁에 찬성한 독일 사민당을 포함한 유럽의 우익 사회주의 정당들 및 제2인터내셔널의 친자본주의적이고 친제국주의적인 성격으로 보아서는 당연한 결정이었다고도 할 수 있다.

코민테른 창립대회는 1919년 3월에 열렸는데, 바로 전해 가을부터 헝가리공산당, 폴란드공산당, 독일공산당(KPD) 등이 창립되었다.[42] 1919년에는 유고슬라비아, 네덜란드, 불가리아, 팔레스타인(이스라엘), 미국, 멕시코, 덴마크에서, 1920년에는 스페인, 인도네시아, 이란, 영국, 터키, 오스트레일리아, 프랑스에서, 1921년에는 룩셈부르크, 이탈리아, 뉴질랜드, 몽고, 포르투갈, 스위스, 체코, 루마니아, 캐나다, 중국, 남아프리카, 벨기에, 스웨덴에서, 1922년에는 칠레, 브라질, 일본에서, 1923년에는 노르웨이에서, 1924년에는 레바논에서, 1925년에는 조선, 쿠바, 인도에서 공산당이 창립되었으며, 그 후에도 많은 나라에서 공산당이 창립되었다. 이러

41 여기서 '국제당'의 원어는 'world party'이다. 정확히 번역한다면 '세계당'이 되어야 한다. 이 세계당이 추구했던 것이 세계혁명(world revolution)이라고 할 수 있다. 코민테른의 세계혁명은 이 글에서 주장하려는 '글로벌 혁명'과 큰 차이가 있다. 이 차이를 이론적·체계적으로 설명하는 것은 이 글의 범위를 넘어선다. 다만, 몇 가지만 간략하게 적어둔다면, '글로벌 혁명'은 역사적 사회주의의 실패 경험을 매우 심각하게 받아들이며, 21세기의 자본주의 글로벌 체제를 전제하고, 이 글로벌 체제에서 이루어지고 있는 불균등 발전 및 불평등 교환에 의한 자본 축적에 주목하며, 현존하는 네이션-스테이트들로 인한 문제를 무시하지 않는다.

42 로자 룩셈부르크(Rosa Luxemburg)는 각 나라별로 프롤레타리아트의 정치적·조직적 역량이 매우 비대칭적이라는 점을 들어서(이 또한 자본주의 불균등 발전의 결과이다) 결국에는 러시아 중심주의로 귀착될 게 뻔한 코민테른의 창립을 반대했다. 룩셈부르크는 "(코민테른은) 우리가 맞설 수 없는 러시아 상점이 될 것이다. 우리는 그것과 함께 무너질 것"이라고 경고했다(맥더모트·애그뉴, 2009: 38).

한 공산당의 창립은 아주 새롭게 이루어진 경우도 있었고, 기존의 우파적 이거나 기회주의적인 사민당이나 사회당으로부터 좌익 사회주의자들이 독립함으로써 이루어진 경우도 있었다.

독일의 경우 1918년 '11월 혁명', 1919년 1월 스파르타쿠스 봉기[이때 로자 룩셈부르크(Rosa Luxemburg)와 카를 리프크네히트(Karl Liebknecht)가 살해되었다], 1920년 '대희망', 1921년 '3월 행동', 1923년 '독일 10월 혁명' 등이 다 실패로 돌아갔다.[43] 이러한 실패는 한편으로는 KPD가 형세를 잘못 판단해 모험주의적 봉기 노선을 채택했기 때문이고, 다른 한편으로는 상당 부분 소련 볼셰비키 지도부 및 코민테른 지도부가 독일 공산주의 운동 및 독일 공산당에 대해 그릇된 정책이나 간섭을 부과하고 강요했기 때문에 발생한 것이다. 결과적으로 바이마르 시기 독일은 히틀러 체제의 등장을 맞이했고(1930년 총선거를 거쳐 1933년), 나치 정권은 수립되자마자 한 달 만에 KPD를 불법화했다. 물론 이러한 패배 과정에는 러혁 및 러시아 내전 이후 유럽에서 자본주의 체제의 '상대적 안정'이라는 국제 정세가 기본적으로 작용했다. 또한 패전 이후 독일 내부의 군부 및 민간 우익에서 반동적이고 파쇼적인 움직임이 크게 일어난 데다, 기회주의적인 우파 사민당이 이러한 파쇼적 흐름에 동참했던 것도 하나의 원인이었다. 무엇보다도

---

43 독일의 1923년 10월 봉기 실패는 코민테른에 대해서나 소비에트 러시아에 대해 중요한 전환점이 되었다. 러시아 볼셰비키들은 이때부터 세계혁명(유럽에서의 프롤레타리아트혁명)에 대한 기대를 실질적으로 접었다. 1923년 봉기의 실패 원인을 요약해서 설명한 것으로는 맥더모트·애그뉴(2009: 73)를 참조하기 바란다. 레닌 사망 직전까지의 독일 혁명운동에 관해서는 프랑스의 독일 사학자 피에르 브루에(Pierre Broué)의 역작 『독일 혁명 1917~1923』을 참조하기 바란다(Broué, 2004). 이 책에서는 세계적 사건, 독일 국내 사건, 독일 혁명운동, 세계혁명운동, 러시아 혁명운동으로 범주를 나누어 사건들을 연표로 정리함으로써 이 사건들 사이의 범주적 상호 연관을 한눈에 통찰할 수 있도록 하고 있어 매우 편리하다(Broué, 2004: 915~934). 바이마르 시기 전체에 걸친 독일 공산주의 운동에 관해서는 Fowkes(1984)를, 독일 공산주의 운동의 일차 사료로는 Fowkes(2014)를 참조하기 바란다. 특별히 노동자평의회 운동에 초점을 맞추어 잊힌 노동자 출신 활동가이자 지도자인 리처드 뮐러(Richard Müller)의 삶을 조명한 것으로는 Hoffrogge(2015)를 참조하기 바란다.

패전 후 독일에 부과된 배상 책임에 대한 대중들의 불만과 인플레 및 경제적 결핍으로 인한 대중들의 공포가 동시에 복합적으로 작용했다. 넓게 보자면 독일의 이른바 상대적 후진성과 관련된 독일 특유의 국가주의적 경향이 19세기 이래 계속 작용하고 있었기 때문이기도 하다.

유럽 전체를 놓고 볼 때, 노동자계급을 포함한 근로 인민 대중의 상당 부분은 제국주의 전쟁을 수행하는 국가 기구인 사민당의 본질적 구성요소이며 이념적으로는 우파적이고 기회주의적인 사회민주당 또는 사회주의 정당의 정치적 헤게모니 아래 놓여 있었다. 나머지 상당 부분은 앞에서 말한 '불만'과 '공포'로 인해, 점차 나중에는 파시즘 이데올로기가 제공한 국가주의적이면서 동시에 의사(擬似)-사회주의적인 가짜 '희망'으로 인해 파시즘 체제라는 정치적 블랙홀 안으로 정치적으로 빨려 들어가버렸다.

맥더모트와 애그뉴가 강조하는 바에 따르면, 코민테른은 점차 볼셰비키화·관료화·스탈린주의화의 길을 걸어갔지만, 적어도 레닌 때까지는 다원주의와 공개 토론이 있었으며, 볼셰비키화라는 것도 위로부터 강요된 것만이 아니라 아래로부터의 적극적인 지지도 있었다고 한다(맥더모트·애그뉴, 2009: 41). 또 각 나라의 당마다 복잡한 사정 속에서 분파 투쟁이 끊이지 않았는데, 이것이 코민테른 중앙과 지저분하게 얽힘으로써 코민테른은 소련공산당과 스탈린주의에 종속되는 길을 걷게 되었다. 이 과정에서 코민테른은 전략과 전술의 배합 또는 전술 채택에서 지그재그를 그리게 되었는데, 맥더모트와 애그뉴의 정리에 따르면 다음과 같다(맥더모트·애그뉴, 2009: 12, 87 등).

- 1919~1923년: 혁명적 봉기 실패, 소련의 고립, '공세 이론'의 득세
- 1924년: 국제 정세의 '상대적인 안정화' 아래에서 좌익 선회
- 1925~1926년: 사민당과의 '공동전선(통일전선)'을 강조하는 일방적이

고 불확실한 중도 선회. 코민테른의 볼셰비키화 시작

- 1927~1928년: '제3시기론'의 종파적 도그마로 인한 악명 높은 좌익 선회
- 1929~1933년: '사회 파시즘론(사민당=파시즘)' 채택. '자본주의 전반적 위기론' 아래에서 사민주의에 대한 초좌익적 공격
- 1934~1939년: 국제공산주의 운동이 소비에트의 외교적 요구에 본격적으로 종속됨. 반파쇼를 내세운(부르주아 정치 세력 일부를 포함하는) '인민전선'의 실패. 코민테른에도 스탈린주의적 테러와 숙청이 밀려옴
- 1939~1943년: 나치와 소련 사이의 비밀 조약 체결(1939)과 스탈린의 코민테른 해산[44]

코민테른의 이러한 실패 및 굴절은 특별히 중국혁명[45]과 스페인내전에서 잘 드러났다. 여기서는 지면 관계상 스페인내전만 간단히 살펴보기로 한다.[46] 1930년대 중반 스페인의 인민전선은 자유주의적 공화주의 당, 사회주의 당, 스페인 공산당 및 트로츠키주의적 마르크스주의 통일노동자당으로 이뤄진 아주 작고 연약한 정치 연합체였지만, 1936년 2월에 인민전선은 근소한 차이로 총선에서 승리했으며 그 뒤에 자발적인 파업 물결과 토지 점거가 일어났다. 이에 대해 프란시스코 프랑코(Francisco Franco) 장

---

44 한편 일본의 정치학자 가토 데쓰로(加藤哲郎)는 강령 변경 및 정책 전환을 중심으로 코민테른 활동을 크게 1단계(1921~1924), 2단계(1928), 3단계(1934~1935)로 나누고 있다(加藤哲郎, 1991).

45 코민테른과 중국(혁명)의 관계에 대해서는 문헌들이 매우 많다. 일단 간략한 북 챕터로는 맥더모트·애그뉴(2009: 251~287)를 참조하기 바란다. 나는 이 관계에 대한 고찰이 이른바 '마르크스주의의 중국화' 및 '중국 특색의 자본주의'에 대한 비판적 탐구와 반드시 연결되어야 한다고 생각한다. 이 두 가지의 그릇된 내셔널리즘 또는 국가(중심)주의에 대한 근본적인 비판 및 이 비판에 바탕을 둔 전망 없이 코민테른과 중국(혁명)의 관계를 탐구한다는 것은 백해무익한 일이다.

46 이하 스페인내전에 대한 서술은 맥더모트·애그뉴(2009: 214~219)를 요약했다.

군이 이끄는 파쇼 세력은 7월에 군사 쿠데타를 일으켰고 이는 1939년 3월까지의 내전으로 이어졌다. 독일과 이탈리아는 프랑코 반란군에게 군사를 지원했고, 프랑스와 영국은 불간섭 정책을 취했다. 소련은 망설임 끝에 9월 말에 무기와 함께 군사고문단, 비밀경찰 대리인, 코민테른 집행부 감독관 등을 포함해 2000명 이상의 인력을 파견했다.

스탈린은 서구 자본주의 국가와의 관계, 그리고 나치 독일과의 긴장된 관계를 악화시키지 않는 것이 소련의 이익이라고 판단해서 스페인에서의 혁명을 부르주아 민주주의 단계에 제한하도록 강제했다. 소련의 영향력 아래에 놓인 공산주의자들에게는 자유주의적 공화주의자들 및 온건한 사회주의자들과의 동맹을 중시하는 것이 우선적인 과제가 되었다. 반면에 소비에트 헤게모니를 경계했던 트로츠키주의자들과 아나키스트들은 그들 자신의 지역 노동자민병대를 스페인 공산당이 통제하고 있는 공화국 군대로 통합시키는 것을 거부했다. 그러나 소련과 코민테른의 지원과 간섭은 엄청난 부작용을 일으켰고, 끝내 치유 불가능한 격렬한 불화로까지 발전했다. 특히 여기에는 트로츠키 및 트로츠키주의자들에 대한 스탈린의 개인적 원한이 엄청나게 작용했다.

1937년 5월 카탈로니아에서 소련과 코민테른 아래의 스페인공산당 측은 마르크스주의 통일노동자당 및 아나키스트들에게 잔인하고 유혈적인 공격을 가했다. 이는 공화국 진영 안에서 '내전 안의 내전'을 일으킨 것이나 마찬가지였으며, 결국 프랑코가 군사적 우위를 차지하는 데 결정적으로 도움이 되었다. 소련과 코민테른은 스페인내전에 참여한 스페인 인민들, 그리고 전 세계에서 몰려든 투사와 전사들의 피와 땀과 눈물을 반혁명적으로 매몰시키고 그들의 혁명적 노력을 무산시킴으로써 결과적으로 스페인 파쇼 체제를 성립시켜주었다. 프랑코는 1975년에 사망했는데, 그가 죽고 나서도 한참 뒤에야 스페인의 민주화는 겨우 시작될 수 있었다.

6.

스탈린 시기의 소련공산당 및 코민테른이 이론적으로 저지른 가장 큰 해악과 오류는 무엇보다 '전반적 위기(the general crisis)' 개념에 있다. 1920년대 중반 이후 코민테른 문건에 등장하기 시작한 전반적 위기라는 규정은 1928년 코민테른 제6회 대회에서 채택된 강령에서 최초로 정리된 형태로, 동시에 스탈린주의적으로 변형된 형태로 나타났다(동녘 편집부, 1989: 90~97).[47]

내가 아는 한, 마르크스도 '전반적 위기'에 해당하는 말 자체를 사용한 적이 있다. 『자본론』 제2판 「후기」에는 'die allgemeine Krise'라는 표현이 등장하며(MEW 23: 28), 프랑스어판 『자본론』 본문에도 'une crise generale'이라는 표현이 나온다(MEGA² II.7: 557 18행). 그런데 지금 여기서 다루고 있는 'the general crisis'(독 die allgemeine Krise)를 일본에서는 관행적으로 '전반적 위기'로 번역해왔으며, 한국에서도 그대로 따라 써왔다. 그런데 일본과 한국에서는 마르크스 저작의 'crisis(Krise)'라는 말을 대개 '공황'으로 번역해왔다는 점을 감안하면, 'the general crisis' 및 'die allgemeine Krise'는 '전반적 공황' 또는 '일반적 공황'으로 번역할 수도 있다. 1920년대 코민테른에서 '전반적 위기'가 널리 쓰이기 시작한 것은

---

47 코민테른 제6회 대회 강령에서의 전반적 위기론에 관해서는 加藤哲郎(1991)를, 1960년대 및 1970년대의 전반적인 위기론을 둘러싸고 벌어진 논쟁에 관한 개괄적 리뷰는 川端正久(1978)를, 1970년대 말 미국의 네오 마르크스주의가 수용·이해하고 있던 (경제)위기론의 수준과 양상에 관해서는 Sweezy(1981)를 참조하기 바람. 여기서 분명히 밝혀두어야 할 것은, 스탈린의 '전반적 위기론'이 본격적이고 전면적인 이데올로기로서 나타난 것은 대략 1930년대 중반이라는 점이다. 코민테른 제6회 대회 강령은 애당초 부하린의 초안과 스탈린의 수정안을 바탕으로 해서 600개에 달하는 제안, 주장, 연설 등에 의해 타협적으로 성립했다. 여기서 코민테른 제6회 대회 강령에서의 전반적 위기론이 스탈린주의적이라고 말하는 것은 당시 소련 및 코민테른에서, 그리고 제2차 세계대전 이후 상당 기간 동안의 거시적인 이데올로기적 흐름과 경향성에서 볼 때 그렇다는 얘기이다. 참고로 스탈린의 짧은 글 「양 진영론(Two Camps)」은 1919년에 이미 집필되었다(SW 4: 240~244).

1925년 무렵이라고 한다.[48]

코민테른의 '전반적 위기' 개념은 코민테른 1928년 제6회 대회 강령에서부터 스탈린주의적으로 침윤되기 시작했다. 스탈린주의적 전반적 위기론의 이론적·이데올로기적[49] 지주는 한편으로는 '체제 간 모순론'이며 다른 한편으로는 '불균등 발전론'이다. 스탈린은 자신의 '일국 사회주의'론, '양대 진영'론, '체제 간 기본모순론' 등을 '전반적 위기론'과 결합시켰다.[50] 즉,

---

48 加藤哲郎(1991: 276 주18). '제국주의 시대 자본주의의 혁명적 위기'라는 것은 레닌, 트로츠키 등을 포함해서 20세기 초반 마르크스주의자들이 가지고 있던 공통의 혁명론적 인식소(認識素, 에피스테메)였다고 여겨진다. 코민테른 제6회 대회 강령 이전까지의 '전반적 위기'란 대체로 이러한 의미였다. 반면에 마르크스의 용법에서 'die allgemeine Krise'는 주기적 순환상의 위기(공황)이다. 이런 점에서 마르크스 텍스트에서의 용법과 제국주의 시기 이후의 용법은 일단 서로 다른 것으로 여겨진다.

49 나는 이론/과학/학문과 이데올로기 사이에 만리장성이 있다고 여기지 않는다. 어떠한 구체적 상황이나 정세에서 또는 어떠한 제도 안에서 어떻게 쓰이느냐에 따라 모든 이론은 이데올로기가 될 수 있다. 또 모든 선동-선전적인 담론은 그것이 제아무리 과학/학문을 표방한다고 하더라도 그 효과에서 이데올로기적 성격을 띠지 않을 수 없다. 마르크스(주의)의 담론도 마찬가지이고 내 자신의 생각과 말/글(당연히 이 글을 포함해서)도 마찬가지이다. 물론 이데올로기가 무조건 다 나쁜 것은 아니다. 어떻게 보면 이데올로기는 불가피하다. 그러나, 또는 그런 만큼, 우리는 우리 자신의 지각, 표상, 추론, 담론, 언술적 실천 등에 깃들어 있는 여러 수준의 이데올로기들 및 이데올로기적 흔적과 자취들을('적'들의 이데올로기는 당연히 물론이고) 끊임없이 제대로, 그리고 가차 없이 비판해나가야 한다. 그렇기 때문에 사회과학(정치경제학)에서의 '물신성 비판', '이데올로기 비판'은 문화연구의 '담론' 개념, 현대 비판적 레토릭 이론에서의 '레토릭' 개념 등에 의해 보완되지 않으면 안 된다. 이데올로기는 그 기원에서뿐만이 아니라 효과와 기능에서도 정의될 수 있다. 기능 면에서 보자면 이데올로기는 담론적이고 레토릭한 형태로 존재할 수밖에 없는 지식을 도식적·추상적·기계적·무조건적·무차별적으로 적용한다는 특징을 갖는다.

50 스탈린주의적 위기론이 레닌의 위기론, 부하린의 위기론, 트로츠키의 위기론 등과, 또는 그 이전의 제2차 인터내셔널 이론가들의 위기론 등과 과연 어떻게 다른가를 탐구하는 것은 별개의 과제이다. 더 나아가 전반적 위기론과 제국주의론 및 국가독점자본주의론 사이의 상호 발생사적 관계에 대해서도 좀 더 체계적이고 비판적이며 꼼꼼한 탐구가 필요하다. 그런데 이 모든 것은 이 글의 범위를 벗어난다. 다만, 오늘날 스탈린주의적 '전반적 위기론'과 '국가독점자본주의론'을 과거처럼 받아들이는 것은 큰 문제가 있겠지만, 반면에 이들 이론의 스탈린주의적 버전에도 최소한의 일정한 '합리적 핵심'이 있다. 현대 자본주의론의 (재)구성([re]configuration)에서 '위기(공황)', '독점', '국가', '제국주의' 등을 적절하게 '배치'하는 것은 필수적인 일이다. 이런 점에서 우리는 최근 김성구, 정성진, 박승호 사이에서 벌어지고 있는 현대 자본주의 이론의 (재)구성 및 2008년 위기의 이해를 둘러싼 논쟁에 주목할 필요가 있다(박승호, 2015; 김성구, 2017 등). 다만, 여기에서는 글의 흐름상 '전반적 위기론'의 스탈린주의적 해악에 초점을 맞추고자 한다.

스탈린주의적 버전의 전반적 위기론은 '소련 중심의 일국사회주의론 → 소련 중심의 사회주의 세계 체제 성립론 → 양대 진영(체제)의 성립론 → 진영 대립의 기본모순화'라는 논리적 연쇄를 취하고 있는 것이다.

물론 스탈린주의적인 신비한 외피를 벗겨내고 그 합리적 핵심만 놓고 말한다면 마르크스적 의미에서의 '전반적 위기'라는 것이 아주 틀린 얘기는 결코 아니다. 일반적(전반적)으로 말해 자본주의 또는 자본주의 세계 체제가 구조적인 위기(공황) 또는 경기 순환적인 위기(공황)를 늘 겪지 않으면 안 된다는 것은 마르크스주의 패러다임의 가장 기본적이고 핵심적인 주장이다. 다만, '전반적 위기론'을 소련-중심주의적 틀 안에서 일국사회주의론 및 양대 진영론과 강제 결혼시킨 것, 더 나아가 제2인터내셔널에서와 마찬가지 수준의 '붕괴론' 또는 '종말론'으로까지 몰고 간 것이 스탈린주의의 결정적인 해악이었던 것이다.

1928년 코민테른 강령으로 표출된 스탈린주의적 전반적 위기론에서는 이른바 4대 모순과 3대 혁명 세력이 도식적으로 강조되었다(동녘 편집부, 1989: 95~97).

- 사회주의 체제(진영)와 자본주의 체제(진영) 사이의 모순[51]
- 자본주의(제국주의) 안에서 자본가계급과 노동자계급 사이의 모순
- 제국주의 체제와 식민지 민중 사이의 모순
- 제국주의 열강 사이의 모순

이 4대 모순 중 앞의 3개는 논리적으로 당연히 3대 혁명 세력(사회주의

51 이른바 4대 모순 중 '체제 간 모순'은 최종적으로 1980년대 후반에서 1990년대 초반에 역사적 사회주의 체제의 몰락 및 포스트사회주의로의 이행에 의해 그 허구성이 입증되었다.

체제, 자본주의 사회의 노동자계급, 제국주의 지배하의 식민지 민중)을 함축하거나 도출한다.

스탈린주의적 전반적 위기론의 핵심 주장은 소련 중심의 일국사회주의론에 입각한 양 진영 사이의 모순이 다른 나머지 모순들보다 우선적이고 중요하다는 것이다. 또한 이 진영 모순론 또는 진영 테제는 소련을 중심으로 한 사회주의 체제가 '하나의 세계 체제'로 성립하고, 그런 다음에 다른 하나의 세계 체제인 자본주의 체제와 대립해서 존재한다는 것을 강조하고 있었다. 일국사회주의론 및 소련-중심주의 입장에서는 이러한 진영 테제로부터 소련-중심주의적 평화공존론이 도출되는 것도 나름의 흐름상 상당히 자연스러운 일이다.[52]

한편 1979년(제2판)에 간행된 이와나미서점의 『경제학사전』에 따르면 '전반적 위기'는 그 단계 및 시기가 다음의 도식으로 구분된다(大阪市立大学経済研究所, 1979: 584).

- 제1단계(1917~1945년): 소련의 공업 발전 대 자본주의 체제의 공황 및 정체
  - 제1시기(1917~1924년): 직접 혁명의 고양기
  - 제2시기(1925~1928년): 상대적 안정기

52 1960년대 이후 중소 분쟁에서 중국공산당 및 마오쩌둥이 소련 측의 '평화공존론'에 대해 거세게 반발한 것도 이러한 맥락에서 이해될 수 있다. 그 당시까지 미국 제국주의의 직접적인 군사 위협 아래에 놓였던 중국으로서는 소련 중심의 일국사회주의론적 평화공존론을 절대 받아들일 수 없었다. 그러다가 1970년대 초부터 중국은 공업화에 필요한 외자 도입을 위해 미국 및 일본과의 우호적 관계를 모색하기 시작했다. 중국은 1970년대 말부터 노골적으로 자본주의적 발전을 추구하기 시작했는데, 1980년대 초반에 이르러서는 20세기 초 이래 진보좌파 공통의 세계사상(世界史像)과 관련된 슬로건인 '전쟁과 혁명'을 중국 중심주의적 입장에서 일방적으로 '평화와 발전'이라는 슬로건으로 바꾸어 공식적으로 공표했다. 하지만 바로 그 시점에 지구 반대편에서 니카라과의 산디니스타 민족해방전선은 생사를 걸고 미 제국주의와 격렬하게 싸우고 있었다.

– 제3시기(1929년 이후): 상대적 안정의 붕괴기[53]

• 제2단계(1945년 이후): 사회주의 체제가 '세계 체제'로까지 발전
  – 동유럽 및 중국에서 인민민주주의 국가 성립
  – 식민지 체제의 붕괴 시작
  – 미국이 자본주의 체제 주도
• 제3단계(1960년 이후): 중국, 베트남 등에서 사회주의 체제 확립
  – 식민지 체제의 붕괴가 사실상 완료
  – 자본주의 체제는 미국, 유럽, 일본의 삼두체제

그렇다면 코민테른의 1928년 강령에서 전반적 위기로 특징지어진 세계 체제 안에서 각 국가 또는 각 지역의 경제는 어떠한 위치를 차지하는 것으로 이해되고 있었을까. 이는 크게 세 가지 유형, 그리고 좀 더 세분하면 다섯 가지 유형으로 도식화된다(동녘 편집부, 1989: 117~118). 세 가지 유형이란 1928년 코민테른 강령에서 기본적으로 다음의 C와 D를 하나로 묶어 다루고 E를 예외적인 것으로 처리하고 있음을 뜻한다.[54]

A. 고도의 자본주의 국가: 미국, 독일, 영국 등

B. 중위의 자본주의적 발전 수준에 있는 국가: 스페인, 포르투갈, 폴란드, 헝가리, 발칸 국가들

53 이 시기는 특별히 코민테른에서 일정 기간 동안 '제3의 시기(1928~1933)'라고 부른 기간에 상응하거나 이 기간을 포함한다. '제3의 시기'에 관해서는 맥더모트·애그뉴(2009: 113~185) 참조.

54 여기서 제시한 것은 1928년의 코민테른 강령에 제한된 것이다. 코민테른 세계경제론의 역사적 변천 과정에 관해서는, 비록 미완이기는 하지만, 미네노 오사무(嶺野修)의 일련의 논문(嶺野修 1974, 1977a, 1977b, 1977c, 1981a, 1981b)을 참조하기 바란다. 또한 특이하고 흥미롭게도 이른바 정통파 전반적 위기론과 비정통파 '장기파동론'을 대비시켜 마르크스주의 경제 위기론의 역사를 개관한 것으로는 小澤光利(2002)를 참조하기 바란다.

C. 식민지·반식민지 국가: 중국, 인도 등

D. 종속국: 브라질, 아르헨티나 등

E. 초후진국: 아프리카의 일부 국가

그리고 각 국가별 혁명 유형에 관한 도식은 다음과 같다(동녘 편집부, 1989: 117~118).

A: 프롤레타리아트 독재로 직접 이행

B: – a형: 부르주아 민주주의 혁명으로부터 사회주의 혁명으로의 다소 급격한 성장 전화 가능

– b형: 부르주아 민주주의적 성격의 임무를 광범위하게 동반하는 프롤레타리아 혁명 가능[55]

C와 D: 봉건적·전자본주의적 착취 형태와의 투쟁 및 농민의 토지혁명의 철저한 수행, 민족 독립을 위한 외국 제국주의와의 투쟁

E: 민족 해방을 위한 투쟁이 중심적임. 민족 봉기와 그 승리가 프롤레타리아 독재 국가들로부터 실제로 강력한 지원을 받게 된다면 자본주의 단계를 전혀 거치지 않고 사회주의로 발전하는 길을 열 수 있음

참고로 「제국주의론 노트」(1916)에서 레닌은 세계 체제에서의 각 국가

55 Ba형을 이른바 '단계론'으로 물신화시키면서 C 및 D의 혁명 유형과 결합시켰을 때 NDR(민족민주혁명)론이 출현하고, Bb형을 동유럽 국가들의 상황 및 경험을 기준으로 이론적-이데올로기적으로 정당화시켰을 때 PDR(인민민주주의 혁명)론이 출현하는 것이라고 거칠게 설명할 수 있다. NLPDR(민족해방인민민주주의 혁명)론은 Bb의 혁명 유형과 C 및 D의 혁명 유형을 결합시킨 것이라고 이해된다. 중진국 혁명론에서 Ba형과 Bb형이 서로 차이를 갖는 것으로 분화된 과정에 관한 설명은 加藤哲郎(1991: 245~250)를 참조하기 바란다. 그 설명을 요약하자면, Bb형이 강령에 도입된 것은 주로 불가리아공산당의 이니셔티브에 의해서였는데, 불가리아는 당시 동유럽에서도 가장 자본주의적 발전이 뒤떨어진 나라들 중의 하나였다는 것이다. 이것은 매우 아이러니컬한 일이다.

의 발전 및 자립 수준과 관련해 각 나라를 다음 4개로 분류했다(LCW 39: 718).

α. 금융적으로나 정치적으로 자립한 국가: 영국, 독일, 프랑스, 미국

β. 금융적으로는 독립적이지 않지만 정치적으로 자립한 국가[56]: 동유럽(러시아, 오스트리아, 터키), 서유럽의 작은 나라들, 일본, 중남미

γ. 반식민지 국가: 중국 등

δ. 식민지 및 정치적 종속 국가

7.

러혁은 전 세계의 노동자계급 및 무산계급, 식민지의 피압박 인민들에게 엄청난 환희와 희망과 기대를 안겨주었다. 1980년대 후반 이전까지 또는 그 후로도 상당 기간 동안 많은 사람들에게 러혁은 혁명적 영감의 원천이었다. 그런 만큼 1980년대 후반 및 1990년대 초반에 벌어진 역사적 사회주의 체제의 몰락은 사람들을 이념적·정치적으로 격렬한 실망, 분노, 절망, 좌절, 혼란으로 몰아넣었다. 적어도 내게는 그러했다.

그동안 역사적으로 현존했던 또는 현존하는 러시아, 동유럽 여러 나라, 중국, 베트남, 북한 등의 '사회주의 체제'에 대해 여러 가지 이론적·이데올로기적 설명과 규정이 있어왔다. 이런 설명과 규정은 많은 논쟁을 낳기도 했고 논쟁 속에 생겨난 것이기도 하다. 나는 역사적으로 현존했던 또는 현

56 여기에서 '베타형(β型) 제국주의'라는 규정 또는 표현이 생겨났다. 그런데 '베타형 제국주의'에 관해서는 나카무라 사토루(中村哲)의 비판적 견해가 있다(中村哲, 1992: 58~60). 나카무라 사토루 얘기의 핵심은 이른바 '베타형 제국주의'라는 규정과 관련된 레닌의 해당 텍스트는 제국주의의 유형에 관한 것이 결코 아니라는 점이다. 하지만 '베타형 제국주의'라는 발상을 흔히 말하는 '아류 제국주의' 수준에서 이해하고 사용하는 것이 크게 잘못된 일은 아니라고 나는 생각한다.

존하는 사회들은 기본적으로 『고타 강령 비판』에서의 '이행기'에 속했거나 속하는 것이라고 이해한다. 또 사회 구성에서는 그 사회들이 여러 우클라드가 병존하는 '복합적 우클라드 사회'였다고 간주한다.[57]

내 설명은 이렇다. 그 사회들은 실질적으로는 이행기에 속한 사회였음에도 '사회주의 사회'(마르크스 『고타 강령 비판』에서의 '낮은 국면의 공산주의 사회')라고 오인되어왔다. 오인이 지속되는 상황에서 그 사회들은 여러 번의 내부 개혁에도 불구하고 이행기로부터 '낮은 국면의 공산주의 사회'로 실질적으로 넘어가는 데 최종적으로 실패했다. 실패의 결과, 그 사회들은 대부분 '자본주의적 발전'을 본격적이고 노골적으로 내세우지 않을 수 없게 되었다. 통상적인 관례상 오늘날 우리는 이 사회들을 '포스트사회주의' 또는 '포스트공산주의' 사회라고 부른다. 포스트사회주의 사회란 '이행기 사회'로부터 '자본주의 사회'로 넘어간 것을 뜻한다. 즉, 마르크스의 『고타 강령 비판』에서와는 다른 의미에서의, 또는 아주 일반적이고 광범위한 의미에서의 '이행'을 한 것이다. 이러한 다른 의미의 이행을 사람들은 종종 체제 전환(transformation)이라고도 불러왔다. 특히 현재 중국에서는 체제 전형(轉型)이라는 표현도 쓰고 있다. 이러한 전환 또는 전형에는 크게 두 가지 유형이 있다. 기존의 '당-국가 체제'가 유지되느냐 아니냐이다. 소련 및 동유럽은 공산당이 권력을 잃고 해체되거나 당 이름과 노선 및 정책을 바꿨고, 중국은 과거로부터의 '당-국가' 체제를 그대로 유지했다. 이러한 차이는 현상적으로 볼 때 이행기로부터 자본주의로의 본격적이고 노

---

57 '복합적 우클라드 사회'에 대한 간략한 설명은 이재현(2017)을 참조하기 바람. 여기에서 명심해야 할 사실은 역사적으로 봤을 때 자본주의 발전 수준이 낮은 사회일수록, 즉 주변부 사회일수록 낡은 것들을 포함한 서로 다른 여러 우클라드가 병존해 있을 가능성이 더 크다는 점이다. '접합(articulation)'이라는 말은 원래 마르크스가 사회에 비유적으로 적용했던 표현인 'Gliederung'[사지(四肢) 분절]을 1970년대에 일부 프랑스 마르크스주의자가 새롭게 전유하는 과정에서 생겨났다. 그들은 한 사회(구성체) 안에서 서로 다른 여러 우클라드가 병존해 있는 것을 서로 다른 계급들의 '동맹' 또는 서로 다른 생산양식들의 '접합'이라고 표상했다.

골적인 전환이 '빅뱅식'으로 이루어지느냐(소련 및 동유럽) 아니면 '점진적' 방식으로 이루어지느냐(중국 및 베트남)의 차이로 나타났다.[58]

현존했던 또는 현존하는 역사적 사회주의 체제의 복합적 우클라드 사회는 경제 발전 수준이라는 점에서 기본적으로 개발도상국이었고 세계 체제의 위계 구조 안에서는 주변부 사회였다는 점을 명심해야 한다.[59] 이러한 개발도상국 수준의 복합적 우클라드 사회에서는 역사적 국면에 따라 어느 한 개 또는 두어 개의 우클라드가 지배적이거나 도드라져 나타날 수 있다. 러시아의 경우, 1917년 10월부터 내전기 동안은 '전시 징발 우클라드'[60](레닌 및 거의 모든 볼셰비키가 '국가자본주의 우클라드' 또는 '사회주의 우클라드'라고 오인해서 표상한 것의 역사적·사회적 실체)가 우세했다. NEP(신경제정책) 시기에는 소상품 생산 우클라드와 사적 자본주의 우클라드가 '전시 징발

---

58 특이하게도 북한에는 1945년부터 지금까지 내내 이행기에 고유했던 '전시 징발 우클라드'가 지배적이다. 북한의 '선군 정치'와 핵무기 및 미사일 개발은 북한의 '전시 징발 우클라드'적 성격을 직접적으로 적나라하게 보여준다. 물론 '유격대 국가' 북한에서 '전시 징발 우클라드'가 지속된 것은 미 제국주의의 정치·군사적 압력에 의해 강제된 측면이 더 크다[개념의 발생사 또는 발상의 계보학이라는 점에서 와다 하루키(和田春樹)의 '유격대 국가' 규정은 해럴드 라스웰(Harold Lasswell)의 '수비대 국가(the garrison state)' 개념을 북한에 적용한 것으로 추정된다]. 내가 말하고자 하는 바는 당연히 북한은 사회주의(또는 공산주의) 사회가 아니었고 지금도 아니라는 점이다. 북한은 아주 열악한 형태와 수준의 이행기 사회이다. 원론적으로 말해 이러한 이행기 사회는 결코 그 자체로 사회주의 사회로 성장·전화하거나 이행할 가능성이 거의 없다. 사회주의(또는 공산주의) 사회가 아닌 북한의 체제가 남한에서의 반공 이데올로기를 만들고 지속시켜왔다는 것은 매우 아이러니컬한 문제이다.

59 이하는 내 나름의 '내러티브'이다. 나로서는 전문가들이 이에 상응하거나 이를 넘어서는, 그러니까 내 어설픈 내러티브를 비판적으로 넘어서고 더 나아가 나를 충분히 만족시켜줄 수 있는 더 체계적이고 근거 있는 이론적 내러티브를 제시해주기를 바랄 뿐이다.

60 '전시 징발 우클라드'와 '행정-명령형 우클라드'는 우클라드의 종류로서 내가 잠정적으로 만들어낸 말이다. 물론 '행정-명령형 체계(administrative-command system)'라는 말 자체는 이미 고르바초프 시대부터 그 이전까지의 소련 체제를 가리키는 말로 쓰이고 있었다. 이 2개가 과연 레닌적 의미의 우클라드에 값하는지는 더 토론해봐야 한다. 한편 내전기 동안의 소련 경제에 대해 '전시 공산주의'라는 말을 쓰는 경우가 많은데, 이는 결단코 삼가야 할 일이다. 소련의 '전시 공산주의'라는 말이 가리키는 역사적 실체는 '공산주의' 이념과 운동 자체에 대한 모욕이다. '전시 공산주의'라는 말은 '공산주의'를 대중적으로 오염시켜온 공범 중 하나이다.

우클라드'와 '행정-명령형 우클라드'를 압도하는 경향을 보였다. 스탈린의 집단화와 공업화 이후에는 행정-명령형 우클라드가 다른 모든 것을 덮어 씌웠다. 소련 사회의 공식적인 체제 이데올로기 아래에서 전시 징발 우클라드와 행정-명령형 우클라드는 계속해서 '사회주의 우클라드'로 오인되거나 착각되거나 호도되었다. 쉽게 말해 소련은 1917년 이후 1990년대 초까지 단지 '사회주의 코스프레'를 한 것일 따름이다.

중국의 경우, 신민주주의(인민민주주의에 대한 중국의 호칭) 혁명을 거쳐서 1949년에 중화인민공화국을 수립했다. 소련과의 차이는 크게 몇 가지를 들 수 있는데, 소련과 달리 ① 중국혁명은 중국 사회의 압도적 다수를 이루는 소농 또는 빈농이 중심인 혁명이었다는 점, ② 중국의 경우 내전을 거친 다음 혁명을 성공시켰다는 점(혁명 또는 봉기의 성공 표지들 중 하나는 '수도'의 안정적이고 지속적인 점령이다), ③ 중국은 소수 민족 문제를 완전히 억압적·배제적으로 처리함으로써 유사시 급격한 체제 분열 및 붕괴의 빌미를 쉽게 제공하는 연방공화국 형태를 피할 수 있었다는 점, ④ 중국은 혁명과 이행기 초기에 소련을 모델로 하고 또 소련의 지원과 원조를 받아서 후발국의 이점을 누릴 수 있었다는 점, ⑤ 소련의 실패 또는 몰락 경험을 타산지석으로 삼으면서 '포스트사회주의'로 넘어갔다는 점이다.[61]

1948년 7월 중국의 장웬티엔(張聞天, 1900~1976)은 그 시점에서 중국 사회의 복합 우클라드 구조에 관한 이론과 정책을 제안했다(張聞天, 1995: 74~99). 장웬티엔은 모스크바의 중산대학교 출신으로 1947년 시점에는 중국

61 좀 더 나중에 중국은 '행정-명령형 우클라드' 또는 '국가자본주의 우클라드'를 통해 자본주의적 발전을 추구하고 실행하는 데서도 후발국의 이점을 누렸다. 단, 여기서 잊지 말아야 할 것은, '후발국의 이점'이라는 개념적 아이디어는 실상 '제국주의 시기 자본주의 세계 체제에서 불균등 발전의 결과로 생겨난, 러시아에서의 프롤레타리아트 혁명 가능성 및 연속혁명'이라는 러혁의 기본 모티브와 발생사적·계보학적으로 연결되어 있다는 점이다. 알렉산더 게센크론(Alexander Gerschenkron) 등의 개발(발전)경제학에서 강조하는 이른바 '후발국의 이점'은 러혁의 기본 모티브와 비교해 단지 에필로그에 불과하다고 할 수 있다.

공산당 동북국 조직부장을 지내고 있었다. 그는 신민주주의 혁명 직후의 중국 사회에는 다음과 같은 6개의 우클라드가 있다고 정리했다. 바로 ① 국가 경제(또는 공영 경제) 우클라드, ② 국가자본주의 경제 우클라드, ③ 사인(私人)자본주의 경제 우클라드, ④ 소상품 경제 우클라드[주요하게는 농민 경제이며 도시 소(小)수공업 경제 포함], ⑤ 합작 경제 우클라드, ⑥ 유목 경제 우클라드이다.[62]

장웬티엔의 이러한 이론적 인식과 이에 바탕을 둔 정책 제안은 중국공산당 중앙에 의해 받아들여져 약간 수정되는 과정을 거친 후 최종적으로는 1949년 9월의 「중국인민정치협상회의 공동 강령」에 삽입되었다(中共中央文獻硏究室, 1992).[63] 이 강령의 제26조에서 제31조까지 거론된 우클라드는 5개로, ① 국영 경제 우클라드, ② 합작사 경제 우클라드, ③ (농민과 수공업자의) 개체 경제 우클라드, ④ 사인자본주의 경제 우클라드, ⑤ 국가자본주의 경제 우클라드이다.

1979년 이후 중국이 본격적인 자본주의적 발전 정책을 노골적으로 취함에 따라 1949년 이래의 기존 5개 우클라드에 2개가 추가되었다. 하나는 홍콩, 대만 등으로부터 유입된 자본에 의한 기업들로 구성된 우클라드이고, 다른 하나는 외국 자본주의 체제로부터 유입된 자본에 의한 기업들로 구성된 우클라드이다.[64] 1992년의 중국공산당 14차 전당대회에서는 다음

---

62 1918년 레닌의 유명한 정식화에 따르면 당시 러시아에는 5개의 우클라드, 즉 ① 가부장제, ② 소상품 생산, ③ 사적 자본주의, ④ 국가자본주의, ⑤ 사회주의가 혼재했다(LCW 36: 295~296). 러시아 모스크바 중산대학교에 유학했던 장웬티엔은 레닌의 이러한 정식을 잘 알고 있었음에 틀림없다. 또한 동북 지역이 다른 지역들에 비해 먼저 평정되어 토지개혁 등이 이미 실시되고 있었다는 점도 장웬티엔의 이론화 작업에 큰 도움이 되었을 것이다.

63 이 공동 강령은 헌법이 제정될 때까지 헌법 역할을 했다. 또한 정치협상회의는 오늘날에도 중국에서 주요한, 그러나 단지 형식적인 공식적 정치 제도의 하나이다. 오늘날에도, 적어도 형식적으로는, 중국은 공산당과 다른 여러 민주 정당 간의 통일전선체적 정치 협상을 통해 통치된다.

64 나중에 추가로 유입된 두 우클라드는 각기 '화인(華人) 투자 경제 우클라드' 및 '외상(外商)

과 같은 이데올로기적 정식이 수립되어 지금에 이르고 있다. "소유제 구조에서 전 인민 소유제[우클라드]와 집체 소유제[우클라드]를 포함해서 공유제 경제[우클라드]를 주로 하고, 개체 경제, 사영 경제, 외자 경제[우클라드]를 보조적으로 해서 다양한 경제[우클라드]를 장기 동안 공동으로 발전시킨다" (中共中央文獻研究室, 1996: 11, 19)([우클라드]는 필자가 추가).

오늘날 중국이 스스로 '사회주의'를 표방하는 이데올로기적 근거는 크게 두 가지이다. 하나는 공산당이 집권하고 있다는 것이고 다른 하나는 국유 기업들이 있다는 것이다. 그런데 중국공산당이 진정한 의미에서 공산주의 정당이 아니라는 것은 삼척동자도 아는 사실이며, 중국의 국유 기업이나 집체 소유 기업 등이 진정한 의미에서 사회주의적 소유에 해당하지 않는다는 것 역시 잘 알려진 사실이다. 본격적인 자본주의적 발전의 길을 노골적으로 걷고 있는 중국은 스스로의 이러한 기형적 구조를 '중국 특색의 사회주의'라는 이데올로기를 통해 표현하고 있지만, 실제로는 '중국 특색의 사회주의 코스프레'이며, 결국 '중국 특색의' 자본주의, 국가자본주의, 신자유주의 등등에 불과하다는 것을 우리는 잘 알고 있다.

앞서 말했듯이, 중국은 인민민주주의 혁명을 통해 이행기 사회가 성립되었다.[65] 소련 및 동유럽권의 멸망과 자본주의로의 이행, 그리고 중국 자신의 본격적인 자본주의 발전 노선 선택 및 추구에 의한 포스트사회주의로의 이행에서 볼 수 있듯이, 그리고 무엇보다 마르크스가 제시하고 강조한 역사적 유물론의 기본 원칙에서 잘 알 수 있듯이 이행기 사회에서 사회

투자 경제 우클라드'로 나뉘어 불리다가 더 나중에는 '외자 경제 우클라드'로 묶였다. 1980년대 이후 외부로부터 새로 유입된 자본들에 의한 우클라드들은, 굳이 1949년 이전의 시점과 비교한다면, 각기 이른바 관료 자본 또는 관료 매판 자본 및 제국주의 독점 자본에 상응한다고 할 수 있다.

65 '이행기 사회'라는 표현은 이것이 지칭하는 사회가 독자적인 사회구성체로서 상정되는 게 아닌가라는 의문이나 혼동을 불러일으킬 수 있다. 나는 여기서 '이행기 사회'라는 말을 『고타 강령 비판』에서의 '이행기'에 놓여 있는 사회라는 뜻으로 한정해서 썼음을 명기해둔다.

주의(낮은 국면의 공산주의) 사회로 넘어가는 일이 주관적 의지나 정치적 선언만으로 되는 것은 결코 아니다. 이 글의 맨 앞부분에서 인용한 『독일 이데올로기』에 명확하게 표현되어 있듯이, '생산력의 발전'과 '세계 교류'가 전제되어야만 하는 것이다. 그런데 이 2개의 전제는 중국이 노골적으로 자본주의적 발전 노선을 선택한 이후에야 충족되었다.

'과도기의 총 노선'을 마오쩌둥(毛澤東)이 돌발적으로 제기하기 전까지 중국공산당 지도부는 '신민주주의 사회'라는 이념 아래 상당 기간 동안 이행기 사회로서 움직여나갈 것이라고 정치적인 합의를 본 바 있다. 분명한 사실은 한국전쟁이 휴전에 들어간 1953년의 시점에서 당시 중국 사회는 앞에서 말한 '생산력의 발전'을 확보하고 있지 못했고 중국 경제가 '세계 시장' 안에 들어와 있지도 않았다는 점이다. 이른바 '과도기의 총 노선'의 오류는 바로 이를 무시한 채 위에서부터 일방적이고 주의주의적·주관적으로 사회주의를 강요했다는 점이다. 그 이후에 이루어진 이른바 '사회주의 개조' 완료라든가 인민공사를 통한 '위로부터의' 강제적이고도 폭력적인 농업 집단화 강행 역시 마오쩌둥 특유의 주의주의적이고 모험주의적인 구상에서 비롯되었다. 이러한 경제에 관한 전략적 판단의 오류 및 연속적인 실패에 대해 정치적으로 책임져야 할 마오쩌둥이 도리어 다시 집요하게 '오버'해서 유발시킨 것이 바로 중국의 문화대혁명이다. 문화대혁명은 이행기에 놓여 있는 중국 사회를, 그리고 이행기에 더 오래 놓여 있어야만 할 중국 사회를 무리해서 억지로 빨리 '낮은 국면의 공산주의' 사회로 이행시키려 한 마오쩌둥의 잘못된 구상에서부터 비롯된 것이다.

마오쩌둥은 스탈린의 오류를 그대로, 게다가 '중국 특색'을 덧칠해서 반복했다. 마오쩌둥주의는 중국 특색의 스탈린주의에 불과하다. 레닌(혁명의 전략적 지도)과 스탈린(숙청, 학살, 강제적 집단화)과 히틀러(대중 동원)를 합쳐 놓은 듯한 마오쩌둥이 스탈린과 다른 점이 있다면, 스탈린과 달리 마오쩌둥은 관료주의적인 공산당 특권 체제를 스스로가 그 정점에서 실질적으로 지배하고 있지는 않다고 상상적으로 오인했다는 점이다. 마오쩌둥의 오인된 상상적 관점에서 보자면, 관료주의적 특권 체제를 지배하고 있는 것은 자신이 아니라 류샤오치(劉少奇)나 덩샤오핑(鄧小平), 그리고 때로는 저우언라이(周恩來)였던 것이다.

돌이켜보면 문화대혁명은 엄청난 희생과 손실과 상처만 남긴 채 실패로 끝날 수밖에 없었는데, 이는 본디 1949년 혁명 이후 중국 사회가 스탈린 시기의 소련 사회와 마찬가지로 계속해서 '전시 징발 우클라드'와 '행정-명령형 우클라드'가 지배적인 이행기 사회일 수밖에 없었기 때문이라고 이해할 수 있다. 문화대혁명이 진행되고 대중의 혁명적 열기가 고조되면서 중국 특색의 노멘클라투라 체제를 비판하는 대중들의 혁명적 에너지가 기존의 당-국가 체제를 압도하면서 해체시켜버릴지도 모르는 상황을 맞이하자, 결국 마오쩌둥은 군대를 동원해서 대중들의 혁명적 요구를 짓밟아버렸다. 문화대혁명의 초기에 마오쩌둥이 '부단한 혁명' 운운한 것은 마르크스, 레닌 및 트로츠키의 연속혁명론에 대한 몰이해이자 희화화에 불과했던 것이다.

8.

이제까지의 논의를 전제해놓고 보면, 마오쩌둥의 사망 이전부터 부분적으로, 마오쩌둥 사후에는 본격적으로 중국공산당 지도부가 '사회주의 현대화'라는 구호 아래 당-국가 체제를 유지하면서 또 바로 그 당-국가 체제를 이용해서 산업 및 공업 발전을 본격적이고 전면적으로 추구하려 했던 사정은 어렵지 않게 이해된다. 그 시점을 전후해서 중국의 공식 이데올로기에서 '발전된 생산관계와 낙후된 생산력 사이의 모순' 운운했던 것은 부분적으로 진실을 건드리고 있었다고 해야 할 것이다. 물론 여기서의 비극(또는 희극이나 희비극)은 1979년 이래 중국 사회가 선택한 길이 노골적인 자본주의적 발전의 길일 수밖에 없다는 것이다. 어쨌거나 중국혁명은 여러 겹으로 오인된 중국 특색의 혁명이었고, 지금의 중국 사회 또한 그런 의미에서 중국 특색의 포스트사회주의 사회이다.

중국의 자본주의적 공업화 및 축적과 관련해서 중국의 비판적 학자인 원톄쥔(溫鐵軍)은 중국 사회가 마오쩌둥 시절부터 지금까지 내내 '국가자본주의'라고 단정한다(원톄쥔, 2016). 그런데 이러한 단정은 그가 중국 사회를 복합적 우클라드 사회 및 이행기 사회로 보지 못했기 때문에 생겨난 단순화 또는 오해라고 생각한다.[66] 복합적 우클라드 사회 및 이행기 사회로서의 중국을, 그리고 노골적인 자본주의적 발전 노선을 택하고 이 노선으로 전환한 이후의 중국을, 좀 더 세분해서 1949년 이래로 1979년까지, 그리고 1979년부터 1992년(덩샤오핑의 남순강화)까지, 1992년부터 2001년(중국의 WTO 가입)까지, 그리고 2001년부터 지금까지 중국 사회에서 각각 어떤 우클라드(들)가 지배적이었는가에 관해 좀 더 세심하고 꼼꼼하게 탐구할 필요가 있다. 또 특정 시기에서 '국가자본주의' 우클라드가 지배적이었다고 하더라도 국가자본-주의의 측면이 강한지 국가-자본주의의 측면이 강한지를 나누어 생각한 뒤, 나아가 이론적으로 다시 통합해서 사고할 필요가 있다.[67]

---

66 원톄쥔의 그러한 혼란은, 그가 한편으로는 중국의 사회 발전을 국자자본주의로 규정하면서 다른 한편으로는 기본적으로 부르주아적 경제발전론의 한 형태인 이른바 '이중구조론'을 고수하는 데서도 잘 나타난다.

67 나는 '중국=자본주의'는 받아들일 수 있지만 '중국=국가자본주의'에 대해서는 상당히 회의적이다. 그런데 국가자본주의 규정에 관해서는 일본 사카타 미키오(坂田幹男)의 논의를 참조할 필요가 있다. 그는 국유(國有) 섹터의 역할을 강조하는 '국가자본·주의'와 국가에 의한 자본 축적의 지도와 통제를 강조하는 '국가·자본주의'를 개념적으로 구분하고 있다(坂田幹男, 2011). 한편, 중국 사회의 성격 규정에서 기존의 국가자본주의론 및 '자본주의 다양성(Varieties of Capitalism: VoC)' 이론에 대항해서 아주 최근에 대안적으로 제시된 이론으로는 'variegated capitalism('얼룩덜룩 자본주의' 또는 '잡종적 자본주의'론)'을 거론할 수 있다

오늘날 중국공산당의 '핵심' 지위에 오른 시진핑(習近平)은 마오쩌둥과 덩샤오핑을 일단 합친 다음에 다시 '아수라 백작'처럼 두 얼굴로 만들어놓은 것에 불과하다. 정치는 마오쩌둥식으로, 경제는 덩샤오핑식으로 말이다. 그는 오늘날 신자유주의적 자본주의 세계 체제의 장기 구조적 불황을 '뉴 노멀(新常態, 신창타이)'이라고 부르면서, 정치적으로는 부패 척결 드라이브를 강하게 추진해 자신의 통치 체제를 덩샤오핑보다 더 강력한 독재로 만들고 있고, 경제적으로는 중국 자본주의 체제의 공급 측면을 강조하면서 자본 축적에서의 효율성 추구를 주된 경제 노선으로 내세우고 있다.[68]

그런데 '낮은 국면'으로의 혁명적 이행과 관련해 '생산력의 발전' 수준이라는 것은 구체적으로 무엇에 의해 어떻게 정의되는 것일까? 여기에 정해진 절대적 기준이 있는 것은 아니다. 다만, 오늘날의 글로벌 자본주의 체제에서는 선진국의 발전 수준이 일정한 상대적 기준이라고 할 수 있다. 즉, 마르크스가 말한 두 전제조건인 '생산력 발전'과 '세계 교류'는 실로 변증법적 관계에 놓여 있는 것이다. 이는 1989년 베를린 장벽의 붕괴 사례에서 잘 알 수 있다. 앞서 말했듯이 이와 연관해서 명심해야 할 것은 소련이나 중국도 상당히 오래 전까지는 경제 발전 수준이 기본적으로 개발도상국에 속했다는 점이다. 물론 이제는 두 나라 모두 중진 자본주의이다. 심지어 소련과 중국은 경제적으로나 정치·군사적으로 아류 제국주의적

(Zhang and Peck, 2016). 그런데 'variegated capitalism'이 과연 하나의 사회구성체론으로서 타당한가, 그리고 이것이 중국의 사회 성격을 제대로 잘 드러내주는가에 대해서는 더 심층적이고 포괄적인 검토가 요구된다.

68 시진핑 체제는, 과거와 같은 물량 투입 위주의 외연적 축적 노선에서 전환해 자본 축적의 효율성을 증진시키기 위한 노선을 추구하고 있다. 그래서 만들어진 구호가 바로 '3거 1강 1보(3去1降1補)', 즉 과잉 생산능력 해소[去産能], 재고 줄이기[去庫存], 차입 레버리지 축소[去槓桿], 비용 절감[降成本], 단점 보완[補短板]이다. 그런데 여기서 우리는 미국에서 공급 사이드 경제 정책이 1980년대 초 레이건 시절에 시도되었으며, 그 정책이 전형적인 신자유주의 정책이었다는 사실을 잊지 말아야 한다. 한마디로, 시진핑 체제는 '중국 특색의 신자유주의' 체제의 완결판인 것이다.

경향마저도 보이고 있다.

그런데 오늘날 중국경제사 영역에서는 1949년 중국혁명 직전의 사회가 과연 무엇이었는가에 대해 예전과는 다른 견해도 제출되고 있다. 과거의 정통적 견해는 중국 사회가 '반(半)식민지·반(半)봉건사회'라는 것이었다. 예컨대 완전 식민지였던 한반도와 비교할 때 '반식민지'라는 규정은 쉽게 이해가 간다. 하지만 '반봉건' 사회라는 것은 상당히 애매한 표현이고 규정이다. 물론 지금 1930년대 중국 사회의 성격에 대한 논쟁을 되풀이할 여유는 없다. 다만, 여기서 지적해두고 싶은 것은 1949년 중국혁명 이전의 사회를 이른바 '중진 자본주의' 사회로 보는 견해도 상당히 오래 전에 나타났다는 점이다. 나카무라 사토루(中村哲)는 중국은 이미 1930년대에 "종속적 중진 자본주의화가 급속히 진행"되었고 1949년 중국혁명이 발발함에 따라 "종속적 중진 자본주의화는 밑으로부터의 혁명에 의해 좌절"되었다고 단언한다(나카무라 사토루, 1992: 173~174).

오늘날 중국의 근현대 경제사 학계에서 나카무라 사토루의 견해가 '지배적인 것으로 수용된 가설' 또는 정설로 받아들여지는지 여부는 잘 알지 못한다. 하지만 제안된 하나의 가설로서 받아들여질 수는 있다고 본다. 중요한 문제는 1930년대 및 오늘날의 중국, 그리고 오늘날의 한국을 포함해 중진 자본주의 국가 또는 중진 자본주의에서 선진 자본주의로의 문턱을 막 넘은 국가에 어떠한 길이 요구되는가 하는 점이다. 일본의 나카무라 사토루와 한국의 안병직은 '선진 자본주의로의 길'이 요구된다고 강변한다. 이것은 단지 중진 자본주의 국가 및 사회가 자본주의 세계 체제의 위계 구조에서 한 단계 위로 올라가야 한다는 것을 뜻할 뿐이다. 하지만 내 생각은 그렇지 않다. 그들은 단지 글로벌 자본주의 체제의 헤게모니에 굴복한 것일 따름이다. 그들은 '네이션-스테이트' 단위에서의 이른바 선부론(先富論)을 주장하고 있는 것이다. 이미 살펴본 바와 같이, 중진 자본주의 국가에서 사회주의 연속혁명은 얼마든지 가능하며 또 필요하다. 불균등 발전 과정에 놓인 글로벌 자본주의 체제 자체가 글로벌 '연속혁명'을 요청하고 있다. 글로벌 자본주의 체제 자체가 타파되거나 지양되지 않고서는 어떠한 국지적 변혁도 실제로 지속 가능하지 않다. 글로벌한 변혁이 없다면 우리는 글로벌 자본주의 체제 아래에서 갖가지 위기에 시달리고 글로벌 양극화에 신음하며 '없는 사람들끼리' 서로 물어뜯고 살아가야만 한다.

누군가가 '한국에서는 지금 왜 사회주의 혁명이 일어나지 않는가'라고 묻는다면 나는 '미국에서 사회주의 혁명이 일어나지 않아서'라고 답할 것이다. 또 누군가가 '미국에서는 왜 사회주의 혁명이 일어나지 않는가'라고 묻는다면 나는 '한국에서 사회주의 혁명이 일어나지 않아서'라고 답할 것이다. 이 얘기는, 마르크스가 대략 170년 전에 이미 말했듯이, 동시적 글로벌 혁명이 아닌, 어느 한 국가나 한 지역에서 국지적 혁명이 일어나는 것은 실제로 불가능하거나 경험적으로 실패할 수밖에 없다는 것이다. 이는 바로 최근 그리스의 경험과 1970년대 칠레의 경험을 통해 확인할 수 있다. 또한 최근 중남미에서의 사회주의적 흐름의 역류, 즉 사회주의적 성향의 정당들이 여러 나라에서 집권했다가 작년 무렵부터 다시 우익 정당들이 집권하는 쪽으로 추세가 바뀌어가는 데서도 잘 알 수 있다. 이 모든 것은 결국 글로벌 자본주의 체제가 특정 국가나 사회, 지역에서 이루어지는 국지적인 실천 과정이나 그 성과에 압력을 가했기 때문이라고 이해할 수 있다. 그런가 하면, 영국의 브렉시트와 미국의 트럼프 정권 출현은 기존의 글로벌 신자유주의 체제로는 도저히 안 된다는 대중들의 욕구와 인식이 영국과 미국의 다수 유권자들의 제도적 결정을 통해 정치적으로 표출되고 확인된 것일 뿐이다. 비록 그 방향과 방식이 인종주의, 고립주의 및 보호무역주의 등의 형태로 왜곡되긴 했지만 말이다.

이런 상황에서 나는 중국의 (재)이행에 매우 큰 기대를 걸고 있다. 즉,

상당한 수준과 거대한 볼륨의 중진 자본주의 사회에 도달한 포스트사회주의 중국이 이제 제대로 된 사회주의(낮은 국면의 공산주의) 체제로 이행할 것이라고 기대하고 있다. 비록 과거의 중국 체제가 '사회주의 코스프레'였다고 할지라도, 중국 인민들 상당수에게는 정치-사회적 아비투스와 기억의 형태로 '사회주의 이념과 대의'가 엄연히 살아있기 때문에 나의 기대는 충분히 근거가 있다고 생각한다.

물론 이러한 이행이 어떤 형태를 띨지, 즉 정치적으로 격렬한 형태, 그러니까 혁명이나 봉기의 형태를 띨지 아니면 다소 평온한 방식으로 덜컹거리면서 문턱을 넘어갈지를 미리 확정적으로 예측하거나 단정하기는 어렵다. 하지만 현재 글로벌 자본주의 체제에서 중국이 차지하고 있는 위치나 비중으로 보아서 중국의 (재)혁명 또는 (재)이행이야말로 글로벌 혁명 또는 글로벌 이행을 가능케 하는 결정적인 계기이자 중대한 파열구가 될 거라고 나는 믿고 상상한다. 과거 일본의 사례를 들어 중국 역시 일본처럼 몰락하거나 그대로 주저앉을 것이라고 예상하는 경우도 없지 않지만, 중국과 일본은 볼륨과 비중이라는 측면에서 볼 때 서로 엄연히 다르다. 중국은 단지 하나의 네이션-스테이트로 그치는 것이 아니다. 중국은 그 자체로 준지구(sub-globe)이다. 파급력과 영향력이 큰 곳에서 먼저 파열구를 내고 이를 계기로 글로벌 자본주의 체제를 변혁시키는 혁명적 이행은 충분히 가능하며 또 시급히 요청되고 있다.

중국의 두 번째 혁명, 쑨원(孫文) 시절의 구민주주의 혁명부터 꼽는다면 세 번째 혁명 과정에서 중요한 과제는 미 제국주의의 군사적 헤게모니를 분쇄 또는 억제하는 것과 미국의 달러 헤게모니 체제를 타파하는 것이다. 이 둘 다 어렵기는 하지만, 이는 오늘날 현실에서 현재의 중국이 부분적으로 하고 있는 것이거나 또는 앞으로 애써 하려는 것이기도 하다. 이는 한편으로는 남중국해에서 중국과 미국 및 미국 헤게모니 아래에 있는 국가들 사이의 분쟁으로 나타나고 있고, 다른 한편으로는 중국과 미국 사이의 무역 분쟁 및 통화 분쟁으로 나타나고 있다. 미국의 이중적인 헤게모니를 억제·견제해야 한다는 점에서 나는 기본적으로는 언제나 중국 편이다. 다만, 문제는 이러한 일련의 분쟁 과정에서 포스트사회주의 중국이 종종 아류 제국주의 또는 패권적 내셔널리즘의 경향을 상당히 보인다는 점이다. 이는 지속적으로 경계하지 않으면 안 되는 일이다.

또한 미국의 이중적 헤게모니를 억제·분쇄·타파한다는 점에서 한반도에서는 사드 배치 반대 및 철회, 한국군 작전권의 회수, 한미 간 연례 군사훈련 철폐, 휴전협정의 평화협정으로의 대체, 주한 미군 철수, 그리고 이 모든 것과 동시에 북한의 핵무기 및 미사일 개발 중단 및 폐기 등이 중대한 과제로 남아 있다. 이러한 과제들을 해결하는 것은 한반도에 생태적 평화 체제를 정착시키는 것이기도 하다. 이러한 과제들을 해결해나가면서 멀게는 남북한 상호 간의 체제를 존중하고 보장하는 통일을 내다보아야 하며, 가깝게는 북한 체제의 평화적이고 안정적이며 지속적인 경제 발전과 정치 발전을 남한이 적극적으로 돕고 보호하고 유도해야 한다. 한반도에서의 평화, 안정, 발전, 그리고 더 나아가서 통일은 한반도 전체에서 요구되는 이행기 과제의 전략적 기저를 이룬다.

오늘날 남한 자본주의의 여러 주된 특징, 즉 저성장 또는 성장 정체, 사회적 양극화, 고령화, 청년 실업, 중산층 몰락 등은 앞에서 말한 자본주의 불균등 발전이 남한에서 전개된 결과이다. 글로벌한 생산, 분업, 교역 구조의 위계질서에서 보자면 남한 자본주의 사회가 과거와 같은 압축적 고속성장을 더 이상 지속하지 못하리라는 것은 자명한 사실이다. 이는 일본의 '잃어버린 30년'과 남한의 '잃어버린 10년'에서 극명하게 나타났다. 남한에서의 이행기 과제는 독점 자본(재벌)을 민주적·민중적으로 통제함과 동시에, 남한 사회의 절대적 및 상대적 약자 또는 소수자들의 불안정하고 위태로운 삶을 사회 전체가 보호하는 일로 구성되어 있다. 이는 사회 자체가 글로벌 양극화 및 파상적인 경제 위기로부터 보호되어야 한다는 이야기이기도 하다.

그런데 이러한 과제들은 현재의 정치-이데올로기 지형 안에서 서로 가상적으로 대립하는 파편적이고 부조리한 형태들의 담론을 통해 표상되어 있다. 혁명적 이행이냐 아니냐 하는 본질적 대립이 제도권 정치 지형에서는 이른바 합리적 보수냐 아니면 중도적 리버럴이냐 하는 왜곡되고 축소된 대립 형태로, 또 종종 젊은 세대와 늙은 세대의 대립 형태('촛불' 대 '태극기' 또는 '멘토링' 대 '꼰대질' 담론)로 나타나고 있고, 젊은 세대 내에서는 젠더 대립 형태('된장녀' 대 '미러링' 담론) 등으로 나타나고 있는 것이다. 그런가 하면 현실의 적대적 모순은 젊은 세대의 자생적인 사회구성체 담론('헬조선'론)과 자생적 계급 담론('금수저·은수저' 대 '흙수저·똥수저' 담론) 등으로 표출되고 있다. 이런 대립과 그에 따른 즉자적인 담론들은 한편으로는 일정한 사회적 실체나 뿌리를 갖기도 하지만 다른 한편으로는 대체로 과도하게 파편화되어 있거나 지나치게 가상적으로 자립해서 돌출되어 있기도 하다.

그렇지만 남한 사회에서 이행기 과제를 성취하는 일이 불가능하지는 않다. 나는 혁명적 에너지에 관해서도 글로벌한 수준에서 '보존의 법칙'이 작용한다고 즐겁게 상상한다. 또 혁명적 지구에도 '풍선 효과'가 작용한다고 상상한다. 글로벌 규모의 불균등 발전 과정으로 인해 미국과 유럽에서는 대중의 혁명적 에너지가 인종주의·고립주의 정책 및 이데올로기에 의해 왜곡되거나 짓눌리고 있지만, 반대로 중동, 중남미, 아프리카와 더불어 한반도 남쪽을 포함한 동아시아에서는 바로 그만큼 혁명적 지구가 부풀어 오르고 있다.

우리 앞에는 충분히 성취 가능한 이행의 길이 놓여 있다. 민주주의를 끝까지 밀어붙이는 것만으로도 이행은 얼마든지 성취 가능하다. 먼저 '헬조선'을 탄핵하고 '금수저·은수저'를 탄핵한 후 이를 사회 구성원 대다수의 정치적 인정 아래 확정시키면 된다. 또한 동시에 '일한 만큼 대접받는 사회'를 원하는 대다수 국민들의 나이브한 소시민적 소망을 '일한 시간만큼 분배받는' 사회에 대한 공산주의적인 전망으로 바꾸어내면 된다. 그리고 무엇보다 우리가 이미 이행기에 들어서 있다는 것을 모두가 깨닫기만 하면 되는 일이다.

참고문헌

김성구. 2017.『금융 위기 이후의 자본주의』. 나름북스.

나카무라 사토루(中村哲). 1992.『世界資本主義와 移行의 理論: 東아시아를 中心으로』. 안병직 옮김. 비봉문화사.

노경덕. 2016.「스탈린-트로츠키 권력투쟁 재고: 좌우파의 경제 이념과 관련하여, 1923-1927」. ≪사총≫, 89권.

도이처, 아이작(Issac Deutscher). 2005.『무장한 예언자 트로츠키 1879-1921』. 김종철 옮김. 필맥.

______. 2007.『비무장의 예언자 트로츠키 1921-1929』. 한지영 옮김. 필맥.

동녘 편집부 편역. 1989.『(전위당. 전략전술) 코민테른 자료선집 1』. 동녘

리브만, 마르셀(Marcel Liebman). 2007.『레닌의 혁명적 사회주의』. 정민규 옮김. 풀무질.

마르크스(Karl Marx)·엥겔스(Friedrich Engels). 1988a.『마르크스·엥겔스 혁명론(1)』. 권명식 옮김. 지평.

______. 1988b.『마르크스·엥겔스 혁명론(2)』. 권명식 옮김. 지평.

맥더모트(Kevin McDermott)·애그뉴(Jeremy Agnew). 2009.『코민테른』. 황동하 옮김. 서해문집.

박승호. 2015.『21세기 대공황의 시대』. 한울아카데미.

볼린(Voline). 1973.『러시아革命의 教訓』. 하기락 옮김. 세음사.

스미스, 스티브(Steve Smith). 2007.『러시아혁명: 1917년에서 네프까지』. 류한수 옮김. 박종철출판사.

원톄쥔(溫鐵軍). 2016.『여덟 번의 위기: 현대 중국의 경험과 도전, 1949-2009』. 김진공 옮김. 돌베개.

이완종. 2004.『10월혁명사』. 우물이있는집.

이재현. 2014.「맑스의 어소시에이션과 개인적 소유」. 제1회 맑스코뮤날레 리딩맑스 콜로키움 발표문(2014.9.19).

______. 2015.「이행과 어소시에이션: 논의의 진전을 위한 에세이」. 제7회 맑스코뮤날레 집행위원회. 제7회 맑스코뮤날레 리딩맑스 분과세션 발표문. 자료집 1권.

______. 2017.「러시아혁명 다시 듣기: 다성적 역사 해석들 사이에서」. 한국사회경제학회.『2017년 겨울학술대회자료집』(2017.2.10).

이정구. 2012.「세계화 시대의 국가와 자본: 니콜라이 부하린의 견해를 중심으로」. 경상대학

교 사회과학연구원 엮음. 『세계화와 자본축적 체제의 모순: 마르크스주의적 접근』. 한울.
______. 2017. 「러시아 혁명사 저술에서 무엇을 알 수 있을까?」. 한국사회경제학회. 『2017년 겨울학술대회자료집』(2017.2.10).
이정희. 2003. 『러시아 혁명과 노동자: 기대와 갈등의 역사 1917-21』. 느티나무.
정성진. 1993. 「트로츠키의 정치경제학 체계」. ≪이론≫(1993년 12월). 진보평론.
______. 2004. 「레닌의 경제학 비판」. 경상대학교 사회과학연구원. ≪마르크스주의 연구≫, 제1권 제2호.
______. 2006. 「'21세기 사회주의'와 참여계획경제를 위하여」. 『마르크스와 트로츠키』. 한울.
______. 2015. 「마르크스 공산주의론의 재조명」. 경상대학교 사회과학연구원. ≪마르크스주의 연구≫, 제12권 제1호.
______. 2016a. 「노동시간 계산 계획모델의 평가: 소련의 경험을 중심으로」. 한국사회경제학회. 여름학술대회 발표문(2016.8.19).
______. 2016b. 「마르크스 경제학과 현대자본주의론의 쟁점」. 한국사회경제학회. 겨울학술대회 발표문(2016.12.18).
______. 2016c. 「참여계획경제 대안의 쟁점과 과제」. 심광현 외. 『좌파가 미래를 설계하는 방법』. 문화과학사.
______. 2017. 「레닌 사회주의론의 재검토」. 한국사회경제학회. 겨울학술대회 발표문(2017.2.10).
톰슨, 존 M.(John M. Thomson). 2004. 『20세기 러시아 현대사』. 김남섭 옮김. 사회평론.
트로츠키, 레온(Leon Trotsky). 1989. 『영구혁명: 및 평가와 전망』. 정성진 옮김. 신평론.

ジェームズ, C. L. R. 1971. 『世界革命 1917~1936: コミンテルンの擡頭と沒落』. 對馬忠行·塚本圭 譯. 風媒社.
加藤哲郎. 1991. 『コミンテルンの世界像: 世界政黨の政治學的硏究』. 青木書店.
淡路憲治. 1971. 『マルクスの後進國革命像』. 未來社.
大阪市立大學経済硏究所. 1979. 『經濟學辭典』. 岩波書店.
嶺野修. 1974. 「コミンテルンと世界經濟論 (1)」. 北海道大學經濟學部. ≪經濟學硏究≫, 24(4).
______. 1977a. 「コミンテルンと世界經濟論 (2)」. 北海道大學經濟學部. ≪經濟學硏究≫, 27(1).
______. 1977b. 「コミンテルンと世界經濟論 (3)の1」. 北海道大學經濟學部. ≪經濟學硏究≫,

27(2).

______. 1977c.「コミンテルンと世界經濟論 (3)の2」. 北海道大學經濟學部. ≪經濟學研究≫, 27(3).

______. 1981a.「コミンテルンと世界經濟論 (3)の3」. 北海道大學經濟學部. ≪經濟學研究≫, 31(1).

______. 1981b.「コミンテルンと世界經濟論 (3)の4」. 北海道大學經濟學部. ≪經濟學研究≫, 31(2).

渋谷正. 1998. カール · マルクス.『草稿完全復元版 ドイツ · イデオロギー』. 渋谷正 編訳. 新日本出版社.

西田照見. 1989.「將來についての自治的連合體の構想と終末論的發想の殘基 — マルクス」. 杉原四郎 外.『アソシアシオンの想像力: 初期社會主義思想への新視角』. 平凡社.

小澤光利. 2002.「長期波動論と「資本主義の全般的危機論」再考: マルクス經濟學史の射程から」. 法政大學經濟學會. ≪経済志林≫, 70(1/2).

張聞天. 1995.『社會主義論稿』. 張聞天選集傳記組, 中共上海市委黨史研究室 編. 中共黨史出版社.

斎藤稔. 1971.「マルクス `エンゲルスの社會主義經濟論について」. 法政大學經濟學會. ≪經濟志林≫, 38(3/4).

中共中央文獻研究室 編. 1992.『建國以来重要文獻選編』. 第一冊. 中央文獻出版社.

______. 1996.『十四大以来重要文獻選編』. 上冊. 人民出版社.

川端正久. 1978.「世界政治と全般的危機論(國際經濟の政治學)」. 日本國際政治學會. ≪季刊國際政治≫, 60.

坂田幹男. 2011.『開發經濟論の檢證』. 國際書院.

Amin, Samir. 1977. *Unequal Development: An Essay on the Social Formations of Peripheral Capitalism*. Brian Pearce(trans.). The Harvester Press.

Broué, Pierre. 2004. *The German Revolution 1917-1923*. John Archer et al.(trans.). Brill.

Carver, Terrell et al. 2014. *A Political History of the Editions of Marx and Engels's "German ideology Manuscripts."* Palgrave Macmillan.

Carver, Terrell. 2014. *Marx and Engels's "German Ideology" Manuscripts: Presentation and Analysis of The "Feuerbach Chapter."* Terrell Carver et al. Palgrave Macmillan.

Cohen, Stephen F. 1971. *Bukharin and the Bolshevik Revolution: A Political Biography 1888-1938*. Vintage Books.

Davidson, Neil. 2006. "From Uneven to Combined Development." Bill Dunn et al. *100 Years of Permanent Revolution Results and Prospects*. Pluto Press.

Day, Richard B. 2004. *Leon Trotsky and the Politics of Economic Isolation*. Cambridge University Press.

Degras, J.(ed.). 1971. *The Communist International, 1919-1943*. Vol.2. 1923-1928. George Allen & Unwin.

Fitzpatrick, Sheila. 2001. *The Russian Revolution*. Oxford University Press.

Fowkes, Ben. 1984. *Communism in Germany under the Weimar Republic*. Macmillan.

______. 2014. *The German Left and the Weimar Republic: A Selection of Documents*. Brill.

Harvey, David. 2005. *Spaces of Neoliberalization: Towards a Theory of Uneven Geographical Development*. Franz Steiner Verlag.

Hoffrogge, Ralf. 2015. *Working Class Politics in the German Revolution: Richard Müller, the Revolutionary Shop Stewards and the Origins of the Council Movement*. Joseph B. Keady(trans.). Brill.

Krausz, Tamás. 2015. *Reconstructing Lenin: An Intellectual Biography*. Balint Bethlenfalvy et al(trans.). Monthly Review Press.

Lih, Lars T. 2008. *Lenin Rediscovered: What Is to Be Done In Context*. Haymarket Books.

Löwy, Michael. 1981. *The Politics of Combined and Uneven Development: The Theory of Permanent Revolution*. NLB.

MEJ. 2003. *Marx-Engels-Jahrbuch 2003: Die Deutsche Ideologie*. Internationalen Marx-Engels-Stiftung.

Mommen, André. 2011. *Stalins Economist: The Economic Contributions of Jenö Varga*. Routledge.

Moore, Stanley. 1963. *Three Tactics: The Background in Marx*. Monthly Review Press.

Nitzan, Jonathan and Shimshon Bichler. 2009. *Capital as Power: A Study of Order and Creorder*. Routledge.

Preobrazhensky, Evgeny Alekseevich. 1965. *The New Economics*. Oxford University Press.

Russell, Bertrand. 1921. *The Practice and Theory of Bolshevism*. George Allen & Unwin Ltd.

Shanin, Teodor(ed.). 1983. *Late Marx and the Russian Road: Marx and the Peripheries of Capitalism*. Monthly Review Press.

Simpson, John and Jennifer Speake(ed.). 2008. *The Oxford Dictionary of Proverbs*. Oxford University Press.

Smith, Neil. 2008. *Uneven Development: Nature, Capital, and Production Space*. The University of Georgia Press.

Sweezy, Paul. 1981. "The Present Stage of the Global Crisis of Capitalism." Harry Magdoff and Paul Sweezy. *Deepening Crisis*. Monthly Review Press.

Zhang, Jun and Jamie Peck. 2016. "Variegated Capitalism, Chinese Style: Regional Models, Multi-scalar Constructions." *Regional Studies*, Vol.50, No.1.

LCW(Lenin Collected Works). 1960~1970. Progress Publishers.

MECW(Karl Marx Frederick Engels Collected Works). 1975~1991. Progress Publishers.

MEGA2(Karl Marx Friedrich Engels Gesamtausgabe). 1975~2016. Institut für Geschichte der Arbeiterbewegung & Institut für Marxismus-Leninismus.

MEW(Karl Marx Friedrich Engels Werke). 1956~1990. Dietz Verlag.

SW(J. Stalin Works). 1954~1956. Foreign Languages Publishing House.

레닌의 사회주의론 재검토*

정성진 | 경상대학교 경제학과

1. 머리말

마르크스주의 통설에서는 마르크스의 주된 분석 대상은 자본주의였으며 자본주의 이후 사회에 대해서는 거의 논의하지 않았거나, 그의 유토피아 사회주의 비판에서 보듯이, 이를 탐구하는 것 자체에 대해 부정적이었다고 주장된다. 이와 함께 마르크스의 입장에서 자본주의 이후 사회를 구체적으로 검토하고 건설하려 시도한 것은 레닌이라고 이야기된다. 하지만 자본주의 이후 사회에 대한 이와 같은 마르크스주의 통설에 동의하기 어렵다. 우선 『고타 강령 비판』만 훑어봐도 마르크스의 저작에 자본주의 이후 사회에 관한 체계적 논의가 결여되어 있다는 주장은 의문시된다. 또 마르크스의 자본주의 분석 자체도 자본주의론인 동시에 자본주의 이후 사회

---

* 이 글은 2017년 2월 10일 개최된 한국사회경제학회 겨울 학술대회에서 발표한 초고를 보완한 것이다.

에 관한 논의, 즉 공산주의론으로 볼 수 있기 때문에,[1] 마르크스에게 자본주의 이후 사회에 대한 논의가 결여되어 있다는 주장은 수긍하기 어렵다. 오히려 레닌의 사회주의론 또는 공산주의론이 과연 마르크스의 자본주의 이후 사회 논의를 발전시키고 현실에서 구체화한 것이라는 통설이 과연 타당한지가 문제시될 수 있다.[2] 이 글은 이런 문제의식을 기반으로 먼저 레닌의 사회주의론을 레닌의 관련 저작에 한정해 그 주요 내용과 진화 과정을 시기별로 개관할 것이다. 1917년 러시아혁명의 역사 또는 이와 관련된 레닌의 정치적 실천 그 자체를 구체적으로 연구하는 것은 이 글의 목적이 아니다. 이 글의 검토 대상은 레닌의 저작, 그것도 당조직론, 자본주의, 제국주의론, 철학 등 다방면에 걸친 방대한 레닌의 저술 중 주로 사회주의와 공산주의에 관한 텍스트에 한정된다. 주지하듯이 레닌의 사회주의론은 단일한 것이 아니라 상호 모순된 사상들의 복합체였으며, 시기별로, 특히 혁명운동의 부침에 따라 지그재그 양상을 보였다. 레닌은 1914년 제1차 세계대전 이전에는 카를 카우츠키(Karl Kautsky)로 대표되는 제2인터내셔널 마르크스주의[3]의 사회주의론을 거의 그대로 수용했지만, 1914년 제1차 세계대전 후 1917년 10월 혁명에 이르기까지 혁명운동의 고양기에는 마르크스의 '사회주의=공산주의'론으로 다시 복귀하는 경향을 보였다. 하지만 레닌은 1917년 혁명 후 전시공산주의 및 신경제정책 시기에는 다시 제2인터내셔널 마르크스주의에 특유한 경제주의, 국가주의로 후퇴했다. 또한 이 글은 마르크스의 '사회주의=공산주의'론을 기준으로 해서 사회주의론에서의 마르크스와 레닌의 차이를 구명할 것이다. 연속혁명, 세계

---

1 이에 대해서는 大谷禎之介(2011), Hudis(2012), Chattopadhyay(2016), 정성진(2015a) 등을 참조.

2 레닌의 경제사상에 대한 필자의 논의로는 정성진(2004) 참조.

3 제2인터내셔널 마르크스주의와 마르크스 사상의 차이에 대한 필자의 검토로는 정성진(2002) 참조.

혁명, 국가 소멸, 아래로부터의 사회주의, 급진 민주주의, 개인적 소유의 재건, 자유로운 개인들의 연합, 상품·화폐 및 시장의 소멸, 참여 계획경제, 노동의 폐지 등을 주요 요소로 하는 마르크스 공산주의론과 비교해 레닌의 사회주의론의 특징을 검출하고, 이에 근거해 레닌의 사회주의론이 마르크스의 '사회주의=공산주의'론과 크게 다르다는 것을 드러낼 것이다. 이로부터 역사적 공산주의의 파산은 레닌의 사회주의론의 한계를 지시하는 것일지언정, 마르크스가 제시한 '사회주의=공산주의'론의 실패를 증명하는 것은 아님을 보일 것이다.

2. 레닌의 사회주의론의 진화

이 절에서는 레닌이 제시한 사회주의론의 진화 과정을 다음 다섯 시기로 나누어서 검토한다. 즉, ① 1914년 제1차 세계대전이 발발하기 이전 시기, ② 1914~1917년 전쟁과 혁명의 시기, ③ 1917년 10월 혁명 직후 국가자본주의 시기, ④ 전시공산주의 시기(1918~1920), ⑤ 신경제정책 시기(1921~1924)이다.

1) 1914년 이전 시기

1914년 이전 레닌의 저작에서는 사회주의에 관한 내용이 매우 적으며, 『러시아에 있어서 자본주의의 발전』(1899)과 『무엇을 할 것인가?』(1902)에서 보듯 러시아 자본주의 분석과 당조직론에 관한 내용이 대부분이다. 이는 1914년 이전에는 레닌이 러시아가 당면한 혁명의 성격을 사회주의 혁명이 아니라 부르주아 혁명이라고 생각한 것과도 관련 있다. 하지만 이 시기 레닌의 자본주의 분석과 당조직에 관한 논의로부터 레닌이 궁극적으로 추구했던 사회주의 및 공산주의에 관한 개념을 읽어낼 수는 있다. 실제로 이 시기 러시아 자본주의와 당조직에 대한 레닌의 논의가 당시 정통 마르크스주의, 즉 제2인터내셔널 마르크스주의에 일반적인 것들을 수용했던 것[4]처럼, 이 시기 레닌의 사회주의론 역시 제2인터내셔널 마르크스주의의 사회주의론으로부터 영향을 받았다. 이는 만년의 마르크스가 레닌의 주요 논적이었으며 제2인터내셔널 마르크스주의에 비판적이었던 러시아 인민주의자와 교감했던 것과 대조적이다. 실제로 이 시기 레닌의 당조직론과 사회주의론에는 제2인터내셔널 마르크스주의가 제시한 '외부로부터의 사회주의' 또는 '위로부터의 사회주의' 관념들이 많이 보인다. 레닌은 이 시기 대표적 저술인 『무엇을 할 것인가?』에서 노동자계급은 자생적으로는 사회주의 의식을 발전시킬 수 없다고 주장하면서, 이로부터 전위당 조직의 필요성을 도출했다.

> 자생성에 대해 많이 이야기한다. 하지만 노동운동의 자생적 발전은 부르주아 이데올로기에 예속되는 것으로 귀결된다. …… 따라서 우리의 과제, 사회민주주의의 과제는 자생성과 투쟁하는 것이며, 노동운동을 부르주아지의 지배에 예속시키려는 자생적 노동조합주의자들의 노력으로부터 **빼내어** 혁명적 사회민주주의 진영으로 인도하는 것이 되어야 한다. …… 사회민주주의 의식은 노동자들 외부로부터만 도입될 수 있다. …… 노동자계급은, 자신들의 노력만으로는, 단지 노동조합 의식만을 발전시킬 수 있다. …… 사회주

4 1914년 이전 레닌은 제2인터내셔널의 자본주의 발전단계론을 수용해 이를 당시 러시아 자본주의 분석에 적용했다. 이에 대한 필자의 논의로는 정성진(2004) 참조. 1914년 이전 레닌의 고유한 독창적 기여로 흔히 간주되는 당조직론, 즉 『무엇을 할 것인가?』로 대표되는 전위당론 역시 실은 독일사회민주당 조직론, 에르푸르트주의의 적용이라는 측면이 강하다 (Lih, 2006).

> 의의 이론은 …… 교육받은 유산 계급의 대표자들과 지식인들이 정교화한 철학, 역사 및 경제이론으로부터 생겨났다. …… 사회민주주의의 이론적 교의는 노동운동의 자생적 성장과는 아주 독립적으로 출현했다. 그것은 혁명적 사회주의적 지식인들 사상의 자연적이고 불가피한 산물이다(Lenin, 1902: 384, 375~376. 강조는 원문).

레닌은 1905년 혁명 시기에 발표한 『임시혁명정부에 대하여』에서 '아래로부터의 사회주의'를 아나키즘이라고 비판한 것으로 읽힐 수 있는 주장을 했다. "원칙적으로 혁명적 행동을 아래로부터의 압력으로 제한하고 위로부터의 압력을 거부하는 것이 **아나키즘**이다"(Lenin, 1905: 481. 강조는 원문).

2) 1914~1917년 전쟁과 혁명의 시기

1914~1917년 '전쟁과 혁명의 시기'에 레닌의 사회주의론은 크게 진화했다. 케빈 앤더슨(Kevin Anderson)에 따르면 레닌의 사상은 1914년 인식론적 단절이라고 할 정도로 크게 변화했는데, 그 정치적·이론적 배경에는 1914년 제1차 세계대전의 발발, 독일 사회민주당을 비롯한 제2인터내셔널 마르크스주의자들의 배반(전쟁 반대에서 조국방위주의로의 선회), 헤겔의 『논리학』 독해가 작용했다(Anderson, 1995). 레닌은 1914년 제1차 세계대전이 발발한 직후 스위스 베른 공립도서관에서 헤겔의 『논리학』을 독해하면서 터득한 '단절과 도약'의 변증법에 기초해 제2인터내셔널 마르크스주의에 고질적이었던 기계론적 유물론과 경제주의와 단절했으며, 이로부터 「4월 테제」, 『국가와 혁명』, 『제국주의론』과 같은 이론적 혁신 및 10월 무장봉기로의 도약이 가능했다는 것이다.[5]

우선 레닌은 파리코뮌에 대한 마르크스와 엥겔스의 사상을 복원했다. 특히 1917년 『국가와 혁명』에서 레닌은 노동자계급은 자본주의가 발전시킨 관료적 엘리트주의적 국가를 전복 분쇄하고 이를 자신들의 민주주의적 노동자 국가로 대체해야 한다고 주장했다.[6] 레닌은 "피억압자들의 해방은 지배계급이 만들어낸 국가권력 기구를 파괴하지 않고서는 불가능하다"라고 주장했다. 또 새로운 노동자 국가는 "민주주의를 인구의 압도적 다수로 확장해 특별한 억압 기구에 대한 필요가 사라지기 시작하는 …… 이행기 국가"가 될 것이며, 사회주의 사회가 발전하면서 국가 그 자체도 "고사"할 것이라고 주장했다. 1917년 레닌의 『국가와 혁명』에서는 모든 것이 투명했다. 대중은 항상 국가권력에 접근할 수 있어야 했으며 국가권력은 대중에 의해 행사되어야 했다. 또한 절차적 규칙이 사회주의 행정의 핵심으로 간주되었다. 레닌은 『국가와 혁명』에서 사회주의 체제에서 대표자들은 직접 선출되어야 할 뿐만 아니라 언제라도 소환될 수 있어야 하고, 노동자 임금 수준의 급료만 받아야 한다고 주장했다. 따라서 레닌이 절차적 민주주의를 유린했고 레닌에게 합법성의 개념이 결여되어 있었다는 비판은 사실과 다르다. 레닌은 자신의 견해를 항상 중앙위원회와 당대회의 다수결의를 통해 관철하려 했다. 레닌 생존 시에는 당대회가 매년 개최되었다.

레닌은 1917년 「4월 테제」에서 러시아혁명의 성격에 대해 레온 트로츠

5 1914~1917년 레닌의 이론과 실천에는 근본적 단절이 있었는데, 앤더슨 등은 레닌이 헤겔의 『논리학』을 독해한 것이 그 배경이라고 해석했다. 이러한 해석에 대해 리(Lih, 2009: 90~112)는 레닌의 사상은 1914년 이전과 마찬가지로 이 시기에도 제2인터내셔널 마르크스주의를 고수하는 "공격적 비독창성"으로 특징지어진다고 반박한다. 즉, 1914년 이후 레닌에게 문제시된 것은 제2인터내셔널 마르크스주의가 아니라 그것의 배반이었으며, 따라서 레닌이 단절했던 것은 제2인터내셔널 마르크스주의, 즉 1914년 이전의 카우츠키가 아니라 그것을 배반한 '배반자 카우츠키'라는 것이었다.

6 레닌의 『국가와 혁명』은 1917년에 쓰였지만 1918년에 출판되었다. 따라서 레닌의 『국가와 혁명』이 1917년 혁명에 직접적인 영향을 미쳤다고 볼 수는 없다.

키(Leon Trotsky)의 연속혁명론을 수용했다. 1917년 2월 혁명 당시 노동자들이 빵과 평화를 요구했을 때 러시아혁명이 시작되었다는 것을 알아차린 사람은 소수였다. 하지만 노동자들의 시위가 차르에 대항하는 혁명적 투쟁으로 나아가자 레닌은 트로츠키의 연속혁명론을 즉각 수용해 혁명적 노동자운동만이 민주주의 투쟁을 승리로 이끌 수 있으며 사회주의를 위한 투쟁으로 나아갈 수 있다고 선언했다. 1917년 러시아혁명은 완전히 새로운 사회 조직인 노동자평의회, 즉 소비에트에 기초했다. 노동자평의회는 작업장과 지역에서 선출된 대표자로 구성된 러시아의 새로운 의사결정 기구였다. 이들은 직접민주주의 기관으로서, 그 대표자들은 파리코뮌과 마찬가지로 선출한 사람들에 의해 소환될 수 있었다. 소비에트는 새로운 대중민주주의의 형식이었다. 레닌과 트로츠키가 러시아혁명의 중심 슬로건으로 "모든 권력을 소비에트로!"라는 요구를 내걸었던 것도 이를 배경으로 한다. 레닌과 트로츠키는 소비에트가 노동자민주주의의 구현체로서 새로운 노동자 국가의 기초가 될 것이라고 보았다. 실제로 1917년 혁명 이후 소비에트는 러시아 노동자 국가의 기초가 되었다. 물론 소비에트 권력은 1917년 10월 혁명 직후 약화되기 시작해 전시공산주의 이후에는 완전히 소멸했다.

1917년 혁명기에 레닌이 소비에트 권력의 중심성을 인정한 것은 사실이지만, 당과 소비에트 권력의 관계에 대해서는 이 시기에도 트로츠키에 비해 입장이 모호했다. 예컨대 10월 봉기의 시점을 소비에트 대회에 일치시키자는 트로츠키의 제안에 대해 레닌은 다음과 같이 말했다.

> 볼셰비키는 소비에트 대회를 기다릴 수 없다. 볼셰비키는 **지금 당장** 권력을 장악해야 한다. …… 지체는 범죄이다. 소비에트 대회를 기다리는 것은 형식성으로 아이들 장난하는 것이며, 부끄러운 형식성 놀음이며, 혁명을 배

반하는 것이다(Trotsky, 1977a: 987에서 재인용. 강조는 원문).

이와 관련해 레닌의 저작 중 가장 해방적이며 '아래로부터의 사회주의'와 소비에트 권력의 입장에 서 있는 저작인 『국가와 혁명』에도 모호한 서술들이 적지 않다. 예컨대 레닌은 『국가와 혁명』에서 노동자 자주관리 생산이 아닌 중앙집권적인 프롤레타리아트 국가를 사회주의로 간주했다. 레닌은 자본주의에서 우편 노동자들이 대개 국가에 의해 고용되어 있는 것을 "사회주의 경제체제의 예"로 간주해 "경제 전체를 우편 서비스 방식으로 조직"(Lenin, 1917b: 432)할 것을 주장하기도 했다.

3) 1917년 혁명 직후 국가자본주의 시기

1917년 10월 무장봉기를 통해 권력을 장악한 레닌과 볼셰비키는 자신들의 체제를 '사회주의=공산주의'라고 부르지 않았다. 1917년 10월에서 1918년 여름 전시공산주의로 전환하기까지의 러시아를 당시 레닌은 국가자본주의라고 불렀다. 레닌은 "자본주의적 소규모 생산"에서 혼란된 관계들에 대처하기 위해 트러스트와 기업 경영에 대한 국가 감독을 이용하려는 노력을 사회주의가 아니라 국가자본주의라고 묘사했다. 1918년 3월 브레스트-리토프스크 조약 이후 혁명 초기에 넘치던 열정이 가라앉자 레닌은 국가자본주의의 장점을 격찬하고 나섰다. 레닌이 보기에 당시 러시아는 사회주의는 아니었지만 사적 자본주의보다는 나았다. 레닌은 러시아의 당면 목표는 축적을 가속화하는 것이고 그러려면 제대로 된 회계와 위계제적 경영, 그리고 노동자의 규율이 필요하며 노동조합은 축적의 필요에 종속되어야 한다고 강조했다(Desai, 2002: 234). 1918년 4월 레닌은 다음과 같이 말했다.

> 현실은 우리에게 국가자본주의가 일보 전진임을 말해준다. 만약 단시일 안에 우리가 국가자본주의를 성취할 수 있다면 그것은 승리일 것이다. …… 소비에트 권력하에서 국가자본주의란 무엇인가? 오늘날 국가자본주의를 성취한다는 것은 자본가계급이 수행했던 계산과 통제를 실행하는 것을 뜻한다. 우리는 국가자본주의의 예를 독일에서 본다(Lenin, 1918c: 293~294).

레닌은 또 10월 혁명 직후부터 국가에 의한 계산과 통제의 중요성을 강조했다. 『국가와 혁명』에서 천명되었던 국가기구의 파괴와 국가 소멸이 아니라, 경제에 대한 국가 통제로서의 사회주의, 자원을 기업과 개인에 배분하는 기구로서의 국가의 개념이 집권 초기부터 레닌의 사회주의 개념의 핵심이 되었다.

또 10월 혁명 직후부터 레닌은 소비에트 정부를 "프롤레타리아트 독재"라고 부르기 시작했다. 레닌은 1918년 4월 집필한 「소비에트 정부의 당면 과제」에서 "소비에트 권력은 프롤레타리아트 독재의 조직화된 형태와 다름없다"(Lenin, 1918b: 265)라고 정의했는데, 이는 『국가와 혁명』에서는 찾아볼 수 없는 표현이다.

4) 전시공산주의 시기

1918년 5월을 분기점으로 해서 러시아는 국가가 감독하는 혼합 시장경제에서 전시공산주의로 전환했다. 1919~1920년 레닌은 전시공산주의 시기에 사회주의가 도래한 것으로 간주해 국유화와 시장의 행정적 청산을 사회주의 및 공산주의와 동일시했다. 전시공산주의 시기에 레닌과 볼셰비키는 산업을 국유화하고 시장의 폐지를 시도했다. 전시공산주의 시기는 화폐와 시장이 사라졌던 시기로서, 공산주의 계획경제의 전조 또는 원형으로 간주된다. 하지만 전시공산주의는 말 그대로 전시라는 포위와 극단적인 결핍에 강제된 배급 경제에 지나지 않았다. 에드워드 카(Edward Carr)가 말한 대로 "전시 공산주의의 금융적 특징은 화폐가 경제에서 사실상 제거된 것이지만, 이는 어떤 교의나 숙고된 계획에서 비롯된 것은 아니었다"(Carr, 1952: 246). 하지만 볼셰비키는 이처럼 전시라는 특수한 정세에 의해 강제된 화폐경제의 소멸을 공산주의의 도래라고 미화하고 이를 인위적으로 촉진하려 했다. 1918년 12월 제2차 전 러시아 지역경제협의회 대회에서 볼셰비키는 "화폐가 경제단위들의 관계에 끼치는 영향력이 궁극적으로 사라지는 것을 보고 싶다는 희망을 피력했다"(노브, 1998: 70에서 재인용). 1919년 3월 레닌은 볼셰비키 당강령 초안에서 화폐의 폐지와 계획 확대의 필요성을 강조했다.

> 분배 영역에서 소비에트 권력의 현재 과제는 상업을 계획되고 조직화된 전국적 규모의 재화 분배로 점차 대체하는 것이다. 그 목표는 전 인구를 생산자 코뮌 및 소비자 코뮌으로 조직해 전체 분배 기구를 엄격하게 집중함으로써 모든 필수 생산물을 가장 신속하게, 체계적·경제적으로, 또 최소의 노동 지출로 분배하는 것이다. …… 러시아공산당은 가능한 한 빨리 가장 급진적인 조치들을 도입해 화폐를 폐지하기 위한 길을 닦을 것이다. 최우선적으로 화폐를 저축은행 장부, 수표, 단기 어음(이는 그 보유자에게 재화를 공공 상점에서 수취할 수 있는 권리를 부여한다) 등으로 대체하고, 화폐가 은행 등에 예치되는 것을 강제할 것이다(Lenin, 1919a: 115~116).

니콜라이 부하린(Nikolai Bukharin)과 예브게니 프레오브라젠스키(Evgeni Preobrazhensky)는 전시공산주의 시기의 대표적인 저작인 『공산주의의 ABC』에서 "소비에트의 모든 구성원은 국가 행정의 특정한 부분을 담당해야 한다. …… 모든 노동 인구가 국가 행정에 참여할 것이다"(Bukharin and Preobrazhensky, 1966: 190)라면서 소비에트 권력과 국가 민주화를 전망했다. 하지만 레닌은 1919년 3월까지는 전시공산주의라는 용어를 사용하지 않았다. 레닌은 전시공산주의를 이론이나 실천적인 정치적 용어로 정식화하지 않았다. 전시공산주의적 조치는 1919년 여름 이후에야 하나의 체제로 성립했다(Krausz, 2015: 324). 레닌은 전시공산주의를 "완전한 사회주의"와 동일시할 정도로 순진하지는 않았다. 레닌은 전시공산주의 시기였던 1920년 4월에도 "노동자와 농민이 남아 있는 한 사회주의는 달성되지 않았다"(Lenin, 1920a: 506)라고 보았다. 그럼에도 불구하고 1919~1920년 레닌은 국유화의 틀 내에서 사회화와 사회적 감독을 사회주의와 동일시했다(Krausz, 2015: 323). 볼셰비키 지도자들은 내전의 불가피한 산물이던 노동의 군대화와 전시경제를 전시공산주의라고 미화했다. 예컨대 트로츠키는 1920년 노동의 군대화를 "자본주의에서 사회주의로의 이행기에 노동력을 조직하고 규율하는 불가피한 방법"(Trotsky, 2007: 135)이라고 옹호했다.

이와 관련해 전시공산주의 시기부터 『국가와 혁명』에서 레닌이 강조했던 소비에트 권력이 급속하게 약화되기 시작했다는 점도 지적되어야 한다. 반면 1917년 혁명 시기에는 억제되었던 제2인터내셔널 마르크스주의의 기계론적 유물론과 경제결정론의 요소들이 부활했다. 메그나드 데사이(Meghnad Desai) 또한 혁명 후 레닌의 신경제정책은 『러시아에 있어서 자본주의의 발전』에서 주장되었다가 『제국주의론』에서 기각되었던 자본주의의 진보성론이 복원된 것이라면서 다음과 같이 주장했다.

> 10월 혁명 후 러시아 경제를 운용하는 문제에 직면하자 레닌은 적어도 국내 경제에 관한 한 『제국주의론』의 관점을 버렸다고 할 수 있다. 『제국주의론』은 코민테른의 선진 자본주의국 혁명 전략의 기본 텍스트였지만, 레닌은

동시에 국내 경제정책 결정에서는 자신이 초기에 (『러시아에 있어서 자본주의의 발전』(1899)에서 _인용자) 주장한 자본주의 발전에 관한 관점을 채택했다(Desai, 1989: 20).

5) 신경제정책 시기

내전이 거의 끝난 후인 1920년 10월 레닌은 러시아청년공산주의동맹에서 연설하면서 공산주의 사회의 기초가 '전화(電化)'라고 주장했다. "전 국토와 공업과 농업의 전 부문을 전화한 다음에야 …… 우리는 스스로의 힘으로 공산주의 사회를 건설할 수 있을 것이다"(Lenin, 1920f: 289). 1920년 12월 레닌은 "소비에트 민주주의"나 "코뮌 국가"에 대해 더 이상 언급하지 않고 프롤레타리아트 독재를 주장했다. 레닌은 "이제부터는 적은 정치가 최상의 정치이다"(Lenin, 1920e: 514)라고 주장했다. 그러면서 "정치가 뒤편으로 물러나고 정치가 덜 자주, 또 더 짧게 논의되고 엔지니어와 농학자들이 주된 토론자로 등장하는 행복한 시대"(Lenin, 1920e: 513~514)를 희구했다.

레닌은 1921년 3월 제10차 당대회에서 신경제정책으로의 전환을 선언하고, 사회주의는 시장관계를 제거함으로써가 아니라 시장관계를 통해서만 도달될 수 있다고 주장했다. 하지만 레닌은 같은 제10차 당대회에서 "반대의 시기는 끝났다. 이제 반대에 재갈을 물려야 한다. 우리는 반대를 더 이상 원하지 않는다!"(Lenin, 1921c: 200)라고 선언했다. 제10차 당대회 이후 당내 분파 결성은 금지되었다. 하지만 이 분파 결성 금지 규정은 1935년 트로츠키가 자기비판했듯이 "볼셰비즘의 영웅적 역사가 종언을 고하고 관료적으로 퇴보하는 길을 열었다"(Trotsky, 1977b: 186).

레닌은 당의 주요 과제는 정치적인 것이 아니라 경제적이고 행정적인 것이라고 간주했다. 1921년 5월 제10차 당협의회에서 레닌은 신경제정책이 "진지하게 장기간에 걸쳐" 실시될 것임을 강조했다(Lenin, 1921e: 436). 레닌의 신경제정책에는 1917년 혁명 시기에는 억제되었던 『러시아에 있어서 자본주의의 발전』의 문제 설정, 즉 제2인터내셔널의 경제결정론과 자본주의의 진보성 개념이 재현되어 있다.

레닌은 『현물세』(1921)에서 신경제정책을 체계적으로 제시하면서, 러시아에서의 시장관계의 발전이 관료주의의 병폐에 대한 처방이 될 수 있으며 국가자본주의적 생산관계가 가장 진보적인 생산관계라고 주장했다.

> 대안(그리고 이것은 유일하게 현명하고 최후로 **가능한** 정책이다)은 자본주의의 발전을 금지하거나 막으려는 것이 아니라, 그것을 **국가자본주의**로 향하게 하려는 것이다. …… 우리나라의 관료주의적 관행은 서로 다른 경제적 뿌리를 가지고 있다. 그것은 빈곤, 문맹, 문화의 결여, 도로의 부재, 농업과 공업 간의 **교환**의 부재, 양자 간의 연관 및 상호작용의 부재 등으로 인해 소생산자들이 원자화되고 분산화된 상태이다. …… 교환이란 거래의 자유를 말한다. 그것은 자본주의이다. 우리가 소생산자의 분산성을 극복하고 또한 어느 정도까지는 관료주의의 해악과 싸우는 것을 돕는 정도에 따라 그것은 우리에게 유용하다(Lenin, 1921d: 344~345, 351, 364. 강조는 원문).

레닌을 비롯한 볼셰비키 지도자들은 신경제정책으로 전환하면서 이전 전시공산주의의 백일몽에서 깨어나 당시 러시아를 사회주의 또는 공산주의가 아니라 이행기 사회라고 고쳐 불렀다. 전시공산주의 시기에 『공산주의의 ABC』라는 책을 출간했던 부하린도 신경제정책 시기에 펴낸 『이행기의 경제학』에서는 공산주의에 대해 더 이상 언급하지 않았다(Krausz, 2015: 335). 레닌은 "국가가 관장하는 자본주의"가 "질서 있는 후퇴"를 위한 유일한 해법이며, 국가자본주의만이 관료적 전시공산주의의 혼란을 대체할 수 있는 대안이라 주장했다. 1922년 1월 레닌은 "국가 기업의 대부분을 상업적 자본주의적 기초 위에서 경영"(Lenin, 1922a: 376)할 것을 제안했다. 레닌의 신경제정책은 사회주의로부터 체제적으로 후퇴한 것이었다. 욕구에 기반을 두었던 지향이 수익성 기준으로 대체되었기 때문이다. 1922년 11월 레닌은 전시공산주의의 사회주의는 오류였으며 러시아에서 사회주의의 실현은 아직 일정표에 올라 있지 않다고 인정하면서, 지금은 이행기로서 사회주의를 위한 역사적·문화적 전제조건을 창출해야 한다고 주장했다. "소비에트 공화국의 현재 상황에서 국가자본주의는 일보 전진일 것이다. …… 우리가 먼저 국가자본주의에 도달하고 그다음에 다시 사회주의에 도달하는 것이 좋을 것이다"(Lenin, 1922b: 419~420). 이때 레닌이 말했던 국가자본주의는 국가가 경제 전체를 관리하는 것이 아니라 혁명 후 러시아 경제를 구성했던 5개 우클라트 중 하나였다. '최후의 레닌'은 또 "자기통치적" "협동조합 사회주의"에 기초한 경제체제의 가능성을 모색했다.

신경제정책 시기 레닌의 사회주의 개념은 마르크스의 사회주의 개념뿐만 아니라 1917년 혁명기에 레닌 자신이 『국가와 혁명』에서 정식화한 사회주의 개념과도 상충된다. 하지만 시장사회주의의 원조를 레닌의 신경제정책에서 찾는 것 역시 옳지 않다. 왜냐하면 레닌 자신은 신경제정책을 이행기의 경제정책, 정확히 표현하면 국가자본주의의 경제정책이라고 말했지, 사회주의 정책이라고 말한 적은 없기 때문이다.

3. 레닌의 사회주의론: 마르크스의 공산주의론과의 비교 평가

마르크스가 제기한 '사회주의=공산주의'론의 주요 요소는 다음과 같은 10개 항목으로 요약될 수 있다.[7] ① 연속혁명(단계혁명론 비판), ② 세계혁명 및 글로벌 공산주의(일국공산주의론 비판), ③ 국가 소멸, ④ 코뮌 권력(아래로부터 사회주의), ⑤ 작업장 민주주의, ⑥ 개인적 소유의 재건, ⑦ 자유로운 개인들의 연합(협동조합 사회주의), ⑧ 상품, 화폐 및 시장의 소멸, ⑨ 노동시간 단위 경제 조절(참여 계획경제), ⑩ 노동의 폐지이다. 이러한 요소들 외에 여성해방과 생태사회주의론 역시 마르크스의 '사회주의=공산주의'론의 필수적 구성요소이지만,[8] 이 절에서는 기존의 마르크스주의에서 사회주의의 요소로 전통적으로 거론되어왔던 10개의 주요 요소를 기준으로 해서 마르크스와 레닌의 사회주의론을 비교할 것이다. 또 이 절에서 마르크스의 공산주의론을 비교 기준으로 채택한다고 해서 필자가 마르크스 공산주의론의 무오류성과 완전성을 전제한다고 오해해서는 안 된다. 이는 어디까지나 공산주의에 대한 마르크스와 레닌의 개념 차이를 선명하게 부각하기 위함이다. 마르크스의 공산주의론은 합리적 핵심에도 불구하고 모순과 공백이 적지 않으며, 따라서 실행 가능한 모델로 되기 위해서는 더 체계화되고 구체화되어야 할 열린 체계, 열린 패러다임이다. 또 이 절에서 강조할 마르크스의 공산주의론에 대한 레닌의 해석이 지닌 맹점 또는 한계와 관련해서는, 레닌이 마르크스를 주로 카우츠키 및 엥겔스를 통해 흡수할 수밖에 없었다는 점, 또 레닌은 마르크스 사상을 이해하는 데 결정적

7 이에 대한 필자의 논의로는 정성진(2015a) 참조.

8 여성해방에 관해서는 레닌도 마르크스와 마찬가지로 사회주의에서 여성해방이 핵심적이라고 보았다. 예컨대 레닌은 1914년 자신이 기고한 『그라나트 백과사전』의 '카를 마르크스' 항목 (영역본 기준 총 47쪽) '사회주의' 부분(약 3쪽) 중 약 1쪽을 마르크스의 여성해방에 관한 서술, 즉 자본주의에서 가족과 양성 관계의 고차적 형태를 위한 경제적 조건이 창출된다는 『자본론』 제1권에서의 서술을 인용하는 것으로 채웠다(Lenin, 1914: 71~72). 또 생태주의에 관해서도 레닌은 1917년 혁명 후 '자연보존 지구(zapovedniki)' 설정 등의 조치에서 보듯 훗날 스탈린과 달리 전혀 무감각하지는 않았다. 하지만 레닌의 사회주의론에서는 마르크스와 같이 분명한 생태사회주의적 문제의식, 즉 연합한 생산자들에 의한 자연과의 물질대사의 합리적 규제로서 사회주의를 정의하는 것과 같은 접근을 찾기 어려운 것 역시 사실이다. 여성해방 및 생태사회주의에 대한 필자의 논의로는 정성진(2013, 2015b) 참조.

인 『경제학·철학 수고』의 소외론 같은 청년 마르크스 사상은 물론 『정치경제학 비판 요강』 같은 중기 마르크스의 경제학 비판 체계의 구상에 대해서도 전혀 알지 못했다는 점 등을 고려해야 한다.

1) 연속혁명(또는 단계혁명론 비판)

1917년 「4월 테제」 이전 레닌의 혁명 전략은 2단계 혁명론, 즉 부르주아 민주주의 혁명 후 사회주의 혁명 전략으로서, 트로츠키가 계승 발전시킨 마르크스의 연속혁명론[9]과 구별 대립된다. 이와 마찬가지로 마르크스의 『고타 강령 비판』에서는 공산주의 제1국면에서 제2국면으로의 이행이 연속혁명의 동학으로 특징지어진다면, 레닌에서는 사회주의와 공산주의 간에 만리장성이 놓여 있다. 1918년 레닌은 『국가와 혁명』에서 마르크스가 말한 공산주의의 '초기' 국면과 '발전한' 국면을 각각 공산주의의 제1단계와 제2단계로 구별하고, 이 중 공산주의의 제1단계가 사회주의에 해당한다고 주장했다. 하지만 이처럼 사회주의와 공산주의를 구별해 사회주의를 자본주의에서 공산주의로의 이행기로 간주하는 것은 마르크스에서 찾아볼 수 없다. 마르크스는 사회주의를 공산주의의 동의어로 사용했으며, 자본주의에서 '사회주의=공산주의'로의 이행기에 해당하는 것이 프롤레타리아트 독재라고 보았다. 레닌과 달리 마르크스는 사회주의는 바로 공산주의로서 자본주의에서 공산주의로의 이행기인 프롤레타리아트 독재 시기 이후에 도래하는 무계급 사회이며 국가도 정치도 존재하지 않는다고 보았다. 마르크스는 공산주의에서는 처음부터 국가와 정치가 사멸한다고 보았다. 마르크스는 이행기를 거쳐 계급투쟁이나 계급적 억압

9 마르크스의 연속혁명론에 대한 최근 논의로는 Van Ree(2013)를 참조.

이 필요 없어지면 중간 단계 없이 정치적 통치의 기관들이 정치적 성격을 갖지 않는 관리 기관들로 변화하는 국가 사멸의 과정이 곧바로 시작된다고 보았다. 1875년 마르크스는 「바쿠닌의 『국가제와 무정부』에 대한 노트」에서 공산주의 사회에서의 선거의 성격에 대해 검토하면서 다음과 같이 말했다.

> 선거의 성격은 이 이름에 의존하는 것은 아니며 경제적 기초에, 투표자들의 경제적 상호 관계에 의존한다. 이러한 기능이 정치적이기를 중지하자마자 ① 정부 기능은 더 이상 존재하지 않는다. ② 일반적 기능의 분담은 어떤 종류의 지배도 낳지 않는 실무적 문제가 된다. ③ 선거는 오늘날과 같은 정치적 성격을 상실한다(Marx, 1989a: 519).

마르크스에서 탈자본주의 사회로의 이행은 자본주의에서 사회주의, 즉 공산주의로의 1단계 이행이다. 하지만 레닌은 탈자본주의 사회로의 이행을 자본주의에서 사회주의로의 이행 및 이후 사회주의에서 자본주의로의 이행, 즉 2단계 이행으로 파악했다. 이렇게 사회주의와 공산주의의 상이한 단계들로 구별하는 것은 스탈린에서 보듯이 혁명 후 소련 국가의 모든 억압적 행위를 정당화하는 데 유용하다. 사회주의로 향하는 이행 국면의 사회였을 뿐이던 당시 소련을 사회주의라고 명명한 것은 마르크스의 해방적인 사회주의 프로젝트의 결정적 양상을 제거하고 사회주의를 순수한 유토피아로 전형시키는 효과가 있었다(Chattopadhyay, 2016: 223). 그런데 레닌은 1917년 혁명 후 러시아를 사회주의가 아니라 사회주의로 이행하는 시기의 프롤레타리아트 독재 또는 노동자 국가로, 그것도 관료적으로 왜곡된 노동자 국가로 간주했다는 점에서 스탈린과는 구별되어야 한다. 1921년 1월 레닌은 다음과 같이 말했다.

노동자 국가는 추상이다. 우리가 실제로 목격하는 것은 다음과 같은 특수성을 갖는 노동자 국가이다. 첫째, 노동자계급이 아니라 농민이 이 나라 인구의 압도적 다수를 구성하고 있다. 둘째, 이 나라는 관료적으로 왜곡된 노동자 국가이다(Lenin, 1921a: 48).

하지만 마르크스는 스탈린은 물론 레닌과도 달리 사회주의와 공산주의를 구별하지 않았다. 마르크스에서 사회주의란 공산주의로의 이행기이거나 공산주의의 낮은 단계가 아니라 공산주의 그 자체이다. 마르크스에게 공산주의로의 이행기는 오히려 자본주의이다(Chattopadhyay, 2014: 47). 마르크스에서 이행기는 프롤레타리아트 독재 시기이며, '사회주의=공산주의'는 이행기인 프롤레타리아트 독재 시기 이후에 도래하는 무계급 사회이다.

2) 세계혁명 및 글로벌 공산주의

마르크스의 '사회주의=공산주의'에서는 국가가 소멸하므로 일국사회주의, 일국공산주의는 성립할 수 없다. '사회주의=공산주의'가 세계적 차원에서만 완성될 수 있다는 생각은 『경제학·철학 수고』, 『독일 이데올로기』와 같은 초기 저작은 물론 『자본론』, 『고타 강령 비판』과 같은 만년의 저작에 이르기까지 마르크스의 대안 사회론에서 일관된 관점이다. 고전 마르크스주의 통설에 따르면 이와 같은 마르크스의 접근은 스탈린의 일국사회주의론에서 처음 부정되었다. 그러나 이런 통설은 의문의 여지가 있다. 왜냐하면 레닌도 1917년 혁명 이전에 일국사회주의를 주장한 적이 있기 때문이다. 레닌은 1915년 8월 쓴 「유럽합중국 슬로건에 대하여」에서 그때까지 자신도 지지했던 유럽합중국 슬로건을 철회하면서 일국사회주의론을 주장했다.

> 독립된 슬로건으로서의 세계합중국은 전혀 옳지 않다. 왜냐하면 첫째, 이 슬로건은 사회주의와 합치되기 때문이며, 둘째, 일국에서 사회주의가 불가능하다는 잘못된 해석과 그와 같은 국가와 다른 국가들의 관계에 관한 잘못된 해석을 낳을 우려가 있기 때문이다. …… 경제적·정치적 발전의 불균등성은 자본주의의 무조건적 법칙이다. 이로부터 사회주의의 승리는 처음에는 몇몇 자본주의 나라에서, 또는 심지어 단 하나의 자본주의 나라에서도 가능하다는 결론이 나온다(Lenin, 1915: 342).

1915년 레닌의 이 문건을 레닌 자신이 일국사회주의론을 지지한 결정적 전거로 제시한 스탈린의 해석은 맞다. 이 시기 레닌의 주된 논적이던 트로츠키도 당시에는 레닌의 이 문건이 일국사회주의론을 함축하고 있다고 비판했다. 하지만 트로츠키는 1924년 레닌 사후 당내 투쟁에서 스탈린주의 일국사회주의론자들에 맞서 레닌을 자신과 같은 세계혁명론자로 제시하려 했고, 이 과정에서 1915년 레닌이 주장한 것은 일국사회주의 혁명의 가능성일 뿐이며 일국사회주의를 장기적으로 유지할 가능성이라는 의미의 일국사회주의론은 아니라는 수정 해석을 제시했다. 그리고 이런 수정 해석은 이후 다수의 트로츠키주의자들에 의해서 수용되었다(Liebman, 1975). 하지만 필자는 1915년 레닌의 유럽합중국 슬로건 비판이 일국사회주의론을 함축하고 있다는 트로츠키의 애초의 평가가 타당하다고 본다. 일국사회주의론은 스탈린이 발명한 것이 아니라 1915~1917년 레닌에 의해 이미 정식화되었다는 것이다(Van Ree, 2010).

3) 국가의 소멸

마르크스의 '사회주의=공산주의'에는 국가는 물론 정치도 존재하지 않는다. 반면 레닌의 사회주의에는 국가가 존재한다. 실제로 레닌은 사회주의 국가라는 용어를 사용했다. 그러나 사회주의 국가라는 용어법은 마르크스의 관점에서는 형용모순이다. 그뿐만 아니라 레닌은 사회주의 국가를 정당화하기 위해 파리코뮌에 관한 마르크스의 서술을 자의적으로 해석했다. 예컨대 레닌은 『국가와 혁명』을 집필한 지 한 달 후이자 10월 혁명 직전에 집필한 팸플릿인 『볼셰비키는 국가권력을 유지할 수 있을까?』에서 다음과 같이 말했다.

> 마르크스는 파리코뮌의 경험에 기초해 프롤레타리아트는 기성의 국가기구를 자신의 목적을 위해 접수**할 수는 없다**는 것, 프롤레타리아트는 이 국가기구를 **분쇄**해야만 한다는 것, 그리고 그것을 새로운 것으로 대체해야 한다는 것을 가르쳤다. …… 이 새로운 유형의 국가기구가 파리코뮌에 의해 창출되었다(Lenin, 1917c: 102. 강조는 원문).

하지만 레닌이 이 부분에서 인용한 『프랑스의 내전』에서 마르크스는 다음과 같이 말했다. "노동자계급은 기성의 국가기구를 단순히 접수해 자신의 목적을 위해 휘두를 수 없다"(Marx, 1986: 328). 여기에서 보듯이 레닌이 인용한 마르크스의 문장에서 마르크스는 결코 레닌이 인용하듯이 혁명적 프롤레타리아트가 기성의 부르주아 국가기구를 분쇄한 후 이를 새로운 국가기구로 대체해야 한다고 말하지 않았다. 또 마르크스는 결코 파리코뮌을 새로운 유형의 국가기구라고 말하지 않았다. 그럼에도 불구하고 레닌은 마르크스가 그렇게 말했다고 주장하고 그것을 근거로 해서 이른바 "사회주의 국가" 또는 "코뮌 국가"라는, 마르크스에서는 찾아볼 수 없는 형용모순의 새로운 용어를 만들어냈다.

게다가 레닌은 사회주의, 즉 공산주의의 1단계에는 마르크스가 『고타 강령 비판』에서 말한 '부르주아적 권리'에 대응해 "부르주아적 국가"가 잔존한다고 주장했다(Lenin, 1917b). "공산주의에서 부르주아지가 없어져도 당분간 부르주아 법뿐만 아니라 부르주아 국가도 남아 있을 것이다"(Lenin, 1917b: 476). 레닌이 『국가와 혁명』에서 국가가 분쇄(smashing)된 다음인 공산주의에서 국가가 다시 고사(withering away)한다고 말한 것도 이 때문이다. 레닌은 공산주의의 제1단계에서는 "계산과 통제"가 중요한 역할을 한다고 강조했다. "계산과 통제, 이것은 공산주의 사회의 제1단계를 '조직'하고 이를 올바르게 기능하도록 하기 위해서 필요한 중요한 것이다"(Lenin, 1917b: 478).

레닌이 마르크스의 사회주의에서 국가의 분쇄 및 소멸 테제를 부정한 것은 그가 사회주의를 국가독점자본주의의 전화 형태로 파악한 것과도 관련 있다. 레닌은 10월 혁명 직전에 집필한 『임박한 파국, 그것과 어떻게 싸울 것인가』에서 다음과 같이 말했다. "사회주의는 단지 국가자본주의적 독점에서 한 발자국 더 나아간 것이다. 또는 다시 말해 사회주의는 **전 인민의 이익을 위해서 봉사하게 된**, 또 그러한 한에서 자본주의적 독점이기를 중지한 국가자본주의적 독점일 뿐이다"(Lenin, 1917a: 362. 강조는 원문).

4) 코뮌 권력(아래로부터의 사회주의)

레닌은 소비에트의 중심적 의의에 대해 좌익공산주의는 물론 트로츠키에 비해서도 유보적이었다.[10] 레닌은 노동자계급의 자기활동과 노동자평

---

10 예컨대 트로츠키는 『러시아혁명사』(1931~1933)에서 다음과 같이 말했다. "전쟁의 시기에 당은 대중의 분자운동과 같은 과정에 비해 얼마나 뒤처졌으며, 카메네프와 스탈린의 3월 지도부는 위대한 역사적 임무에서 얼마나 멀리 떨어져 있는가! 오늘날까지 인류 역사가 알고 있는 가장 혁명적인 정당도 역사의 사건들로부터 불의의 습격을 받는다. 혁명 정당은 불길 속에서 개조되며, 사건의 압력하에 대오를 정비한다. 전환기에 대중은 극좌 정당보다 '백배'

의회, 공장위원회, 노동자 통제와 같은 노동자의 자기조직의 중요성을 인정하면서도, 이들을 노동 인민의 직접적 자주관리 사회의 주체가 아니라 자신의 당이 국가권력을 장악하기 위한 수단으로 간주하는 경향이 있었다. 실제로 레닌은 1905년 혁명 당시 출현했던 소비에트를 노동자계급 자주관리의 주체로서가 아니라 자신의 당이 영향력을 행사할 대상으로 간주했다.

> 당은 노동자계급 속에서 사회민주당의 영향력을 확장하고 사회민주당의 노동운동을 강화하기 위해 노동자 대표자 소비에트와 같은 비당 조직을 이용할 의도를 결코 포기하지 않았다(Lenin, 1907: 143).

소비에트에 대한 레닌의 관점은 도구적인 측면이 있었다. 레닌은 소비에트를 노동자들로 하여금 볼셰비키 당을 지지하게 하고 자신의 당이 국가권력을 장악하기 위한 수단으로 간주했으며, 소비에트 권력과 당의 권력을 동일시하곤 했다. 따라서 레닌이 노동자계급의 자기활동, 자기조직에 기초한 아래로부터의 사회주의 개념을 일관되게 견지했다고 보기 어렵다. 1920년 『좌익 공산주의, 유아적 무질서』에서 레닌은 당의 지배에 맞서 노동자계급의 직접 권력을 주장하는 평의회공산주의자들을 비판하면서 다음과 같이 말했다.

> 당의 독재인가 **또는** 계급의 독재인가, 지도자들의 독재(당)인가 **또는** 대중의 독재(당)인가라는 문제를 제기하는 것 자체가 믿을 수 없을 정도로 가망 없는 혼란된 사고를 보여준다. …… 대중의 독재를 지도자의 독재와 **일반**

나 더 좌경화된다"(Trotsky, 1977a: 445~446).

적으로 대립시키는 것은 우스꽝스러울 정도로 멍청하고 우둔하다. …… 정치의 기예(및 공산주의자들의 자신의 임무에 대한 정확한 이해)는 프롤레타리아트 전위가 언제 성공적으로 권력을 장악할 수 있는지, 언제 — 권력을 장악하는 동안 및 그다음 — 충분히 광범위한 노동자계급들과 비프롤레타리아트 노동 대중들로부터 적절할 지지를 획득할 수 있는지, 언제 점점 더 광범위한 노동 인민 대중을 교육하고 훈련하고 견인함으로써 자신의 지배를 유지하고 공고히 하고 확대할 수 있는지, 그 조건과 계기들을 정확하게 측정하는 것이다(Lenin, 1920b: 41, 43, 51. 강조는 원문).

여기에서 레닌은 권력을 장악하는 것은 대중이 아니라 전위당이라고 주장하면서 대중을 주체가 아니라 전위당의 정치공학 대상으로 간주했다. 1917년 러시아혁명에서 아래로부터의 대중 권력의 구현체로 출현했던 소비에트의 쇠퇴와 유명무실화는 일부 트로츠키주의자들이 주장하듯이 1924년 레닌 사후가 아니라 이미 레닌이 생존했던 시기부터 진행되었다. 이는 1918년 6월부터 1920년 2월 사이에 소비에트 대회 중앙집행위원회가 단 한 번도 개최되지 않았던 데서도 확인된다(Liebman, 1975: 230). 소비에트는 1920년대 말 스탈린 반혁명 이후가 아니라 이미 레닌이 집권했던 시기부터 노동자 인민의 다양한 층의 정책이 조율되는 포럼이 아니라 '당=국가 지도부'의 지시를 집행하는 행정기구로 전락했다.

1920년 11월 레닌의 유명한 테제, 즉 "공산주의란 소비에트 권력 더하기(plus) 전국의 전화(electrification)이다"(Lenin, 1920d: 419)라는 테제 역시 마르크스의 공산주의론과 상충된다. 왜냐하면 마르크스적 의미의 공산주의에서는 그 '초기'부터 부르주아 국가뿐만 아니라 '소비에트 권력'도 사멸하고 존재하지 않기 때문이다.

5) 민주주의의 급진화, 직접민주주의 및 작업장 민주주의

레닌은 전반적으로 정치적 자유를 포함한 자유민주주의에 부정적이었다. 그는 민주주의를 주로 정치적 측면에서 파악했으며, 경제적 민주주의와 작업장 민주주의의 중요성에 대한 인식이 부족했다. 전시공산주의 시기인 1920년 6월 레닌은 다음과 같이 말했다. "프롤레타리아트 독재는 주로 선진적인, 즉 가장 계급 의식적이며 가장 규율된 도시 공업 노동자들 속에서 주로 자신을 드러내야 한다. …… 모든 감상적인 것, 민주주의에 관한 모든 헛소리를 쓸어버려야 한다"(Lenin, 1920c: 176). 1920년 12월 레닌은 노동조합 논쟁에서 트로츠키를 비판하면서 다음과 같이 주장했다. "민주주의는 오로지 정치 영역에 고유한 범주이다. …… 산업은 불가결하지만, 민주주의는 그렇지 않다. 산업민주주의는 전적으로 잘못된 관념을 낳는다"(Lenin, 1920g: 26~27).

레닌은 권력을 장악하기 전에도 볼셰비키의 권력을 프롤레타리아트 권력과 동일시했다. 레닌은 "볼셰비키 권력"을 "프롤레타리아트 혁명 권력"과 "동일"한 것으로 간주했다. 『국가와 혁명』 어디에도 노동자계급이 대중투쟁에서 혁명을 지도하고 자신들을 변혁한다는 문제의식은 없다. 즉, 가장 해방적인 저작으로 간주되는 『국가와 혁명』에서도 노동자계급의 자기해방, 즉 자신들의 행동으로 사회를 변혁하는 노동자계급에 관한 개념은 찾기 어려우며, 직접민주주의 관점도 불충분하다. 레닌은 다음과 같이 말했다.

> 우리는 대의 기구 없이는 민주주의를, 프롤레타리아트 민주주의를 상상할 수 없다. …… 우리는 유토피아주의자들이 아니다. 우리는 모든 행정을, 모든 복종을 일거에 없앨 수 있다고 '몽상'하지 않는다. 이러한 아나키스트적

몽상은 프롤레타리아트 독재의 과제에 대한 몰이해에서 비롯된 것으로서 마르크스주의와 전혀 인연이 없다. …… 우리는 현재 실존하는 사람들과 함께, 즉 복종과 통제, '감독과 회계'를 없앨 수 없는 사람들과 함께 사회주의 혁명을 하기를 원한다(Lenin, 1917b: 429~430).

전시공산주의 시기인 1919년 7월 레닌은 다음과 같이 말했다. "우리는 일당 독재를 수립했다고 비난받을 때, 또 당신들이 듣고 있듯이, 사회주의자 공동 전선을 하자는 제안이 들어올 때 다음과 같이 말한다. '그렇다, 이것은 일당 독재이다! 우리는 이것을 지지하며 이것으로부터 물러서지 않을 것이다'"(Lenin, 1919b: 535).

레닌은 1920년 4월 '제3차 전 러시아 노동조합 대회'에서 다음과 같이 주장했다. "독재 권력과 1인 경영은 사회주의적 민주주의와 모순되지 않는다. …… 공산당과 소비에트 정부의 모든 관심은 평화적인 경제발전 및 독재와 1인 경영의 문제에 집중되어 있다. …… 우리는 더 많은 규율, 더 많은 개인의 권위, 더 많은 독재를 필요로 한다"(Lenin, 1920a: 503~504, 514).

1920~1921년 노동조합 논쟁에서 레닌은 트로츠키를 비판하면서 프롤레타리아트 독재는 전위당의 독재로 귀결될 수밖에 없다고 주장했다.

사회주의로의 이행에서 프롤레타리아트 독재는 불가피하다. 또 프롤레타리아트 독재는 모든 공업 노동자를 포함하는 조직에 의해 수행되지 않는다. …… 실제로는 당이 프롤레타리아트의 전위를 흡수하며, 이 전위가 프롤레타리아트 독재를 실행한다. …… 프롤레타리아트 독재는 계급 전체를 포괄하는 조직을 통해 수행될 수 없다. 왜냐하면 …… 프롤레타리아트는 현재 너무나 분열되고 타락하고 부분적으로 부패해 있어서 …… 프롤레타리아트 전체를 포함하는 조직으로는 직접적으로 프롤레타리아트 독재를 수행할 수 없다. 이는 전위에 의해서만 수행될 수 있다. …… 이것이 프롤레타리아트 독재의 기본 메커니즘이며, 자본주의로부터 공산주의로의 이행의 본질이다. 왜냐하면 프롤레타리아트 독재는 프롤레타리아트 대중 조직에 의해서는 수행될 수 없기 때문이다. …… 형식적 민주주의는 혁명적 이익에 종속되어야 한다(Lenin, 1920g: 20~21; 1921b: 86).

일부 트로츠키주의자는 트로츠키를 당내 민주주의와 소비에트 민주주의의 수호자로 옹호하는 경향이 있지만, 1917년 혁명 후 1929년 소련에서 추방되기까지 트로츠키는 정통 레닌주의자를 자처하며 당의 무오류성을 주장하기까지 했다. 1924년 다음과 같은 트로츠키의 말은 트로츠키의 말인지 레닌과 스탈린의 말인지 헷갈릴 정도이다.

우리 누구도 당을 거역해서 올바를 수 없다. 왜냐하면 당은 노동자계급이 근본적 과제를 해결하기 위해 갖고 있는 유일한 역사적 도구이기 때문이다. …… 당과 함께, 그리고 당을 통해서만 올바를 수 있다. 왜냐하면 역사는 정확한 입장을 결정할 수 있는 다른 어떤 방도를 만들지 않았기 때문이다(Trotsky, 1975: 161).

6) 개인적 소유의 재건

마르크스는 프랑스어판 『자본론』 1권 24장 7절에서 공산주의는 개인적 소유의 재건을 핵심으로 한다고 말했다.

자본주의적 생산양식에 적합한 자본주의적 취득은, 따라서 자본주의적 사유도 독립한 개인적 노동의 필연적 귀결에 다름 아닌 이 사적 소유의 제1

> 의 부정이다. 그러나 자본주의적 생산은 자연의 변태를 지배하는 숙명에 의해 자기 자신의 부정을 낳는다. 이것은 부정의 부정이다. 이 부정의 부정은 노동자의 사적 소유를 재건하는 것은 아니지만, 자본주의 시대의 획득물에 기초해, 즉 협업과 토지를 포함한 모든 생산수단의 공동 점유(possession commune)에 근거해 노동자의 개인적 소유(sa proprieté individuelle)를 재건한다(Marx, 1989b: 679).

여기서 마르크스는 부정의 부정을 통해 재건되는 것은 생산수단의 사회적 소유가 아니라 노동자의 개인적 소유라고 말했다. 또 '제1의 부정'에서도 '제2의 부정'에서도 개인적 소유의 대상은 노동조건과 생산조건이며, 사회적 생산물 중에서 예컨대 개인적 소비재라는 특정 부분에 국한되는 것이 아니라 생산조건 그 자체라는 점을 강조했다. 그러나 엥겔스는 『반듀링론』에서 마르크스의 이 문장을 "사회적 소유의 대상은 토지 및 기타의 생산수단이며, 개인적 소유의 대상은 생산물, 즉 소비재라는 것을 의미한다. …… **프롤레타리아트는 정치권력을 장악하고 생산수단을 먼저 국가적 소유(Staats-eigentum)로 전화한다**"(Engels, 1987: 121, 267. 강조는 원문)라는 식으로 해석했다. 엥겔스는 『반듀링론』에서 듀링을 비판하기 위해 마르크스가 『자본론』 1권에서 언급한 부정의 부정 및 개인적 소유의 재건 논의를 인용하고 나름대로 해석했는데, 레닌 또한 1894년 『인민의 벗은 누구인가』에서 이를 무비판적으로 그대로 인용했다(Lenin, 1894: 168~174). 레닌은 마르크스가 언급한 개인적 소유의 재건 명제를 두고 엥겔스가 내린 해석에 대해 어떠한 비판도 제기하지 않았다. 레닌은 사회주의의 주요 특징으로 개인적 소유의 재건이 아니라 생산수단의 국유화에 주목했다. 엥겔스와 레닌은 공산주의를 주로 생산의 획기적 증대와 소유의 평등화로 접근했던 반면, 마르크스에게 공산주의란 무엇보다 보편적 대상화의 총체에 대한 사회적 개인의 통제, 즉 코뮌적 거버넌스를 의미했다(Levine, 2015: 182, 202). 개인적 소유의 재건을 핵심으로 하는 마르크스의 공산주의 개념이 레닌에게는 사실상 결여되어 있다.

7) 자유로운 개인들의 연합 또는 협동조합 사회주의

1923년 1월 레닌은 자신의 최후 저작 가운데 하나인 『협업』에서 협동조합에 주목하고 협동조합의 확대를 통한 사회주의 건설의 경로를 제안했다. 이는 이전에 자신이 견지했던 사회주의 건설 경로, 즉 국유화와 계획의 확대를 통한 사회주의 건설 경로로부터 상당히 전환했음을 의미한다.

> 정치권력이 노동자계급의 수중에 있고 이 정치권력이 모든 생산수단을 소유하고 있기 때문에 정말이지 우리에게 남겨진 유일한 과제는 인구를 협동조합 사회들로 조직하는 것이다. …… 이제 사회주의로 전진하기 위해 다른 어떤 수단도 필요하지 않다. …… 우리는 이제 협동의 단순한 성장조차도 사회주의의 성장과 동일하다고 말할 수 있다. …… 우리는 사회주의에 대한 우리의 관점 전체가 근본적으로 수정되었다는 점을 인정해야 한다(Lenin, 1923: 467, 470, 474).

'최후의 레닌'은 협동조합을 신경제정책의 한 구성요소 정도가 아니라 진정한 사회주의 체제로 간주했다(Jossa, 2014: 287). "레닌의 사회주의 접근의 핵심은 그의 '협동조합적 사회주의'에 의해 제공된다"(Krausz, 2015: 352). '최후의 레닌'이 제기한 협동조합론은 1917년 혁명 당시 『국가와 혁명』에서 동시에 제시되었던 사회주의의 두 가지 구상, 즉 위로부터의 국가사회주의 구상과 아래로부터의 소비에트 사회주의 구상 중 레닌의 강조점이 아래로부터의 소비에트 사회주의 구상으로 이동했음을 보여준다.

하지만 '최후의 레닌'의 사회주의론에서도 자유로운 개인들의 연합으로서의 마르크스의 공산주의 개념, 특히 정치적 자유의 중요성에 대한 인식은 찾아보기 힘들다. 신경제정책 시기 레닌의 협동조합 사회주의론은 마르크스가 말한 자유로운 개인들의 연합의 제도적 구현으로서가 아니라 시장경제 확대 정책의 일환으로 추진되었다. 제2차 세계대전 이후 레닌의 협동조합 사회주의론은 유고슬라비아를 비롯한 '현존 사회주의' 국가들의 시장개혁을 정당화하는 시장사회주의 이데올로기로 봉사했다.

8) 상품, 화폐 및 시장의 소멸

마르크스는 '공산주의 초기 단계'에서 이미 노동이 직접적으로 나타나고 교환과 가치가 소멸하며 노동시간에 따른 분배가 이루어진다고 보았다. 마르크스 공산주의론에서 이른바 시장사회주의란 형용모순이다. 그러나 레닌은 신경제정책 이후 사회주의로의 이행기에 상품, 화폐, 시장이 상당 기간 존속할 것이며 존속할 필요가 있다고 보았다. 이로부터 신경제정책 시기 레닌의 사회주의론은 사회주의에도 국가, 시장, 화폐가 존재할 수 있다는 시장사회주의론의 전거가 되었다. 이와 같은 레닌의 사회주의론은 이행기로서의 사회주의에는 생산수단의 국유화는 물론 시장과 화폐 및 가치 범주도 존재할 수 있다는 스탈린의 '사회주의 생산양식론'의 이론적 전거로도 활용되었다.

9) 참여 계획경제 또는 노동시간 단위 경제 조절

레닌은 1918년 4월 새로운 사회에서 경제를 운용하는 어려움에 대해 다음과 같이 말했다.

> 우리는 사회주의에 대해 알고 있다. 그러나 수백만 규모의 조직, 수백만 재화의 조직과 분배 등에 대해서는 우리는 알고 있는 것이 없다. 옛 볼셰비키 지도자들은 우리에게 이것을 가르쳐주지 않았다. …… 볼셰비키 팸플릿에는 이것에 관해 아무것도 없으며, 멘셰비키 팸플릿에도 이에 관해서는 아무것도 쓰인 것이 없다(Lenin, 1918e: 296~297).

레닌은 혁명 후 경제 운용의 원리로서 "단일한 경제계획"의 중요성을 강조했다.[11] 레닌은 혁명 후 러시아 경제의 운영 원리의 모델을 당시 독일의 전시경제, 국가독점자본주의 계획 경제에서 찾았다. 1918년 5월 레닌은 『'좌익적' 유치함과 소부르주아적 심성』에서 다음과 같이 말했다.

> 우리의 과제는 독일의 국가자본주의를 학습하고 그것을 모방하는 데 노력을 아끼지 않으며 또 그것을 빨리 모방하기 위해 주저하지 않고 독재적 방법을 채택하는 것이다. 우리의 과제는 야만적 러시아의 피터 대제가 서구 문화 모방을 서둘렀던 것 이상으로 이런 모방을 재촉하는 것이며, 야만주의와 투쟁하기 위해 거리낌 없이 야만적 방법을 사용하는 것이다(Lenin, 1918e: 340).

여기에서 보듯 레닌이 구상하고 실행하려 했던 계획은 마르크스가 『고타 강령 비판』에서 정식화한 노동시간 단위 경제 조절에 기초한 참여 계

---

11 트로츠키도 '단일한 경제계획'을 사회주의의 주요 요소로 파악했다. "의무와 강제는 부르주아적 무정부성을 길들이고 생산수단과 노동을 사회화하며 단일한 계획의 기초 위에서 경제를 재건하기 위한 필요조건이다"(Trotsky, 2007: 132).

획이 아니라 당시 독일의 국가자본주의적 계획이었다. 레닌의 계획은 국가자본주의적 계획이라는 점에서 상품, 화폐, 시장이 폐지되고 노동시간 단위 경제 조절이 이루어지는 마르크스의 계획과는 근본적으로 다르다. 또 레닌의 계획은 아래로부터의 참여 계획, 아래로부터의 노동자 대중의 민주적 통제라는 의미보다는, 당과 국가의 위로부터의 통제, 국가자본주의 트러스트의 운용 계획과 같은 위로부터의 계획이라는 맥락에서 사용되었는데, 이는 민주적 참여를 핵심으로 하는 마르크스의 계획 개념과 큰 차이가 있다.

10) 노동의 폐지

마르크스 공산주의론은 궁극적으로 노동 폐지를 전망한다. 반면 레닌은 자신의 가장 해방적 저작인 『국가와 혁명』에서조차 사회주의에서는 국가라는 '단일한 공장'에 고용된 임금노동의 보편화가 이루어진다고 보았다.

> 계산과 통제, 이것이 공산주의 사회의 제1국면의 '원활한 작동', 적절한 기능을 위해 주로 요청된다. 모든 시민은 무장한 노동자로 구성된 국가의 피고용자가 된다. 모든 시민은 **단일한** 전국적 국가 '신디케이트'의 피고용자와 노동자가 된다. …… 사회 전체는 하나의 단일한 사무실과 단일한 공장이 될 것이며 노동과 보수는 평등해질 것이다(Lenin, 1917b: 478~479. 강조는 원문).

이와 같은 레닌의 사회주의는 실은 자본주의의 한 종류로서의 국가자본주의일 뿐이다. 마르크스는 이를 『경제학·철학 수고』에서 "조야한 공산주의"라고 말했다. "조야한 공산주의"에서 "공동체는 노동의 공동체일 뿐이며, 그곳에서는 공동 자본, 즉 보편적 자본가로서의 **공동체**가 지급하는 임금의 평등이 지배한다"(Marx, 1975: 295. 강조는 원문). 레닌에게 공산주의란 소유의 평등이었던 반면, 마르크스에게 공산주의란 보편적 대상화의 총체에 대한 유적 인간의 통제를 의미했다(Levine, 2015: 182).

레닌은 1917년 혁명 전인 1913~1914년경부터 테일러주의에 관심을 가졌으며, 1917년 혁명 후에는 이를 당시 러시아 생산과정에 적극적으로 도입하려 했다. 레닌은 1917년 혁명 직후 시기인 1918년 4월 『소비에트 정부의 당면 과제』 등에서 테일러주의를 지지하면서 노동자들에게 1인 경영과 노동 규율에 대한 무조건적 복종을 요구했다.

> 우리는 성과급의 문제를 제기하고 그것을 실제로 적용하고 검증해야 한다. 우리는 테일러 체제에서 과학적이고 진보적인 것 중 많은 부분을 적용하는 문제를 제기해야 한다. 우리는 임금이 생산 총량과 비례하도록 해야 한다(Lenin, 1918b: 258).

> 특별한 중요성이 이제 노동 규율과 노동 생산성을 향상시키기 위한 조치들에 부여된다. …… 이는 성과 임금의 도입, 테일러 시스템에서 과학적이고 진보적인 것들의 채택, 공장 노동의 전반적 성과에 상응하는 임금 지불, 철도와 운수의 이용 등을 포함한다. 이는 또 개별 생산자 및 소비자 코뮌들 간의 경쟁 조직 및 조직자들 선발을 포함한다. …… 노동하는 동안 독재적 권력을 갖는 소비에트 관리자, 소비에트 제도들에 의해 선출되거나 임명된 관리자들의 1인 결정에 대한 복종과 무조건적 복종은 아직 확실시되기에는 한참 멀었다. 이는 프티부르주아 아나키, 소(小)소유자의 타성과 열망, 감정의 아나키로부터 영향을 받은 결과인데, 이는 프롤레타리아트 규율 및 사회주의와 근본적으로 모순된다(Lenin, 1918d: 316~317).

신경제정책 시기 레닌은 당시 러시아의 국가권력이 견고한 계급적 기반을 결여하고 있음을 인정하고, 당의 주요 과제를 소멸한 노동자계급을 재창출하는 것으로 제시했다.

> 러시아에서 공업 프롤레타리아트는 전쟁과 극심한 궁핍 때문에 탈계급화되었다. 즉, 자신의 계급 기반을 상실했으며, 프롤레타리아트로서 존재하지 않게 되었다. …… 프롤레타리아트는 사라졌다(Lenin, 1921f: 65).

1917년 혁명 후 레닌이 소련에서 추구했던 노동 규율 강화와 노동자계급의 재창출은 마르크스 공산주의론의 핵심인 노동의 폐지와 근본적으로 상충된다.

4. 맺음말

1914~1917년 전쟁과 혁명 시기의 "광기"(Žižek, 2002) 속에 마르크스의 공산주의론으로 일시 회귀한 것과 1924년 사망 직전 "최후의 투쟁"에서 마르크스의 협동조합 사회주의와 반관료주의 투쟁의 중요성에 대해 뒤늦게 성찰한 것을 차치한다면, 레닌의 사회주의론의 지배적 형상은 마르크스의 공산주의론이라기보다 제2인터내셔널 마르크스주의에 고질적인 경제주의와 국가주의였다. 실제로 레닌은 전시공산주의 시기에 강제된 아래로부터의 사회주의의 후퇴를 내전 종식 후 자신의 최후 순간까지도 근본적으로 재고하지 않았을 뿐만 아니라 신경제정책 시기에는 시장경제의 확대를 이론적으로 정당화하려 했다. 레닌은 자신의 생애 동안 국가사회주의와 시장사회주의 사이에서 동요했는데, 둘 다 모두 자유로운 개인들

의 연합으로서, 마르크스의 공산주의와는 무관하다. 1930년대 이후 국가자본주의 반혁명의 이데올로기인 스탈린주의의 이론적 자원은 레닌의 모순적 사회주의 개념으로까지 소급될 수 있다. 1991년 이후 스탈린주의, '역사적 공산주의'의 파산은 마르크스의 공산주의론의 실패가 아니라 레닌의 사회주의론의 한계를 지시한다. 그동안 트로츠키를 비롯한 일부 고전 마르크스주의자들은 레닌과 스탈린의 차별성과 아래로부터의 사회주의의 옹호자로서 레닌과 마르크스의 공통점을 과장해왔는데, 이는 근거가 희박하다. '마르크스=레닌=트로츠키'라는 문제 설정 속에 억압되고 가려져 있던 마르크스 자신의 공산주의론 또는 비레닌주의적 공산주의론은 복원되고 재조명되어야 한다.[12] 이는 21세기 공산주의의 르네상스를 위한 필수적 조건의 하나이다.

12 이에 관한 필자의 시도로는 정성진(2014) 참조.

참고문헌

노브, 알렉(Alec Nove). 1998. 『소련경제사』. 김남섭 옮김. 창작과 비평사.

정성진. 2002. 「제2인터내셔널의 마르크스주의」. 김수행·신정완 엮음. 『현대 마르크스주의 경제학의 쟁점들』. 서울대학교출판부.

______. 2004. 「레닌의 경제학 비판」. ≪마르크스주의 연구≫, 제2호.

______. 2013. 「가사노동 논쟁의 재발견」. ≪마르크스주의 연구≫, 제10권 제1호.

______. 2014. 「제1차 세계대전과 트로츠키의 대안: 평화강령과 유럽합중국 슬로건을 중심으로」. ≪마르크스주의 연구≫, 제11권 제3호.

______. 2015a. 「마르크스 공산주의론의 재조명」. ≪마르크스주의 연구≫, 제12권 제1호.

______. 2015b. 「사회주의 도시와 환경」. 권용우 외. 『도시와 환경』. 박영사.

______. 2016. 「노동시간 계산 계획모델의 평가: 소련의 경험을 중심으로」. 한국사회경제학회 여름학술대회(2016.8.19) 발표 논문.

大谷禎之介. 2011. 『マルクスのアソシエーション論』. 櫻井書店.

Anderson, K. 1995. *Lenin, Hegel, and Western Marxism: A Critical Study*. University of Illinois Press.

Bukharin, N. and Preobrazhensky, E. 1966. *The ABC of Communism*. The University of Michigan Press.

Carr, E. 1952. *The Bolshevik Revolution 1917-1923*, Vol.2. The Macmillan Press.

Chattopadhyay, P. 1991. "Economic Content of Socialism in Lenin: Is It the Same as in Marx?" *Economic and Political Weekly*.

______. 2012. "Lenin Reads Marx on Socialism: Brief Note." *Economic and Political Weekly*, Vol.XLVII, No.50.

______. 2014. "Karl Marx and Friedrich Engels on Communism." S. Smith(ed.). *The Oxford Handbook of the History of Communism*. Oxford University Press.

______. 2016. *Marx's Associated Mode of Production: A Critique of Marxism*. Palgrave.

Desai, M. 2002. *Marx's Revenge*. Verso.

Desai, M.(ed.). 1989. *Lenin's Economic Writings*. Lawrence and Wishart.

Engels, F. 1987. "Anti-Duhring."(1878) *Karl Marx Frederick Engels, Collected Works*,

Vol.25. Progress Publishers.

Hudis, P. 2012. *Marx's Concept of the Alternative to Capitalism*. Brill.

Jossa, B. 2014. "Marx, Lenin and the Cooperative Movement." *Review of Political Economy*, Vol.26, No.2.

Krausz, T. 2015. *Reconstructing Lenin: An Intellectual Biography*. Monthly Review Press.

Lenin, V. 1894. "What the 'Friends of the People' Are and How They Fight the Social-Democrats." *Collected Works*, Vol.2. Progress Publishers.

______. 1902. "What Is to Be Done? Burning Questions of Our Movement." C*ollected Works*, Vol.5. Progress Publishers.

______. 1905. "On the Provisional Revolutionary Government." *Collected Works*, Vol.8. Progress Publishers.

______. 1907. "Draft Resolutions for the Fifth Congress of the R.S.D.L.P." *Collected Works*, Vol.12. Progress Publishers.

______. 1914. "Karl Marx." *Collected Works*, Vol.21. Progress Publishers.

______. 1915. "On the Slogan for a United States of Europe." *Collected Works*, Vol.21. Progress Publishers.

______. 1916. "Imperialism, The Highest Stage of Capitalism: A Popular Outline." *Collected Works*, Vol.22. Progress Publishers.

______. 1917a. "The Impending Catastrophe and How to Combat It." *Collected Works*, Vol.25. Progress Publishers.

______. 1917b. "The State and Revolution." *Collected Works*, Vol.25. Progress Publishers.

______. 1917c. "Can the Bolsheviks Retain State Power?." *Collected Works*, Vol.26. Progress Publishers.

______. 1918a. "Third All-Russia Congress of Soviets of Workers', Soldiers' and Peasants' Deputies." *Collected Works*, Vol.26. Progress Publishers.

______. 1918b. "The Immediate Tasks of the Soviet Government." *Collected Works*, Vol.27. Progress Publishers.

______. 1918c. "Session of the All-Russia C.E.C." *Collected Works*, Vol.27. Progress Publishers.

______. 1918d. "'Six Theses on the Immediate Tasks of the Soviet Government." *Collected Works*, Vol.27. Progress Publishers.

______. 1918e. "'Left-Wing' Childishness and the Petty-Bourgeois Mentality." *Collected*

Works, Vol.27. Progress Publishers.

______. 1918f. "The Proletarian Revolution and the Renegade Kautsky." *Collected Works*, Vol.28. Progress Publishers.

______. 1919a. "Draft Programme of the R.C.P.(B.)" *Collected Works*, Vol.29. Progress Publishers.

______. 1919b. "Speech at the First All-Russia Congress of Workers in Education and Socialist Culture." *Collected Works*, Vol.29. Progress Publishers.

______. 1920a. "Speech Delivered at the Third All-Russia Trade Union Congress." *Collected Works*, Vol.30. Progress Publishers.

______. 1920b. "'Left-Wing' Communism, An Infantile Disorder." *Collected Works*, Vol.31. Progress Publishers.

______. 1920c. "Speech Delivered at the Second All-Russia Conference of Organizers Responsible for Rural Work." *Collected Works*, Vol.31. Progress Publishers.

______. 1920d. "Our Foreign and Domestic Position and the Tasks of the Party." *Collected Works*, Vol.31. Progress Publishers.

______. 1920e. "The Eighth All-Russia Congress of Soviets." *Collected Works*, Vol.31. Progress Publishers.

______. 1920f. "The Tasks of the Youth Leagues." *Collected Works*, Vol.31. Progress Publishers.

______. 1920g. "The Trade Unions, the Present Situation and Trotsky's Mistakes." *Collected Works*, Vol.32. Progress Publishers.

______. 1921a. "The Party Crisis." *Collected Works*, Vol.32. Progress Publishers.

______. 1921b. "Once Again on the Trade Unions, the Current Situation and the Mistakes of Trotsky and Bukharin." *Collected Works*, Vol.32. Progress Publishers.

______. 1921c. "Tenth Congress of the R.C.P.(B.)" *Collected Works*, Vol.32. Progress Publishers.

______. 1921d. "The Tax in Kind." *Collected Works*, Vol.32. Progress Publishers.

______. 1921e. "Tenth All-Russia Conference of the R.C.P.(B.)" *Collected Works*, Vol.32. Progress Publishers.

______. 1921f. "The New Economic Policy and the Tasks of the Political Education Departments." *Collected Works*, Vol.33. Progress Publishers.

______. 1922a. "Draft Theses on the Role and Functions of the Trade Unions under the New Economic Policy."(1922.1) *Collected Works*, Vol.42. Progress Publishers.

______. 1922b. "Five Years of the Russian Revolution and the Prospects of the World Revolution: Report to the Fourth Congress of the Communist International." (1922.11) *Collected Works*, Vol.33. Progress Publishers.

______. 1923. "On Co-operation."(1923.1) *Collected Works*, Vol.33. Progress Publishers.

Levine, N. 2015. *Marx's Rebellion Against Lenin*. Palgrave.

Liebman, M. 1975. *Leninism under Lenin*. The Merlin Press.

Lih, L. 2006. *Rediscovered Lenin*. Brill.

______. 2007. "Our Position is in the Highest Degree Tragic: Bolshevik Euphoria in 1920." M. Haynes and J. Wolfreys(eds.). *History and Revolution: Refuting Revisionism*. Verso.

______. 2009. "Lenin's Aggressive Unoriginality, 1914-1916." *Socialist Studies: the Journal of the Society for Socialist Studies*, Vol.5. No.2.

Marx, K. 1975. "Economic and Philosophical Manuscripts of 1844." *Karl Marx Frederick Engels, Collected Works*, Vol.3. Progress Publishers.

______. 1986. "The Civil War in France." *Karl Marx Frederick Engels, Collected Works*, Vol.22. Progress Publishers.

______. 1989a. "Notes on Bakunin's Book Statehood and Anarchy."(1875) *Karl Marx Frederick Engels, Collected Works*, Vol.24. Progress Publishers.

______. 1989b. *Le Capital*, MEGA. II/4.

Trotsky, L. 1975. "Speech to the Thirteenth Party Congress."(1924.5.26) *The Challenge of the Left Opposition(1923-25)*. Pathfinder Press.

______. 1977a. *The History of the Russian Revolution*. Pluto Press.

______. 1977b. "Factions and the Fourth International." *Writing of Leon Trotsky [1935-36]*. Pathfinder Press.

______. 2007. *Terrorism and Communism: A Reply to Karl Kautsky*. Verso.

Van Ree, E. 2010. "Lenin's Conception of Socialism in One Country, 1915-17." *Revolutionary Russia*, Vol.23, No.2.

______. 2013. "Marxism as Permanent Revolution." *History of Political Thought*, Vol.34, No.3.

Žižek, S. 2002. *Revolution at the Gate: Selected Writings of Lenin from 1917*. Verso.

소비에트 민주주의와 프롤레타리아 독재*
_러시아혁명에서의 코뮌과 국가, 마음의 문제

최진석 | 수유너머 104, 이화여자대학교 이화인문과학원

제가 보기에 코뮌주의는 폭력이 아닌 마음의 문제이고
인내가 필요한 기나긴 과정인 듯싶습니다.
— 1919년 적군 사령관 미로노프가 레닌에게 보낸 편지

1. 러시아혁명, 새로운 '반복'의 실마리를 찾아서

민주주의의 본질이 대중의 자발적인 집합과 운동에 있음을 우리는 잘 알고 있다. 데모스(demos)의 권력(kratia)이라는 어원 풀이가 말해주듯, 민주주의를 내세웠던 모든 정치적 격변은 항상 대중권력의 수립이라는 근본적 이상을 추구해왔다. 혁명은 이와 같은 이상을 향한 대중적 역량의 경주와 전환, 구축적 사건에 붙여진 이름일 것이다. 민주주의를 함축하는 혁명의 이념성과 아울러 우리는 혁명의 사건성에도 눈길을 돌리지 않을 수 없

* 이 글은 계간 ≪진보평론≫ 71호(2017)에 발표한 글을 수정한 것이다.

다. 구체적인 역사적 사건으로서의 혁명은 선험적으로 주어진 도식이나 절차를 허용하지 않으며 단일한 표준적 모델도 내세우지 않는다. 우리는 역사의 과정 속에서 발생했고 전개되었던 절단적 국면들과 그 효과에 대해 '혁명적'이라는 수식어를 붙일 따름이다. 따라서 현존하는 체제와 제도, 규범적 기구들을 교란시키거나 와해에 이르게 만드는 순간들 모두가 일정 정도 혁명의 이념성과 사건성을 분유하고 있다고 말해도 좋을 것이다. 그런 의미에서 정확히 100년 전에 일어났던 러시아혁명은 민주주의의 이념성과 사건성이 현실화되었던 가장 거대하고 중요한 사례로 기록되어 있다.

1991년 소비에트 연방이 마침내 해체되었을 당시, 원인에 대한 분석과 아울러 1917년 혁명의 공과(功過)에 관한 논의가 분분히 일어났다. '세계 최초의 노동자 국가'를 탄생시킨 러시아혁명은 과연 실패한 것일까? 왜 이렇게 되었을까? 어쩌면 혁명 자체가 '잘못 끼워진 단추'는 아니었을까? 이처럼 소비에트 연방의 경험이 정말로 민주주의의 이상에 부합했는지, 그 역사적 경과가 혁명의 구호와 이념에 진정 걸맞은 방식으로 구현되었는지에 관한 질문들이 줄을 이었다. 물론 1917년 혁명 자체의 본래적 성격이나 특징, 역사적 구성체로서의 현실 사회주의에 대한 분석들이 오랫동안 이어져왔던 것도 사실이다. 소비에트 연방이 지속된 70여 년이라는 기간은 동시에 러시아혁명의 정당성과 현실성, 국가 및 사회 구조에 관한 해석의 역사이기도 했다.[1] 그렇게 혁명은 발생과 소멸이라는 두 시점에서 열띤 담론적 논쟁의 지평을 열었다. 그러나 20여 년 전에 활발하게 제기되었다가 어느새 침묵 속에 잠겨버린 러시아혁명에 관한 물음과 답변들은 상당

1 국내외의 다양한 논저를 열거할 수 있겠으나, 대체적인 큰 흐름에 대해서는 한정숙(2008: 181~254) 참조. 이 논문은 러시아혁명 90주년을 돌아보며 작성되었는데, 혁명 초기에 이루어진 트로츠키 자신의 해석에서부터 스탈린 시대와 그 이후의 소비에트 내부의 입장들, 서구의 전통적인 소비에트 비판을 경유해 연방 해체 이후의 관점 및 한국의 최근 동향에 이르기까지 1917년에 관한 다양한 해석의 경로를 개괄적이고 핵심적으로 정리하고 있다.

부분 실패의 귀책론에 사로잡힌 것이기도 했다. 사료의 발굴과 해독, 제도 및 정치 이론에 대한 전문 학제적 연구들과는 별개로, 혁명의 현재성과 실천적 동력에 관심을 가졌던 사람들에게 소비에트 연방의 붕괴는 믿기 어려운 역사의 반전이었기에 책임의 원천을 명백히 밝혀야 할 사건이었다.

'누구'에게 잘못이 있고 '언제부터' 문제가 시작되었는지에 대한 비판은 귀책론이 안고 있는 가장 핵심적인 논제이자 함정일 것이다. 이로 인해 레닌이나 스탈린, 트로츠키와 같은 왕년의 혁명 주역들이 새삼스레 다시 호출되고 재평가되는 계기를 맞기도 했다. 하지만 이 '유령 소환'은 그들의 사상이나 실천을 복기하며 '살릴 것은 살리고 버릴 것은 버리는' 온당성의 원칙에 따른 게 아니었다. 재판정에 오른 유령들은 그들이 과연 마르크스의 진정한 계승자였는지 심사받았고, 그들 가운데 누가 현재의 파국을 겨냥한 첫 번째 방아쇠를 당겼는지 심문당하고 처분되는 소송(process)이 벌어졌다.[2] 레닌이 성취한 사회주의의 현실이 스탈린 또는 그 후계자들에 의해 망가졌다든지, 애초에 레닌의 방법이나 이론이 마르크스의 공산주의와는 다른 것이었다든지,[3] 나아가 마르크스의 사상 자체가 19세기 근대성의 유물이기에 탈근대의 지형에서 붕괴는 불가피했다는 식의 판단들이 그러하다.[4] 일정한 근거와 성찰의 지점들이 포함되어 있었음을 감안해도 귀책

2 이는 러시아혁명의 지도자들을 마르크스의 사상 본류로부터 벗어난 '변종'이나 '일탈'로 규정함으로써 사회주의 운동사를 구출하려는 서구 마르크스주의의 오래된 시도에서 연원한다. 전반적인 분위기에 관해서는 Planametz(1965) 참조.

3 "모든 공산주의 정권에 퍼지게 된 지배 형태를 구축한 진짜 장본인은 사실상 스탈린이었으며 …… 이 정권을 이끈 사람들의 동기가 무엇이었든 이들의 지배는 사회주의에 대한 끔찍한 왜곡이었다", "(레닌이 살아있던_인용자) 1919년에는 이미 2월 혁명에서 출현한 소비에트 또는 평의회 제도가 거의 다 시들어버리고 소비에트는 공산당이 나날이 강화되어가는 엄격한 지도하에 들어가 있었다"(밀리반드, 1994: 23~24, 27). 한편 레닌 사상의 비마르크스적 토대에 대한 논의로는 클락(2000: 18~58); 한정숙(2005: 10~15) 참조.

4 이런 관점은 마르크스에 적대적인 전통적 우파의 해석으로부터 포스트마르크스주의 및 네오마르크스주의, 그리고 대안마르크스주의에 이르기까지 다양한 스펙트럼에서 드러나고 있다. 마지막의 경우는 '거대 서사'로서의 근대적 마르크스주의를 포기하고 자본주의의 유연성

론은 대개 역사를 향한 '화풀이'에 가깝고 '원한 감정'에 사로잡힌 채 소모되는 경우가 많아서 혁명에 대한 객관적인 분석을 가로막는 장애물이 되기 쉽다.

소비에트 연방의 해체를 기화로 1917년 혁명의 의미마저 퇴색시키려는 흐름에 대항하는 시도도 없지 않았다. 이는 주로 혁명가이자 정치가, 이론가로서의 레닌을 재조명하고 되살려내려는 의도에서 비롯되었던바, 서구 좌파의 급진적인 정치철학자들이 주동이 되었다. 1991년의 충격 이후 그들은 프랜시스 후쿠야마(Francis Fukuyama)의 '역사의 종말'과 같은 우파적 관점들이 마르크스주의 운동 전체를 일소해버리려는 기도에 반기를 들었고, 역사상 최초로 사회주의를 내걸어 국가 전복을 성공시켰던 러시아혁명을 다시 분석해야 한다고 주장했다. 비록 스탈린주의의 폐해가 만천하에 공개되고 비판되었지만, 이른바 '좋은 레닌 대 나쁜 스탈린'과 같은 자기위안적 통념에 머무르지 말고 혁명의 경과를 되돌아볼 것을 주문했던 것이다.[5] 특히 소비에트 연방이 해체된 지 10여 년이 지난 시점에서 어느덧 당연시된 레닌에 관한 침묵을 털어내고 '진리의 정치'로서 레닌적 실천의 정치학을 재구성하도록 촉구했다. 진보좌파의 행보가 불확실한 세계 상황 속에서 마르크스주의 운동의 침로를 재설정할 원천으로서 "레닌의

을 정밀하게 분석해 마르크스를 '마르크스적으로' 넘어설 것을 요구하고 있다(쿠르츠, 2014: 16~57; 비데·뒤메닐, 2014: 16~32).

5 레닌과 스탈린을 분리시키거나 마르크스와 러시아 혁명가들을 떼어냄으로써 혁명의 본래적 역동성을 전자에게만 귀속시키려는 입장은 1950년대 이래 서구 마르크스주의의 기본적 태도를 이룬다. 메를로 퐁티 또는 사르트르의 '전향'을 비롯해 1970년대 이후 유럽 공산당이 취했던 프롤레타리아 독재 포기 및 의회주의적 전환 등을 예로 들 수 있다(정명환 외, 2004: 3장; 발리바르, 1988: 11~15). 한편 스탈린주의 이후의 소비에트 사회가 혁명의 '왜곡'이나 '굴절'이라기보다는 내적 논리의 관점에서 정당성을 갖는다는 수정주의도 특기할 만하다. 이에 따르면 스탈린주의는 '악마적 독재'가 아니라 소비에트 민중의 욕망과 지지를 받아 성립한 사회적 현상이었다. 즉, 스탈린은 혁명의 '배반자'가 아니라 레닌 이후의 불가피한 대내외적 정세에 부합한 사회를 조직한 정치가였다(Fitzpatrick, 1978).

제스처를 현재의 지구적 조건 속에서 반복하는" 게 그 목표라는 것이다(뷔젱, 2010: 23~24).[6] 이와 같은 재평가와 재조명은 마르크스주의 운동사뿐만 아니라 러시아혁명을 새롭게 해석하기 위해 반드시 필요한 요소들임에 틀림없다. 이러한 장점에도 불구하고 정치철학적 해석은 '레닌적 행위'가 어떤 정세 속에서 결정되었고 어떻게 전개되었으며 무엇을 초래했는지에 관한 실제적 분석을 미루어두는 경향이 없지 않다. 정치철학적 해석의 중요한 의의는, 지젝의 표현대로 과거의 혁명을 정당화하거나 똑같이 되풀이하는 게 아니라 실행되지 않았던 혁명('레닌이 놓친 기회')을 수행('반복')하는 데 있기 때문이다(지젝·레닌, 2008: 562~563). 이러한 문제의식을 탈각시키지 않으면서 어떻게 혁명의 이념성과 사건성을 다시 해석해볼 수 있을까?

이 글에서 되짚어보려는 주제는 러시아혁명에서 나타난 민주주의와 독재의 문제이다. 자유민주주의적 정치체제와 자본주의적 경제구조 안에서 살고 있는 우리에게 민주주의와 독재만큼 적대적이고 화합 불가능한 단어쌍이 또 있을까? 식민주의와 군사주의가 낳은 국민 형성 교육의 그늘에서 우리는 민주주의와 독재를 양립할 수 없는 주제라고 배웠다. 전자는 자유를 최대한 보장하는 긍정적 이념인 반면, 후자는 자유를 억압하는 부정적 반(反)정치의 기제로 인식되어온 것이다. 하지만 마르크스와 레닌의 사유에서 우리는 민주주의와 독재가 논리적 충돌이나 모순 없이 공존하고 있으며, 심지어 결합하고 있음을 목격한다. 무엇보다도 마르크스 이론의 실제 사용자였던 레닌에게 민주주의와 독재는 혁명의 과정에서 맞물려 작동하는 상호 보충적인 구조를 이루며, 어느 한 쪽이 결락되어서는 공산주의

---

6 정세의 이론가이자 생성의 정치가로서 레닌을 다시 정위시키려는 시도는 레닌이 '비정통적 마르크스주의자'라거나 '원시적 마르크스주의자'라는 전통적인 우파적 평가를 전복시키고 그가 구체적인 역사적 과정 속에서 판단하고 행동하던 혁명가였음을 입증한다. 레닌에게 '진리의 정치'는 절대 객관적인 거대 서사로서의 진리가 아니라 정세와 상황에 따른 우발성과 계열화의 구성적 효과라는 것이다(지젝, 2010: 127~157).

의 실현이 전혀 불가능해지는 절합적 관계를 형성했다. 민주주의와 독재의 짝은 골수 극단주의자나 이론가의 책상에서 고안된 모순적 관념들이 아니라 혁명이라는 사건을 지속시키고 역사의 다음 단계로 이행하기 위해 만들어진 실천적 장치들이었다. 하지만 장치, 곧 제도와 제도를 잇는 장치의 논증으로 이 문제가 완전히 풀릴 수 있을까?

소비에트 민주주의와 프롤레타리아 독재를 사이에 둔 문제 설정은 대개 이념적 차원이나 사건성, 또는 현실 논리에 의거해 해소되어왔다. 전자의 경우, 최근까지도 러시아혁명에 대한 비판적 분석의 상당수는 민주주의와 독재, 더 정확히 말해 소비에트 민주주의와 프롤레타리아 독재를 부지불식간에 일종의 완결된 이념형(ideal type)으로 전제하곤 했다. 그 결과, 러시아혁명의 과정에서 양자가 공존 불가능했다거나 또는 처음부터 양자 모두 비현실적인 이상과 다름없었다는 식의 부정적 결론이 도출되곤 했다.[7] 후자의 경우, 혁명 이후의 급박했던 사정을 빌미삼아 레닌과 볼셰비키의 정책들을 임기응변의 소산으로 옹호하는 형편이다. 그 최선의 사례는 레닌을 정세(conjonture)에 관한 탁월한 분석가요 조직가라 부르는 것이고, 최악의 사례는 레닌과 볼셰비키를 주먹구구로 현실에 대응했던 이론적 망상가들로 몰아붙이는 것이다. 하지만 '모 아니면 도'라는 양자택일적 귀결은 앞서 언급한 귀책론만큼이나 비생산적인 논의임에 틀림없다. 이론의 이념성을 기반으로 실천의 사건성을 재단하고, 후자의 실패로부터 전자의 비일관성과 불가능성을 손쉽게 끌어내는 탓이다. 역사에 가정이 없다는 말은, 역사는 되돌릴 수 없으며 따라서 가정법으로 다른 경로를 상

7 소비에트 민주주의와 프롤레타리아 독재의 대립과 파국에 대응해 혁명을 옹호하려는 입장은 대개 '그때 그 상황에서는 어쩔 수 없었다'라는 식의 상황론적 변호에 몰두하곤 한다. 예의 '러시아적 특수성'에 대한 관점이 그것이다. 사건의 실제 정황에 대한 고려는 필수적이지만, 이를 전면화할 경우 우리는 이론과 실천의 무맥락적인 비일관성에 빠지거나 '레닌은 모든 점에서 전략과 전술의 천재였다'라는 식의 냉전시대의 구태의연한 소극을 감상하게 될 뿐이다.

상해보는 것은 어디까지나 잠재성의 영역에만 머물러 있다는 뜻이다. 역으로 현실에서 우리가 놓친 것이 무엇인지, 보이는데도 불구하고 보지 못한 것은 무엇인지를 탐침하는 것이 이 글의 진정한 목표이다.

이를 위해 우선 러시아혁명의 과정에서 나타난 두 가지 제도적 문제 설정, 즉 소비에트 민주주의와 프롤레타리아 독재에 관해 살펴보고 양자의 충돌이 어떻게 역사적으로 사건화되었는지 탐문할 것이다. 그다음으로 이 문제를 파열시킨 양극적 계기로서 코뮌과 국가를 문제화할 것이다. 마지막으로 코뮌과 국가 사이의 양자택일이 아닌, 이론적 개념의 문제 설정 너머에 있는 비가시적인 차원으로서의 마음의 문제에 대해 간략히 언급하며 논의를 마치려 한다. 어쩌면 이로부터 우리는 '수행되지 않았던' 레닌적 정치 또는 러시아혁명의 미-래가 어떤 식으로 '반복'되어야 할지에 관한 실마리를 찾을 수 있을지도 모른다.

2. 소비에트 민주주의의 이념과 「4월 테제」

소비에트 연방, 한국어로는 '소련'으로 더 잘 알려진 정치체제의 정식 명칭은 '소비에트 사회주의 공화국 연방(Union of Soviet Socialist Republics: USSR; Sojuz Sovetskikh Sotsialisticheskikh Respublik: SSSR)'이다. 이름이 직설적으로 보여주듯, 현실 사회주의의 실존 형태는 '사회주의 공화국의 소비에트들이 연합한 체제'로 번역된다. 이 자리에서 먼저 제기하고 싶은 질문은 두 가지이다. 우선, 'Respublic'을 통상적인 관습대로 '공화국'이라고 번역해도 괜찮을까? 공화주의의 전통은 기원 이전으로까지 거슬러 올라가는 오랜 역사를 갖고 있지만, 그것이 우리가 일반적으로 사용하는 근대적 의미의 '국가(state)'와 통용될 수 있는지는 조금 다른 문제이다.[8] 이에 대해서는 차차 상술하도록 하자. 다른 하나의 질문은 'Soviet'에 관한 것이다. 연방체제 전체와 거의 등가처럼 사용되는 이 단어는 본래 '충고'나 '조언'을 뜻하는 러시아어 명사로서 혁명 전에는 노동 파업이나 사회운동을 지도하는 위원회의 이름으로 등장했다. 더 익숙한 유럽어로 바꾸자면 '코뮌'이 이에 해당하는바, '평의회'와도 서로 상통하는 용어이다.[9] 연방 최고 소비에트(Sovet Respublik Verkhovnogo Soveta SSSR, 소연방 최고회의)는 혁명이 성공한 후 소비에트 연방에서 최고 의결 기관으로 자리 잡았으며, 1991년 12월 26일 고르바초프의 대통령직 사임과 더불어 연방 해체 선언을 승인하기도 했다. 그렇다면 공산당은 소비에트와 어떤 관계에 있었을까? 우리는 흔히 공산주의 체제를 일당 독재라 부르며, 당이 모든 것을 좌지우지하는 정치 형태라고 알고 있지 않은가?

소비에트 민주주의에 대한 질문은 이로부터 시작된다. 잘 알려져 있듯, 1917년 4월 3일 독일을 통해 러시아로 돌아온 레닌은 다음날 소비에트 볼셰비키 집회와 볼셰비키-멘셰비키 합동 집회에 참석해 그 유명한 「4월 테제」를 제출했다. "모든 권력을 소비에트로!"라는 구호로 잘 알려진 선언이 그것이다. 여기서 소비에트는 1905년 1차 혁명 때부터 자생적으로 결

---

8 '공화(共和, republic)'라는 말은, 동양에서는 기원전 841년 폭정을 일삼던 서주(西周)의 려왕(厲王)이 축출된 후 제후[共伯] 화(和)가 왕을 대신했던 고사에서 기원하고, 서양에서는 기원전 509년 왕을 몰아낸 로마인들이 국가를 '공공의 것(res publica)'이라 부른 데서 기원한 것으로 알려져 있다. 이는 군주가 지배하지 않는 국가로, 이후 정부 형태나 정치체와 무관하게 국가 일반을 가리키는 용어로 사용되었다(조승래, 2010: 15 이하). 물론 우리는 고대 국가와 근대 국가가 정치질서나 통치 형태, 개념적 정의에서 엄연히 다른 정치적 구성체라는 점을 감안해야 한다.

9 넓은 의미에서 '협의체'를 가리키는 평의회(council)가 파리코뮌 시기의 코뮌이나 러시아혁명에서의 소비에트와 어떤 역사적 연결성을 갖는지에 대해서는 단언할 수 없다. 각각의 조건에 따라 서로 다른 기능과 목적을 실행했기 때문이다. 기원과 역사를 찾으려는 시도는 자칫 현실 없는 이념에 함몰되기 십상이기에 경계해야 하지만, 사건적 양상들을 미루어보건대 평의회와 코뮌, 소비에트는 '대중의 자기통치'라는 점에서 이념적 공통성을 갖는 게 틀림없다(안바일러, 1986: 12~14). 소비에트의 역사적 연원을 찾는 일은 흥미롭지만, 이는 사건성이라는 관점에서 특수한 역사적 배치를 경유해 고찰되어야 할 것이다.

성되어 노동운동을 이끌던 공장 평의회 기구를 가리킨다. 그 해 10월에 총파업이 발발하며 창설되었던 노동자대표 소비에트는 이후 1917년 2차 혁명 전까지 러시아 노동운동사의 큰 줄기를 형성하는 조직체가 되었으며, 비당파성을 내걸었으되 실제 행동 강령에서는 계급적 연대와 사회주의 실현을 위한 정치적 요구들을 포괄한 현장 조직이었다.[10] 당시 지도부가 해외에 있었고 볼셰비키와 멘셰비키로 내부 갈등을 겪던 러시아사회민주노동당은 본토의 노동 현장에서 이루어진 자발적인 소비에트 결사체에 큰 영향력을 끼칠 수 없었다. 노동자들 자신에 의한 혁명적 창의성이 십분 발휘된 결과가 소비에트였던 것이다.

1차 혁명 이후 중앙입법기관이나 지방자치단체가 유명무실했던 제정 러시아에서 공장평의회 형식으로 창설된 소비에트는 거의 유일무이한 민주적 자치제도로 기능했다. 소비에트 선거구는 공장이나 군부대에 국한된 지역적 단위가 아니라 농촌이나 군대, 함대 등 장소를 가리지 않고 공동체적 분위기가 가동되는 곳이라면 어디든 적용될 수 있는 자생적 공동자치 기구였기 때문이다(권세은, 1993: 12 이하). 특히 진보적 지식인들의 직접적 도움을 받기 어려웠던 문맹자가 대부분이던 러시아에서 소비에트는 민주주의적 경험을 확산시키는 데 결정적인 '학교'로 자리 잡았다. 혁명 이전의 러시아에서 민주주의는 제도적 지식으로서 교육되거나 주입된 게 아니라 생활을 통해 훈련되고 수행되었던 것이다. 맨 처음 수도 페테르부르크를 중심으로 나타났던 노동자 소비에트는 점차 지방 곳곳으로 확산되며 유사한 조직체들로 증식되어나갔고, 드물지만 병사와 농민들의 소비에트도 등장하기 시작했다. 때에 따라서는 노동자와 병사, 또는 농민이 연합

10 제헌의회의 소집과 민주공화국 수립, 전국 공장 및 소규모 작업장의 8시간 노동제 확립 등이 그 실천 목표로 제기되었다(튜린, 1986: 91~92).

한 형태의 소비에트도 나타났는데, 1905년 12월 크라스노야르스크에서 만들어진 노동자 병사 소비에트가 그것이다(안바일러, 1986: 59~60). 수적으로 병사 소비에트가 훨씬 드물 수밖에 없었지만, 무기를 손에 쥔 병사들의 목소리가 더 크게 들리는 것은 당연한 일이었다. 비록 1차 혁명은 부르주아 민주주의 대의 체제를 일부 획득하는 데 머물고 말았지만, 실제 정치체제의 변동보다 더욱 중요했던 것은 억압받던 대중이 스스로의 힘으로 자기통치적 유사 정치 조직을 형성했다는 점이었다.

1917년 2월 혁명으로 나타난 '이중권력'은 부르주아지를 대변하는 임시정부와 노동자 및 병사의 대의기구인 페트로그라드 소비에트로 이루어졌다. 이를 계기로 1905년 이후 축소되었던 지방의 소비에트들이 다시 활성화되었고, 그해 3월 29일부터 4월 3일 사이에는 '제1차 전 러시아 노동자 병사 소비에트 협의회'가 조직되기에 이르렀다. 이제 소비에트는 몇몇 발전된 공업 지대에 있는 특수직업군의 결사체가 아니라 전 러시아의 대중적 자치기구로서 임시정부의 공식적 권력기구와 대등한 세력을 겨루게 되었던 것이다. 같은 해 6월에 열린 소비에트 대회는 전국에서 운집한 지방 소비에트 대의원들로 이루어진 것으로, 자유보통선거가 존재하지 않던 동시대 러시아에서 가장 민주적이고 광범위한 규모의 대의기구와 다름없었다. 이처럼 국내에서 활발히 작동하던 소비에트의 조직과 힘에 관해 레닌은 충분히 숙지하고 있었다. 그가 4월 3일 페트로그라드로 도착하자마자 「4월 테제」를 발표해 소비에트 권력 집중을 요구했던 것은 바로 이러한 조직력을 잘 알고 있었기 때문이다. 하지만 처음부터 레닌이 소비에트를 지지했던 것은 아니다. 오히려 그는 소비에트가 체제를 전복시키고 사회주의로 나아가기 위한 혁명의 결정적 전위는 될 수 없다고 믿었다. 일종의 전략전술론이자 볼셰비키 조직론이라 할 수 있는 『무엇을 할 것인가?』(1902)에서 레닌은 다음과 같이 말한 바 있다.

> (앞선 논의에서 _인용자) 우리는 노동자들만으로는 사회민주주의적 의식을 갖지 못할 수도 있었다고 말했다. 사회민주주의 의식은 외부로부터 노동자들에게 주입되어야 했던 것이다. 모든 나라의 역사는 노동자 계급이 전적으로 자신의 노력으로는 노동조합 의식 — 노동조합으로 단결하고 사용자들과 싸우고 정부로 하여금 필요한 노동 입법을 제정하도록 다그치는 것이 필요하다는 의식 — 만 발전시킬 수 있음을 보여준다. 그러나 사회민주주의 이론은 유산계급의 교육받은 대표자들, 즉 지식인들이 만든 철학적·역사적·경제적 이론으로부터 성장했다. 현대의 과학적 사회주의의 창시자인 마르크스와 엥겔스도 사회적 지위로 따지면 부르주아 지식인에 속했다. 마찬가지로 러시아에서 사회민주주의의 이론적 원리는 노동계급운동의 자연발생적인 성장과는 완전히 독립적으로 생성되었다. 사회민주주의 이론은 혁명적인 사회주의 인텔리겐치아들 사이에서 사상 발전의 당연하고 필연적인 결과로서 생성되었다(레닌, 1988c: 39).

인간은 자신이 귀속된 환경에 의해 좌우될 수밖에 없다는 유물론적 관점은 사회적 존재로서의 노동자를 경제주의라는 그물에 포획되게 만든다. 노동자가 노동자로 실존하는 한, 그는 사회혁명적 관점을 스스로 창안해내기 어렵다는 뜻이다. 사회운동에서 자생성과 자발성이 중요함에도 불구하고, 그 자체로는 이론적으로나 실천적으로나 혁명의 대의를 충족시킬 수 없다. 레닌에게 민주주의는 어디까지나 사회주의적 민주주의이며, 그것은 노동자 자신의 역량이 아니라 외부로부터 주어진 전위적 지식계층의 사상에 의지해야만 도달 가능한 의식 수준이었다. 이런 의미에서 소비에트의 세력이 아무리 견고하게 다져져 있더라도 전위당의 지휘를 받지 않는다면 혁명을 향한 전국적 정치투쟁에는 한계가 있을 수밖에 없다는 판단이 나온다.

전위당에 관한 이와 같은 테제는 러시아에서 아직 노동운동이 미미하던 1902년의 상황에서 나온 것이었고, 당시로서는 사회민주노동당의 지도가 불가결하다는 판단에 반박하기가 어려웠을 듯하다. 그 이후 1905년과 1917년을 경과하며 러시아 노동운동에서 획기적인 발전이 목도되었던 것도 사실이다. 하지만 레닌의 기본적인 입장에는 큰 변화가 없었다. 그에게 소비에트는 조합주의적 자치기구에 불과해 보였고, 체제 변혁을 위한 결정적 행동을 위해서는 볼셰비키의 지도를 받아야 할 대상이 분명했다.[11] 이런 점들을 염두에 둘 때, 「4월 테제」는 레닌이 정치·사회적 분위기뿐만 아니라 운동권 내의 정세에 대해서도 전략적 판단을 내린 후 도출한 주장임을 알 수 있다. 레닌이 갓 귀국했을 무렵 임시정부와 이원 권력을 구성하며 실질적 대세를 이루었던 소비에트는 아직 볼셰비키에 의해 완전히 장악되지 않았기 때문이다.

부르주아지와 권력을 합법적으로 반분하는 형태의 정치체제는 그 자체가 멘셰비키적 발상이었다. 유럽령 러시아의 일부 도시에서 대공업이 현격하게 발전했음에도 전체 러시아는 유럽에 비해 아직 미성숙한 자본주의의 초기 단계였거나 성장기에 접어든 상태였기에 사회주의로 진일보하기 위해서는 자본주의를 더욱 가속화시켜야 한다는 주장이 나온 것은 이 때문

11 노동자들에 대한 지식인 전위의 외부성과 우월성이야말로 후일 당 중심적 사회주의의 초석이 되었다(조정환, 2004: 35~43). 노동운동의 자발성 및 자생성 테제를 둘러싸고 레닌이 룩셈부르크와 벌인 논쟁에 관해서는 이진경(2014: 280~317) 참조. 또한 1917년 혁명 전까지 러시아 사회 및 노동운동의 진전에 대한 레닌의 저평가는 『러시아에 있어서 자본주의의 발전』(1899/1908)에서 채택된 그의 관점이 생산관계보다 생산력에 크게 비중을 둔 것이었음을 반증한다. 동일한 사안에 관해서도 정세에 따라 다양한 관점과 평가를 능수능란하게 활용했던 점을 고려해볼 때, 레닌은 「4월 테제」 전까지의 러시아 산업자본주의의 양적 성장을 긍정하면서도 소비에트가 이룩한 생산관계와 정치적 능력의 비약적 신장에 관해서는 다소 유보적인 태도를 취했던 듯싶다. 즉, 한편으로는 소비에트를 지지해 권력의 중심으로 끌어안으면서도, 다른 한편으로는 소비에트가 볼셰비키와 연합해 지도를 받아야 한다고 여지를 두었던 것이다.

이었다. 이 주장의 요지는 의회제 입헌 공화국을 구축하고, 부르주아 민주주의 혁명의 대의에 따라 프롤레타리아는 이를 보조하며 의회 바깥의 '급진적 반대당(야당)'으로 남아 있어야 한다는 데 있었다.[12] 소비에트의 노동자 상당수는 이러한 멘셰비키를 지지하는 형편이었고, 농민층에서 주로 징집되었던 병사들의 경우 인민주의 계열의 사회혁명당과 깊이 관련되어 있었다. 더구나 사회혁명당 지도부는 멘셰비키와 우호적인 관계를 맺고 있었으므로 볼셰비키는 비록 세력이 점진적으로 강화되고는 있었지만 여전히 소수적 목소리를 낼 수밖에 없었다. 1917년 2월은 이렇게 '부르주아 혁명 이후 사회주의 혁명'이라는 2단계 혁명론이 득세하는 형국이었다. 레닌이 이를 돌파하기 위해서는 급진적 반대당 역할에 충실하라는 요구에 만족해야 했던 소비에트에 직접 권력을 쟁취하라고 주문하는 수밖에 없었다.

하지만 「4월 테제」는 프롤레타리아가 주도하는 혁명이 아니라 폭넓은 의미에서의 계급동맹을 요구했다. 소비에트의 노동자 단위들은 조직 구성의 통일성이라는 점에서 생각보다 강력한 힘을 발휘하지 못했고,[13] 따라서 노동자를 중심으로 곧장 사회주의로 이행하는 것은 아직 불가능해 보였다. 실제로 2월 혁명 당시 페트로그라드 소비에트의 파업과 시위에는 탈주병들이 상당수 가담하고 있었고, 수도 근교의 항만이나 군부대에서도 소비에트가 결성되어 병사들이 노동자들의 반정부 투쟁에 적극 호응하는 형국이었다. 수도를 제외한 지방에서는 농민들의 협조 없이 소비에트를

12 부르주아 혁명을 지원할 것인가, 직접 권력을 탈취할 것인가를 두고 벌어진 멘셰비키와 레닌 간의 논전은 1905년 혁명 때부터 시작된 것이었다. "급진적 반대당이라는 말은 의회 투쟁에만, 게다가 아무도 '결정적 승리'를 당면 투쟁 목표로 삼고 있지 않는 시기에만 적용된다" (레닌, 1992: 93).

13 제1차 전 러시아 노동자 병사 소비에트 협의회 이후 소비에트는 전국적으로 단일한 조직체를 구성해가고 있었으나 전반적으로 볼 때 일사불란한 조직력을 확보하지는 못한 상태였다. 지방 소비에트들은 대체로 완전히 자율적인 권한을 행사하면서 중앙 소비에트에 자주 반기를 들곤 했다(안바일러, 1986: 140 이하).

구성하기가 쉽지 않았다. 그래서 레닌은 1905년에 이어 빈농과의 광범위한 연대를 통한 혁명적 민주주의 독재를 테제에 포함시키지 않을 수 없었다(Lenin, 1949b: 1~7). 이는 「4월 테제」가 사회주의 자체가 아니라 사회주의를 향한 이행기 테제에 해당되며, 혁명의 과정에서 광범위한 사회계급들의 협력이 불가피하다는 점을 적시한 것이었다. 달리 말해, 사회주의를 전제하는 한에서의 부르주아 민주주의에 대한 승인이 「4월 테제」였던 셈이다.[14] 그렇다면 소비에트 민주주의는 볼셰비키 혁명 이론과 일정하게 거리를 두고 있었다고 말해도 좋을까? 소비에트 민주주의는 볼셰비키 당의 일원주의와는 다른 면모를 보이고 있었으며 레닌도 이를 알고 있었던 게 아닐까? 과연 그렇다면 레닌에게 민주주의란 무엇이었을까?

3. 레닌의 정치학과 민주주의 전략

1) 농민, 프롤레타리아 계급동맹의 불안한 동반자

레닌의 정치학에서 민주주의 이론은 단일하지 않다. 이는 러시아 국내외의 정치사회적 상황에 따라 그가 상이한 전략과 전술을 구상했고 실행했기 때문이기도 하지만, 근본적으로는 민주주의라는 말 자체가 그에게 명확한 외연을 통해 규정되지 않았기 때문이다. 대중권력이라는 민주주의의 이념 자체는, 레닌에게 정치행위의 확고한 지향과 목적으로서 항존했을지 모른다. 하지만 전술과 연동된 전략의 차원에서 민주주의는 그에

14 "노동자 대표 소비에트가 혁명정부의 유일하게 가능한 형태이며, 따라서 우리의 과제는 대중의 전술적 오류를 설명하고, 특히 그들의 실천적 요구에 대해 끈기 있고 체계적이며 확고한 설명을 제출하는 데 있다"(Lenin, 1949b: 6~7). 한정숙(2005: 54~55)도 참조.

게 정치 행위의 일원적인 목표나 지침으로 주어지지 않았다. 우리는 러시아혁명의 여러 단계에 따라 레닌이 민주주의를 어떻게 정의했는지, 그리고 그에 따라 정치 행위의 수준이나 범위, 방식 등을 어떻게 상이하게 밟아나갔는지를 면밀히 고찰해야 한다. 레닌에게 민주주의는 항상 '어떤' 민주주의로서만 현실적일 수 있었다. 이제 살펴볼 농민과의 부르주아 민주주의적 연대는 이런 관점을 잘 예시해준다.

19세기 말까지 마르크스 사상의 세례를 받은 러시아혁명 운동가들은 스스로를 마르크스주의자라고 부르기보다 사회민주주의자라 부르는 게 보편적이었다(Haimson, 1966: 103~104). 일반 대중에게 여전히 생소했던 독일 사상가의 이름을 따오는 것보다 사회민주주의라는 정치적 이데올로기를 자신들의 정체성으로 수용해 선전하는 게 대중정치의 차원에서 더 효율적이었던 탓이다. 하지만 그 이유뿐만은 아니었다. 19세기 중반 이후 러시아 인텔리겐치아의 자발적인 대중 계몽운동이자 혁명운동이었던 인민주의 전통과의 경합 관계에서 사회민주주의는 특정한 사상적 경향을 나타내는 것을 넘어 하나의 정치적 체제를 전시할 수 있는 이름이 되었다. 요컨대 러시아의 미래는 인민에게 수탈된 토지를 되돌려주는 농민적 공동체주의가 아니라 사회주의적 민주 정체 또는 민주주의적 사회주의 체제에 있다는 뜻이었다.

인민주의는 1860년대 이전의 전통적 인텔리겐치아의 이념을 통해 성장했고, 1880년대 이후로는 아나키즘적 테러리즘을 받아들여 19세기 후반의 급진적 혁명 세력으로 부상했다. 이와 대결하던 레닌의 초기 입장은 상대방과 논전하는 가운데 그 장점을 적극 수용해 자신의 무기로 삼자는 데 있었다. 예컨대 '부르주아적 농민 민주주의'를 지향하던 인민주의는 비록 마르크스주의의 과학성과 근대성을 거부하는 시대착오성과 부르주아 혁명이라는 계급적 한계를 내포하고 있었지만, 여전한 전근대성과 전제주의적 지배하에 시름하던 러시아 상황에서는 충분히 '진보적'이라 할 수 있었다. 더구나 19세기 말까지 전체 인구의 85%가 농민이던 상황에서 혁명의 실현은 노동자 계급의 역량만으로는 요원한 꿈에 불과해 보였다(치모시나, 2006: 196~197).[15] 러시아의 사회·정치적 상황에 대한 면밀한 분석은 혁명이 노동자를 비롯한 다른 계급과의 연대를 통하지 않으면 안 된다는 사실을 절실히 깨닫게 해주었으며, 특히 농민과의 결합은 필수불가결한 요소로 인식되었다. 앞 절에서 언급했듯, 노동자와 농민 사이의 이러한 전술적 동맹은 1905년경부터 레닌에 의해 직접적으로 언명되었다.

> 성공적인 러시아혁명에서의 농민의 역할을 진정으로 이해하는 사람이라면 부르주아지가 혁명에서 물러설 경우 혁명의 기세가 꺾일 것이라고 말할 생각은 꿈에도 없을 것이다. 왜냐하면 실제로는 부르주아지가 혁명에서 물러설 때, 그리고 농민 대중들이 프롤레타리아트와 나란히 적극적인 혁명가로 나설 때만 비로소 러시아혁명은 그 참된 기세를 과시하기 시작할 것이며, 부르주아 민주주의 혁명기에 있을 수 있는 가장 막강한 혁명적 기세를 진정으로 과시하게 될 것이기 때문이다. 일관성 있게 끝까지 완수되려면 우리의 민주주의 혁명은 부르주아지의 불가피한 동요를 마비시킬 수 있는 세력들에

15 반면 19세기 말까지 유럽령 러시아를 중심으로 근대적 산업자본주의의 물결이 러시아 제국에 '충분히' 스며들었다는 통계적 자료도 제출되어 있다. 가령 1865년 70만 6000명 정도이던 금속 노동자의 수는 1890년에 이미 143만 3000명으로 증가했고, 이에 레닌은 러시아가 아직 후발 자본주의적 단계일망정 세계 자본주의 체제에 깊숙이 진입해 있다고 호언한 바 있다(한정숙, 2005: 12). 레닌이 인민주의를 비판한 것은 이른바 자본주의 초월론, 즉 러시아 농촌은 미르(mir)와 같은 전(前)사회주의적 공동체를 이미 관습적으로 보유하고 있기에 자본주의를 건너뛰어 사회주의로 직행할 수 있다는 '순진함' 때문이었다. 오히려 러시아는 더욱 '충분히' 자본주의로 성장해야만 했다. 완연한 자본주의적 토대 위에서만 사회주의 혁명은 비로소 성취될 수 있었다. 이에 따라 그는 러시아 경제가 기계제 대공업 단계에 돌입해 자본주의의 '최고 수준'에 올라섰음을 여러 차례 강조하지 않을 수 없었다(레닌, 1988b: 489~499). 단, 각주 11에서 밝혔듯 이는 생산관계의 변전을 위한 생산력의 준비라는 차원에 국한된 논리였다.

의존해야만 한다(레닌, 1905: 123).

이렇듯 1905년에 레닌이 제시한 노동자와 농민의 혁명적 민주주의 독재는 최소 강령으로서의 민주주의였다. 즉, 자본주의가 완전히 성숙하지 못한 러시아적 조건에서 노동자의 단일한 대오로는 혁명을 일으키기 어렵기 때문에 최소한 농민과의 연대가 필수적이라는 것이다. 이 말을 반대로 뒤집어보면, 언제든 여건이 갖추어진다면 농민과의 연대는 사회주의 혁명에서 반드시 필요한 것이 아닐 수도 있다는 뜻이 된다. 멘셰비키뿐만 아니라 다른 볼셰비키에 비해서도 레닌은 초기부터 농민 문제에 깊은 관심을 기울이고 농민과의 동맹을 사회주의 혁명의 조건으로 제출해왔는데, 이는 바로 농민에 대한 동정심이나 유대감 때문이 아니라 이러한 러시아적 조건에 대한 정치적 분석의 결과였던 것이다. 그래서 농민들에 대한 그의 관심은 언제나 반혁명에 대한 경계심을 은밀하게 감춰둔 상태에서 표명된다.

우리는 농민들에게 이렇게 말해두어야 한다. 토지를 획득한 이후에도 당신들은 전진해야 한다. 그렇지 않으면 당신들은 필연코 패배할 것이며, 지주들과 대부르주아지 앞에 내던져질 것이다. …… 민주주의적 전환(이는 자연히 부르주아지를 강화할 것이다) 이후에는 강력해진 부르주아지가 노동자와 농민 대중의 전리품을 전부 빼앗아가든지, 또는 프롤레타리아트와 농민 대중이 투쟁하며 전진하든지 둘 중의 하나만 있을 뿐이다. 후자가 바로 공화국이자 인민의 전면적 권력(인민 주권 _인용자)이다(Lenin, 1949c: 168).

일견 지주와 대부르주아지에 맞서 노동자와 농민 사이의 연대를 강조하는 문구처럼 보이지만,[16] 잠재적인 소부르주아로서의 농민들에 대한 압박이 동시에 행해지고 있음은 어렵잖게 눈치 챌 수 있다.[17] 적들에게 탈취한 토지를 농민들에게 분배하겠다고 약속하면서 그들의 동의와 지지를 이끌어내는 전술이 필요하지만, 이는 그 약속이 실현되는 순간부터 다음의 '골칫거리'를 필연코 배태할 것이기 때문이다. 하지만 반혁명에 대한 이러한 의혹과 불안은 1917년의 단계까지도 아직 표면화되지 않았다. 오히려 그즈음 농민운동의 사회주의적 전화에 대한 레닌의 믿음은 최고조에 달해 있었다. 물론 이는 혁명을 통해 권력이 최종적으로 프롤레타리아의 손에 쥐어질 것이며, 이로써 완전히 산업화된 사회주의가 성취될 것이라는 전제에서 생겨난 낙관주의를 기반으로 하고 있었다.[18]

2) 지식인, 연대와 포섭의 전위세력

농민과의 연대에 이르는 레닌의 관점을 살펴본 이유는, 그의 민주주의 이론이 폭넓은 의미에서의 계급 동맹에 기초해 있으며, 앞으로 살펴볼 프롤레타리아 독재나 사회주의와는 사뭇 다른 색채를 띠기 때문이다. 대중권력이라는 이념에도 불구하고 민주주의는 사회주의에 도달하기 위한 연합과 동맹의 필요에 따라 시기별로 다르게 제기되었고, 부르주아적 뉘앙스로부터도 완전히 자유롭지 않았다. 지주나 대부르주아지를 겨냥한 총공세

---

16 러시아혁명사에서 이 논문은 도시 노동자가 농업 노동자와 동맹을 맺어야 하고 특히 빈농[반(半)프롤레타리아트]을 혁명에 적극 끌어들여야 한다고 주장한 것으로 의미 부여를 받고 있다(이노 류이치, 1986: 107~108).

17 "(사회민주)노동당의 농업강령에 관한 재검토(Peresmotr agrarnoj programmy rabochej partii)(1906)"에서는 소(小)소유자를 비롯한 일체의 소유자들에 대한 불신으로 표방되었다. 빈농이 여기서 제외되는 만큼 거꾸로 말한다면 중농들이 여기에 포함될 여지가 있을 것이다(Lenin, 1949c: 168~170).

18 "만일 농민들이 소(小)토지 소유자가 되길 원하면 그렇게 해주어라. 토지 재산의 몰수는 자본주의적 경제를 약화시킬 것이며, '프롤레타리아트가 중심적 위치에서 지배력을 행사한다면' 나머지는 저절로 잘될 것이다. 정치권력을 프롤레타리아트에게로 이전하는 것이 가장 근본적인 문제이다. 그 이후에야 본질적인 농민의 요구를 들어주는 것이 가능하다"(킹스턴-만, 1986: 255에서 재인용).

를 펴기 위해 노동계급은 농민과 손을 잡아야 했지만 이는 어디까지나 농민들이 소부르주아적 반혁명의 자원이 되지 못하도록 통제할 수 있을 때만 가능한 일이었다. 계급동맹으로서의 민주주의라는 테제를 입증하는 또 다른 사례를 우리는 지식인에 대한 레닌의 관계에서 확인해볼 수 있다.

고전적 마르크스주의 이론에 비추어볼 때, 지식인 계층 자체는 하나의 사회적 계급이라 할 수 없다. 그러나 러시아의 역사적 상황에서는 지식인이 가진 특수한 위치로 인해 레닌은 그들을 유사 계급동맹의 관점에서 접근했다. 인텔리겐치아가 바로 이 계층을 지칭하는 단어이다. 멀리는 18세기부터 가깝게는 19세기 이래 러시아의 혁명적 민주주의 운동에서 인텔리겐치아의 역할은 부정할 수 없는 위상을 차지하고 있었다(Lenin, 1949a: 223).[19] 대중의 집단적 감각과 기억에 각인된 지식인들의 모습을 고려할 때 이들을 서구적 기준에서 손쉽게 배제하는 것은 정세에 대한 명민한 판단이라 할 수 없을 것이다. 레닌으로서는 어떻게든 이 계층과의 관계를 정리할 필요가 있었다.

1902년 『무엇을 할 것인가?』를 출판했을 당시 레닌은 노동자들이 자생적으로 사회민주주의적 의식성을 획득할 수 없다고 단단히 못 박았다. 작업장 민주주의를 넘어서는 전면적이고 전체적인 혁명적 입장은 어디까지나 계급적 한계 외부로부터 주어질 수 있으며, 비노동자 계급으로부터 주입되어야 하는 것이다. 노동자 대중의 계급적 각성은 선진적 이론으로 무장한 전위당에 의해 완수되는 것이고, 이로써 사회주의는 한갓된 믿음이나 열망을 넘어서 '과학'의 지위에 올라서게 된다(레닌, 1988c: 35). 흥미로운 점은 직업적 혁명가이자 이론가의 외부성이 영구히 지속되지는 않는다

19 이 글에서 레닌은 귀족층 및 프롤레타리아트와 함께 잡계급(raznochintsy)을 '러시아 사회의 3개의 주요 계급'이라 호명한다. 잡계급은 중간 지식인들로서 부르주아 민주주의에도 넓게 걸쳐 있었으며, 19세기 이래 인텔리겐치아의 주류를 이루었다(최진석, 2016: 15~43).

는 사실이다. 노동자들은 전체를 바라보는 시야를 외부에서 유입된 전위의 도움으로 일정 기간 유지하겠지만, 궁극적으로는 스스로 전위적 지식인의 관점을 확보해야 한다.

> 우리 스스로 떠맡아야 하는 임무는 우리 당의 지도력 아래 모든 전면적인 정치투쟁을 조직화하는 것이며, 모든 반정부적 계층이 그 정치투쟁과 우리 당에 최대한의 지지를 보낼 수 있는 그러한 방식으로 투쟁을 조직화하는 것이다. 우리는 사회민주주의적인 실제적 노동자들이 정치적 지도자가 되도록 …… 훈련시켜야 한다(레닌, 1988c: 96).

레닌에게 지식인과 노동계급의 차이는 그다지 결정적이지 않았다. 그가 상찬했던 막심 고리키의 소설 『어머니』(1906)에 나오는 주인공 파벨 블라소프처럼, 노동자들은 언제나 전위적 혁명가들의 이론적 지도를 받을 준비가 되어 있으며 스스로 깨우칠 자질 또한 충분하다.

> 정치적 폭로를 위한 이상적인 청중은 노동계급이며, 노동계급이야말로 무엇보다도 전면적이고 생생한 정치적 지식을 필요로 한다. 그리고 '감지할 수 있는 결과물'을 약속하지 않을 때조차도 그 정치적 지식을 적극적인 투쟁으로 전환할 수 있다(레닌, 1988c: 99).

세간의 악평과 달리, 전위당 이론은 노동자와 지식인을 구분해 위계를 설정하는 논리가 아니라 그들이 어떻게 접속하고 동조할 수 있는지에 관한 실천적 강령에 가깝다. 레닌이 요청하는 선전과 선동의 체계화 및 조직화, 그리고 전국 신문의 발간 등은 혁명적 지식을 전파하기 위한 방법론이며, 그 궁극 목적의 하나는 노동자 계급으로부터 혁명적 전위를 직접 추출해내는 데 있었다. 따라서 러시아 사회주의 운동의 역사에서 볼 때 지식인들과의 연대는 전통적 인텔리겐치아와 현대적 프롤레타리아트 사이의 연결고리를 만드는 과정이었으며, 양자간의 '동일화' 과정이었다고도 할 수 있다. 이는 단지 논리적 정당화만은 아니었는데, 왜냐하면 이런 식으로 노동자 계급과 동화되지 않는 구인텔리겐치아에 대해 레닌은 가차 없는 '처분'을 결정했기 때문이다(Chamberlain, 2006).

원대한 이념성과는 별도로, 사건적 국면마다 조금씩 변화된 형태로 도출된 민주주의의 테제들은 레닌에게 전략이자 방법의 지위를 가졌다.[20] 거시적으로 볼 때 소비에트 민주주의 역시 이러한 지평을 크게 넘어서지는 못했다. 앞서 언급했듯, 노동자 및 병사 소비에트 자체가 레닌이 주도하던 볼셰비키와는 다른 정파조직을 이루고 있었고, 「4월 테제」는 힘의 역학을 충분히 고려한 끝에 내려진 동맹 제의에 가까웠기 때문이다. 레닌이 보기에 10월 혁명 이전의 소비에트 민주주의는 아직 충분히 사회주의적이지 않았고, 이에 따라 사회주의적 전환은 또 다른 방법을 통해 보충되어야 했다. 프롤레타리아 독재가 바로 그 방법이었다.

4. 프롤레타리아 독재와 이행의 방법론

1) 마르크스와 파리코뮌의 이상

19세기 프랑스의 블랑키주의자들이 처음으로 사용했던 프롤레타리아

---

20 1917년에 이르기까지 오랫동안 레닌의 민주주의는 사실상 '부르주아 민주주의'를 가리켰다. 이때 동맹자가 누구인지 여부가 민주주의의 전략적 가치를 평가하는 기준이 되었다(리브만, 1985: 63 이하).

독재라는 용어를 마르크스가 차용했을 때는 엄밀한 검토를 거치지 않은 상태였다고 한다(McLellan, 1973: 118). 그 이후 1871년 파리코뮌을 목격해 그에 관한 글을 작성하고, 다시 1875년 『고타 강령 비판』을 제출하는 가운데 프롤레타리아 독재의 개념이 어느 정도 완성되었다. 우리의 주안점은 러시아혁명에서 등장한 프롤레타리아 독재의 형태를 소비에트 민주주의와 연결 짓는 것이지만, 먼저 마르크스의 관점을 일별함으로써 전반적인 논의의 가닥을 잡아보려 한다.

마르크스가 착목했던 파리코뮌의 중대한 의의는, 코뮌이 나폴레옹이 표방했던 부르주아 민주주의에 대립했을 뿐만 아니라 이를 뛰어넘는 형식을 창안했다는 데 있었다. 물론 1870년 프로이센과의 전쟁에서 패배할 당시 프랑스는 나폴레옹 3세가 지배하는 제2제정이었다. 그러나 샤를 루이 나폴레옹의 프랑스 제국은 러시아와 같은 전제주의가 아니었고, 수차례의 입헌적 개혁을 거치며 자유주의적 성향을 드러내던 와중이었다(노명식, 2011: 362~378). 1848년 이래 금융과 산업 부문에서는 부르주아지의 약진이 두드러졌고, 그 결과 프랑스 제국은 강력한 중앙집권적 자본주의 국가의 형태를 갖추어가고 있었다. 이런 와중에 패전과 제3공화국의 선포, 그리고 파리코뮌의 성립으로 이어지는 연속적인 과정은 국가가 자신의 대립물로 급격히 전화하는 극적 무대를 제공했다. 마르크스에 따르면, 1789년의 혁명은 근대 국가의 정치적이고 물질적인 능력을 모조리 빼앗아 더욱 발전시켰으며, 1871년의 파리코뮌은 바로 그 국가의 진정한 대립물로서 역사 속에 나타난 것이었다.

> 코뮌 — 그것은 사회를 통제하고 제압하는 대신 사회 자신의 살아있는 힘으로서 사회가 국가 권력을 다시 흡수하는 것이다. 그것은 억압의 조직된 힘 대신 자기 자신들의 힘을 형성하는 인민 대중 자신이 국가 권력을 다시 흡수

하는 것이다. 그것은 인민 대중의 적이 인민 대중을 억압하기 위해 휘둘러온 사회의 인위적 힘(인민 대중의 억압자들이 전유하고 있는)(인민 대중에 대립되고 반대해 조직된 인민 대중 자신의 힘)을 대신할 인민 대중의 사회적 해방의 정치적 형태이다. …… 코뮌, 즉 사회적 해방의 정치적 형태 …… 노동해방의 정치적 형태. …… 코뮌은 노동자 계급의 사회운동, 따라서 인류의 전반적 재생의 사회운동이 아니라 그 행동의 조직화된 수단이다(마르크스, 1995b: 18, 20).

마르크스는 여러 차례에 걸쳐 코뮌을 '사회공화국(soziale Republik)'이라 명명한다(이를 '공화제'로 번역하는 게 더욱 타당하다는 점은 다시 언급하도록 하자). 하지만 요점은 코뮌이 공화국이라는 정치체제의 이름을 수여받는 게 아니라 계급해방이 수행되는 '조직화된 수단'으로 작동한다는 사실이다. 즉, 국가를 '대체'하는 '다른' 조직화이다. 예를 들어, 파리코뮌이 내린 첫 번째 훈령은 상비군을 폐지하고 이를 인민의 무장으로 대체하는 것이었다. 정부의 억압 기구이던 경찰과 군대는 이로써 인민의 자기 방어적 수단으로 전화되었고, 코뮌을 지속시키는 물적 수단의 지위에 올랐다. 이것이 인민무력의 원리이다. 이와 나란히 인민권력(인민주권)의 원리 역시 제출되었다. 다양한 공적 사안에 관해 시민들은 직접 참여나 선출권을 보장받았고, 맡은 바 직무에 대해서는 추후 소환을 통해 책임도 지도록 요구되었다. 모든 공직에 대해서는 노동자의 임금에 준해 급여가 책정되었고, 임기 중에는 다른 시민들에 의한 통제로부터 자유로워야 한다는 원칙도 수용되었다. 무엇보다도 코뮌은 부르주아 대의제의 의회적 기능을 넘어섰는데, 이는 코뮌이 입법과 행정을 함께 수행하도록 구성되어 있었기 때문이다. 권력분립과 같은 부르주아 의회주의의 허울뿐인 원칙은 가볍게 기각되었다. 코뮌의 노동은 분업화된 소외의 대상이 아니었고, 이것이 '코뮌적 사물의 질서'였던 셈이다(마르크스, 1995b: 64~65).

이와 같은 코뮌의 원리를 이론적으로 정식화한 것이 고타 강령에 대한 마르크스의 비판이었다. 그가 이끌던 사회민주주의 노동자당과 페르디난트 라살레(Ferdinand Lassalle)가 이끄는 전 독일 노동자협회가 통합하는 과정에서 도출된 강령에 대해 논평하며 마르크스는 공산주의(코뮌주의) 사회의 미래적 이미지를 제시했다. 그 이미지란 "각자는 능력에 따라" 일하고 "각자에게 필요에 따라" 분배한다는 원리가 지켜지는 사회로서, "방금 생겨난 공산주의 사회의 첫 번째 단계에서는" 곧장 실현되기 어려운 "공산주의의 더 높은 단계"를 가리켰다(마르크스, 1995a: 377).[21] 이를 더 정확하고 자세히 풀면 다음과 같다. 부르주아지가 지배하는 자본주의는 국가가 사회를 지배하는 형태이며, 따라서 자유로운 노동과 그 생산물의 자유로운 처분이 완전히 이루어질 수 없다. 공산주의는 사회를 국가 위에 올려놓는 단계를 뜻하며, 이러한 역전 과정은 순식간에 완벽히 이루어질 수 없는 노릇이다. 이행의 문제가 여기서 제기되는바, 자본주의가 공산주의로 도약하기 위한 현실적인 받침대가 필요하다.

> 자본주의 사회와 공산주의 사회 사이에는 전자에서 후자로의 혁명적 전환의 시기가 놓여 있다. 또한 이 시기에 상응하는 정치적 이행기가 있으니, 이때의 국가는 프롤레타리아트의 혁명적 독재 이외에 다른 것일 수가 없다(마르크스, 1995a: 386).

마르크스가 언급한 공산주의가 곧 코뮌에 의한 인민의 자기통치라는

21 미래 공산주의의 전(前) 단계로서 '사회주의'라는 이름이 공식화된 것은 스탈린 시대의 일이다. 레닌만 해도 사회주의와 공산주의를 혼용해 발언하는 경우가 많았다.

점은 쉽게 알 수 있다. 파리코뮌을 통해 그는 이러한 정치 형태의 가능성을 충분히 엿보았으며, 더 큰 지역적·국민적 단위에서도 이를 실현할 가능성을 타진하고 있었다. 이행기 강령인 『고타 강령 비판』은 그 구체적인 방법론이자 수단으로서 프롤레타리아 독재를 제안한 것이었다. 하지만 파리코뮌은 그 자체가 공산주의는 아니었다. 파리코뮌의 구성원은 중간계급부터 사회주의자까지 다양했으며, 조직과 구성은 일정하게 '민주주의적' 절차성을 준수하고 있었기에 '프롤레타리아적'이지도 않았고 일원적 계급의 '독재'에 근접하지도 않았다(Lichtheim, 1961: 112~121). 파리코뮌의 구성원들은 부르주아 민주주의의 원칙들을 거부했을 뿐, 민주주의 자체의 장점과 원리를 자신들의 운영 방식에 무리 없이 도입해 사용하고 있었다. 그런 점에서 파리코뮌은 '인민민주주의적 대의체'라 할 만했으며, 따라서 1917년 이전의 러시아 소비에트 민주주의에 더욱 유사해 보인다. 이는 마르크스가 민주주의 공화국을 공산주의와 등치시키지 않고, 역으로 부르주아 사회에서 발달한 마지막 국가 형태로 간주해 계급투쟁의 전장으로 묘사한 점에서 잘 드러난다(마르크스, 1995a: 386~387). 그 역시 민주주의를 공산주의와 전적으로 부합하는 정치 이념으로 받아들이기보다 일종의 이행기적 과정 속에서 이해하고 있었을지도 모른다. 그 구체적인 판단은 1917년의 레닌에게 맡겨졌다.

2) 레닌과 코뮌-국가의 러시아적 현실

1917년 7~8월 사이에 집필된 『국가와 혁명』에서 레닌은 1848년 이래 프랑스 혁명의 경과를 분석하면서 파리코뮌에 이르러 마침내 이렇게 단언했다.[22]

> 코뮌은 프롤레타리아 혁명에 의해 '최종적으로 발견된' 정치 형태이며, 그 정치 형태하에서 노동의 경제적 해방이 가능해질 것이다.
>
> 코뮌은 프롤레타리아 혁명에 의해 시도된 부르주아 국가기구를 타도하려는 최초의 시도이며, 타도된 국가기구를 대체할 수 있고 대체해야 하는 '최종적으로 발견된' 정치 형태이다.
>
> 좀 더 나아가 1905년에서 1917년의 러시아혁명이 서로 다른 환경과 서로 다른 조건 속에서도 코뮌을 결성하는 작업을 계속하고 있으며, 이로써 마르크스의 찬란한 역사적 분석을 확증해주고 있다(레닌, 1988a: 74).

마르크스의 논지에 따라 레닌은 파리코뮌이 상비군을 폐지하고 국민소환에 관료를 복종하게 함으로써 국가라는 조직을 "근본적으로 상이한 형태를 지닌 또 다른 조직으로 방대하게 대체했다"라고 설명한다. 코뮌의 등장은 일종의 '양질 전화'에 비견될 만한 전환으로서 "부르주아 민주주의로부터 프롤레타리아 민주주의로 전화"한 결과라는 것이다. "국가는 더 이상 기존의 국가가 아닌 것으로 전화했다"(레닌, 1988a: 59). 국가를 넘어선 조직, 프롤레타리아 민주주의를 표방하는 이 정치 형태의 이름은 코뮌이자 프롤레타리아 독재이다. 그렇다면 레닌이 프랑스 혁명사의 사건적 경험과 마르크스의 국가 이론으로부터 추출해냈다고 주장하는 프롤레타리아 독재란 무엇인가?

> 마르크스 국가론의 본질은 단일 계급에 의한 독재가 모든 계급사회 일반을 위해서나 부르주아지를 타도한 프롤레타리아트를 위해서뿐만 아니라, 자본주의와 '무계급사회'인 공산주의를 분리시키는 완전한 역사적 시기를 위해

---

22 이하 러시아어판을 대조해서 번역에 수정을 가해 인용한다.

> 서도 필요하다는 사실을 인식하고 이해하는 사람들에 의해서만 완성된다. …… 자본주의에서 공산주의로의 이행은 풍부하고 아주 다양한 정치적 형태들을 창출하는 것과 밀접하게 관련되어 있지만, 그 본질은 필연적으로 동일할 것이다(레닌, 1988a: 51).

프롤레타리아 독재는 자본주의와 공산주의를 절단하는 역사적 시기이자 단일 계급의 지배를 허락하는 이행기라 할 수 있다. 이 문구를 잘 따져보면 이행기에는 여전히 다른 계급들이 공존하고 있고, 그들은 새로운 지배계급인 프롤레타리아의 독단적 지배를 받아야 한다는 점을 알 수 있다. 이것은 "억압자에 대한 억압"을 뜻하는 것으로, "국가를 재조직하고 사회를 순수하게 정치적으로 재조직하는" "국가의 사회주의적 재조직화"인 프롤레타리아 독재의 특징이 여기에 있다(레닌, 1988a: 61). 프롤레타리아 독재의 이와 같은 성격은 레닌이 이 단계를 경제적으로는 자본주의의 연속선상에서 파악하고 정치적으로는 민주주의 공화국의 연장선상에서 이해하고 있음을 뜻한다. 자본주의의 발전된 생산력을 프롤레타리아가 전유함으로써 생산관계에 일신을 기하고, 부르주아 공화국을 민주주의적으로 변경시킴으로써 정치적 역학 관계를 뒤바꾸는 것이다. 아직 "더 높은 단계"로서의 공산주의는 아닌, "공산주의의 첫째 또는 낮은 국면"에서 그렇다는 뜻이다.

> 첫째 국면이나 단계에서의 공산주의는 아직 경제적으로 충분히 완성된 것이 아니며, 자본주의적인 전통과 유산에서 완전히 자유로울 수도 없다. 따라서 첫째 국면에서의 공산주의는 '부르주아적 권리의 편협한 지평'을 여전히 유지하고 있는 현상을 보인다. …… 자신의 해방을 위해 자본가들을 대상으로 투쟁하고 있는 노동계급에게 민주주의는 대단히 중요하다. 그러나 민

주주의는 뛰어넘지 못하는 경계가 결코 아니며, 그것은 봉건제에서 자본주의로, 자본주의에서 공산주의로 이행하는 과정상의 한 단계에 불과할 뿐이다(레닌, 1988a: 122~123).

레닌의 이론적 기획에 따르면 프롤레타리아 독재는 불가피하지만 매우 짧은 기간 동안 진행될 것이었다.[23] 러시아는 이미 제국 시절에 발달된 선진적 산업자본주의의 생산력에 도달했고, 진전된 노동의식의 각성으로 말미암아 파리코뮌과 유사한 혁명적 사건의 경험을 보유하고 있었기 때문이다. 다만 남겨진 질문은 국가, 곧 프롤레타리아 독재기의 국가란 무엇인가에 대한 물음이다. 만약 프롤레타리아 독재가 더 높은 공산주의의 전 단계이고, 엥겔스가 말하듯 국가가 소멸하는 단계라면 독재 시기의 조직, 곧 코뮌이란 대체 어떤 정치체(政治體)를 뜻하는가? 이로부터 저 유명한 준-국가의 테제가 나온다.

국가의 사멸에 대한 엥겔스의 논제는 러시아혁명을 전후한 시기 유럽 좌파들에게 일종의 대기주의적 환상을 심어주었다. 자본주의가 발전하고 공산주의 혁명의 분위기가 무르익을수록 부르주아 국가는 스스로 사멸하고 말테니 그것을 파괴하기 위해 애쓸 필요가 없다는 주장이 그것이다.[24] 부분적으로 레닌조차 이런 입장을 취한 적이 있었지만(레닌, 1988c: 191),[25] 「4월 테제」에서 보았듯 1917년에 이르러 그는 프롤레타리아의 적극적인 권력의지를 강조하고 나섰다. 제반 조건이 성숙한 단계에서 프롤레타리

23 마르크스 역시 프롤레타리아 독재는 시기적으로 짧고 도덕적인 성격이어야 한다는 점을 시사했다(Draper, 1999: 289~315).

24 베른슈타인과 카우츠키의 이런 관점이 전위적 혁명가들의 당과 같은 레닌적 명제를 반대했던 것은 당연하다. 그들은 프롤레타리아 독재를 폐기하고 의회주의적 전환을 꾀했으며, 레닌은 이에 대해 지속적으로 공박을 가했다(레닌, 1988d).

25 하지만 이 진술은 러시아 노동계급이 전위의 도움을 받아 혁명화되기까지의 준비 기간을 지시하는 것이었다.

아트의 임무는 국가가 저절로 죽어 없어지길 기다리는 게 아니라 적극적으로 파괴하고 제거하는 데 있다는 것이다. "부르주아 국가는 '사멸'되는 것이 아니라 혁명 과정에서 프롤레타리아트에 의해 '폐지'되는 것이다. 혁명 후에 사멸되는 것은 프롤레타리아 국가 또는 준-국가[semi-state, 러시아어로는 반(半)국가(polugosudarstvo)]이다"(레닌, 1988a: 30). 부르주아 국가를 인위적으로 폐기하는 것이 폭력혁명이다. 오직 이 방법을 거치지 않고는 발달된 자본주의 경제체제와 고도화된 부르주아 정치질서를 한순간에 장악할 수 없다. 그런데 이 과정은 아나키스트 일반이 주장하는 것처럼 국가라는 적의 실체를 실존적으로 삭제하는 것으로 이루어지지 않는다. 레닌이 수차례 강조하듯, 사회주의는 무(無)에서 생겨나는 게 아니라 자본주의라는 역사적 토양으로부터 자라는 것이기 때문이다. 자본주의적 국가를 폐지한 이후에도 계속해서 국가의 형태가 '존속'하고 이를 '이용'해야 하는 문제는 이로부터 비롯된다. 이와 같이 이행기의 진정한 의미는 "지배계급으로 조직된 프롤레타리아트"가 운영하는 프롤레타리아 준-국가, 프롤레타리아 국가의 성격을 규명하고 현실적으로 전유하는 데 있다.[26] 이것이 그가 프랑스 혁명 이후의 정치사와 부르주아 민주주의 및 국가의 제거를 역사적으로 설명하며, 그 마지막 단계로서 '최종적으로 발견된' 정치 형태를 코뮌에서 찾는 이유이다. 레닌에게 코뮌은 곧 프롤레타리아 독재였고, 국가 아닌 국가["무(無)국가"]이자 국가 이상의 국가였기 때문이다.

이러한 관점은 「4월 테제」에서도 어느 정도 제시되었다. 모든 권력을 소비에트로 이양하라고 주장했던 레닌은 부르주아적인 의회제 공화국 대신 파리코뮌을 모델로 삼은 코뮌-국가(gosudarstvo-kommuna)를 강령에 포

26 레닌에 따르면 마르크스는 부르주아 국가가 소멸한 이후에 나타나는 단계에 대해서는 "발견하려고 하지 않았다"라고 주장한다. 프롤레타리아 독재라는 정치 형태가 '준-국가'적 상태임을 규명한 것은 바로 자신이라는 뜻이다(레닌, 1988a: 73~74).

함시켰기 때문이다. 그런데 문제는 여기서부터 시작되었다. 파리코뮌을 프롤레타리아 독재 단계로 규정짓고 혁명기 러시아의 실천적 강령들을 파리코뮌의 사례로부터 복기한 레닌은 마르크스가 '발견하지 못한' 사건의 시공간을 열어젖힐 필요가 있었다. 다시 말해, 파리라는 지역적 단위의 코뮌이 만약 러시아처럼 광대한 영토와 국가적 지배체제가 유지되는 곳에서 실현되려면 어떤 조치들을 취해야 하는지를 고민해야 했던 것이다. 파리에서의 프롤레타리아 독재와 러시아에서의 프롤레타리아 독재는 절대 같을 수 없을 터이다. 인민권력과 인민무력이라는 차원에서 파리코뮌은 국가를 대체하는 인민의 자기통제적 자치 기구를 구성하는 데 성공했다. 하지만 러시아로 지리를 옮기자 여기에는 필수불가결한 하나의 차원이 추가되었다. 바로 인민국가의 문제였다. 즉, 국가를 완전히 폐기할 수 없을 때 인민 곧 프롤레타리아트가 어떻게 국가를 자신의 것으로 접수할 것인가라는 문제였다.

"(파리 _인용자)코뮌이 시간상의 한계로 발전시키지 못했던 전국적 조직"의 문제, "전국적인 통일체의 조직"이라는 문제는 레닌이 직면했던 고유한 과제였다. 파리코뮌을 외부에서 관찰하며 그 경과와 구성에 대해 논평했던 마르크스는 국가 단위의 코뮌이 어떻게 조직되어야 할지에 대해 충분히 생각하지 못했다. 코뮌의 전체 구성원이 직접 참여하고 운영하는 파리의 경험이 1917년의 러시아에서는 곧이곧대로 적용되기 어려웠다. 레닌은 마르크스의 동의를 끌어오며 자신의 조직론을 여기에 보태어 프롤레타리아 독재의 러시아적 판본을 완성해냈다.

> 마르크스는 의도적으로 다음과 같은 말을 사용했다. 즉, 부르주아적이고 군사적이며 관료적인 중앙집권제에 대항하고, 의식적이고 민주적이며 프롤레타리아적인 중앙집권제를 위해 '전국적인 통일체가 구성되어야 한다'(레

닌, 1988a: 71).

그렇다면 이렇게 제출된 러시아판 프롤레타리아트 독재는 동시대의 소비에트 민주주의와 어떻게 결합해 실천적으로 수행되었을까?

5. 민주주의와 독재의 (불)가능한 변증법

1) 혁명과 코뮌주의 공화제의 탄생

『국가와 혁명』을 쓸 당시 레닌은 어찌된 영문인지 프랑스어 '코뮌'에 해당하는 러시아어 단어가 없다고 언급하면서, 엥겔스가 코뮌을 독일어 '공동체(Gemeinwesen)'로 옮겼듯 러시아어로도 '공동체(obshchina)'로 대체할 만하다고 진술했다. 사전적으로 정확한 번역어가 없다는 의미일 수도 있으나, 1917년 당시 임시정부에 대항할 유일한 세력이었던 소비에트를 전혀 거론하지 않은 것은 몹시 이상한 노릇이다.[27] 4월에 모든 권력을 소비에트로 넘기라고 주장한 이후 러시아 사회에는 어떤 변화가 생겨난 것일까?

1914년 이래 제1차 세계대전에 대한 레닌의 입장은 반전 투쟁으로, 오직 이 기준에 의거해 적군과 아군을 분별할 정도였다. 이에 따라 부르주아 민주주의 혁명론을 조건적으로 찬성하는 듯 보였던 그의 입장도 임시정부의 수권 정당인 입헌민주당과의 제휴만은 절대 받아들이지 않는 쪽으로 정해졌다. 입헌민주당이 러시아 제국의 전쟁 정책을 계승해 전쟁 고수를

27 더구나 'obshchina'는 제정시대의 'mir'에 상당하는 단어로서 산업 프롤레타리아트가 주역이 된 사회주의적으로 의식화된 공동체와는 거리가 먼 단어였다. 이는 농노 해방 이후 농촌 공동체가 전래의 토지 공동체를 유지하기 위한 수단이었던 것이다(Barnett, 2004: 1037~1039).

견지하고 있었기 때문이다. 전쟁에 지쳐 있고 연일 거듭되는 전선의 패전 소식에 찌들어 있던 러시아 대중이 입헌민주당의 정책을 지지할 리 없었다. 인민을 대변하던 소비에트는 반전을 다시 내세우는 가운데 전쟁이 영토 획득과 같은 국가주의적 목적에 종속될 수 없음을 분명히 선포했다. 하지만 외무장관 파벨 밀류코프(Pavel Milyukov)가 영토를 대가로 전쟁 계속을 약속한 사실이 폭로되면서 사태는 급진전을 맞아 1차 내각이 사임하고 2차 내각이 구성되었다. 2월 혁명 초기에는 부르주아 입헌 내각에 참여하지 않겠다고 결의했던 멘셰비키와 사회혁명당의 지도부가 새로운 조각(組閣)에는 참여해 국가 운영의 주체로 등장했다. 소비에트의 강력한 지지를 받으며 진보적인 정책을 수행해 사회주의적 국가로 연착륙하길 기대했던 것이다. 하지만 이는 오판으로 드러났는데, 여전히 입헌민주당이 주도하고 있던 새로운 내각에서 그들이 할 수 있는 일이라고는 1차 내각이 추진했던 정책들을 소비에트가 지지하도록 만드는 데 제한되어 있었기 때문이다(톰슨, 2004: 169 이하). 즉각적인 전쟁 중단을 촉구하던 대중의 소비에트와 정치적 지도부 역할을 맡던 멘셰비키 및 사회혁명당 사이에 분열이 생겨났고, 이는 소비에트에 대한 레닌의 신뢰를 감소시키는 동시에 권력 이양을 통한 체제 전환에 회의를 불러일으켰다. 『국가와 혁명』은 이런 정세 속에서 집필된 책이었다.

폭력혁명에 대한 레닌의 강조는 이런 맥락에서 재조명될 필요가 있다. 그는 소비에트의 민주적인 의사 결정과 내각 및 의회에 대한 참여를 통해 자본주의 국가가 사회주의로 순조롭게 돌아서리라 믿기 어려웠던 듯싶다. 폭력으로 의회를 전복시키고 무력 투쟁으로 행정부를 장악하는 전술은 즉흥적이거나 책상머리에서 도출된 구상이 아니었던 것이다. 사회주의는 내재적 동력으로 성장할 수 있는 나무가 아니었다. 마치 노동자들에 대해 전위당이 그러하듯, 사회주의는 정부와 의회의 바깥으로부터 강제적으로 도입되고 이식되어야 하는 폭력의 목표이다. 무장 봉기에 대한 레닌의 의사는 볼셰비키 지도부에서도 격렬한 논란의 대상이었고, 처음에는 누구도 선뜻 동의할 수 없었던 극단적인 선택으로 비쳤다. 그러나 무장 봉기론은 어쩌다 운 좋게 들어맞은 '신의 한 수'는 아니었다. 2017년 3월, 볼셰비키는 전체 인구 1억 6500만 명 중 대략 2만 5000명에서 4만 명 정도의 지지를 받고 있었고, 가을 무렵에는 26만 명을 헤아리는 거대 정파로 부상하는 중이었다. 소비에트 조직과 어느 정도 겹쳐지긴 했지만, 하급 활동가들의 열성적인 노력에 힘입어 기저 민중의 심성과 생활로부터 전적인 공감을 얻었던 볼셰비키는 이미 국가의 실질적인 경영권을 행사하고 있었다(톰슨, 2004: 178~179).[28] 이런 상황에서 1917년 10월 25~26일(신력 11월 7~8일) 사이에 볼셰비키 군사혁명위원회의 지도를 받은 무장 집단이 임시정부에 난입해 국가기구를 일거에 점령해버리는 사태가 발생했다. 이것이 10월 혁명이다. 그렇다면 이 혁명의 결과는 무엇이었을까? 이 혁명으로 본격적인 프롤레타리아 독재가 시작되었을까? 한편 소비에트는 어떤 역할을 맡게 되었을까?

임시정부는 원래 1917년 11월 12일(신력 25일) 헌법제정의회의 선거를 치르기로 정해두고 있었다. 정권을 장악한 볼셰비키로서는 이 선거를 예정대로 치르기도 난감했고 취소시키기도 여론상 좋지 않았다. 선거 결과는 불리하게 나왔고, 이는 마치 볼셰비키 혁명을 불신임하는 듯 비쳤다. 이에 레닌은 12월 1일(신력 14일) 전체 러시아 중앙집행위원회에서 다음과 같이 연설했다.

---

28 "대부분의 사람들이 볼셰비키를 지지한 것은 그들이 사회주의자여서가 아니라 볼셰비키가 자신들이 갈망하는 좀 더 나은 삶을 가져다줄 것을 약속했기 때문이다."

2. 헌법제정의회의 소집 요구를 제기하면서 혁명적 사회민주주의당은 1917년 혁명의 초기부터 다음과 같이 수차례 강조해왔다. 헌법제정의회를 가진 통상적인 부르주아 공화제보다 소비에트 공화제(respublika Sovetov)가 민주주의의 더 높은 형식이다.

3. 부르주아적 구조로부터 사회주의적 구조로의 이행에서 (왕관을 쓴 헌법제정의회가 주도하는 통상적인 부르주아 공화제보다) 노동자와 병사, 농민 대표들로 이루어진 소비에트 공화제가 민주주의적 제도의 더 높은 형식일 뿐만 아니라 사회주의로 향하는 더욱 건강한 이행의 통로를 보장하는 유일한 형식이다(Lenin, 1949d: 340).[29]

10월 혁명은 비록 일순간에 임시정부를 무력화하고 볼셰비키의 전권 장악을 이루어낸 사건이었지만, 엄밀히 말하자면 이는 파리코뮌과 같은 지역적인 봉기에 지나지 않았다. 수도 페트로그라드는 확실히 볼셰비키의 통제하에 있었지만, 그 이외의 지역은 여전히 의문스러운 상태에 놓여 있었다. 봉기가 일어나자마자 2차 임시정부 수반이던 알렉산드르 케렌스키(Aleksandr Kerensky)의 사주하에 반혁명 세력이 페트로그라드에 진입했으며, 서부전선에 운집한 군부대의 동향도 아직은 믿을 만하지 못했다. 이 상황에서 임시정부의 '잔당들'이 의회의 다수를 차지해 부르주아 민주주의를 계속해서 끌고 가게 내버려둘 수는 없었다.

1918년 1월 5일 '대망의' 헌법제정의회가 개회되었으나 현실과는 무관한 토론과 휴회를 거듭하며 일찍 폐회되었고, 당일 오후 전체 러시아 중앙집행위원회의 해산 결의에 따라 이후 다시는 열리지 않았다. 그리고 1월 8

29 테제는 총 19가지로 구성되어 있다. 2절의 문제제기를 다루기 위해 지금부터는 'respublika/republic'을 '공화제'로 옮기겠다. 같은 의미에서 마르크스가 파리코뮌에 대해 붙였던 '사회공화국'이라는 명칭 역시 '사회공화제'로 옮기는 게 타당하다는 점을 밝혀둔다.

일에는 제3차 전체 러시아 소비에트 대회가 개최되어 피착취 근로 인민의 권리선언이 의결됨으로써 소비에트는 명실상부하게 새로운 정부의 최고 회의체로 자신을 드러냈다. 여기서 결정된 주요한 의제들을 살펴보면, 최고 권력은 전체 러시아 소비에트에 있으며, 소비에트는 인구 2만 5000명당 1명의 대의원을 뽑는 도시대표 소비에트와 인구 12만 5000명당 1명을 뽑는 지방대표 소비에트로 구성하기로 했다. 한편 회기 밖 평상시 업무를 맡아볼 전체 러시아 중앙집행위원회는 200명을 초과할 수 없으며, 여기서 인민위원회(sovnarkom)를 임명하기로 했다. 또한 인민위원회는 각종 법령을 제안하는 한편, 지역 단위의 소비에트 조직과 구성에 대해 규정할 수 있게 해두었다. 이렇게 해서 소비에트는 혁명 이후의 새로운 정부에서 헌법적 기관으로 등록되어 공식적인 국가 사무에 개입하게 되었다. 그러나 여기에는 은밀하지만 첨예한 긴장 관계가 내포되어 있었다. 전체 소비에트 대표자 회의와 중앙집행위원회 및 인민위원회 사이에는 서로를 견제하는 역할이 주어져 있었을 뿐만 아니라, 이러한 상호 관계에는 소비에트 권력 대 국가 권력의 이원적 대립이 내포되어 있었기 때문이다(권세은, 1993: 27~28).[30] 볼셰비키로서는 한편으로는 1917년 혁명을 지지하고 협력했던 인민 대중의 소비에트를 권력의 일부로 인정하는 동시에, 다른 한편으로는 부르주아 국가를 막 전복시킨 상태에서 어떻게든 힘의 누수를 막아 강력한 국가 장악력을 펼쳐야 했던 것이다. 그러나 새로 창설된 이 '국가 아

---

30 다른 한편, 1918년 소비에트 최고회의는 사실상 사회주의적 헌정의 시발점을 표시했으며, 이를 계기로 코뮌과 국가의 평행적인 공존과 상호 협력, 민주주의적 공화제로의 이행 가능성이 최대치로 고양된 순간이 도래했다는 평가도 있다. 코뮌과 국가 사이에서 이루어진 역사의 변증법적 도약의 지점이자 전도의 시점으로서 1918년의 상황에 관해서는 Sakwa(1987: 429~449) 참조. 코뮌과 국가 사이의 평행적 공존이 나타났던 이 짧았던 시기는 소비에트 민주주의와 프롤레타리아 독재가 서로 적대적이지 않으며 상호 보충적이자 절합적인 관계 속에서 움직이는 두 항이라는 점을 강력히 시사한다. 데리다식으로 말해, 양자는 (불)가능한 변증법의 작동적 계기들로서 실존했다는 뜻이다.

닌 국가'는 상당히 불안하고 미약한 모습을 띠고 있어 그 장래를 보장하기가 어려웠다.

프롤레타리아 독재는 이 불안정한 정치적·경제적 사태를 타개하기 위한 방법으로 다시 한 번 호출되었다. 혁명 전에 집필된 『국가와 혁명』에서 프롤레타리아 독재는 이상적으로 그려졌던 반면, 혁명 후의 현실에서 프롤레타리아 독재는 현재의 위기를 넘어서는 실제적인 능력을 발휘하도록 주문받았다. 공화제 코뮌이 "프롤레타리아 국가"로서의 "준-국가"로 변모하는 지점이 여기서부터이다. 엥겔스를 이어받아 레닌은 국가사멸론에 결코 이견이 있을 수 없다고 못 박았다. 프롤레타리아 혁명이 일어나면 더 이상 과거의 국가는 그 형태와 기능을 유지할 수 없을 것이다. 하지만 그렇게 폐지된 국가는 자본주의 국가로서 부르주아지 민주주의 공화국을 지시할 따름이다. 따라서 레닌은 "이른바 국가의 사멸은 민주주의의 사멸을 의미하며, 국가의 폐지는 곧 민주주의의 폐지를 의미한다"라고 강조할 수 있었던 것이다(레닌, 1988a: 103). 물론 이런 식으로 폐기처분되는 민주주의는 부르주아적 공화주의라고 단서를 달 수 있겠지만, 한 걸음 더 나아가면 소비에트 민주주의도 일정 정도 이에 해당된다고 말하지 않을 수 없다. 볼셰비키 당과 통합되지 않는 이상 소비에트는 볼셰비키의 외부이며, 멘셰비키나 사회혁명당을 비롯한 이종적 종파의 집합일 수도 있기 때문이다. 문제는 부르주아 민주주의의 잔재를 소탕하는 과정에서 소비에트 민주주의 역시 불가피하게 결박되고 추방될 운명에 놓였다는 사실이었다. 이 구도를 코뮌과 국가의 대결이라 부를 수 있을까?

2) 전시 공산주의 또는 코뮌과 국가의 전도

코뮌이 국가에 의해 잠식되고 포로가 된 이유를 분석하는 과정에서는 내적 요인보다 외적 요인에 의지하는 경우가 많다. 혁명 초기 소비에트-러시아가 맞이했던 다양한 외부의 위기를 거론하는 것이 전형적인 외인론적 해석이라 할 수 있다. 1918년 5~6월부터 본격적으로 불이 붙은 내전은 가장 중요한 외적 요인들 중 하나였다. 독일과 계속되던 전쟁에 이어 프랑스와 영국, 일본과 미국이 군대를 보내 볼셰비키의 정통성과 제국 시절의 이권을 주장했다. 무엇보다도 항복하지 않은 전제주의의 잔여 세력이 백군을 결성해 소비에트 러시아의 변경을 압박해 들어왔다. 전쟁은 비단 국경에서만 벌어진 게 아니었다. 전국 도처에서 소수 민족들이 권력의 공백기를 파고들며 독자적 행보를 선언했고, 대부분 지역할거주의적인 군벌의 형태를 띠고 있었다. 러시아 제국의 과거 영토를 신생 볼셰비키 정부로서는 온전히 제어할 수 없었던 것이다. 때마침 만연한 대기근으로 인해 소비에트 러시아는 완전히 고사해버릴 지경이었다. 이 시기의 피폐함은 통계적으로도 입증되는데, 1917년부터 1921년 사이의 사망자는 제1차 세계대전 사망자의 4배인 700만~800만 명 정도로 추산된다. 그 가운데 민간인이 500만 명인데, 대다수가 기아와 질병으로 죽었다고 보고되는 형편이다. 국외 망명자도 200만 명에 달했다. 이로 인해 전체 인구는 1억 6000만 명에서 1억 3500만 명으로 줄어들었던바, 당시까지의 인류사에서 최대의 재난으로 기록되어 있다(톰슨, 2004: 231). 그만큼 생산력의 최대 저하가 목전에 도달해 있었다.

하지만 외인론에만 의거해 코뮌과 국가의 관계가 전도되었다고 설명하는 것은, 거꾸로 3년이나 지속된 내전에서 볼셰비키가 승리했던 이유를 설명하지 못한다.[31] 외적 요인들이 소비에트 러시아의 구조 바깥에서 정

31 볼셰비키가 승리한 주요한 원인은 '적의 취약성'에 있었다. 우파와 멘셰비키 등 내부의 적들은 분열되어 있었고 대중의 호응도 얻을 수 없었다. 백군 역시 소수 민족들과 반(反)볼셰비키 전선을 형성하는 데 실패했고, 각자의 이익을 좇아 분리되고 무기력했던 외국 세력들도

치·경제·사회의 전 분야에 걸쳐 미친 영향력은 엄청나게 막대해서 권력의 형태를 변화시키는 데 분명 작지 않은 역할을 담당했지만, 본질적으로는 내적 요인들이 더욱 중추적인 역할을 했다. 레닌의 철학적 신념과는 별개로,[32] 현실 국가를 운용하는 입장에서 볼셰비키 정부는 내전과 기근에 맞서는 과정에서 코뮌의 자율적 자치주의, 곧 소비에트 민주주의를 국가주의의 권역 내부로 끌어들이지 않을 수 없었다. 공화제가 공화국의 국가적 형태로 변용되고 인민의 자기결정적 대의기구인 소비에트가 '전위적' 정치가들과 관료 집단으로 꾸며진 당으로 흡수되는 과정은 여기에서 비롯된 것이었다.

여기서 분명히 짚고 넘어가야 할 점이 하나 있다. 마치 '좋은 레닌 대 나쁜 스탈린'의 구도가 역사적 사건에 대한 정치적 해석에서 무의미한 것처럼, '좋은 소비에트 민주주의 대 나쁜 볼셰비키 당'이나 '좋은 코뮌 대 나쁜 국가'의 전형적인 구도 역시 그다지 유용한 해석적 범주가 되지 못한다는 사실이다. 앞서 살펴보았듯, 소비에트와 볼셰비키는 각자 기원은 다르지만 1917년의 대혁명에 접근하는 과정에서 상당 부분 겹쳐 있으며, 볼셰비키는 소비에트의 원조가 없었다면 결코 10월의 권력 장악을 성취해내지 못했을 것이다. 비록 소비에트가 멘셰비키나 사회혁명당 등을 품고 있어서 볼셰비키와 완전히 일치하지 않았다고 할지라도 말이다. 소비에트는

큰 역할을 하지 못했다. 더구나 볼셰비키가 차지한 지역은 정치나 군사 등 모든 면에서 러시아의 중심부였기에 장기전에서 우월한 역량을 발휘할 수밖에 없었다(톰슨, 2004: 230 이하; Mawdsley, 1987: 272~290).

32 내인론적 해석의 대부분은 레닌의 정치학 자체가 국가주의적 경향을 띠고 있었고, 프롤레타리아 독재로 말미암아 그러한 경향이 첨예화되었다는 주장이다. 이는 『국가와 혁명』을 비롯한 레닌의 정치철학적 저술들과 1918년 이래의 산업주의 정책, 신경제정책(NEP) 시기의 노동자 통제와 국유화론 등에 근거를 두고 있으며, 상당한 설득력을 갖는다. 하지만 우리는 혁명과 그 이후의 정치가 단지 물질적이고 제도적인 여건들에 의해서만 좌우되는 게 아니라 비가시적인 마음의 차원에도 연결되어 있다고 생각하기에 내인론과 외인론의 잔여 지대를 조심스럽게 탐사해보고자 한다.

자발적이고 자생적으로 생겨나 혁명을 예비해왔던 인민의 기층적 조직으로서의 장점과 선차성을 분명 갖고 있긴 했지만, 전위당이 부여하는 전체적인 통일적 관점을 제공한 것은 역시 볼셰비키였다. 코뮌과 국가 사이의 관계는 이와 같은 현실의 복합적 운동 속에서 어느 사이에 전도되어 우리 앞에 전달되었다. 우리가 이념적 차원과 더불어 사건적 차원에 관심을 기울이고 역사 과정을 추적해야 하는 이유이다.

전시 공산주의는 코뮌과 국가의 관계를 갈라놓는 데 결정적인 전환점을 제공했다. 흥미로운 점은, 이 지점에서 충돌한 주요한 대립 가운데 하나는 볼셰비키 당과 소비에트 민주주의의 이념적 차원이 아니라 볼셰비키 국가와 농민 사이에 벌어진 사건적 차원이었다는 사실이다. 혁명 이전의 레닌은 러시아의 사회주의 혁명은 농민의 지지를 얻을 때만 가능하다는 사실을 공공연하게 역설하고 다녔다. 그가 전략적으로 부르주아 민주주의를 주장할 때도 연대의 가장 중요한 대상은 바로 농민이었다. 심지어 『국가와 혁명』에서 프롤레타리아 독재를 통한 노동자 중심주의를 설파했을 때조차도 농민은 항상 협력의 제1순위로 거명되었다. 이는 러시아 전체 인구의 85%를 상회하는 농민들의 현실이 작용한 압력이기도 했지만, 이론적으로는 1861년의 농노 해방 이래 농촌의 피폐화가 가속화되었고 이로 인해 빈농과 부농(쿨라크) 사이의 계급적 적대가 강고해졌다고 판단했기 때문이었다. 아마도 빈곤에 허덕이는 가난한 농민들은 부를 축적해 소부르주아적 소유욕에 사로잡힌 부농들에 대해 격렬한 반감을 갖고 있을 터였으므로 이를 잘 이용하면 볼셰비키의 의도대로 빈농들을 사회주의를 향한 열차에 올라타게 할 수 있으리라는 믿음을 가졌던 것이다.

하지만 사태는 반대로 흘러갔다. 니콜라이 부하린(Nikolai Bukharin)이나 예브게니 프레오브라젠스키(Evgeni Preobrazhensky) 같은 이론가들은 전시 공산주의가 사회주의로 이행하기 위한 일관된 정책이라고 강변했으나,

이 시기의 수많은 정책적인 판단과 결정들은 전시 공산주의가 사태의 추이에 맞춰 그때그때마다 비일관적인 모습으로 '실용주의'를 광범위하게 채택한 것으로 여겨진다(피츠패트릭, 1990: 109; Siegelbaum, 1992: 63~64). 국가라는 거대 단위의 행정을 맡아보며 난관에 봉착했던 레닌과 볼셰비키는 내전을 맞이해 더욱 급진적인 정책들로 급선회하기 시작했고, 이는 중앙정부의 통제를 훨씬 넘어서는 부수적 효과들을 발생시키기 시작했다. 여기서는 산업이나 공업 부문의 논의는 제외하고 농민들과의 문제를 살펴보도록 하자.

발단은 도시의 식량난이었다. 기근과 전쟁으로 작황이 불안해지고 농산물의 유통이 대폭 축소되자 화폐의 가치는 땅에 떨어지고 물물교역이 기본적 교환의 방침이 되었다. 사회 형편이 전반적으로 유동할수록 생계의 불안정도 격렬해졌고, 볼셰비키는 직무의 급여를 현물로 대신 지불하기도 했지만 이 역시 물품의 부족으로 인해 제대로 지켜지기 어려웠다. 농민들은 식량을 선뜻 내놓으려 들지 않았다. 이전까지 국가는 식량의 교환물로 도시의 공산품을 제공했으나, 도시 경제가 마비됨에 따라 더 이상 그럴 수가 없으니 농민들도 식량 납부에 미온적인 태도를 취했던 것이다. 도시 주민과 적군을 책임지는 입장에서 정부는 농민들을 설득도 하고 협박도 하는 갖은 방법을 취해보았지만 별 소용이 없었다. 그러자 마침내 노동자 병사 징발대를 구성해 강제적 '약탈'에 들어가기로 했다. 볼셰비키는 이러한 강제 징발이 빈농과 부농 사이의 '계급전쟁'을 유발해 궁극적으로는 농촌 지역을 프롤레타리아화할 것이라고 기대했지만, 실제 사정은 도시와 농촌 사이의 '약탈전쟁'에 가까웠다(피츠패트릭, 1990: 113~114; 카갈리츠키, 2008: 262~264).

현실적 조건에 따른 불가피한 선택이었든 또는 사회주의로의 이행을 위해 규정된 절차였든, 내전 및 전시 공산주의를 거치며 레닌과 볼셰비키는 프롤레타리아 독재를 더욱 협소하게 규정할 수밖에 없었다. 애초에 이는 농민과의 연대를 통한 독재로 표방되었지만, 점차 농민을 독재의 대상으로 바라보고 적대의 분명한 분할선을 그어 프롤레타리아트의 정체성을 선명히 확보하는 방식으로 '전화'했다. 코뮌주의 국가, 즉 혁명 이후의 소비에트 러시아는 비록 부르주아 민주주의 형태의 지배체제는 '폐지'했으되, 사회주의적 원리와 방법으로 무장한 준-국가를 통해 서구 근대 국가의 형성 과정을 반복하는 양상마저 띠었던 것이다. 프롤레타리아 독재로 표지되는 반(半)국가이자 반(反)국가의 첫 번째 계급전쟁은 부르주아지의 잔당을 소탕하는 일이었고, 두 번째 계급전쟁은 바로 최초의 동맹자였던 농민들을 구축하는 일이었다.

3) 탐보프와 크론슈타트, 혹은 혁명의 '얼룩'

내전은 백군과 외세뿐만 아니라 농민들과의 전투로도 점철되어 있었다. 볼셰비키는 부농을 목표로 삼아 강제 징발 작전을 수행하면 다수의 빈농들이 이에 호응하리라 예상했지만 실제로는 대다수의 농민들이 그런 작전에 저항하는 형편이었다. 아무런 교환의 대가도 주어지지 않은 채 식량을 강제로 빼앗기게 된 농민들은 볼셰비키에 적대감을 나타내며 각지에서 봉기에 들어갔고, 실제적 이유에는 무관심한 채 '현실 논리'만 앞세운 볼셰비키들은 농민들을 무력으로 진압했던 것이다. 놀랍게도 폭동에 대한 이 시기의 볼셰비키 보고서들은 그 원인을 소부르주아적 정신 상태에 오염된 농민들의 무장 반란이라고 기술하는 경향이 짙었다(헬러 외, 1988: 100). 기본적으로 도시의 정당인 볼셰비키는 농민과의 동맹을 수단적으로만 바라보았을 뿐(샤피로, 1982: 56~57; 피츠패트릭, 1990: 115~116; 헬러 외, 1988: 101),[33] 실질적인 코뮌의 동반자로 여기지는 않았던 듯싶다. 내전 이후 최대 규모로 봉기했던 무장 농민군은 탐보프와 보로네시 지역의 알렉산드르 안토노프(Aleksandr Antonov)가 이끄는 집단이었는데, 1921년 당시 5만 명을 넘을 정도였다. 볼셰비키는 유럽 전장의 명장이던 미하일 투하쳅스키(Mikhail Tukhachevskii)를 급파해 잔인하게 격퇴해버렸다. 프롤레타리아의 적들에 대한 잔인한 독재의 방법이었던 것이다.

이런 경향은 병사들에 대한 관계에서도 극명히 드러났다. 1917년 10월의 무장봉기에서 볼셰비키가 승리했던 데에는 병사들이 적극적으로 가담해 선두에 나섰던 이유가 컸다. 파리코뮌의 경험에 대해 레닌이 정확히 독파해냈듯이 인민무력은 부르주아 국가와 단절하는 확실하고도 최선인 방법이었던 것이다. 하지만 병사들은 대개 농민들의 자식이었다. 고향의 부모 집이 볼셰비키에 의해 약탈당하고 있다는 흉흉한 소문은 이데올로기적으로 완고한 신념을 갖지 못한 병사들을 자극했고, 그들은 혁명 정부가 과연 자신들을 지지해주는 권력의 주체인지 심각한 의문을 표하기 시작했다. 때마침 이런 의혹을 행동으로 옮기게 할 도화선에 불이 붙었다.

오랜 내전의 끝 무렵에는 노동 현실도 결코 순탄하지 않았다. '혁명의 요람'이던 페트로그라드에서조차 노동자들의 파업과 태업이 속출했으며, 볼셰비키는 이에 대해 강경한 태도로 응수했다. 노동자 국가에서 노동자들이 파업을 일으키는 것은 절대로 용납할 수 없는 반란으로 간주되었고, 노동자의 자격을 박탈하는 극단적 조치를 취하곤 했던 것이다. 이와 같은 조치가 해당 노동자의 생계를 위협했던 것은 분명했다. 노동자들은 정부

---

33 쿨락과의 계급 전쟁은 일종의 허구에 가까웠다. 어느 정도 수준의 부가 쿨락을 규정짓는 기준인지 모호했으며, 쿨락의 통계 역시 시기별로 들쭉날쭉했다. 가령 전체 농가에서 쿨락이 차지하던 비중은 1924년에는 2~3%였던 반면, 1964년에는 15%로 기술되는 형편이었다. 또한 100만~200만 명 정도로 보고되던 쿨락의 수는 당시 러시아 농촌 거주자가 1억 1000만 명을 상회하는 수준에서는 큰 의미를 갖지 못했다. '쿨락은 적이다'라는 표어는 결국 '적은 쿨락이다'로 반전되며, 농촌 수탈과 공격의 빌미로 적용될 뿐이었다.

의 통제 정책으로 점차 탈진 상태에 빠져 마지막 저항의 기력을 끌어 모으는 듯했다. 1921년 1월 22일 빵 배급량을 1/3로 줄이는 법안이 통과된 것은 격발의 첫 신호였다. 페트로그라드와 근교의 주요 공장들, 곧 푸틸로프, 발틱, 트루보츠니 등에서 잇달아 파업이 벌어졌다. 노동자들과 똑같이 불만 가득한 정규군을 신뢰할 수 없던 볼셰비키는 사관학교 생도들을 동원해 무력 해산을 시도했지만 역부족이었고, 2월 24일에는 페트로그라드 당위원회가 도시방어 소비에트를 구성하기에 이르렀다. 하지만 적군이 시위대에 합세할 것을 두려워한 당위원회는 군대에 군장을 지급하지 않았으므로 아무런 실질적인 효과를 거둘 수 없었다(헬러 외, 1988: 109).[34] 그야말로 풍전등화의 상황이 벌어졌던 것이다.

크론슈타트는 페트로그라드에 인접한 군항이었다. 페트로파블로프스크 호와 세바스토폴 호, 공화국호 등이 여기 정박해 있었는데, 이 군함들은 볼셰비키 무력의 상징적인 존재였다. 페트로그라드의 노동자들에 호응한 수병들은 3월 1일 수비대와 시민들의 공동 회합에서 소비에트의 쇄신을 목표로 삼은 결의안을 채택했다. 이 결의안은 비밀투표와 언론 및 출판의 자유, 정치범 석방과 감옥에 대한 정부의 범죄 사실 조사, 헌병대 폐지, 농민들의 노동과 소유에 대한 권리 등을 담은 요구로서, 곧장 페트로그라드의 당위원회로 전달되었다. 하지만 3월 2일 레닌과 트로츠키는 크론슈타트 사태를 전혀 다른 방향에서 진단하고 조처했다. 그들은 수병들 사이에 프랑스 스파이 조직이 개입했다고 언급하는 동시에 전제주의의 잔당이 끼어 있다고도 주장하면서 페트로그라드 전역에 계엄령을 선포했던 것이다. 이런 조치는 불난 집에 기름을 끼얹는 격으로 수병들에게 반발심을 불러

34 크론슈타트 반란의 개략적 경과에 대해서는 110쪽 이하를 참조했다. 더 자세한 사항은 안바일러(1986: 266~275) 참조.

일으켰다. 소비에트의 민주주의를 내걸었던 슬로건들은 일거에 반볼셰비키적인 성격으로 뒤바뀌었다. "모든 권력을 당이 아닌 소비에트로!", "좌파와 우파의 반혁명을 타도하라!", "소비에트 정부는 공산주의의 속박으로부터 노동농민을 해방시켜라!" 아이러니컬하게도 수병들이 진심으로 원한다고 주장한 것은 세 번째 혁명, 즉 볼셰비키로부터의 혁명이었다.

다시 서부전선의 명장 투하쳅스키가 투입되었고, 반란은 잔혹하게 마무리되고 말았다. 1921년 3월 18일을 끝으로 크론슈타트의 수병 방위대는 완전 항복을 선언했다. 수백 명이 끌려나와 즉석에서 총살당했고, 다른 수백 명은 페트로그라드 감옥으로 이송되었으며, 나머지 수천 명은 핀란드로 아예 망명을 떠나버렸다. 비록 레닌을 비롯한 지도부는 이 반란을 외국의 사주를 받았으며 '엄중한 시기'에 벌어진 '부적절한 사건'으로 간주했지만, 전반적으로 볼 때 이 사건은 프롤레타리아 독재의 가혹한 무게 앞에서 소비에트 민주주의가 외친 마지막 절규나 마찬가지였다.[35] 농민들과 마찬가지로 병사들 역시 자신들의 생활조건에 대한 참을 수 없는 압박을 견뎌야 했으며, 마치 1917년에 그들이 전제주의에 대항해 그랬던 것처럼 이번에는 볼셰비키에게 반기를 들었던 것이다. 이렇게 극적인 파국을 통해 혁명은 어쨌든 '무사히' 지켜졌다. 하지만 이로써 '코뮌주의 공화제'를 내걸었던 소비에트 민주주의의 꿈은 영원히 사라지게 되었고, '공산주의 공화국', 즉 볼셰비즘을 통한 코뮌-국가의 현실이 견고하게 건설되기 시작했다. 공산주의로 이행하기 위한 방법론으로 설정되었던 프롤레타리아 독재는 당 독재이자 국가 독재의 '위험한 경착륙'에 성공했는데, 이것이 우리가 알고

35 크론슈타트 사건을 프롤레타리아 독재에 의한 소비에트 민주주의의 최종적 패배로 보는 해석으로는 안바일러(1986); Avrich(1983) 참조. 반면, 크론슈타트와 탐보프 등의 무장 봉기가 스탈린 집권기의 크렘린 정치투쟁으로 전환되어 1920년대 중후반 무렵 소비에트 민주주의가 마지막으로 소진되었다는 견해도 있다(Farber, 1990).

있는 '소비에트 사회주의 공화국 연방'의 진정한 출발점인 셈이다.

6. 결어: 마음의 문제와 더불어 어떻게 혁명을 반복할 것인가

크론슈타트의 수병 반란을 끝으로 더 이상 소비에트 러시아 내에서 굵직한 반란 사건은 벌어지지 않았다. 레닌은 이 주제를 다룬 어느 대화에서 볼셰비키는 크론슈타트의 병사들뿐만 아니라 소비에트의 권리 회복을 지지했던 대중들을 설득하는 데에도 실패한 듯하다고 술회했다고 한다. 그의 고백이 진실한 것이었다면, 크론슈타트는 탐보프와 마찬가지로 러시아 혁명사에 묻은 '얼룩'과 같았다고 해도 과하지 않을 듯하다.[36] 당시 레닌을 비롯한 볼셰비키의 지도자들은 혁명의 동맹군이던 농민과 병사들의 저항 앞에 혁명 자체가 붕괴될 수도 있다는 위기감에 사로잡혀 있었다. 자본가와 부르주아, 혁명의 적들을 일소해야 새로운 사회가 태어날 수 있다는 '긍정적' 믿음으로 출발했던 프롤레타리아 독재가 칼끝을 자기의 내부로 돌릴 수밖에 없었던 것은 어쩌면 정말로 불가피한 사정 때문이었을지도 모른다. 하지만 긴박한 정세에 대응한 비상조처였음을 십분 감안해도 크론슈타트로 상징되는 소비에트 민주주의를 압살한 것은 혁명의 대의에 비추어 볼 때 명백한 오점이자 오류이지 않을 수 없다. 문제는 이런 오점과 오류 없이 1917년의 혁명이 보전되었을지에 관해서는 아무도 장담할 수 없다는 사실이다. 이는 우리가 인민 봉기에 대한 볼셰비키의 탄압을 '얼룩'이라는 라캉적 용어로 표기한 이유이기도 하다.

---

36 소비에트 연방 시대 내내 크론슈타트 반란은 반볼셰비키적 반역 사건으로 낙인찍혔지만, 해체 이후 1994년 보리스 옐친 대통령에 의해 복권되었다(Naumov, 1997: 6~16).

만일 탐보프와 크론슈타트의 진압에 실패했다면, 그리하여 볼셰비키에 반대하는 인민의 봉기가 꼬리에 꼬리를 무는 또 다른 반역의 행진으로 폭발하고 마침내 모스크바의 볼셰비키 정부를 무너뜨렸다면 어떤 일이 벌어졌을까? 역사의 강물은 전혀 다른 방향으로 흘러가 우리가 알고 있는 러시아혁명의 이미지가 완전히 뒤바뀌었을 수도 있다. 이 글의 논조를 충실히 따른다면 소비에트 민주주의의 '위대한 승리'로 나아가고 결국 모두가 염원하던 공산주의적 미래를 앞당겼을 수도 있다. 하지만 그와 동시에 또 다른 가능성도 충분히 열려 있다. 즉, 공산주의의 미래를 대신해 자본주의 열강의 침탈에 의한 유라시아 식민지가 재현되거나 더욱 폭압적인 전제주의가 귀환하거나, 또는 유라시아 대륙에서 제3차 세계대전이 벌어지는 '대혼란'이 도래했을지도 모른다. 이런 상상을 해보는 이유는 역사에는 가정이 있을 수 없고, 우리는 최대한 주어진 과거의 사실들로부터 상황을 분석하고 이해하면서 새로운 지도를 짜야 하기 때문이다. '반복'의 의미는 가보지 않은 길을 찾아내 가볼 계획을 세우는 것이지, 가보지 않은 길을 통해 목적지에 도달할 것을 미리 낙관하는 게 아닐 것이다. 이 점에서 프롤레타리아 독재가 소비에트 민주주의를 반(反)코뮌적인 국가주의로 돌려놓았다고 비판하는 것은 적절치 않아 보인다. 가보지 않은 길의 가치는 가보았을 때 비로소 입증되기 때문이다.

애초에 프롤레타리아 독재는 과도기 국가의 방법론으로 설정된 것이었다. 레닌은 프롤레타리아 독재를 반(半)국가이자 반(反)국가의 행정 장치에 국한시켜 생각했고, 준-국가가 소멸할 때 함께 작동을 멈출 것이라 예상했다. 하지만 내전과 기근, 외세의 개입, 그리고 내부 반란의 여러 급박한 요인으로 인해 이 과도기적 장치는 수명의 한도를 계속 연장시켜나갔고, 권력을 집중시키는 방식으로 더욱 강화되었다. 카를 슈미트(Carl Schmitt)식으로 말하자면 프롤레타리아 독재는 예외 상태의 무한 지속이나 마찬가지였으며, 이는 예외 상태를 결정짓는 주권의 문제를 부각시켰다(슈미트, 2010: 24~25; 아감벤, 2009: 63~65). 1921년부터 시작된 신경제정책 시대는 계속되는 정책 혼선과 정치적 불안정으로 표징된다. 그런 절박한 상황에도 불구하고 소비에트 러시아가 더욱 강화된 관료제 조직을 구축할 수 있었던 원인은 당이 소비에트를 대신해 주권의 중심으로서 결정화(結晶化)되었기 때문이 아니었을까? 1924년 레닌이 사망한 후 가속화된 스탈린의 당권 장악이 연방을 근대주의적 국가 체제로 완성시키고 말았다는 지적은 십분 타당하지만, 여기에는 스탈린 개인의 문제로 환원시킬 수 없는 국가 장치의 근대적 타성과 관성의 요소가 깊숙이 개입해 있다(슈미트, 1996: 176~177). 우리는 프롤레타리아 독재라는 장치가 관료제 국가 장치의 씨앗이라는 일반적 통설을 뒤집어 관료제 국가장치에 의해 프롤레타리아 독재가 견인되었고 그 추력으로 인해 소비에트 민주주의가 압살되었다고 말하고 싶다. 1917년의 혁명이 완전히 절단하지 못한 근대 국가주의의 이념, 원국가(Urstaat)(Deleuze and Guattari, 1972: 257~263)의 힘이 살아남아 코뮌주의 공화제의 두 기축인 소비에트 민주주의와 프롤레타리아 독재를 흡인했고, 후자가 전자를 집어삼키게 만든 것이다. 그렇다면 근대 국가주의를 회피하지 못했기에 결국 러시아혁명의 이상은 패배하고 말았다고 선언해야 할까?

이러한 진단의 진실을 수용하는 한편으로, 우리는 한 걸음 더 나아가 다음과 같은 물음과 만나야 할 필요가 있다. 근대적 국가주의의 장력을 벗어나지 못했기에 필연적으로 놓쳐버리고 만 장소는 어디인가? 이는 마음의 문제를 제기하는바, 근대 사회의 제도와 규범, 정치·경제·사회·문화의 온갖 기제들로 포착되지 않는 심성의 비가시적 지대이다. 소비에트 민주주의가 프롤레타리아 독재에 질식해버렸고, 프롤레타리아 독재는 볼셰비키 공화국으로 귀결되었다고 단정 지을 때, 대부분 염두에 두는 것은 제도와 장치의 차원들이다. 이 과정의 인과관계를 따져본 제법 정밀한 역사적 분석들이 없지 않으나, 대개는 마음의 차원을 간과하거나 부차적인 것으로 치부해 혁명 이데올로기의 진정성이나 정치 형태의 과실 여부에만 초점을 맞추어왔다. 그런데 마음의 지대는 정부에 대한 환호나 찬사, 또는 불평불만이나 거부감, 적대감 등으로 표지되는 것만은 아니다. 오히려 마음은 인민이 통치 질서와 관계하는 가운데 집단적 주체로 형성되는 심성적 장치라 할 수 있다(김홍중, 2009: 22~24). 무의식과 욕망, 정동의 차원에 여기에 속하는바(이진경, 2014: 393~395), 근대 정치학의 외부에서 작동하던 모든 잔여적인 것들의 영토라 할 만하다.

예컨대 프랑스 혁명을 시발시켰던 주요한 계기 가운데 하나는 1789년 당시 바스티유 감옥에 수백 명의 정치범들이 수감되어 있다는 소문이었다. 하지만 당시 성난 군중이 몰려가 수비대장을 살해하고 감옥 문을 열어보았더니 실제 수감자는 몇 명 없었다는 이야기는 잘 알려져 있다. 이는 하나의 '해프닝'처럼 여겨지지만, '온순한' 신민들을 분노한 집단으로 결집시켜 물리적 힘으로 바꿔놓은 것은 바스티유 습격 이전부터 그들 사이에서 출몰하던 소문의 유령이었다. 그것은 단지 허황된 낭설이 아니라 대중의 잠재의식 속에 불안과 공포, 저항의 감각으로 움직이던 무엇인가를 격발시킨 힘이기도 했다. 러시아혁명에서도 사정은 다르지 않았다. 우리는 사건의 길목마다 전제주의 비밀경찰의 위협에 항상 노출된 채 동물적 본능과 세간의 소문에 따라 생존하던 대중에 관해 알고 있으며, 쏟아지는 정보들 가운데 충동적으로 행동을 선택해야 하는 감각의 혁명가들도 적지 않았다. 아마도 혼돈스런 정세를 파악하는 레닌의 '천재성'이란 이성의 결정 못지않게 그러한 감각과 충동, 정동의 힘에 의한 것이었다고 추정해볼 수 있다.

앞서 살펴보았듯, 농민 반란에 대한 공식적인 역사의 판단은 그들이 소부르주아 의식에 감염되었다는 것이었다. 즉, 볼셰비키의 정당성을 합리적으로 파악하지도 못했으며, 땅에 대한 욕망과 왕당파의 근거 없는 소문에 놀아났다는 것이었다. 과연 그것뿐이었을까? 반동적인 어리석음이 수만 수천 명의 농민들을 전제주의를 전복시킨 볼셰비키에 반대하도록 추동했을까? 크론슈타트에 대해서도 다르지 않다. 당시 레닌에게 전달된 상황 보고서는 수병들이 고향 농촌의 소식에 대한 왜곡된 소문을 믿고 있으며, 반유대주의적 감정에 사로잡혔고, 사회주의에 대한 그릇된 오해에 빠져 있다는 것이었다. 이에 대한 볼셰비키의 분석은, 사실을 알았든 고의로 무시했든, 외국의 스파이가 침투해 수병들을 조종했거나 그들 중에 반혁명 분자가 있다는 '놀라운' 망상이었다. 만일 1921년에 최대치에 도달했던 반볼셰비키적 봉기들이 그저 비합리적인 대중 심리나 사적 욕망, 몽매주의의 소산에 불과했다면 혁명이 붕괴할지도 모른다는 위기감은 전혀 근거 없는 것이었을 듯하다. 오히려 논리적으로 분석되지 않는 섬뜩한 분위기, 대중 사이에 떠돌던 불안과 분노의 정동이야말로 볼셰비키를 두려워하게 만들었고, 정규군에게까지 군장 지급을 미루는 부실한 대응을 낳았던 것이다. 이 모든 것은 레닌과 볼셰비키의 정치학이 마음의 문제를 간과했거나 돌보지 못했기에 벌어진 사태가 아니었을까?

지금까지 우리는 소비에트 민주주의와 프롤레타리아 독재의 문제를 코뮌과 국가 사이의 줄다리기, 이념과 현실의 대립과 충돌의 차원에서 고찰했다. 사상과 제도, 이데올로기와 장치의 복잡다단한 역학이 여기에 작용했으며, 역사의 방향을 결정짓는 데 중요한 역할을 했음에 틀림없다. 그러나 이런 접근은 피치 못하게 코뮌과 국가를 역사의 이념형으로 설정해 연구하는 어리석음에 빠지기 쉽다. 그 결과는 '좋은 코뮌 대 나쁜 국가'와 같은 이분법적 결론일 것이다. 이 글의 제사로 인용한 적군 사령관 필리프 미로노프(Filipp Mironov)가 레닌에게 보낸 서한이 보여주는 것처럼, 코뮌주의는 지나간 역사를 강권에 의해 철거하고 철의 규율에 따라 새로 건설하는 '기술적' 공정은 아닐 것이다. 바로 그 '지나간 역사'에는 현재 삶을 살아가는 대중의 정서와 욕망, 무의식적 습관과 믿음, 곧 마음이 항존해 있는 까닭이다. 알다시피, 마음의 문제에는 국가에 의지하고 국가를 희구하는 대중의 '반동적' 욕망도 포함되어 있다. 민주주의는 대중의 자기통치적 권력이라는 정의에서 은밀히 '대중'을 지워버릴 속셈이 아니라면, 우리는 대중으로부터 발원한 보이지 않는 손짓과 들리지 않는 목소리에 더욱 가까이 다가가야 한다. 그 손짓과 목소리야말로 소비에트 민주주의와 프롤레타리아 독재, 코뮌과 국가 사이에 무한히 넓게 펼쳐져 있는 인민의 마음의 영토를 채우는 질료들일 것이다. 코뮌주의 공화제의 미-래는 그곳으로부터 비롯되어야 한다. 혁명의 이념과 사건을 끌어당기는 우리의 '반복'은 바로 그 마음이라는 영토를 분주하고도 성실하게 주파할 때 다시 시작될 것이다.

참고문헌

권세은. 1993. 「'Soviet'의 비판적 고찰: 프롤레타리아 독재의 러시아적 권력형태와 적용의 한계」. 경희대학교 석사학위 논문.

김홍중. 2009. 『마음의 사회학』. 문학동네.

노명식. 2011. 『프랑스 혁명에서 파리코뮌까지, 1789-1871』. 책과함께.

레닌, 블라디미르(Vladimir Lenin). 1988a. 『국가와 혁명』. 김영철 옮김. 논장.

______. 1988b. 『러시아에 있어서 자본주의의 발전 II』. 김진수 옮김. 태백.

______. 1988c. 『무엇을 할 것인가? 우리 운동의 긴급한 문제』. 김민호 옮김. 백두.

______. 1988d. 『프롤레타리아 혁명과 배신자 카우츠키』. 허교진 옮김. 소나무.

______. 1992. 『민주주의 혁명에서의 사회민주주의의 두 가지 전술』. 이채욱 외 옮김. 돌베개.

리브만, 마르셀(Marcel Liebman). 1985. 『레닌주의 연구』. 안택원 옮김. 미래사.

마르크스, 카를[칼 맑스(Karl Marx)]. 1995a. 「고타 강령 초안 비판」. 『칼 맑스·프리드리히 엥겔스 저작 선집』 제4권. 최인호 외 옮김. 박종철출판사.

______. 1995b. 「『프랑스에서의 내전』 첫 번째 초고」. 『칼 맑스·프리드리히 엥겔스 저작 선집』 제4권. 최인호 외 옮김. 박종철출판사.

밀리반드, 랠프(Ralph Miliband). 1994. 「공산주의 정권의 위기에 관한 성찰」. 로빈 블랙번 외. 『몰락 이후: 공산권의 패배와 사회주의의 미래』. 김영희 외 옮김. 창작과비평사.

발리바르, 에티엔(Étienne Balibar). 1988. 『민주주의와 독재』. 최인락 옮김. 연구사.

뷔젱, 세바스티앙(Sebastian Budgen). 2010. 「서문: 레닌을 반복하기」. 슬라보예 지젝 외. 『레닌 재장전』. 이현우 외 옮김. 마티.

비데(Jacques Bidet)·뒤메닐(Gérard Duménil). 2014. 『대안 마르크스주의』. 김덕민 옮김. 그린비.

샤피로, 레오나르드(leonard Shapiro). 1982. 『소련공산당사』. 양흥모 옮김. 문학예술사.

슈미트, 카를(Carl Schmitt). 1996. 『독재론』. 김효전 옮김. 법원사.

______. 2010. 『정치신학』. 김항 옮김. 그린비.

심광현. 2014. 『맑스와 마음의 정치학』. 문화과학사.

아감벤, 조르조(Giorgio Agamben). 2009. 『예외상태』. 김항 옮김. 새물결.

안바일러, 오스카(Oskar Anweiler). 1986. 『노동자 농민 병사 소비에트』. 박경옥 옮김. 지양사.

이노 류이치(井野隆一). 1986.『레닌의 농업이론』. 편집부 옮김. 미래사.
이진경. 2014.『맑스주의와 근대성』. 그린비.
정명환 외. 2004.『프랑스 지식인들과 한국전쟁』. 민음사.
조승래. 2010.『공화국을 위하여』. 길.
조정환. 2004.「레닌의 카이로스」. ≪마르크스주의 연구≫, 제1권 제2호.
지젝(Slavoj Žižek)·레닌(Vladimir Lenin). 2008.『지젝이 만난 레닌』. 정영목 옮김. 교양인.
지젝, 슬라보예(Slavoj Žižek). 2010.「오늘날 레닌주의적 제스처란 무엇인가: 포퓰리즘의 유혹에 맞서」. 슬라보예 지젝 외.『레닌 재장전』. 이현우 외 옮김. 마티.
최진석. 2016.「인텔리겐치아와 문화: 지식-권력의 문제설정」. ≪진보평론≫, 69호.
치모시나, 타티야나 미하일로브나[따찌야나 미하일로브나 찌모쉬나(Timoshina Tatyana Mixajlovna)]. 2006.『러시아 경제사』. 이재영 옮김. 한길사.
카갈리츠키, 보리스(Boris Kagarlitsky). 2008.「레닌과 러시아 자본주의의 문제」. 박노자 외.『레닌과 미래의 혁명』. 최진석 외 옮김. 그린비.
쿠르츠, 로베르트(Robert Kurz) 엮음. 2014.『마르크스를 읽다』. 강신준 외 옮김. 창비.
클락, 사이먼(Simon Clark). 2000.「레닌은 마르크스주의자였는가?: 마르크스-레닌주의의 인민주의적 뿌리」. 사이먼 클락 외.『레닌에 대해 말하지 않기』. 김정한 외 옮김. 이후.
킹스턴-만, 에스더(Esther Kingston-Mann). 1986.『레닌과 농민혁명』. 고광재 옮김. 녹두.
톰슨, 존 M.(John M. Thomson). 2004.『20세기 러시아 현대사』. 김남섭 옮김. 사회평론.
튜린, 세르게이(Sergej Turin). 1986.『러시아 노동운동사』. 강철훈 옮김. 녹두.
피츠패트릭, 쉴라(Sheila Fitzpatrick). 1990.『러시아혁명 1917-1932』. 김부기 옮김. 대왕사.
한정숙. 2005.「레닌의 사상적 변천: 인민주의 비판에서 볼셰비즘의 형성으로」. ≪마르크스주의 연구≫, 제2권 제1호.
______. 2008.「'세계를 뒤흔든 혁명'에 대한 열광, 증오, 성찰 — 러시아 혁명 90년: 해석의 역사」. ≪서양사론≫, 98호.
헬러, 미셸(Michel Heller) 외. 1988.『권력의 유토피아 I: 소비에트 러시아사 1917-1940』. 김영식 외 옮김. 청계연구소.

Avrich, Paul. 1991. *Kronstadt 1921*. Princeton University Press.
Barnett, Vincent. 2004. "The Russian Obshchina as an Economic Institution." *Journal of Economic Issues*, 38(4).
Chamberlain, Lesley. 2006. *Lenin's Private War. The Voyage of the Philosophy Steamer and the Exile of the Intelligentsia*. St. Martin's Press.

Draper, Hal. 1999. "Marx and the Dictatorship of Proletariat." Bob Jessop and Russel Wheatley(ed.). *Karl Marx's Social and Political Thoughts: Critical Assessment III*. Routledge.

Deleuze, Gilles and Félix Guattari. 1972. *L'anti-OEdipe: Capitalisme et Schizophrénie*. Les Éditions de Minuit.

Farber, Samuel. 1990. *Before Stalinism. The Rise and Fall of Soviet Democracy*. Polity Press.

Fitzpatrick, Sheila(ed.). 1978. *Cultural Revolution in Russia*. Bloomington.

Getzler, Israel. 1983. *Kronstadt 1917-1921. The Fate of a Soviet Democracy*. Cambridge University Press.

Haimson, Leopold. 1966. *The Russian Marxists and the Origins of Bolshevism*. Beacon Press.

Lenin, Vladimir. 1949a. "Iz proshlogo rabochej pechati v Rossii(1914)." *Sochinenija*, Tom 20. Gosudarstvennoe izdatel'stvo politicheskoj literatury.

______. 1949b. "O zadachakh proletariata v dannoj revoljutsii." *Sochinenija*, Tom 24. Gosudarstvennoe izdatel'stvo politicheskoj literatury.

______. 1949c. "Peresmotr agrarnoj programmy rabochej partii(1906)." *Sochinenija*, Tom 10. Gosudarstvennoe izdatel'stvo politicheskoj literatury.

______. 1949d. "Tezis ob Uchreditel'nom sobranii." *Sochinenija*, Tom 26. Gosudarstvennoe izdatel'stvo politicheskoj literatury.

Lichtheim, George. 1961. *Marxism. An Historical and Critical Study*. Praeger.

Mawdsley, Evan. 1987. *The Russian Civil War*. Allen & Unwin.

McLellan, David. 1973. *Karl Marx: His Life and Thought*. Palgrave Macmillan.

Naumov, V.(ed.). 1997. *Kronshtadt 1921*. Fond Demokratija.

Planametz, John. 1965. *German Marxism and Russian Communism*. Prentice Hall Press.

Sakwa, Richard. 1987. "The Commune State in Moscow in 1918." *Slavic Review*, Vol.46, No.3/4(Autumn-Winter).

Siegelbaum, Lewis H. 1992. *Soviet State and Society between Revolutions, 1918-1929*. Cambridge University Press.

제 2 부

20세기 이행의 아포리아와 21세기 이행의 정세

68운동이라는 수수께끼*

_이율배반으로서의 68운동 분석

서동진 | 계원예술대학교 융합예술학과

"나는 1968년의 장(章)을 닫으려 한다"

지금으로부터 10년 전인 2007년, 68운동 또는 68혁명이라 불리는 사태를 둘러싼 신화가 잠시 다시 점멸했다. 미국으로부터 시작해 전 세계로 확산된 거대한 금융위기가 시작된 그 해는 또한 느닷없이 68운동을 상기하는 것이 쟁점이 되기도 했던 해이다. ≪뉴스위크(Newsweek)≫를 비롯한 여러 매체가 다투어 68혁명 40주년을 되짚어보는 특집을 마련했고, 한국에서도 ≪동아일보≫를 비롯한 매체들이 68운동을 재조명하는 특집을 연재했다. 그 즈음 치러진 프랑스 대통령 선거나 미국 대선에서 우리는 어김없이 68운동의 환영과 조우했다. 그때의 68운동은 익숙한 서사적 플롯을 통해 회상된다. 프랑스에서 68운동은 지금 우리가 겪고 있는 혼란과 무질

---

* 이 글은 ≪문화과학≫ 제53호(2008)에 「자본주의의 심미화의 기획 또는 새로운 자본주의의 소실매개자로서의 68혁명」이라는 제목으로 발표한 글을 크게 다듬고 고친 것이다.

서를 낳은 역사적 원인으로 격상된 사건일 것이다. 또한 미국에서 68운동은 통합된 위대한 사회적 신체로서의 미국을 세대 전쟁과 문화 전쟁으로 분열시킨 역사적 외상으로서의 사건일 것이다.

프랑스 대선 기간 중에 전직 대통령 니콜라 사르코지(Nicolas Sarkozy)는 "68년 정신에 문제를 제기한 첫 대통령"으로서 유명한 '베르시 연설'을 했다(≪동아일보≫, 2008.1.1). 그는 극복해야 할 68년 정신으로 노동의 가치에 대한 조롱, 학교에서의 권위의 몰락, 공권력에 대한 무시를 일삼는 사회적 규범 및 관습을 역설했다. 68운동이 남긴 '그릇된 유산'은 이제 일을 하기 싫어하고(35시간 노동제라는 악명 높은 역사적 타협으로 무위도식을 방치하는 프랑스), 교사를 우습게 알며(2년제 기술대학에 떨어져 4년제 일반대학으로 진학하는 나라인 프랑스), 폭도를 옹호하는(걸핏하면 공권력을 나치친위대에 비견하며 폭도들을 비호하는 나라인 프랑스) 나라를 만들어냈다. 사르코지는 바로 그런 프랑스를 구제하고자 등장했던 것이다.

> 68운동 이후 사람들은 '도덕'에 대해 더는 말하지 않게 되었다. 프랑스의 정치 용어에서 도덕이라는 말은 사라졌다. 당시 혁명의 지도자들은 도덕적 상대주의를 만연시켰다. 이들과 그 후예들은 '모든 것이 동등한 가치를 지닌다'라는 이념을 퍼뜨렸다. 그들은 학생들이 교사들과 동등하다고 믿게 만들었고, 불량배가 그들의 피해자보다 중요하다고 믿게 만들었다. 소르본대 벽에 쓰여 있던 '구속 없이 살고 구속 없이 즐기자'라는 구호를 기억하는가. 68운동은 냉소주의를 낳았다. 보라. '68의 후예'들이 윤리적 도덕적 지표들을 공격한 결과 자본주의적 도덕은 약화되었다. 1968년 5월 이래 좌파들은 '성과'와 '노력'을 거부했다. 그들은 노동의 가치를 내던졌다. 35시간 노동제의 이데올로기는 이제 과거 사회주의자들인 장 조레스나 레옹 블룸의 이데올로기가 아니다. 노동의 위기야말로 도덕의 위기이다. 나는 1968년의 장(章)을

닫으려 한다. 프랑스인들이 1968년 5월의 정신, 행동, 이념과 단절할 것을 나는 제안한다(≪동아일보≫, 2008.1.1).

조금 장황하지만 68정신과 싸우자는 사르코지의 이 선동은 흥미롭게 들린다. 사르코지의 발언에서 새롭다고 할 만한 것은 거의 없다. 그는 걸핏하면 저항과 반란을 전통과 질서, 조화를 붕괴시킨 분규이자 소동이라 규탄하는 흔한 보수주의적인 어조를 반복한다. 그리고 좋았던 시대로 회고되는 대상 역시 한결같이 가족과 학교가 조화와 질서로 충만했던, 유기적인 신체로서 이상화된 사회이다. 그래서 우리는 마치 그가 마린 르 팬(Marine Le Pen)이 이끄는 국민전선을 대표하는 정치가가 아닌가 싶은 착각에 빠질 지경에 이른다.

68운동을 20세기의 중요한 역사적 분기이자 시대 구분의 지표로 만들어내는 서사는 미국에서도 예외 없이 관찰된다. 사르코지가 68정신이 빚어낸 유산을 청산하는 정치 지도자로 자신을 내세우고 있다면, 미국에서는 거꾸로 68운동 출신 세대인 정치 지도자를 향한 음침하고 저속한 시선을 통해 68운동을 회상한다는 점이 다른 정도이다. 미국의 시사 주간지 ≪뉴스위크≫가 2007년 말 게재한 1968년 혁명에 관한 특집 기사에서 우리는 이를 확인해볼 수 있다. 특히 이 기사에 저음처럼 깔려 있는 주장은 바로 68운동으로 상징되는 베이비붐 세대가 상기시키는 혼란과 분열의 악몽이다. 또한 ≪뉴스위크≫에 따르면 이는 미국 정치를 기저에서 규정하는 불가역적인 지평이기도 하다. 버락 오바마(Barack Obama)이든 힐러리 클린턴(Hillary Clinton)이든, 아니면 공화당의 극우적 후보 존 매케인(John McCain)이든 모두 1960년대의 후예이다. 그들은 모두 똑같은 베이비붐 세대이며 비슷한 나이에 대학을 다녔고 청년기를 보냈기 때문이다. 매케인이 자신의 지지자들에게 힐러리는 우드스탁 기념관에 거액을 기부하지만 자신은 당시 베트남전의 전장에 있었다며 자신의 애국주의를 역설할 때, 둘의 상반된 몸짓은 1960년대라는 역사적 연대를 갈등의 드라마로 상연할 수 있음을 보여주는 증좌일 뿐이다. 심지어 조지 부시(George W. Bush)는 68운동의 이상과 정반대의 위치에 있지만 그 역시 68운동의 유령으로부터 자유롭지 못하다. 그도 동 세대의 문화혁명을 경멸하며 아이비리그의 명문 예일대를 졸업한 베이비붐 세대의 일원이기 때문이다. 하물며 미국을 관통하는 분열과 대립을 청산하겠다고 강변하며 하나의 국민임을 호소하는 오바마 역시 예외가 아니다. ≪뉴스위크≫가 분석한 것처럼 누가 보더라도 오바마 또한 1960년대의 위대한 이상을 실현하는 인물로 비칠 수밖에 없기 때문이다. 결국 베이비붐 세대가 저지른 1968년의 반란, 자유, 평화, 그리고 해방의 슬로건은 미국의 현대사를 끝없는 갈등과 분열로 되풀이하게 하는 역사적 간지(奸智)인 것이다.

그렇지만 굳이 반세기에 이르는 역사적 시간을 거슬러 올라가 상기하지 않더라도 68운동은 그 자체로 후광을 뿜어내는 상징적 서사가 되어왔다. 많은 이들은 68운동이라는 사건과의 거리에서 역사적 시차를 측정하고 이를 동시대의 시점을 이해하기 위한 좌표로 삼는다. 그런 점에서 68운동은 68운동 '이전'과 '이후'로 시대를 구분하며, 68운동이 도입했다고 짐작되는 어떤 단절을 상상하도록 이끈다. 이를테면 68운동이라는 역사적 사태는 어떤 지적·문화적 지평이 교체되는 '사상적' 사건이 될 수도 있다.[1]

---

1 이를테면 프랑스의 철학자 미셸 푸코(Michel Foucault)는 인터뷰 곳곳에서 68운동이 없었다면 자신의 질문과 연구가 수용될 수 없었을 것이며 자신의 철학적 전환 역시 68운동에 의해 힘입은 바 크다고 말한다(고든, 1991). 그러나 뤽 페리(Luc Ferry)와 알랭 르노(Alian Renaut)는 68운동에 동반된 사고를 '68사상'이라 칭하며 68운동의 반인간주의가 초래한 재앙을 비난하고 새로운 인간주의를 역설함으로써 더 과격하게 접근했다. 이는 프랑스에서 발아한 독특한 프랑스 예외주의적인 공화주의를 비판하는 이념인 신자유주의[영어권에서 이를 '새로운 프랑스 사상(New French thought)'이라고 칭함]와 공명하면서 68운동을 사상사적 사건으로 구성한다.

또 어떤 이에게는 대항문화나 반문화의 역사적 연대기(비틀즈, 롤링스톤즈, 밥 딜런의 록큰롤, 이피와 히피의 반항적 문화, LSD와 반전운동 등)에 기입된 문화혁명일 수도 있다. 이는 곧이어 도래할 이른바 후기근대 또는 포스트모더니즘이라는 문화를 예고하고 선취한 문화혁명이었던 셈이다. 그렇지만 68운동이라는 상징적 서사가 가장 매력을 발휘한 곳은 바로 정치 영역이다. 68운동은 불가역적인 정치적 단절을 도입한 계기로 간주될 수 있다. 레닌주의적 사회주의 정치, 즉 중앙 집중적 당의 지도에서 벗어난 아래로부터의 자생적 저항을 일반화시키고 또 역사적으로 추인했던 사건, 이를테면 한국에서 68운동을 소개한 이들의 경향을 떠올려보면 이런 접근이 두드러진다. 이를테면 독일에서 발간된 68운동에 대한 평가와 회고를 모은 책 『상상력에 권력을?: 1968혁명의 평가』의 추천사에서 윤수종은 이렇게 말한다. "68혁명은 프랑스의 5월이나 1968년의 사건으로서가 아니라 그 뒤에 일어날 사회운동의 방향을 전반적으로 규정하고 있다는 점에서 진정한 영구혁명의 시발점이 되었다고 생각한다. …… '좌파'라는 규정에 매이기보다는 반권위주의와 자율성을 향한 장정(long march)에 나서라는 것이 68혁명에서 끌어낼 수 있는 교훈이자 결론이 아닐까 생각해본다"(파버·슈텔팅, 2008: 6~7).

여기에서 윤수종은 68운동을 한국의 독자들에게 소개하며 이를 새로운 사회운동의 모델을 창안한 단절로 평가한다. 그런데 여기에서 사회운동의 새로운 방향이라고 말하는 것이 무엇을 가리키는 것인지는 그리 분명하지 않다. 예를 들어, 68운동에 직접 관여하고 이를 사회학의 사회운동적인 관점에서 이론화하며 68운동에 '신사회운동'이라는 개념을 부여한 알랭 투렌(Alain Touraine)식의 견해를 가리키는 것인지, 아니면 68운동을 주류 사회학의 사회운동론이라 할 자원동원적 접근(resource mobilization approach)에서 말하는 그러한 사회운동 분석에서의 사회운동을 가리키는 것인지, 그도 아니면 훗날 성행하게 될 문화적 정체성을 형성하고 변용하는 실천으로서의 사회운동을 가리키는지는 모호하다. 그러나 우리가 68운동을 규정하는 데 중요한 지점은 68운동을 레닌주의적 사회주의 정치의 모델을 극복하고 (좌와 우라는 구분 체계를 통해 표상되는) 계급정치로부터 벗어나도록 한 계기로 이해하는 것이다. 그렇지만 이러한 판단이 자유주의적 정치 이데올로기에서 빌려온 관념들로 계급투쟁의 정치를 포섭하는 상징적 서사인지, 아니면 자본주의의 역사적 단계가 변화하면서 사회관계의 내적 모순과 갈등이 불가피하게 새로운 형식으로 나타날 수밖에 없음을 가리키는 것인지는 알 수 없다. 한편 이성재는 68운동을 국내 독자들에게 소개하는 책 『68운동』에서 이렇게 규정하기도 했다.

> 한국에서 68운동과 가장 유사한 사건으로는 2008년 여름의 촛불집회를 들 수 있다. 학생들로부터 운동이 시작되었다는 점, 기성 정당의 조직적 틀을 거부했다는 점, 거리 토론을 통해 민주주의 가치를 재확인했다는 점, 그리고 시위가 축제와 결합했다는 점 등은 이를 잘 뒷받침해준다. 내용 면에서도 창의성을 말살하는 교육 제도를 거부하고 진실을 왜곡하던 친미 언론을 비판하며 정부와 경찰의 권위적 태도에 저항한 점은 68운동에서 봤던 모습과 큰 차이가 없다. 특히 중요한 사실은 이 두 사건이 일상의 혁명이란 무엇이고 상상력에 권력을 부여한다는 것이 어떤 가치를 지니는지를 일깨워주었다는 점이다. 기존 사회를 초월한 새로운 사회의 전망, 그리고 이를 가능케 한 새로운 패러다임의 전환을 우리는 이 두 사건에서 찾아볼 수 있다(이성재, 2015: 135).

이성재는 한국에서 많은 이들이 수긍하고 또 공유할 만한 생각을 제시하면서 68운동과 촛불집회를 잇는다. 그리고 이 글에서 우리는 자율화된 이데올로기로서의 68운동의 담론과 본격적으로 마주하게 된다. 이처럼 두 저자는 촛불집회와 68운동이 비교될 수 있거나 또는 공통적인 사태로서 정의하면서, 은연중에 어떤 담론적 매개를 끌어들인다. 우리는 그러한 담론적 매개를 통해 규정된 68운동을 '이데올로기'로서의 68운동이라고 부를 수 있을지도 모른다. 여기에서 말하는 이데올로기란, 68운동이라는 혼돈스럽고 복잡한 비규정적인 사태들과 그에 수반된 기억, 상징, 문화적 표상 등을 특정한 의미와 연계시킴으로써 이 운동을 이해 가능한 사태로 확정하는 것을 말한다. 그리고 68운동에 대한 어떤 서술도 그것을 서사화하려는 시도인 한 어쩔 수 없이 이데올로기적인 것으로 될 수밖에 없다. 그렇기 때문에 유토피아적이든 아니면 소망사고에 따른 것이든 어떤 사태나 대상의 의미를 규정하고, 그를 통해 다른 시간과 장소에서 다른 주체들에 의해 벌어진 사건들을 마치 비교할 수 있는 대상처럼 객관화하고 또 나아가 자율화하는 것, 이것이야말로 이데올로기적 처리의 요체라 할 수 있다. 그렇게 될 경우 68운동은 과거의 어떤 시점에 벌어진 사건에 더 이상 머물지 않고 하나의 (이데올로기적) 표본이 되어 다른 곳, 다른 시간대에서 벌어지는 사태들과 대조되거나 그를 비추는 거울이 되어줄 것이다. 그렇기에 1968년의 사태와 2008년의 사태는 비교의 눈금 위에서 대조되고 "유사한 사건"으로 간주될 수 있다. 그리고 이 유사성은 두 사태를 지배하는 가치체계나 '정신'에서 찾을 수 있다. 이는 각각의 사태에서 68운동을 규정하는 정신이나 가치, 주도적인 관념을 서사화하면서 서로를 비교할 수 있는 대상으로 만들어낸다.

앞서 인용한 글에서 역설하듯이 68운동은 일상의 혁명이며 상상력에 권력을 부여한 획기적인 사태이다. 그리고 이러한 서술 또는 서사화를 통해 68운동은 놀랍게도 역사적인 구속에서 탈출한다. 그리고 이러한 서사화 방식은, 지금은 만연하다시피 한 일종의 문화사적 재현과 유사한 방식으로 68운동에서 '역사(적 규정)'를 제거한다. 이는 마르크스주의적 토대/상부구조의 도식을 빌려 말하자면, 68운동을 토대의 규정 없는 상부구조의 자율적 자기운동인 것처럼 규정하면서, 이를 자신만의 정치의 서사로 운반한다. 마르크스주의에서 토대에 의한 상부구조의 규정, 또는 이러한 규정이 지나치게 도식적이라면 알튀세르가 이를 수정한 표현인 자본주의의 구조 인과성은 역사와 역사성을 이해하는 기준이라 할 수 있다. 이러한 독특한 마르크스주의적 역사 규정은 다양한 사회적 사태를 단순히 연대기적이고 통사적인 시간 속에 방치하지 않고 복잡하고 다양한 사회적 사태들의 역사적 특성을 식별하며 다른 종류의 사회적 실천들(정치적·경제적·문화적·법률적 실천 등)과 총체화하는 것이다. 그렇지만 이렇게 말한다고 해서 경제적 사실들이 68운동 주체들의 이해관계와 욕구를 결정했다고 말하는 것은 아니다. 68운동은 자본주의적 사회관계의 규정을 거부하는 다양한 사회 이론, 더 엄밀하게 말하자면 새로운 사회의 표상(후기 산업사회, 소비사회, 미디어사회, 대중사회, 풍요사회 등)들이 분출하던 시기에 진행되었다. 그리고 68운동은 자신을 역사 속에 정초하기 위해 이러한 사회의 표상들과 연합하거나 또는 어긋나는 몸짓을 보여주지 않을 수 없었다.

미적 경제와 새로운 자본주의 정신

그러므로 68운동을 '역사화'하고자 한다면, 서구와 일부 다른 대륙의 나라들이라는 지리적 장소에서 벌어진 특정한 문화적 정체성을 지닌 인구학적 세대의 활동으로 한정하지 않을 필요가 있다. 68운동이라는 복잡한 사회적 사태를 기억하고 증언하며 검증하는 기획, 이를테면 '68운동을 역사화'하는 기획은 결국 68운동에 관해 증언하는 역사적인 목소리로 돌아가 그를 에워싼 신화를 해부하는 척 시늉하지만 이는 68운동의 신화를 더욱 공고히 하는 데 이바지할 뿐이다. 그런 탓에 68운동이라는 신화를 비판하며 68운동에 스스로의 목소리로 발언하도록 요구하는 것은, 얼핏 보기엔 그럴듯하지만, 빗나간 시도가 될 수밖에 없다.[2] 이미 말했듯 68운동이 있었다고 말하는 순간, 우리는 어쨌거나 68운동을 어떤 서사적 세계에 속하는 종합된 사건으로 구성하는 것이다. 68운동을 하나의 단절로, 즉 예외적이며 전례 없는 사건으로 규정하려는 순간 우리는 역사를 상징화하는, 숨겨져 있으면서도 들리지 않는 서사적 플롯을 추가하는 것이며, 이를 분석하지 않는 한 우리는 그것이 무엇인지 눈치 채기 어렵다. 그렇다면 68운동을 끈질기게 수호하려는 이들과 이를 규탄하려는 이들 사이의 순환적인 주장에서 벗어나 68운동을 역사의 운동과 교차시킬 수 있는 가능성은 어떻게 찾을 수 있을까.

나는 이 글에서 68운동을 자본주의의 역사적 이행을 가능케 한 이데올로기적인 분규로, 또는 프레드릭 제임슨(Fredric Jameson)의 유명한 표현을 빌자면 자본주의의 이데올로기적 전환의 '소실매개자(vanishing mediator)'로 설명해보려 한다. 우리는 68운동에 관한 이데올로기 또는 신화들을 가지고 있다. 이를테면 무력한 사회주의나 교조적인 공산주의에서 벗어나 노동관계뿐만 아니라 학교, 병원, 감옥, 가족은 물론 성을 비롯한 일상생활의 모든 영역에 이르기까지, 자본주의 비판을 위한 새로운 언어와 정신을 제공했다는 주장은 68운동을 끈질기게 따라다녔다. 전통적인 계급 갈등에서 벗어나 여성, 성 정체성, 인종, 환경을 비롯한 다양한 이슈를 중심으로 한 사회운동이 출현했으며, 노동조합과 정당을 통해 조직된 제도화된 갈등에서 벗어나 아래로부터의 다양한 사회운동이 이후의 민주주의 투쟁을 추진하는 장치가 되었다는 주장 역시 우리에게는 사회학적 상식이

---

2 68운동을 둘러싼 역사 서술의 경향에 대해서는 Mausbach(2002) 참조.

되다시피 했다. 그러나 이것이 모두 직접적으로 맞는 말임에도 우리는 이러한 주장이 자본주의의 역사적 논리와 순수하게 대립적인 위치에 놓인 것이 아니라는 점 역시 상기해야 한다. 다시 말해 68운동은 자본에 반하는 혁명이었다고 그 주체들이 공언하고 믿었을지 모르지만 어쩌면 사실은 반대로 새로운 자본의 이데올로기를 매개하는 역사적 고리였을 수도 있다.[3]

프랑스의 사회학자인 뤽 볼탕스키(Luc Boltanski)와 이브 시아펠로(Eve Chiapello)는 「새로운 자본주의 정신」이라는 글을 발표했는데(Boltanski and Chiapello, 2005b), 조금 짓궂을지 모르지만 필자는 그 글의 제목을 '68정신 윤리와 새로운 자본주의 정신'이라고 해도 그다지 틀리지 않을 것이라고 생각하곤 한다. 두 저자가 충직한 베버주의적 사회학자라는 점을 염두에 둔다면 이는 그다지 틀린 말이 아닐 것이다. '프로테스탄티즘의 윤리와 자본주의 정신'이 있었다면 '68정신이라는 윤리와 새로운 자본주의 정신'이 있지 말라는 법이 어디 있겠는가. 나아가 68운동이 새로운 자본주의 정신을 위한 윤리적인 모델을 제공했다고 생각한다면 그보다 더 정확한 제목도 없을 것이다. 실제 이 두 명의 저자는 1968년이라는 역사적인 분기점을 통해 자본주의 정신이 어떻게 변화했는지 설명하고 있다.

그들이 말하는 새로운 자본주의 정신이란 간단하다. 바로 자본주의는 역사적으로 발전하면서 자신의 내재적인 모순을 은폐하고 정당화할 뿐 아

3 이는 이명박 정권의 탄생을 둘러싸고 벌어진 논쟁에서 제기되었던 빗나간 쟁점에서 벗어날 수 있는 방편이기도 하다. '잃어버린 20년'을 통탄하며 마침내 좌파에게 빼앗겼던 정권을 되찾았다고 너스레를 떠는 '보수세력'과 민주화 기획이 마침내 실패했으며 낡은 질서로 되돌아가는 역사적인 후퇴라고 정색하는 '민주세력' 사이에서 1987년은 마치 1968년과 유사한 위치를 점한다. 그러나 1987년과 이를 뒤이은 '민주화' 기획을 이른바 새로운 자본주의적 질서로 이행하기 위한 이데올로기적인 매개항을 제공하는 사건으로 생각해볼 수도 있지 않을까. 아니, 백보 양보해 그것이 민주화 기획이었다는 것은 전혀 분명한 사실이 아니었으며, 라클라우식의 표현을 빌려 '민주주의'라는 텅 빈 기표를 특정한 역사적인 내용과 결합하고 이를 헤게모니화하는 데 주동적인 역할을 한 것이 새로운 자본가 집단이라고 생각해볼 수도 있지 않을까?

니라, 자신을 유지시키고 나아가 추진할 수 있는 새로운 가치와 규범을 조성한다는 것이다. 그들은 근본적으로 부조리하고 모순적인 자본주의가 자신을 지속적으로 정당화할 뿐 아니라 자신을 둘러싼 비판을 통합해야 한다고 보고 이를 자본주의 정신이라 정의한다. 한편 자본주의 정신은 정당성의 체제(justificatory regime)라고 부르는, 자본주의를 정당한 질서(legitimate orders)로 구성하도록 하는 윤리적 규범의 체계를 빚어낸다.[4] 그리고 이 각각의 정당성의 체제는 나름의 문법(grammar)을 갖는다. 여기에서 말하는 문법이란 행위와 사물, 인간을 평가할 수 있는 기준을 마련함으로써 각각을 비교하고 구분할 수 있도록 하는 '등가성의 원칙(equivalency principle)'이라든가, 그런 기준을 통해 위계화되는 상태로서 탁월함(the greatness)과 졸렬함(the smallness) 등을 준별할 수 있도록 하는 '탁월함의 상태(a state of greatness)', 각각의 정당성 체제가 안정성을 가질 수 있도록 하는 전제조건으로서 탁월성이라는 상태에 있을 때 감수해야 하는 책임 및 의무를 규정하는 '투여의 형식(format of investment)', 정당성의 체제 안에서 탁월성을 구체적으로 식별하고 이를 구체적인 판단으로 번역해낼 수 있도록 하는 시험들(tests)로 이뤄진 '전형적인 시험(paradigmatic test)' 등으로 구성되어 있다.[5]

그리고 볼탕스키와 시아펠로는 이런 정당성의 체제, 즉 시테(cité)를 여러 가지 형태로 구분하면서, 이질적이고 자율적인 각 정당성의 체제가 결합해 만들어내는 배치를 통해 자본주의 정신의 각기 다른 역사적 형태가 등장한다고 서술한다. 이를테면 초기 자본주의에서 1970년대 이후 등장한 새로운 자본주의에 이르기까지 각 역사적 단계마다 그에 상응하는 자본주

---

4 이는 프랑스어의 cité에 해당한다. 더 자세한 내용은 Boltanski and Thevenot(2006) 참조.

5 이에 대한 간략한 소개는 Boltanski and Chiapello(2005a) 참조. 비판 담론 분석과 베버주의적인 자본주의 정신 분석을 연관시키며 신경영 담론을 분석하는 Chiapello and L Fairclough (2002)도 참조할 것.

의 정신이 등장해 영향을 미쳤다. 그렇다면 이들이 말하는 새로운 자본주의 정신이란 무엇일까. 그들은 기존에 형성되어 작용하던 다양한 정당성 체제와는 이질적인 정당성 체제가 등장했고 이것이 자본주의 내에서의 행위, 사람, 사물들의 정체성과 그들 간의 관계를 조직하는 새로운 규범과 가치를 만들어냈다고 분석한다. 그들은 특히 이것이 자본주의의 위기로부터 촉발되었음에도 이를 매개한 것은 바로 1968년의 혁명이었다고 주장한다. 그들이 말하는 새로운 자본주의 정신이란 적잖이 소박하고 또 진부해 보이기까지 하는 '프로젝트 지향 시테(project-oriented cité, cité par project)'라는 것이다.

이는 우리에게도 전연 낯선 것이 아니다. 이를테면 연공서열적인 보상체계에 기반을 둔 위계적이고 관료적인 노동조직에서 벗어나 일터는 이제 모두 수평적인 네트워크 조직으로 바뀌었고, 보상 역시 역량과 성과에 기반을 둔 형태로 전환되었으며, 이미 세부적으로 규정된 업무나 과업을 수행하는 것이 아니라 '프로젝트'를 추진하는 것으로 바뀌었다, 운운으로 이어지는 서사를 얼마나 마주쳤던가. 이는 지난 20년간 '구조조정'이니 '유연화'니 하는 표어와 더불어 새로운 자본주의적 질서로의 이행을 선동하고 조정했던 지배적인 담론이자 테크놀로지였으며, 많은 이들은 이를 새로운 경제적 질서에 대응하기 위해 숙명적으로 복종해야 하는 진실이라고 여겨왔다. 물론 여기에서 말하는 프로젝트 지향 시테란 앤서니 기든스(Anthony Giddens) 같은 성찰적 근대화론자들이 말하는 '재귀적 근대성(reflexive modernity)'과 크게 다르지 않을지도 모른다. 재귀적 근대성을 주장하는 이들은 친밀성과 같은 일상생활의 영역은 물론 사회적 행위의 모든 영역이 이제는 더 이상 '전통'이나 '관습'에 따르지 않으며, 행위자가 적극적으로 자신의 반성과 판단을 통해 자신의 사회성을 스스로 만들어가게 되었다고 역설해왔다. 프로젝트 지향 시테 역시 경제적 행위가 펼쳐지는 장과 주되게 관련되기는 했지만, 이런 정당성의 체제가 노동과 노동 외적인 삶 사이에 놓인 경계를 지우며 일터에서의 주체성 형태와 그 바깥에서의 주체성 형태 사이에 놓인 차이를 삭제한다는 점을 고려할 때 이러한 프로젝트 지향 시테는 거의 모든 사회적 삶의 영역을 규정한다고 볼 수 있다. 따라서 프로젝트 지향 시테를 굳이 경제적 삶을 조정하는 정당성의 체제로 한정할 이유는 없다.

어쨌든 이들이 말하는 프로젝트 지향 시테는 노동자라면 구체적으로 설정된 일을 맡아 완수하고 관리자라면 이를 목표와 일치시키도록 관리하고 감독하는 등의 경제적 행위의 논리로부터 벗어나는 것을 가리킨다. 이를 간단히 줄여 말하면, 기존에 존재하던 정당성의 체제, 즉 기존의 자본주의 단계에서 자본주의 정신을 조직하는 데 주조음을 만들어냈던 '산업 시테(industrial cité)'나 '시장 시테(market cité)' 등이 겨냥하던 것이 '일(work)'이었다면, 프로젝트 지향 시테는 능동성(activity)을 다루며 이는 일과 일 아닌 것, 항상적인 것과 우발적인 것, 지불되는 것과 지불되지 않는 것 사이의 경계를 없애버린다. 인생 자체가 다양한 기획의 연속인 것으로 받아들여지며, 이에 따라 개인적이든 사회적이든 삶의 다양한 행위를 가시화하고 분절하는 지식, 평가, 규범 등이 변모한다는 것이다. 그렇다면 대관절 이와 68운동 사이에는 무슨 상관이 있는 것일까. 볼탕스키는 자본주의 정신이 이런 새로운 정당성의 체제를 형성하며 자본주의가 스스로를 정상화시킬 수 있었던 계기의 마련을 다름 아닌 자신에 관한 비판을 거꾸로 자신의 정당성 체제를 구성하는 논리로 바꾸어 적극적으로 통합한 데서 찾을 수 있다고 생각한다. 자본주의 정신이란 자본주의를 정당화하는 허위의식이나 변호론적인 억견이 아니라 자신에 대한 비판을 활성화하고 그를 다양한 경제 행위가 작동하고 진작될 수 있는 조건으로 변형시키는 것이다.

여기에서 볼탕스키는 자본주의가 어떻게 68운동이라는 자본주의 비판을 통합해 자본주의를 재정상화하고 나아가 새롭게 자본주의가 자신을 구성하는 경제적 행위에 새로운 인식 가능성을 부여했는지, 그리고 이를 통해 다양한 활동을 평가·측정·보상하고 나아가 자본주의를 더욱 촉진하는 자본주의 정신을 만들어낼 수 있었는지 설명한다. 볼탕스키는 19세기 이후 근대성 비판을 특징짓는 것은 '총체적 혁명(total revolution)'이라는 전망에서 비롯된 '자본주의 비판'이었으며 이는 크게 사회적 비판(social critique)과 예술적 비판(artistic critique)으로 나뉠 수 있다고 요약한다(Boltanski, 2002: 4~11). 그리고 그는 1968년 혁명은 바로 두 가지 비판이 혼성적이었음에도 이른바 예술적 비판이 주도적인 비판의 방향을 선취했고 이는 다시 새로운 자본주의 정신을 조성하는 언어가 되었다고 주장한다. 말하자면 새로운 자본주의적 정당성의 체제를 이루는 프로젝트 지향 시테는 1968년 혁명이 만들어낸 다양한 언어와 정동, 행위의 목록을 빨아들여 이를 자신을 정당화하고 또한 반성적으로 조정할 수 있는 윤리로 조직할 수 있었다. 여기에서 말하는 예술적 비판이란 물론 "상상력에게 권력을", "금지를 금지하라" 등과 같이 68혁명의 에스프리를 압축하는 다양한 슬로건이 암시하는 바로 그 '(새로운 자본주의) 정신'이라 할 수 있다. 이러한 정신은 대중사회에 대한 거부, 관료제와 권위에 대한 저항, 자율성과 자발성, 개성, 창의성, 독창성의 숭배 같은 다양한 이상을 갖는다. 그리고 볼탕스키와 시아펠로는 주저 없이 이를 새로운 자본주의 정신이라고 부른다.

볼탕스키와 시아펠로가 『새로운 자본주의 정신』에서 분석한 1960년대와 1990년대의 경영 담론을 단지 프랑스적인 담론, 지방적인 이데올로기라고 부르기는 어려울 것이다. 한국 사회에서도 이미 1980년대 초반부터 신경영 담론(new management discourse)이라고 부르는 경영 담론이 쏟아져 들어오기 시작했고, 외환위기를 거치며 이러한 과정은 일반화되었다. 그러한 담론들이 하버드 비즈니스스쿨에서 나온 것이든, 아니면 굴지의 경영

컨설팅 기업이 만들어낸 것이든, 또는 세계은행·IMF를 비롯한 초국적 기관이나 다국적 자본이 쏟아내는 다양한 경제적 표상에서 등장한 것이든, 그것은 그다지 중요한 문제가 아니다. 경영 담론은 자본이 있는 장소 어디에나 속하고 그것은 본성상 장소로부터 탈구되어 있기 때문이다. 여기에서 말하는 경영 담론은 단지 기업의 경제적 활동을 개선하기 위한 도구적 지식이나 테크닉을 가리키는 것이 아니라 나이절 스리프트(Nigel Thrift)가 '자본의 문화적 회로(cultural circuit of capital)'라고 지칭하는 것, 즉 자본주의 안에서 경제적 삶을 표상하고 규제하는 사회적 실천을 가리키는 것이라고 할 수 있다(Thrift, 2000, 2005). 특히 경영 담론은 68혁명의 예술적 비판으로서의 자본주의 비판을 자신의 언어로 전치시키는 데 적극적이었다. 이는 토머스 프랭크(Thomas Frank)가 『쿨의 정복』이라는 유명한 저서에서 1960년대 미국의 문화혁명이 어떻게 이후에 등장한 기업문화를 낳았으며, 미셸 푸코(Michel Foucault)의 표현을 빌자면 '훈육' 자본주의에서 대항문화나 하위문화의 형태로 존속했던 '쿨(cool)' 또는 '힙(hip)'이라는 문화예술적 감성 또는 실천이 어떻게 새로운 자본주의 정신으로 뿌리를 내리게 되었는지 설명한 것과 다르지 않다(Frank, 1998).[6]

여기에서 우리가 찾아볼 수 있는 것은 1968년의 혁명과 1970년대 이후 전 지구적으로 전개된 자본의 '구조조정' 혁명 또는 유연화로 불리는 대대적인 재편의 과정은 다르지 않은 것이면서 나아가 동일한 자본주의 정신을 이루며 병행적으로 전개되는 동일한 과정의 부분이라는 사실이다. 포

6 한편 쿨의 담론을 분석하면서 쿨의 담론에서 비롯된 68운동과 1980년대 대처주의 및 레이건주의 이후에 본격화된 신자유주의적 혁명이 기이한 양립 가능성을 가지며 심지어 서로에게 불가분한 구성적인 요소임을 설명하는 다음 인용문 역시 매우 흥미롭다. "겉보기에 모순적인 이 두 혁명을 가능케 한 것은 어떤 미국적 신념의 원칙이었을까? 평등과 개인주의에 대한 미국인들의 생각이 경제적으로 성공한 자본주의 사회를 유지하면서 어떻게 도덕적으로 방종한 자들을 지지하도록 변형될 수 있었을까? 토크빌이나 마르크스, 베버의 영령 앞에 무례함을 무릅쓰고 한마디로 대답한다면, 그것은 쿨이다"(파운틴·로빈스, 2003: 192).

스트포드주의, 유연자본주의, 후기 자본주의, 지구적 자본주의 아니면 신경제, 지식기반경제, 무형의 경제(intangible economy), 기호의 경제 등 이를 무엇이라 지칭하든, 우리는 좌파와 우파를 막론하고 1970년대를 전후해 새로운 모습의 자본주의가 등장했음에 동의하고 있다. 그러나 새로운 자본주의의 정체성을 획정하고 분석하려는 시도는 단지 추상적인 자본주의의 이미지를 만드는 데 머물지 않는다. 이러한 시도는 구체적인 경제적 행위의 장 안에서 노동 또는 일을 어떻게 가시화하고, 노동하는 주체(laboring subject)를 어떻게 주조하며, 노동과 노동 외부에 놓인 삶을 어떻게 연결하고, 나아가 노동을 둘러싼 다양한 사회적 실천(평가, 보상, 판단, 측정 등)을 어떻게 조직하는지를 둘러싼 지식, 기술, 제도, 규칙 등을 만들어내야만 한다. 그리고 이는 바로 1968년의 혁명이 제공해준 '상상력'을 통해 조달되었다. 이를테면 훈육 사회의 규범에 저항하는 새로운 세대가 일으킨 문화혁명의 아이콘이었던 서태지를 다른 시점에서 바라보면 기업가적 주체가 되어 자신의 지식과 창의성을 투입해 '나라는 기업(me-Inc.)'을 관리하는 새로운 노동 주체의 얼굴이 등장한다. 또한 가부장적 이데올로기의 족쇄에서 벗어나 오지 탐험을 즐기는 새로운 여성 주체의 화신인 한비야는 은연중에 불평등과 차별을 비판하는 여성이 아니라 자기주도성과 자기존중감을 통해 자신의 삶을 개척하는 새로운 여성 – 시민의 모습과 겹쳐진다. 이는 물론 새로운 자본주의가 상연하는 이데올로기적 소극(笑劇)의 요점이라 할 수 있을 것이다.

소실매개자로서의 68운동

제임슨은 막스 베버(Max Weber)의 『프로테스탄티즘의 윤리와 자본주의 정신』을 소실매개자라는 개념을 통해 설명한 바 있다(Jameson, 1988: 3~34).

그 책에서 제임슨이 직접적으로 겨냥하는 것은 베버에 대한 주류 사회학의 상식적인 주장, 즉 토대에 의한 상부구조의 결정이라는 마르크스의 정식을 탁월하게 비판한 사회학자로서의 베버, 의식 또는 상부구조의 자율성을 입증한 저자로서의 베버이다. 널리 알려진 대로 베버 저서의 요점은 간단하다. 바로 프로테스탄티즘이라는 새로운 기독교적 윤리를 통해 자본주의가 가능해졌다는 것이다. 그러나 이에 대해 제임슨은 베버의 바로 그 주장이 마르크스의 주장을 무효화하는 것이 아니라 거꾸로 이를 더욱 정교하게 입증한다고 분석한다. 제임슨은 어떻게 해서 그런 주장을 할 수 있었을까. 바로 프로테스탄티즘의 윤리가 소실매개자임을 밝히는 방법을 통해서였다.

소실매개자란 말 그대로 하나의 역사적 단계에서 다음 단계의 역사적 단계 사이를 매개하지만 그 2개의 단계를 연결하는 적집적인 원인은 아닌 기묘한 역사적 논리를 가리킨다. 간단히 말하자면 소실매개자는 분명 2개의 상이한 사회적 상태 또는 대립적인 2개의 역사적인 항(項)을 매개한다. 그렇지만 이러한 매개 과정은 흔히 말하는 과도기나 이행기와 같은 것으로 정의할 수 없다. 다시 말해 매개란 통속적인 변증법적 설명에서 등장하는 것처럼 양에서 질로의 전환을 일으키는 임계점과 같은 '상태'로 정의할 수 없다. 소실매개자는 그 자체로 자율적인 계기이지만 하나의 항에서 다음 항으로의 이행을 가능케 하는 형식적인 계기로만 작용하고 사라지고 마는 것이다. 결국 소실매개자란 자신을 그 2개의 단계나 항 사이에 벌어지는 전환이나 대체 같은 구체적이고 실정적인 단계 또는 국면으로 자신을 실체화하지 못한 채 말 그대로 '사라지는(vanishing)' 계기이다. 앞의 항이 자신의 독자성을 가능케 하던 정체성을 잃어가고 그렇다고 다음에 등장할 항이 미처 자신의 정체성을 확립하지 못한 이행 단계의 비규정적인 상태를 가리키는 것이라면 우리는 그저 이를 이행기적·과도기적 매개자로 부르면 족할 것이다. 그것이 '소실'매개자인 이유는 바로 이런 단절이 가리키는 공백, 즉 양자를 매개하지만 자신이 매개하는 2개의 항 가운데 어느 하나에도 자신을 귀속시키지 못하는 기이한 정체성 때문이라고 할 수 있다.

프로테스탄티즘은 부르주아지의 종교일까. 물론 제임슨의 해석을 따른다면 이는 순전히 넌센스에 가까운 주장일 것이다. 분명 프로테스탄티즘은 부르주아의 경제적 행위를 정당화하고 아울러 부르주아의 경제적 행위의 합리성을 종교적 윤리를 통해 보증함으로써 자본주의가 융성할 수 있게 했다. 그렇지만 그것은 일종의 시차(視差)를 통해 인식된 프로테스탄티즘일 뿐이다. 여기에서 말하는 프로테스탄티즘이란 프로테스탄티즘이 없는 프로테스탄티즘, 즉 더 이상 종교적인 외피를 통해 자신을 정당화할 필요가 없는 프로테스탄티즘이라고 할 수 있다. 다시 말해 자본주의적 경제 행위를 가로막는 장벽으로서 기능하던 과거의 기독교로부터 벗어나 그에 부합하는 윤리적인 '정신'으로 전환되는 순간 프로테스탄티즘은 더 이상 불필요해진다. 프로테스탄티즘은 이미 지극히 일상적인 부르주아의 경제적 행위를 통해 발휘되고 또 전개되기 때문이다.[7] 따라서 중세의 교회에서 벗어나 세속적인 삶의 세계로까지 일반화된 기독교를 목표로 했던 프로테스탄티즘은 기독교적 정신이 충만한 세계를 얻은 것이 아니라 사적인 개인의 안위와 구원을 위한 개인의 종교로 곤두박질치고 말았다. 즉, 현실세계의 삶의 진리를 중재할 수 있는 보편적인 지식으로 격상되고자 했던

7 제임슨의 소실매개자 개념을 설명하면서 슬라보예 지젝(Slavoj Žižek)이 제시하는 다음의 설명은 그런 점에서 전적으로 타당하다. "사회적 현실 자체가 '프로테스탄트적 세계'로 조직되는 순간 프로테스탄티즘은 불필요한 여분이 된다. 즉, '매개자'로서 사라질 수 있게 된다. 자본주의 시민사회의 개념 체계는 '탐욕적 금욕'이라는 역설('많이 가지면 가질수록 더 많이 포기해야 한다')로 정의되는 원자화된 개인들의 세계, 말하자면 실정적 종교 형식이 결여된 프로테스탄트적 내용의 구조이다"(지젝, 2004: 395).

프로테스탄티즘은 놀랍게도 이를 얻어냄과 동시에 그 반대의 것, 즉 사사화된 개인의 윤리적인 믿음의 세계로 전락하고 만 것이다. 이러한 이질적인 두 가지 정체성은 시차를 두고 벌어지는 것이 아니라 거의 동시적으로 벌어지는 일이기에 양자 사이의 차이를 찾아내어 둘 사이를 벌려놓으려는 어떤 시도도 불가능하다고 말할 수 있다.

이로부터 제임슨이 얻은 결론은 쉽게 예상할 수 있다. 프로테스탄티즘이 자본주의를 가능하게 했다는 말은 마르크스주의의 널리 알려진 공준, 즉 이데올로기적 상부구조가 토대를 결정한다는 공준을 뒤집는 것이 아니라 거꾸로 이를 완벽히 정당화한다는 것이다. 봉건제에서 자본주의로의 이행을 설명할 때 속류적인 생산력과 생산관계의 변증법에 매달린다면 당연히 베버의 주장은 그러한 기계적인 변증법을 교정하는 주장이 될 수밖에 없으며 나아가 마르크스주의의 조잡한 경제주의를 비판할 수 있는 훌륭한 반증으로 간주될 수 있다. 그렇지만 제임슨은 바로 이 대목에서 이중의 비판을 행한다. 바로 속류 경제주의적 마르크스주의를 거부할 뿐 아니라 더불어 베버의 주장을 옹호할 때 은밀하게 동반되는 마르크스주의 비판, 즉 이데올로기적 상부구조에 의한 토대의 규정 역시 부정한다. 봉건제에서 자본주의로의 이행은 봉건제 사회가 자신의 생산력 발전의 한계에 부딪치고 그에 따라 기존의 생산관계와 모순을 일으키며 이로부터 자본주의적 생산관계의 맹아가 등장해 생산력을 해방시킴으로써 가능하다는 역사철학적인 도식은 내용과 형식의 변증법을 오해하고 있다. 봉건제에서 자본주의로의 이행은 양에서 질로의 전환과 같은 점진적이고 선형적인 발전의 과정을 거치는 것이 아니라 양자의 이행 사이에 놓여 있는 보이지 않는 단절을 통해 실현될 수 있다. 슬라보예 지젝(Slavoj Žižek)은 이를 강조하며 "'사라지는 매개자'로서의 프로테스탄티즘의 중개 없이 중세의 '닫힌' 사회로부터 부르주아 사회로 직접 넘어가는 것은 불가능하다"라고 역설한다. 결국 봉건제 사회에서 자본주의로 이행하는 것은 그 사이를 매개하는 보이지 않는 요인을 통해 가능하다는 것이다.

이를 위해 우리는 지젝이 더욱 정교하게 다듬어낸 내용과 형식의 변증법을 참조할 수 있다. 지젝은 제임슨의 '소실매개자'의 논리를 내용과 형식의 변증법으로 설명한다.

> 형식과 개념적인 내용 사이의 이런 간극은 '소실매개자'의 필연성에 대한 열쇠를 제공한다. 봉건제에서 프로테스탄티즘으로의 이행은 프로테스탄티즘에서 부르주아적 일상생활 안에 있는 사사화된 종교로의 이행과 성격이 같지 않다. 첫 번째 이행은 '내용'과 상관이 있다(종교적 형식을 간직하거나 심지어 좀 더 강화된 형식 속에서 어떤 중요한 변화 — 신의 은총이 나타나는 장으로서의 금욕적-탐욕적 경제활동에 대한 확신 — 가 발생한다). 이에 반해 두 번째 이행은 순전히 형식적인 행위, 형식상의 변화이다(프로테스탄티즘이 금욕적-탐욕적 태도로 실현되는 순간 그것은 형식으로서 떨쳐버려진다)(지젝, 2004: 396).

여기에서 지젝이 말하는 내용은 제임슨이 겨냥하고 있던 설명을 정확하게 요약한다. 프로테스탄티즘은 역설적으로 토대가 이데올로기적 상부구조를 결정한다는 것을 입증한다는 것이다. 먼저 프로테스탄티즘은 낡은 기독교의 형식 안에서 자신의 내용을 보편화한다. 다시 말해, 프로테스탄티즘은 교회의 울타리 안에 머물지 않고 모든 삶의 내용을 기독교적인 윤리에 따라 재조직하는 움직임을 개척한다. 이것이 봉건제에서 프로테스탄티즘으로의 이행이다. 반면 프로테스탄티즘에서 자본주의로의 이행은 정반대의 과정을 겪는다. 이제 자본주의에서 일상적인 경제 행위는 더 이상 종교적 외관을 필요로 하지 않는다. 복식부기와 은행의 회계 따위를 통해 직접적으로 충족되기 때문이다. 프로테스탄티즘은 자본주의 사회의 내용을 반영하는 것이 아니다. 다시 말해 자본가계급의 '소외된 의식'의 표현으로 보기 어려운 것이다. 프로테스탄티즘은 이미 존재하고 있던 형식 안에서 자신의 봉건적 내용을 비판한다. 그럼으로써 기독교는 형식화되어 자신의 사회적 내용으로부터 해방되고 이때 비로소 자본주의적 내용이 전개될 수 있는 조건을 마련해준다. 이때 우리가 마주치게 되는 것은 프로테스탄티즘이 자본가계급의 의식의 표현이 아니라는 것, 즉 프로텐스탄티즘은 새롭게 등장한 자본가계급이 자신의 의식을 보편화하면서 자본주의를 만들어내는 데 이바지하는 이데올로기가 아니라는 것이다. 거꾸로 프로테스탄티즘은 2개의 역사적 단계, 즉 봉건제와 자본주의 사이에 위치하면서 바로 토대가 이데올로기적 상부구조를 결정하는 가능성을 매개한다. 결국 베버가 보지 못한 것은 프로테스탄티즘을 통해 토대가 이데올로기적 상부구조를 결정하는 법칙이 관철될 수 있다는 것이었다.

그렇다면 이것이 68운동을 설명하는 것과 어떤 상관이 있을까. 이는 앞서 볼탕스키를 비롯한 일련의 학자들이 마련한 주장을 되짚어볼 수 있는 여지를 던져주기 때문이다. 68운동을 통해, 즉 '사회적 비판'을 압도하는 '미적 비판'을 통해 자본주의를 비판하려던 기획, 낭만적인 반자본주의적 혁명을 통해 자본주의를 극복하려는 시도는 결국 '새로운 자본주의 정신'을 마련해주었으며, 이제 우리는 '감독' 또는 '보스' 대신 '경영자', 'CEO'라는 새로운 부르주아를 가지게 되었다고 말하는 것으로는 충분하지 않다는 것이다. 68운동 또는 1960년대를 전후해 출현한 문화 변동이 초래한 변화가 새로운 자본주의의 이데올로기적 상부구조 자체로 전화되었다고 주장하는 일은, 매우 손쉬운 유혹이라 하지 않을 수 없다. 1960년대를 전후해 경영 담론이 자율성, 창의성, 독창성, 창조적 파괴와 혁신, 열정과 몰입, 권위에의 저항과 같이 68운동의 모토가 되었던 미적 혁명의 주장을 직접적인 경제적 행위의 이상이자 윤리로 삼게 되었다고 고발함으로써 68운동은 곧 자본을 위한 문화혁명이었다고 개탄하는 것만으로는 충분치 않다. '문화경제' 또는 '미적 경제', 나아가 이를 망라하는 개념인 '지식기반경제'가 곧 68운동이 마련해준 심미적 이상을 경제적 합리성으로 전치한 것일 뿐이라고 고발하는 것은 무언가 요점을 놓치고 있는 것이다. 68운동이 자본의 혁명을 위한 이데올로기적 소요에 불과했다고 일축하는 것도, 그렇다고 68운동의 주장이 순백의 아름다운 관념들이었으며 따라서 그것은 무고하다고 강변하는 것도 아무런 도움이 되지 않는다.

미적인 것 또는 정치적인 것

알다시피 근대사회 안에서 미적인 것은 끈질기리만치 자본주의의 경제적 합리성에 반하는 것으로, 또는 그 합리성으로 인해 식민화된 세계로부터 탈출할 수 있는 구원의 원리로 받아들여져왔다. 미적인 것에 대한 이러한 사고를 볼탕스키와 같은 저자의 말을 좇아 반자본주의적 좌파의 양대 전통의 하나였던 '예술적 비판'이라 부르든, 아니면 (아도르노와 마르쿠제 등이 주장했듯이) 자본주의의 지배적 합리성인 도구적·경제적 이성에 반하는 미적인 이성이라고 부르든 간에 그 각각의 주장을 가로지르는 종차는 그다지 중요하지 않다. 오히려 우리가 주목해야 할 점은 놀라운 반전, 즉 미적인 것과 경제적인 것의 혼합, 흔히 지식기반경제 또는 문화경제라고 부르는 것의 등장이라고 할 수 있다. 소비란 더 이상 효용과 편익을 추구하는 것이 아니라 삶의 형식, 시쳇말로 라이프스타일을 구매하는 것이라는 말은 문화와 경제가 탈분화(de-differentiation)된 세계를 일목요연하게 보여준다. 마이크 피더스톤(Mike Featherstone)의 말처럼 근대성 그 자체가 '일상생활의 미학화'라는 경향에 의해 지배되었다면 지금이야말로 우리는 완전히 미학화된 삶을 살고 있다. 자신의 계급적 정체성이 마련하고 예상하는 삶의 행로를 답파하는 것이 아니라 마치 자신의 삶을 하나의 작품처럼 대하고 그것을 양식화한다는 것이 일상생활의 미학화라면 왜 그렇지 않겠는가. 우리는 더 이상 계급으로 이뤄진 사회에 살고 있는 것이 아니라 소비자-시민으로서 자신의 라이프스타일을 적극적으로 구성하는 개인들로 이뤄진 자본주의, 들뢰즈나 네그리의 표현을 빌자면 무한한 내재적 다양태의 세계를 살고 있는 셈이다.

자본주의적 근대성을 구성하는 핵심적인 특징은 바로, 근대 사회학의 시작을 알리는 뒤르켐의 유명한 표현을 빌자면, 사회적 분화 또는 분업이라고 할 수 있다. 거칠게 말해 우주론적인 섭리 또는 신학적 세계관 속에 모두 통합되어 있는 세계는 각기 자율적인 논리를 가진 영역으로 분화되었다. 따라서 우리는 각각의 하위체계를 통해 조직된 사회, 이를테면 정치, 경제, 문화와 예술 등으로 나뉜 세계를 살게 되었다. 그러나 문화경제를 주장하는 이들이나 신경제를 역설하는 이들이 말하는 바를 쫓자면 우리는 바로 경제와 문화의 탈분화가 이뤄지는 사회로 접어들고 있다. 그러한 탈분화된 세계란 것이 네그리와 하트로 인해 유명해진 '비물질적 노동'을 통해 정동, 협력, 체험 그 자체를 생산하는 새로운 생정치적 자본주의이든, 아니면 피터 드러커(Peter Drucker) 같은 경영학자나 신고전학파의 경제학자들이 말하는 지식기반경제이든 간에 우리는 문화와 경제 사이의 경계가 사라지고 미적 이성과 경제적 이성이 서로 어깨동무한 탈근대의 세계로 접어들고 있는지도 모를 일이다.

그러나 이렇게 가정할 때 우리가 잃고 마는 것이 있다. 이는 예술의 종언, 문학의 죽음과 같은 잇단 사망 선언이 경고하는 바와 같은 예술의 위기, 문화의 쇠락을 가리키는 것일 뿐만 아니라, 자본주의 비판의 가능성 역시 상실되어가고 있음을 뜻한다는 것이다. 우리는 예술과 경제의 적대성이라는 가정에서 비롯된 자본주의 비판이 어떻게 놀라운 반전을 겪는지 잘 알고 있다. 이를 가장 잘 압축해서 보여주는 것은 국내 한 은행의 광고이다. 앤디 워홀(Andy Warhol)을 배경으로 한 그 광고는 "돈 버는 것이 최고의 예술이다"라고 말하며 "앤디 워홀처럼 다른 생각, 금융계에선 어디서 하나?"라고 묻는다. 물론 여기에서 우리가 보는 것은 예술이 되어버린 돈벌기와 예술적 사유와 경제적 이성의 일치라는, 앞서 보았던 문화와 경제의 화해이다. 그렇다면 마지막 훈육 자본주의 비판의 투사라 할 수 있는 프랑스의 좌파 사상가인 앙드레 고르(André Gorz)가 말하던 '경제적 이성 비판'은 이제 완전히 실현되었다고 말해야 하지 않을까. 그가 그토록 규탄했던 노동숭배주의는 이제 미적인 행위처럼 둔갑해버린 노동을 통해 지양되었다고 말해야 하지 않을까.

여기에서 우리는 다시 68운동으로 되돌아가지 않을 수 없다. 68운동은 알다시피 문화와 경제의 적대로부터 문화와 경제의 화해 사이에 놓인 거리를 연결하는 고리가 아니다. 미적인 것 또는 문화적인 것은 '토대'의 시녀, 경제적 이성의 수용기(受容器)라는 지위에서 벗어나 자신을 자율화함으로써 자신이 가정했던 다른 사회적 삶으로부터의 해방을 만끽했을까. 이에 대한 올바른 답변은 바로 정반대라는 것 아닐까. 거꾸로 우리는 미적인 것의 완벽한 타율성이라고 할 만한 상태, 즉 경제에 완전히 종속된 상태를 보고 있는 것은 아닐까. 미적인 것은 자신을 전적으로 형식화함으로써 자신의 자율성을 구가하고자 했다. 현대미술이 바로 이러한 논리를 잘 보여준다고 할 수 있다. 알다시피 현대미술은 미술이란 무엇인가라는 질문에 대한 싱거운 답변을 끊임없이 되풀이해 제시하는 지루하고 짜증스러운 개념적인 행위로 전락하고 말았다. 거기에서 우리가 보는 것은 자신의 사회적 내용을 완전히 비워낸 예술이다. 그렇지만 이러한 예술은 또한 더 이상 예술이라고 지칭되는 별개의 영역에 자리 잡고 있을 필요가 없다. 앞서 말한 대로 우리의 사회적 삶의 내용 자체가 이미 예술적인 것이라면, 앞서 말한 농담 같은 광고의 표현을 빌려 '돈 버는 것이 최고의 예술'이 되어버린 세계가 도래했다면 예술은 자신을 예술가라고 자처하는 이들이 살아가는 세계로 무한히 축소되거나 아니면 모든 삶의 내용이 예술로 되어버린 세계로 변전해 무한히 확장된 기이한 논리가 횡행하는 부조리한 세계에 놓이게 된다.

그리고 프로테스탄티즘과 68운동이 놀라울 정도로 비슷하게 소실매개자라는 지위를 차지하며 자본이 자신의 결정을 관철하는 계기로 작용했음을 발견하게 된다. 예술 또는 문화를 모든 사회적 삶의 내용으로 확장하려 시도했던 68운동 이후 예술과 문화는 불필요한 형식과 같은 것으로 전락해버린 것은 아닐까 의심해볼 만도 하다. 여기에서 우리는 우울한 목소리로 문학의 종언을 말하던 가라타니 고진(柄谷行人)을 다시금 떠올리게 된다. 그는 소설은 여전히 쓰일 것이지만 근대 소설이 그랬던 것처럼 세계의 진실을 말하는 목소리로서 쓰이는 것이 아니라 그저 소설을 즐기는 독자를 위해 쓰일 것이라는, 즉 문학이 죽은 뒤의 문학일 것이라는 식으로 말한 바 있다. 그때 그가 말하려던 바 가운데 하나가 바로 이러한 형식화된 예술이 아닐까. 마치 사사화된 개인적 윤리의 세계로 후퇴한 프로테스탄티즘처럼 우리는 예술가가 되기 위한 세부적 지식을 쌓고 이를 통해 예술가가 된 이들이 만들어낸 작품을 상대한다.

그러나 여기에서 우리가 찾아내야 할 교훈은 제임슨이 통찰했던 것처럼 자본의 내적 적대에 눈을 떠야 한다는 것이다. 거의 교조적인 마르크스주의로 비칠 각오를 무릅쓰고 말하자면, 자본은 자신의 적대성을 극복할 수 있는 수단을 언제나 상부구조에서 찾는다는 것이다.[8] 그 수단은 종

8 물론 여기에 단서를 추가하자면 사회를 구성하는 하위체계의 한 영역으로서의 경제와 자본

교일 수도 있고, 문화와 예술일 수도 있다. 프로테스탄티즘으로부터 자신의 운동을 금욕적인 노동의 행위로 표상할 수 있는 가능성을 얻은 후 자신의 내적 적대를 부정하고 자신의 구원과 욕구를 동시에 추구하는 조화로운 부르주아적 개인의 세계를 얻은 자본은 프로테스탄티즘을 떨쳐버렸다. 그리고 이와 똑같이 68운동으로부터 자신의 활동을 미적인 행위로 표상할 수 있는 기회를 얻은 후 자본은 다시 자신의 맹렬한 운동을 재개하고 68운동이 상기하던 문화와 예술을 떨쳐버렸다. 자본은 이제 자신의 운동에 참여하는 사회적 활동을 자신의 삶을 예술 작품처럼 다루는 기업가적인(entrepreneurial) 개인들의 생활로 바꾸었다.

그렇지만, 아니 그럼에도 불구하고 우리에게 남는 질문이 있다. 그렇다면 예술은 무엇인가? 과연 미적인 것이란 무엇인가? 미적·문화적인 것이 죽었다고 고지된 지금 여전히 이를 부활시켜야 한다고 믿는다면 그 이유는 무엇인가? 그러한 물음에 답할 수 있는 가능성은 물론 앞서 말한 자본의 적대성을 헤아리는 것뿐이다. 바로 그 자본의 적대성과의 관계 속에서 미적인 것은 자신의 자리를 다시 찾을 것이다. 그렇게 돌아온 예미적인 것이 예술의 부활이 될지 아니면 더 이상 예술의 이름을 빌리지 않은 새로운 미적인 실천이 될지는 누구도 알 수 없다. 그러나 미적인 것이 더 이상 세상에는 남아 있지 않을 것이라고 말하는 것보다 더 부조리한 생각은 없을 것이다. 그도 그럴 것이 정치가 있는 한 미적인 것 역시 불가분하게 존재하기 때문이다. 대문자 정치는 사라지고 이제 사회의 관리를 위한 정치만

을 구분해야 한다는 것이다. 여기에서 말하는 자본은 자본주의 사회의 구성적인 적대를 가리킨다. 즉, 상대적으로 안정되고 폐쇄된, 유기적으로 조화된 사회란 불가능함을 가리키는 것이다. 물론 이를 요약하는 가장 탁월한 개념은 계급투쟁이다. 여기에서 말하는 계급투쟁이란 흔히 짐작하는 것처럼 계급 간 투쟁으로서의 계급투쟁이 아니라, 착취와 억압을 강요하는 사회 자체를 위협하고 가장 엄밀한 해체주의적 의미에서 말뜻 그대로 자본주의를 '탈구축(해체)'하려는 투쟁으로서의 계급투쟁을 뜻한다.

남아 있다거나, 위대한 해방으로서의 정치는 사라지고 오직 현실 정치만 남아 있을 뿐이라는 주장에 동의하지 않는다면 우리는 여전히 미적인 것에 의존하지 않을 수 없다. 자본의 적대를 해결하기 위한 움직임을 본연의 정치라고 한다면, 그리고 그 정치가 존속한다면 미적인 것, 예술이라는 것 역시 존속한다. 미적인 것 또는 예술의 타자는 경제가 아니라 바로 정치이기 때문이다.

> 포스트모더니스트들과 신자유주의자들은 모두 공공의 규범, 고유의 가치, 기존의 위계, 권위적 기준, 합의의 규칙, 전통적 관습들을 의심한다. 당연하게도 신자유주의자들은 자신들이 시장의 이름으로 이 모든 것을 거부한다는 사실을 스스럼없이 인정한다. 이와 대조적으로 급진적인 포스트모더니스트들은 (앞서 언급한 규범·가치 등을 향한) 자신들의 혐오감을 소심할 만큼 조심스러운 상업주의와 뒤섞는다. 이런 면에서 보자면, 최소한 자유주의자들은 일관성이라는 미덕을 보여준다. 그들이 또 다른 면에서 어떤 악행을 저지르고 다니든지 간에 말이다(이글턴, 2010: 49).

참고문헌

고든, 콜린(Colin Gordon) 엮음. 1991.『권력과 지식: 미셸 푸코와의 대담』. 홍성민 옮김. 나남.

이글턴, 테리(Terry Eagleton). 2010.『이론 이후』. 이재원 옮김. 길.

이성재. 2015.『68운동』. 책세상.

지젝, 슬라보예(Slavoj Žižek). 2004.『그들은 자기가 하는 일을 알지 못하나이다』. 박정수 옮김. 인간사랑.

파버(Richard Faber)·슈텔팅(Erhard Stölting) 엮음. 2008.『상상력에 권력을?: 1968혁명의 평가』. 정병기 옮김. 메이데이.

파운틴(Dick Pountain)·로빈스(David Robins). 2003.『세대를 가로지르는 반역의 정신』. 이동연 옮김. 사람과책.

≪동아일보≫. 2008.1.1. "[68혁명 40주년]〈1〉佛 사르코지 대통령의 도전".

Boltanski, Luc and Eve Chiapello. 2005a. "The New Spirit of Capitalism." *International journal of politics, culture, and society*, Vol.18, No.3~4.

______. 2005b. *New Spirit of Capitalism*. London & New York: Verso.

Boltanski, Luc and Laurent Thevenot. 2006. *On Justification: Economies of Worth*. Catherine Porter(Trans.). Princeton: Princeton University Press.

Boltanski, Luc. 2002. "The Left After May 1968 and the Longing for Total Revolution." *Thesis Eleven*, Vol.69, No.1.

Chiapello, Eve and Norman L Fairclough. 2002. "Understanding the new management ideology: a transdisciplinary contribution from critical discourse analysis and new sociology of capitalism." *Discourse & Society*, Vol.13, No.2.

Frank, Thomas. 1998. *The Conquest of Cool: Business Culture, Counterculture, and the Rise of Hip Consumerism*. Chicago and London: University of Chicago Press.

Jameson, Fredric. 1988. "The Vanishing Mediator; or, Max Weber as Storyteller." *The Ideologies of Theory: Essays 1971-1986 Vol.2: The Syntax of History*. Minneapolis: University of Minnesota Press.

Mausbach, Wilfried. 2002. "Historicising '1968'." *Contemporary European History*, Vol.11, No.1.

Thrift, Nigel. 2000. "Performing Cultures in the New Economy." *Annals of the Association of American Geographers*, Vol.90, No.4.

______. 2005. *Knowing Capitalism.* London & New York: Sage.

문화대혁명의 문화적 조건
_부단한 혁명에서 계속혁명으로의 전환과 그 인간학적 요구에 관한 고찰

피경훈 | 목포대학교 중국언어와문화학과

1. 들어가며

오늘날 우리는 문화대혁명(이하 문혁)이 종결되었다는 사실을 부정할 수 없다. 문혁은 1976년 마오쩌둥의 죽음과 함께, 그리고 그 사건 자체의 내적 한계로 인해 종결되었다. 그리고 문혁이 종결되었다는 사실은 현재 우리가 문혁을 회고·전유하는 방식을 통해 더욱 분명해진다. 흔히 운위되듯 문혁은 대혼란, 극단적인 폭력 등 비정상의 시대 또는 예외적인 시대로 인식되고 있다. 그리고 이렇게 문혁의 시대를 비정상적·예외적 시대로 전유하는 인식의 이면에는 이를 정상의 시대와 철저하게 구분 지으려는 타자화의 응시가 내포되어 있다고 할 수 있다. 이렇게 문혁을 작금의 상식으로는 이해되지 않는 비상식의 시대로 인식하는 타자화의 응시는 곧 문혁이 현재 존재하지 않음을, 즉 완전히 종결되었다는 사실을 확증해준다.

흥미로운 점은 이렇게 문혁을 타자화시키는 시선의 지반이 문혁을 부정적으로 보는 시각과 긍정적으로 보는 시각 모두에 공유되고 있다는 사실이다. 주지하듯 문혁은 종결된 이후 관방에 의해 무질서와 혼돈의 시대로 규정되었고, 다시는 반복되어서는 안 되는 암흑의 시대이자 금기의 시대로 정의되었다. 관방의 시선 안에서 문혁은 사회를 지속시킬 수 없는 혼란과 폭력의 시대이자, 모든 사회 문화적 기능이 파괴된 시대로 전유된 것이다.

그런데 이와 마찬가지로 문혁으로부터 모종의 가능성을 이끌어내려는 시각 역시 문혁을 대중적 역량의 해방으로 풀어냄으로써 문혁을 현대 급진주의 정치의 극단, 즉 통치자와 피통치자의 일치라는 아포리아로 귀결시키는 시각을 내포하고 있다. 알랭 바디우(Alain Badiou)가 언급했던 것처럼 "문혁은 현대의 당 국가 체제를 포화시킨 전형적인 사례"(Badiou, 2005)이면서 그 자체의 내적 모순에 의해 더 이상 진전될 수 없었던 급진적 정치 실험의 아포리아(백승욱, 2012)로서 제시되고 있는 것이다.

이렇게 문혁을 부정·기각하려는 시각과 문혁으로부터 가능성을 이끌어내려는 시각, 일견 상반되는 이 두 가지 시각은 아이러니하게도 인식론적 지반을 공유하고 있는데, 두 시각 모두 문혁을 통치자와 피통치자의 일치라는 현대 급진주의 정치의 아포리아를 통해 해석하고 있다. 요컨대 이 두 시각은 문혁을 재전유함에 있어 대중 역량의 해방이 통치의 역량으로 자연스럽게 전환될 수 있는가라는 현대 민주주의 정치의 딜레마를 서로 다른 방향에서 해석하고 있는 것이다.

이처럼 현대 민주주의 정치의 딜레마를 주축으로 해서 문혁을 재전유하려는 인식론적 시도는 일차적으로 문혁을 균질적인 사건으로 파악하려는 시각에서 비롯된 것이라고 할 수 있다. 실상 문혁은 그 규모와 복잡성을 통해 쉽게 짐작할 수 있듯 결코 균질적인 사건이라고 할 수 없다. 문혁은 그것으로 접근해가는 과정과 발발, 전개, 그리고 종결에 이르기까지 일관된 논리로 해석될 수 없을 만큼 복합적인 차원이 뒤엉켜 있는 사건이다. 이 때문에 문혁이 현대 민주주의 정치의 딜레마에 봉착해 무너진 것으로 해석하는 시각은 지나치게 결과론적인 시각, 즉 문혁이 종결로 치닫는 상황에만 주목하고 있는 관점이라고 할 수 있다.

또한 이렇게 문혁을 결과적인 측면에만 방점을 찍고 해석하는 시각은 문혁을 혁명의 측면에서만 바라보려는 관점에 의한 것이라고 할 수 있다. '문화대혁명'이라는 표제에서 드러나듯, 문혁은 분명 혁명을 기치로 내세운 정치 운동이었고, 그 때문에 결과적으로 혼란과 폭동을 수반했던 것이 사실이다. 하지만 문혁을 기획하고 실천했던 마오쩌둥이 아무런 목적의식 없이 오직 '혁명을 위한 혁명' 또는 '혼란을 위한 혼란'만을 위해 문혁을 발동시켰다는 주장은 재고해볼 여지가 있다. 마오쩌둥이 문혁을 기획했던 것은 결국 "사회주의적 인간의 탄생"(Starr, 1971)이라는 혁명 이후의 이행을 위한 것이었다. 그렇다면 결국 문혁의 근원적인 물음은 사회주의적 주체를 만들어내는 것이 가능한가, 그리고 그러한 목표를 위해서는 무엇이 필요한가라는 질문으로 전환되어야 할 것이다.

문혁을 사회주의적 인간의 탄생이라는 측면에서 해석할 때 가장 필요한 것은 마르크스주의의 사유 구조를 인간학의 구축이라는 측면에서 조망하는 것이다. 문혁의 복잡성과 마오쩌둥 사상의 탄력성을 아무리 강조한다고 할지라도, 근본적인 층위에서 문혁을 추동시켰던 사유와 행동의 구조가 마르크스주의의 패러다임에서 자유로울 수 없었다는 사실은 부정할 수 없다. 어찌 보면 문혁은 마르크스주의가 일종의 행동 강령으로서 현실과 대면했을 때 발생할 수 있는 모순과 공백, 그리고 가능성의 여지를 집약적으로 드러낸 사건이라고도 할 수 있다.

사실 마르크스의 동시대로부터 현재에 이르기까지 마르크스주의는 주로 부정적 역량, 즉 기존의 질서를 거부·파괴하는 역량으로 인식되어왔다. 마르크스 본인의 의도가 무엇이었든 간에 마르크스주의는 인간 소외의 완전한 극복이라는 이행의 목표를 자신의 최종 신념이자 목표로 삼았음에도 불구하고 과연 소외의 완전한 극복이라는 것이 어떠한 상태인지, 그리고 그것이 가능한지에 관한 이론적·실천적 해답을 충분히 제시해주지 못했다. 이러한 물음에 대한 해답은 여전히 혁명과 그 실천의 여백으로 남아 있다고 해야 할 것이다.

이 글은 문혁으로 접근해가는 마오쩌둥 사상의 흐름을 가장 잘 드러내는 부단한 혁명에서 계속혁명으로의 전환이라는 맥락을 고찰함으로써 혁명과 그 실천의 여백을 새로운 인간학의 요구, 즉 사회주의적 인간의 창출이라는 측면에서 고찰하는 것을 목표로 삼고 있다. 뒤에서 더 자세하게 논의하겠지만, 마오쩌둥이 자신의 사유를 전개시키는 근간으로 삼았던 마르크스주의의 내부에는 이행의 문제와 관련해 윤리의 문제가 배태되어 있다. 마르크스주의를 근간으로 삼았던 마오쩌둥이 문혁으로 접근해가면서 의식적/무의식적으로 당면했던 문제 역시 이러한 윤리의 문제였다고 할 수 있다. 마오쩌둥은 혁명가이기도 했지만 동시에 통치자로서 그의 사상 안에는 혁명과 통치의 배리(背理)가 지속적으로 요동치고 있었으며 문혁은 바로 이러한 배리가 혁명 이후의 사회 속에서 폭발한 것이라고도 할 수 있다.

이 글은 바로 이 폭발의 뇌관이었던 마르크스주의의 이론적 구조를 정밀하게 검토하고 그것을 현실 속에서 직접 실천하려 했던 마오쩌둥의 문혁으로의 접근을 부단한 혁명에서 계속혁명으로의 전환이라는 맥락에서 추적함으로써 혁명의 일회적 폭발이 아닌 인간학적 가능성을 논구해보려는 초보적인 시도인 셈이다.

2. 이행과 그 사유의 구조

주지하듯 마르크스주의는 마오쩌둥 사유의 근간이자 그가 이끈 20세기 중국혁명의 근간이 되었다. 19세기 말에서 20세기 초에 이르는 기간 동안 중국의 지식인들은 중화민족의 부흥이라는 분명한 목적의식하에 마르크스주의를 수용했던바(Dirlik, 2011), 중국 지식인들에게 마르크스주의는 민족의 해방과 자본주의의 초극이라는 목표를 동시에 이루어줄 수 있는 사상적 기제로 받아들여졌다. 19세기 초에서 20세기 중반, 심지어 현재에 이르기까지 – 그 사상적 변질의 문제는 차치하더라도 – 마르크스주의의 지속적인 영향력과 그 패권적 지위를 고려했을 때 문혁에 의해 구축된 담론적·실천적 장이 마르크스주의의 패러다임 안에서 형성되었다는 것은 의심의 여지가 없다.

중국의 마르크스주의 수용과 전개, 그리고 그 영향력의 폭발이라고 할 수 있는 문혁에 이르기까지, 마르크스주의가 패권적 위치를 차지할 수 있었던 가장 중요한 이유 중 하나는 마르크스주의에 이행의 전망이 내포되어 있었기 때문이다. 마르크스주의는 자본주의적 단계에서 사회주의 및 공산주의로의 이행을 과학적으로 정초한 이론으로 존재했고, 그러한 이행에 대한 전망, 그리고 과학에 기반을 둔 사유 원리에 열광했던 중국의 지식인들은 마르크스주의를 자본주의와 그 최고 단계인 제국주의를 초극할 수 있는 일종의 인류사에 관한 과학적 원리로 받아들였다. 요컨대 20세기 중국의 지식인들에게 마르크스주의는 미래에 대한 약속으로 존재했던 것이다.

하지만 이미 주지하듯, 이행의 문제는 비단 중국적인 맥락에서뿐만 아니라 마르크스주의 자체 내에서도 상당한 이론적 난맥을 형성해왔던 것이 사실이다. 마르크스 본인을 비롯해 레닌과 트로츠키, 그리고 스탈린 등의 논쟁을 통해서도 드러나듯, 자본주의에서 사회주의로, 그리고 사회주의에서 공산주의로의 이행이 과연 어떠한 과정이며 그러한 과정이 완결될 수 있는지, 그리고 완결될 수 있다면 그러한 완결은 구체적으로 어떠한 형태가 될 것인지에 대한 문제는 이전의 논자들을 통해서도 해결되지 않았고,

현재도 여전히 그러하다.

이행이라는 테제가 마르크스주의에 중요한 문제가 되는 이유는, 그것이 인간 역사의 근본적인 지향점, 즉 해방과 완전한 자유의 성취라는 목표로 향해 가는 과정으로서 그려지고 있기 때문이다. 다시 말해 마르크스는 인간의 역사를 상이한 단계들의 점진적이면서도 발전적인 전개로 파악하고, 그러한 전개 과정에 따라 각기 상이한 자유의 형식이 존재한다고 생각해 "각 사회에서 자유가 실현되는 정도에 따라 전(前)자본주의와 자본주의 사회, 공산사회라는 세 가지 사회 단계를 규정"(굴드, 1987: 135)하고 있는 것이다.

이와 같은 마르크스의 이행에 관한 구상에서 가장 중요한 고리를 형성하는 것은 바로 생산양식이다. 『독일 이데올로기』를 통해 드러나듯, 마르크스는 이른바 순수한 개인으로부터 출발하는 추상적인 분석 방법을 비판하면서 "개인들은 그들이 자신들의 삶을 나타내는 방식대로 존재한다. 따라서 그들이 무엇인가는 그들의 생산에, 그들이 무엇을 생산하는가와 일치할 뿐만 아니라 그들이 어떻게 생산하는가와도 일치한다. 따라서 개인들이 무엇인가는 그들 생산의 물질적 조건들에 달려 있다"(마르크스, 1999: 197)라고 말한다.

마르크스의 관점에 따르면 사회 형태의 지속적인 변화, 즉 이행의 과정은 추상적인 개인의 수준에서는 파악될 수 없으며 생산양식이 변화함에 따라 결정되는 것으로 인식되어야 한다. 이러한 관점을 기반으로 마르크스는 전자본주의 사회에서 자본주의 사회로의 경제사적 고찰을 거친 후, 역사 형식의 이행에 관한 다음과 같은 정식을 내놓았다.

우리가 살펴본 바와 같이 지금까지의 역사에서 이미 여러 번, 그럼에도 불구하고 역사의 기초를 위협하지 않으면서 나타났던 생산력과 교류 형태 사이의 이러한 모순은 매번 혁명으로 폭발하지 않을 수 없었는데, 그와 동시에 이 모순은 충돌들의 총체로서, 즉 다양한 계급의 충돌들로서, 의식의 모순, 즉 사상 투쟁, 정치 투쟁 등등으로서 다양한 부수적 형태를 띠었다. …… 이처럼 우리의 파악에 따르자면, 역사의 모든 충돌은 생산력과 교류 형태 사이의 모순에 그 기원을 두고 있다(마르크스, 1999: 243).

앞서 언급했던 것처럼 마르크스의 관점에서 이행은 역사의 각 단계가 갖는 상이한 생산양식과 그에 근거한 자유의 형식에 따라 규정된다. 마르크스가 보기에 인류의 역사는 각기 다른 생산양식에 근거해 서로 다른 형태를 취해왔다. 특히 사회주의 단계의 전 단계라고 할 수 있는 자본주의 단계의 특징은 다음과 같이 정의된다.

한편으로 생산력들의 총체가 존재하는데, 이 생산력들은 말하자면 하나의 사물적인 형태를 취해왔으며, 개인 자신들에게 더 이상 개인들의 능력이 아니라 사적 소유의 능력이며, 따라서 사적 소유자들인 한에서 개인들의 능력이다. 이전의 어떤 시기에도 생산력들이 이처럼 개인들로서의 개인들의 교류와 무관한 형태를 취한 적이 없는데, 왜냐하면 그들의 교류 자체가 아직 제한된 교류였기 때문이다. 다른 한편으로 이러한 생산력들은 그것들이 떨어져 나온 바의 대다수 개인들과 대립하는데, 따라서 이 개인들은 모든 현실적 생활 내용을 빼앗겨버리고 추상적 개인들로 전화된다(마르크스, 1999: 256).

이 언급에서 주목해야 할 것은, 자본주의를 전인격적 개인이 추상적 개인들로 전환되는 과정이라고 파악한 부분이다. 마르크스의 언급에 따르면, 자본주의는 개인들로부터 완전히 독립된 생산력을 갖춘 생산양식으로, 자본주의의 이러한 생산양식에 의해 "노동은 그 개인들에게 자기 실행의 모든 외관을 상실해버려 그들의 발전을 방해하는 삶을 유지시켜주고 있을 뿐이다"(마르크스, 1999: 256).

그렇다면 역사적 운동을 통해 자본주의를 지양한 생산양식은 어떠한 양태여야 하는가? 앞서 언급한 것처럼, 만약 전자본주의 단계에서 자본주의 단계로의 이행이 전인격적 개인의 추상적 개인들로의 전환이었다면, 자본주의에서 사회주의 및 공산주의로의 이행은 다시 전인격적 개인의 회복을 의미해야 할 것이다.

> 모든 자기 실행으로부터 완전히 배제되어 있는 현대의 프롤레타리아들만이 더 이상 제한적이지 않은, 자신들의 완벽한 자기 실행을 성취할 수 있는 처지에 있는데, 이러한 자기 실행은 생산력들의 총체의 전유 및 그와 함께 주어지는 능력들의 총체의 전개 속에 그 요체가 있다. 이전의 모든 혁명적 전유들은 제한적이었던바, 한정된 생산 도구 및 한정된 교류에 의해 그들의 자기 실행을 제한받고 있었던 개인들은 이러한 한정된 생산 도구를 전유했으며, 따라서 단지 하나의 제한된 상태에 도달했을 뿐이다. 그들의 생산 도구는 그들의 소유가 되었지만 그들 자신은 변함없이 분업 및 그들 자신의 생산 도구 아래에 포섭 당했다. 지금까지의 모든 전유의 경우에는 한 무리의 개인들이 단 하나의 생산 도구 아래에 줄곧 포섭되어 있었다. 프롤레타리아들의 전유의 경우에는 한 무더기의 생산 도구들이 각각의 모든 개인 아래에 포섭되고, 소유가 모든 개인들 아래에 포섭되어야 한다. …… 전유는 연합, 즉 프롤레타리아트의 성격으로 말미암아 그 자체로 다시 하나의 보편적 연합일 수밖에 없는 연합 및 혁명, 즉 그 속에서 한편으로는 지금까지의 생산양식 및 교류 양식의, 그리고 사회적 편제의 힘이 전복되고 다른 한편으로는 그 속에서 프롤레타리아트의 보편적 성격이 발전되고 전유의 관철에 필요한

프롤레타리아의 에너지가 발양되며 더욱이 그 속에서 프롤레타리아가 지금까지의 사회적 지위로 말미암아 아직 그에게 남아 있던 모든 것을 벗어 내던져버리게 되는 혁명에 의해서만 완수될 수 있을 것이다. 이 단계에 이르러 비로소 자기 실행은 물질적 생활과 일치하게 되는데, 이러한 일치는 개인들의 총체적 개인들로의 발전 및 모든 자연 성장성의 탈각에 조응한다(마르크스, 1999: 257~258).

인용문을 통해 확인할 수 있는 것처럼, 마르크스는 자본주의적 생산양식이 지양된 상태를 자기 실행과 물질적 생활의 일치로 보고 있다. 다시 말해 자본주의적 단계의 생산양식에서 노동은 자본주의적 포섭에 의해 노동 자체로부터 소외된 형태로 존재하지만, 자본주의가 극복·지양된 단계, 즉 공산주의 단계에 이르러서 노동은 그 자체로 소외된 형태가 아니라 노동의 소유자인 프롤레타리아에게 직접적으로 귀속된다.

실상 마르크스의 이러한 언급은 이행 자체의 문제, 나아가 이행 이후의 모습에 대한 마르크스의 전망을 드러내는 것으로 볼 수 있다. 마르크스 스스로 언급하고 있는바, 모든 것은 역사 속에서 변화하는 것이고 그러한 변화의 결정적인 계기는 생산양식이다. 마르크스는 자본주의라는 생산양식의 측면에서 노동을 소외시키고 인간을 파편화시키는 생산양식이 지양된 이후 물질과 노동이 합치되는 상태를 초래했다. 이행에 관한 마르크스의 이러한 전망은 『고타 강령 비판』을 통해 더욱 구체화되는데, 『고타 강령 비판』에서 그는 이행의 과정과 그 실현 양태를 더욱 세부적으로 묘사하고 있다.

생산수단을 공유 재산으로 하는 것에 기초를 둔 조합적 사회 내부에서는 생산자들이 자신의 생산물들을 교환하지 않는다. 마찬가지로 여기서는 생산물에 사용된 노동이 이 생산물의 가치로, 즉 그 생산물이 보유하고 있는 어떤 물적 특성으로 나타나지 않는데, 그 이유는 자본주의 사회와는 반대로 개인적 노동이 더 이상 우회로를 통해서가 아니라 직접적으로 총 노동의 구성 부분으로 존재하기 때문이다. 따라서 오늘날에도 그 모호한 의미 때문에 논쟁의 여지가 있는 '노동수익'이라는 말은 모든 의미를 잃게 된다(마르크스, 2005: 375).

상품 교환이 같은 가치물의 교환인 한, 여기서는 분명히 상품 교환을 규제하는 것과 동일한 원리가 지배한다. 내용과 형식은 변하는데, 그 이유는 변한 사정에서는 어느 누구도 자신의 노동 외에는 어떤 것도 줄 수 없기 때문이며, 다른 한편으로는 개인적 소비 수단 외에는 어떤 것도 개별적인 소유로 넘어갈 수 없기 때문이다. 그러나 개별 생산자들 사이의 소비 수단의 분배에 관해 말하자면, 상품 등가물의 교환에서와 동일한 원리가 지배해 어떤 형태의 동일한 만큼의 노동은 다른 형태의 동일한 만큼의 노동과 교환된다.

그러므로 여기서 평등한 권리는 여전히 — 원리상 — 부르주아적 권리이며, 상품 교환에서는 등가물의 교환이 평균적으로만 존재하고 개별적인 경우에는 존재하지 않는 반면에 원리와 실제가 이제는 서로 머리채를 쥐고 싸우지 않더라도 여전히 그러하다.

이와 같은 진보에도 불구하고, 이 평등한 원리에는 아직도 부르주아적 제한이 들러붙어 있다. 생산자의 권리는 그의 노동 제공에 비례한다; 평등의 요체는, 평등한 척도인 노동으로 측정된다는 데 있다. 그러나 어떤 사람은 정신적으로나 육체적으로 다른 사람보다 뛰어나서 동일한 시간에 더 많은 노동을 제공하거나 더 많은 시간 동안 노동할 수 있다; 그런데 노동이 척도 노릇을 하려면 연장이나 강도로 볼 때 일정해야 하며, 그렇지 않다면 척도이기를 중지한다. 이러한 평등의 권리는 불평등한 노동에 대해서는 불평등한 권리이다. 이것은 어떠한 계급 차이도 승인하지 않는데, 왜냐하면 각각은 다른 사람과 마찬가지로 노동자에 불과하기 때문이다; 그러나 이것은 암묵적으로 개인의 불평등한 소질을 승인하며, 따라서 노동자의 실행 능력을 자연적 특권으로 승인한다. 그러므로 그것은 모든 권리가 다 그렇듯이 내용상 불평등의 권리이다. 그 권리의 요체는 본성상 오직 동일한 척도의 적용에만 있을 수 있다; 그러나 불평등한 개인들(만일 그들이 불평등하지 않다면 그들은 서로 다른 개인이 아닐 것이다)이 동일한 척도로 측정될 수 있는 것은 오로지 그들이 동일한 관점 아래 놓이는 한에서, 즉 어떤 특정한 측면에서만 파악되는 한에서이며, 예컨대 이 경우에 그들은 노동자로서만 간주되고 그들에게서 그 이상의 것은 보지 않으며 다른 모든 것은 도외시된다. …… 그러나 이와 같은 폐단은, 오랜 산고 끝에 자본주의 사회로부터 방금 생겨난 공산주의 사회의 첫 번째 단계에서는 불가피한 것이다. 권리는 사회의 경제적 형태와 이 형태가 제약하는 문화 발전보다 결코 더 높은 수준일 수 없다.

공산주의 사회의 더 높은 단계(phase)에서, 즉 개인이 분업에 종사하는 예속적 상태가 사라지고 이와 함께 정신노동과 육체노동 사이의 대립도 사라진 후에, 노동이 생활을 위한 수단일 뿐만 아니라 그 자체가 일차적인 생활욕구로 된 후에, 개인들의 전면적 발전과 더불어 생산력도 성장하고 조합적 부의 모든 분천이 흘러넘치고 난 후에, 그때 비로소 부르주아적 권리의 편협한 한계가 완전히 극복되고 사회는 자신의 깃발에 다음과 같이 쓸 수 있게 된다. 각자는 능력에 따라, 각자는 필요에 따라!(마르크스, 2005: 376~377)

이와 같은 이행 실현의 양태에 대한 전망은 어떠한 형이상학적 과제를 제기하는가? 다시 말해 자본주의의 어떠한 결절점이 지양되어야 정신노동과 육체노동의 구별이 사라지고 노동과 물질의 구별이 사라지는 공산주의적 상태가 도래하는가? 마르크스는 『자본론』에서 이행이 실현해야 할 경제학적 원리를 다음과 같이 제시한다.

> 공동소유의 생산수단으로 일하며 또 각종의 개인적 노동력을 하나의 사회적 노동력으로 의식적으로 지출하는 자유인들의 연합체(association of free men)를 생각해보기로 하자. 여기에서는 로빈슨 크루소적 노동의 모든 특징들이 재현되지만, 그것은 개인적인 차원에서가 아니라 사회적인 차원에서이다. …… 자유인들의 연합체의 총생산물은 사회적 생산물이다. 이 생산물의 일부는 새로운 생산수단으로 사회에 남는다. 그러나 다른 일부는 연합체 구성원에 의해 생활수단으로 소비되며, 따라서 그들 사이에 분배되지 않으면 안 된다. 이 분배 방식은 사회적 생산조직 자체의 성격에 따라, 또 생산자들의 역사적 발전 수준에 따라 변화할 것이다. …… 개별 생산자들이 노동이나 노동 생산물과 관련해 맺게 되는 사회적 관계는 생산이나 분배에서 투명하고 단순하다(마르크스, 2009: 100~101).

자본주의적 생산양식이 지양된 사회에서는 노동이 사회화된다. 그리고 그러한 사회화된 노동이 보편화된 사회에서 노동 시간은 "연합체의 다양한 욕망과 각종 노동 기능 사이의 적절한 비율을 설정하고 유지"하게 되며 또한 "각 개인이 공동 노동에 참가한 정도를 재는 척도로 기능하며, 따라서 총생산물 중 개인적으로 소비되는 부분에 대한 분배 몫의 척도가 된다"(마르크스, 2009: 101).

자본주의 사회에서 이러한 노동의 사회화가 이루어지지 못하는 이유는 노동을 추상화시켜 교환가치로 만들어버리는 자본주의 특유의 생산양식 때문이다. 자본주의 경제학은 "어째서 노동이 가치로 표현되며, 그리고 어째서 노동시간에 의한 노동의 측량이 노동 생산물의 가치량으로 표현되는가라는 질문을 한 번도 던진 적이 없다. 생산과정이 인간을 지배하고 인간이 생산과정을 지배하지 않는 사회구성체에 속한다는 도장이 분명히 찍혀 있는 그러한 형태들도 경제학자의 부르주아적 의식에서는 생산적 노동 그 자체와 마찬가지로 자명한 자연적 필연성으로 나타난다"(마르크스, 2009: 103~104). 자본주의는 물신주의적인 태도로 노동을 그 특유의 방식을 통해 사상(捨象)시켜 교환가치의 형태로 취급해버린다["노동은 더 이상 서로 구별되지 않고 모두 동일한 종류의 노동, 즉 추상적 인간노동으로 환원된다"(마르크스, 2009: 47)]. 따라서 마르크스가 목표로 했던 것은 바로 이처럼 개인들에게 익명의 강제력으로 작동하는 자본주의 체제를 해체·극복하는 것이었다(하인리히, 2016: 321).

결국 마르크스가 자본주의를 극복하고 이행에 의해 도달하려는 상태는 자본주의적 생산양식이 해체된 상태, 즉 물신주의적 태도로 노동을 그 특유의 방식을 통해 사상시켜 교환가치로 만들어버리는 생산양식이 해체된 상태를 말하는 것이다. 하지만 여기서 한 걸음 더 나아가, 그러한 상태로 이행하게 되는 근본적인 동력은 무엇이며, 그러한 이행의 결과는 과연 어떠한 사회 또는 주체를 지향하는가라는 문제가 뒤따른다. 다시 말해, 알튀세르의 표현을 빌린다면, 이행이라는 전망 속에서 "공산주의의 투명성으로 나아가는 관념을 발견"하게 되고, 그러한 관념이 성취된 사회적 상태는 "국가나 상품들의 관계들과 마찬가지로 쓸모없게 되어버린 사회적 관계들을 개인의 자유로운 발전이 대체하게 될 공동체"로 규정되는바(알튀세르, 2012: 50), 그러한 전망은 그 자체로 문제의 종결이 아니라 출발점이 되는 것이다.

이러한 이행에의 전망에 관해 우선적으로 물어야 할 것은 그 이행을 추동시키는 근본적인 동력이 마르크스의 사유 안에서 어떻게 마련되고 있는가이다. 마르크스에 관한 수많은 해석에도 불구하고, 그의 사유 구조 안에서 생산력의 발전, 즉 물질적 측면의 확대와 발전이 이행에 결정적인 동력을 부여하고 있음을 부정할 수는 없을 것이다. 실제로 마르크스는 "모든 세대는 생산력들을 과거의 세대에 의해 획득된 것으로서 발견하며, 이 생산력들이 새로운 세대에게 새로운 생산의 원료로 된다는 단순한 사실로 말미암아 인간의 역사 속에는 하나의 연관이 성립하고 인류의 역사가 성립하는데, 이 역사는 인간의 생산력들이, 따라서 그들의 사회적 관계들이 성장하면 할수록 더욱더 인류의 역사가 되는 그러한 역사이다"라고 말한 바 있다(마르크스, 1999: 588).

이와 같은 이른바 생산력 우위 테제와 함께 생각해보아야 하는 것은 이행의 결과로서 초래되는 무형식 또는 탈형식의 사회이다. 마르크스는 이행의 결과 초래되는 사회는 관계에서 매개가 존재하지 않는, 그 자체로 투명한 사회가 될 것이라고 생각했다. 마르크스의 이러한 전망은 마르크스 자신의 사유 속에서도, 그리고 이후 실제적인 정치적 활동 속에서도 국가기구의 사멸이라는 테제로 정립되었다. 예컨대 마르크스는 파리코뮌을 공산주의적 투명성이 현실화된 전범(典範)으로 묘사하면서, 파리코뮌 속에서 "교회와 국가의 모든 간섭이 제거되었"고 결국 "코뮌 제도는 사회에서 자양분을 얻고 사회의 자유로운 운동을 저해하는 국가라는 기생물이 이제까지 빨아먹은 모든 힘을 사회의 신체에 돌려줄 것"이라고 전망하고 있다(마르크스, 2011: 87, 89).

하지만 이행의 문제에서 생산력 우위 테제 및 무계급사회에 대한 마르크스의 전망은 그 실천에서 상당한 문제점을 초래했던 것이 사실이다. 만약 "사회주의 생산성의 전제조건이 막대한 잉여"이고 결국 "자본주의의 임무는 인류를 풍요의 단계로 회복하는 것이며 그리하여 자본주의는 스스로를 전복하는 무계급 사회로 가는 길을 터주는 것"이라면, 곧바로 이에 대해 "사회주의 실현을 가능하게 할 정도로 충분한 생산성이 최후의 공황이 일어나기 전에 축적되리라는 것을 무엇이 보장할 수 있을까?"(코헨, 2011: 343,

350)라는 반문이 등장할 수 있다. 뒤에서 자세하게 논의하겠지만, 생산력 우위 테제에 근거한 이행의 논리는 스탈린과의 대결 속에서 마오쩌둥이 자신의 독자적인 노선을 구상하는 결정적인 계기가 되었다.

이와 더불어 생산력에 의한 이행이라는 테제로부터 추론되는 무계급사회, 즉 지배/피지배 관계 자체가 철폐된 무형식의 사회에 대한 마르크스의 낙관적 전망은 강제성 없는 주체성의 생산이 가능한가라는 질문을 제기하게 되는데, 이는 1949년 이후 통치자였던 마르크스주의자 마오쩌둥이 당면한 사회주의적 주체의 생산이라는 실천적 문제에서 상당한 이론적 쟁점을 형성했다. 에티엔 발리바르(Étienne Balibar)가 지적했던 것처럼, 마르크스주의 이론의 근본적인 한계는 "주체화/복종으로서의 주체 구성의 결여"인바, "마르크스에게는 일반화된 경제의 이론으로서의 생산양식의 이론이 있지만, 주체화/복종 양식에 대한 이론은 없다"(서관모, 2011: 645). 마르크스의 이러한 근본적인 결여는 이행의 문제를 논하는 데 결정적인 문제인 프롤레타리아적 이데올로기는 무엇인가라는 문제를 제기하지만, 마르크스의 언설 속에서 이에 대한 해답을 찾을 수는 없는 것이 사실이다.

종합해보면 마르크스가 구축한 이행의 쟁점은 크게 두 가지로 집약될 수 있다. 우선 생산력의 문제이다. 마르크스는 자본주의의 붕괴와 극복이 극대화된 생산력에 근거해 이루어질 수 있다고 생각했다. 또한 그러한 극단적인 생산력의 발전이 초래하는 사회는 무계급의 사회가 될 것이라고 전망했다. 하지만 이러한 이행에 관한 그의 테제는 역사 속에서 그 테제에 대한 검증, 즉 실천을 기다리고 있었다. 마르크스 스스로 언급했던 것처럼 "실천 속에서 인간은 진리를, 즉 현실성과 힘, 자신의 사유의 차안성을 증명"해야 하는 것이다(마르크스, 1999: 185). 문혁으로 향해가는 마오쩌둥 사유의 궤적은 결국 이행에 관한 마르크스의 사유를 떠받치는 두 테제, 즉 생산력 발전에 의한 이행과 그 결과인 무계급사회의 실현이라는 테제가 실천 속에서 어떠한 파열음을 냈고 그러한 파열음 속에서 어떠한 문제점과 가능성이 배태될 수 있었는지를 살펴보는 중요한 계기가 될 것이다.

3. 문화대혁명의 인간학적 요구

사회주의 중국의 이론가이자 정책가였던 천보다(陳伯達)는 마오쩌둥이 문혁을 발발시킨 것에 대해 다음과 같이 말한 바 있다. "마오쩌둥이 문화대혁명을 일으킨 것은 단순히 일시적인 충동 때문이거나 개인의 원한 때문이라고 할 수 없고, 일종의 이론에서 나왔다고 하는 편이 타당하다"(백승욱, 2012: 121 주51에서 재인용). 천보다의 이 언급은 문혁이 단순히 급작스럽게 발생한 정치적 돌발 사건이라기보다 그 이면에 이론적 맥락과 그에 대한 고민이 놓여 있음을 말해준다.

또한 문혁의 발발을 논의할 때 놓치지 말아야 할 것은 문혁이 국내적인 사건일 뿐만 아니라 국제적인 사건이기도 하다는 점이다. 1956년 소련공산당 제20차 대회 이후 소련과 중국의 관계는 추종 관계에서 적대 관계로 변해갔다. 이전까지 소련은 중국에 일종의 표준 모델로 존재했지만, 1950년대 말 이후 호루시초프가 스탈린 사후 스탈린 격하 운동을 벌이면서 중소 관계는 악화일로에 놓였다. 마오쩌둥은 이러한 사회주의 진영 내부의 균열 속에 중국만의 독자적인 사회주의 노선을 고민하게 되었으며, 문혁은 바로 이러한 국제적 환경의 산물이기도 했던 것이다.

결국 문혁은 마르크스-레닌주의에 대한 마오쩌둥의 이론적 고민이자 구체적인 역사적 환경에 대한 정책적 실천의 결과물이기도 하다. 마오쩌둥은 마르크스-레닌주의자로서 그 이론을 실천적으로 어떻게 현실에 반영할 것인가를 고민해야 했으며, 동시에 국제적인 환경이라는 실제적이고도 구체적인 조건 속에서 그러한 실천의 가능성과 방향성을 가늠해야 했던 것이다.

문혁이 발발했던 당시의 이와 같은 중층적인 맥락을 고려했을 때, 문혁에 대한 시좌를 단순히 대중동원이라고 규정짓는 것은 다소 표층적인 시각이라고 해야 할 것이다. 오히려 문혁은 이론가이면서 동시에 통치자였던 마오쩌둥의 중국 사회 또는 인민에 대한 이론적·실천적 요구, 즉 사회주의적 인간형에 대한 요구가 표출된 사건이라고 할 수 있다. 요컨대 본래의 기획 의도에서 문혁은 대중 역량을 무제한적으로 방출하는 것이 아닌, 특정한 행위양식에 대한 모종의 윤리적 요구를 내포한 문화운동이었던 셈이다.

문혁이 특정한 행위양식에 대한 윤리적 요구를 내포하고 있었다는 것은 문혁으로 접근해가는 마오쩌둥의 언급을 통해 읽어낼 수 있다. 이 글에서 논하고자 하는 부단한 혁명에서 계속혁명으로의 전환은 마오쩌둥이 문혁으로 접근해가는 경로에서 관점의 변화를 겪었고, 그러한 변화의 과정이 혁명과 이행이라는 측면에서 어떠한 이론적·실천적 요구를 내함하고 있었는지를 보여주고 있다.

마르크스주의에 나타나는 이행에의 전망과 그 이행에 관한 이론적 구조는 1949년 이후의 중국이 자신의 국내 정세와 그에 관한 분석을 행하는 데 기본적인 인식론적 구도를 형성했다. 이행의 이론에 따르면 1949년, 즉 중국공산당에 의한 사회주의 인민공화국의 수립은 곧 과도적 단계인 사회주의와 궁극적 단계인 공산주의로 이행해가는 출발점이었다고 할 수 있다. 하지만 그 이론적 전망과 실천 사이에는 상당한 괴리가 있었고, 그러한 괴리 역시 마르크스주의적인 방식을 통해 해명되어야 했다.

예컨대 1956년 개최된 제8차 중국공산당 전국대표대회(第八次中國共產黨全國代表大會)에서는 '중국공산당 제8차 전국대표대회의 정치 보고에 관한 결의(中國共産黨第八次全國代表大會關於政治報告的決議)'를 발표했는데, 이 결의에서는 중국의 주요 모순을 발전된 사회주의 제도(생산관계)와 낙후된 물질적 조건(생산력) 사이의 격차로 정의하고 그러한 격차를 해소하기 위해서는 후자를 발전시켜야 한다고 주장했다.

주지하듯 발전된 사회주의 제도와 낙후된 물질적 조건 사이의 격차라는 당시의 상황에 대한 해명 방식은 토대와 상부구조라는 마르크스주의의 인식론적 구도가 그대로 적용된 것이었다. 이러한 구도에 근거해 중국공산당은 낙후된 물질적 조건의 극복, 즉 생산력의 제고가 이행을 위해 필요한 조치라는 결정을 내렸다. 이러한 결정은 기존에 논의되었던 마르크스주의의 이른바 생산력 우위 테제, 즉 자본주의의 극복과 사회주의 및 공산주의로의 이행이 생산력의 극단적 발전을 통해 이룩될 수 있다는 공식이 적용된 결과라고 할 수 있다.

이러한 분위기 속에서 마오쩌둥은 1957년 2월에 발표한 「인민 내부 모순의 문제를 정확히 처리하는 문제에 관하여(關於正確處理人民內部矛盾的問題)」(이하 「인민 내부 모순」)에서 생산력 우위 테제의 근본적인 기조를 유지하면서도 상부구조, 즉 의식적인 측면의 노력이 중요함을 역설한다. 그런데 마오쩌둥의 이러한 주장은 사회주의 제도의 승리가 곧 인간에 대한 인간의 착취가 모두 사라졌음을 의미하는 것이라고 주장했던 스탈린의 주장과 어긋나는 것이었다. 스탈린은 1938년에 발표한 「변증법적 유물주의와 사적 유물주의를 논함」에서 계급투쟁이 사라진 사회주의 사회의 임무는 계급투쟁이 아니라 인민의 물질적 수준을 높이는 것이라고 규정했다(Sullivan, 1985: 68).

스탈린의 이와 같은 주장과는 다르게 마오쩌둥은 「인민 내부 모순」을 통해 사회주의를 향한 의식적인 노력, 즉 사회주의적 개조의 중요성을 강조했다. 예컨대 그는 합작사(合作社) 건설의 문제를 언급하면서 "합작사는 반드시 지난한 투쟁의 과정 중에 성립하는 것입니다. 어떤 일이든 곤란함이 있게 마련이고, 새로운 사물의 성장은 우여곡절을 겪을 수밖에 없고 또 비판을 거쳐야 합니다. 사람들은 집단생활에 습관이 들지 않습니다"(毛澤東, 1968a: 153)라고 말했다. 이 언급을 통해 확인할 수 있듯 마오쩌둥은 이행 단계의 무모순성을 이야기하지 않고 이행을 위한 부단한 의식적 노력을 강조하고 있는 것이다. 하지만 그럼에도 불구하고 마오쩌둥의 시각 안에서 사회주의 사회 내부의 모순은 여전히 비적대적인 것, 즉 민주주의적인 수단을 통해 지양될 수 있는 것으로 규정되었다.

> 적과 우리 편을 분명히 구분하고 시비(是非)를 분명히 하는 것은 수년간 우리가 논해왔던 문제입니다. 적과 우리 편을 구분하는 것은 곧 누가 적인지 그리고 누가 우리 편인지를 구분하는 것입니다. 그리고 시비를 가리는 것을 우리는 인민 내부의 문제라고 합니다. 인민 내부의 문제는 시비의 문제이지 적과 우리 편의 문제가 아닙니다. 그렇다면 적과 우리 편의 문제 또한 시비의 문제가 아닌가요? 역시 시비의 문제입니다. 예를 들어 장제스(蔣介石), 제국주의, 봉건주의, 관료자본주의와 우리의 싸움에서 누가 옳고 누가 그르냐의 문제 역시 시비의 문제입니다. 하지만 성질이 다른 시비의 문제입니다. 통상적으로 우리는 이것을 적과 우리 편의 문제라고 합니다. 이것은 적대적 모순입니다. 적과 우리 편 사이의 모순이고, 이것은 적대적 모순입니다. 인민 내부의 모순은 비적대적 모순입니다(毛澤東, 1968a: 147).

「인민 내부 모순」에서 가장 주목해야 하는 것은 모순 일반을 적대적 모순과 비적대적 모순으로 나누고 있다는 점이다. 마오쩌둥은 사회주의로의 이행이라는 테제에 대한 동의를 기준점으로 해서 적대적 모순과 비적대적 모순을 구분한다. 그리고 이러한 적대적 모순과 비적대적 모순의 차이는 그 해결 방식에서도 구분되는데, 후자의 경우 토론과 비판을 통한 민주주의적 방식에 의해 해결될 수 있다.

사상 문제, 인민 내부의 문제는 폭력에 의한 방법으로 해결될 수 없습니다. 폭력에 의해 사상 문제를 해결하고 정신세계의 문제를 해결하며 인민 내부의 문제를 해결할 수 있다고 생각하는 것은 착오입니다. 행정명령을 동원해 억압의 방식을 통해 문제를 해결할 수 있다고 생각하는 것은 효과가 없고 해가 될 뿐입니다. 예를 들어, 종교는 행정명령을 통해 없애거나 믿지 말라고 강요할 수 없으며, 관념론 역시 사람들에게 믿으라고 할 수 없습니다. 사상 문제에 속하는 것들은 토론의 방법, 변증법적 방법, 비평의 방법, 교육의 방법, 설득의 방법을 통해 사람들로 하여금 믿게 해야 합니다(毛澤東, 1968a: 148).

적대적 모순과 비적대적 모순의 구분, 그리고 그러한 구분에 기대어 마오쩌둥은 단절 - 비평 - 단결의 과정을 제시한다(毛澤東, 1968a: 150). 마오쩌둥에 따르면 인민 내부의 모순인 비적대적 모순은 비평과 단결의 순차적인 흐름에 의해 해결될 수 있는 것이지, 너 죽고 나 살자[你死我活] 식의 문제라고 할 수 없다.

적대적 모순과 비적대적 모순 사이의 구분 이외에 「인민 내부 모순」에서 주목해야 하는 것은 생산력과 생산관계 사이의 모순이라는 공식이 여전히 유지되고 있다는 점이다. 마오쩌둥은 스탈린의 저서 『사회주의 경제 문제』의 의의를 인정하면서도 그 책이 추상적인 형이상학적 관점에 머물러 있으며 사회주의 내부의 모순을 제대로 처리하지 못했다고 주장한다.

사회주의 사회에 모순은 존재합니다. 기본모순은 생산관계와 생산력 사이의 모순이며 상부구조와 경제적 기초 사이의 모순입니다. 이러한 모순은 인민 내부의 모순으로 표현됩니다. 왜냐하면 이 시기에 사회주의 사회에는 착취자가 없고 소유제는 전 인민의 집체 소유제이기 때문이며, 이 시기에는 개인적인 자본가, 토지 소유자, 공장 소유자, 기업 소유자가 없기 때문입니다. 이 때문에 스탈린의 변증법은 상당한 결락을 내포하고 있는 것입니다. …… 스탈린은 철학적으로 보았을 때 상당히 심각한 형이상학적 관점이라고 할 수 있습니다. 이른바 형이상학적 관점이라는 것은 변화가 없는 것입니다. (스탈린의 사유 안에서 _인용자) 전쟁은 전쟁이고, 부르주아 계급은 부르주아 계급이고, 프롤레타리아 계급은 프롤레타리아 계급입니다. 우리는 이와 다릅니다. 부르주아 계급이 프롤레타리아 계급으로 바뀌고, 억압받았던 프롤레타리아 계급이 국가의 주인이 되는 그러한 프롤레타리아 계급입니다(毛澤東, 1968a: 157).

요약하자면, 「인민 내부 모순」에서 마오쩌둥이 주장하고 있는 공식은 결국 생산력과 생산관계의 모순이라는 공식은 유지하면서도, 여기에서 배태되어 나오는 모순이 인민 내부의 모순, 즉 비적대적 모순이라는 것이다. 그리고 이러한 의식을 기반으로 해서 마오쩌둥은 스탈린과 다르게 사회주의 사회 내부의 모순과 그 모순에 대한 부단한 의식적 개조를 강조하고 있는 것이다.

1957년 발표된 「인민 내부 모순」에서 읽어낼 수 있는 것은 사회주의 사회 내부의 모순과 그 해결 가능성에 대한 낙관적 전망이다. 마오쩌둥은 생산력과 생산관계 사이의 모순이 사회주의로의 이행이라는 대전제 아래서 비적대적인 모순으로 표현되며, 따라서 그 모순이 민주적인 방식을 통해 지양·해결될 수 있다고 생각했던 것이다.

이러한 낙관적 전망은 1958년 1월 28일에 발표된 「최고국무회의에서의 연설(在最高國務會議上的講話)」(이하 「연설」)에서도 이어진다. 마오쩌둥은 이 「연설」에서 "우리 민족의 발전은 매우 희망적입니다. 비관론은 근거가 없는 것이고 타당하지 않습니다. 비관론을 비판해야 합니다"라고 언급했다(毛澤東, 1968b: 11). 특히 이 「연설」은 부단한 혁명(不斷革命) 개념을 제기하는 동시에, '그것'을 트로츠키의 연속혁명(permanent revolution)과도 구분 짓고 있다는 점에서 중요하다.

> 나는 부단한 혁명론을 주장합니다. 이것을 트로츠키의 연속혁명론과 같은 것으로 여겨선 안 됩니다. 혁명은 마치 철이 뜨거울 때 때려야 하는 것과 마찬가지입니다. 하나의 혁명에 이어서 다른 혁명이 이어지고, 혁명은 부단히 전진해야 하는 것입니다. 중간에 식어서는 안 됩니다. 후난(湖南) 지역 사람들은 종종 "짚신을 만들 때 이미 정해진 모양은 없다. 만들면서 모양을 갖춰가는 것"이라고 말하곤 합니다. 트로츠키는 민주혁명이 완성되기 이전에 사회주의 혁명을 진행해야 한다고 주장했습니다. 우리는 그렇지 않습니다. 예를 들어 1949년 해방 이후 곧바로 토지개혁을 실시했고, 토지개혁이 막 끝난 이후 합작조 운동을 진행했습니다. …… 폴란드와 남슬라브(유고슬라비아) 같은 경우 민주주의 질서를 세운 이후 7~8년 정도 유지해오다 결국 부농(富農)이 출현했습니다. 신민주주의 질서는 세우지 않아도 됩니다(毛澤東, 1968b: 14~15).

자신의 부단한 혁명론을 트로츠키의 연속혁명과 구분[1]하고 있는 마오

---

1 중국어 원문에서는 마오쩌둥이 언급한 '부단한 혁명'과 트로츠키의 '연속혁명'이 모두 '不斷革命'으로 번역되었다. 하지만 한국어에서는 트로츠키의 '연속혁명'이 영어로 'permanent revolution'으로 번역되어 레닌의 'uninterrupted revolution'과 구분되는 경우가 있다. 예컨대 이완종(2007)의 용례에 따르면 레닌의 'uninterrupted revolution'은 '연속혁명'으로, 트로츠키의 'permanent revolution'은 '영구혁명'으로 구분되어 번역되었다. 하지만 정성진(트로츠키,

쩌둥의 언급은 혁명론의 초점이 이행의 단계와 주체의 문제가 아니라 주체의 의식적 개조의 층위에 맞춰져 있다는 점에서 중요하다. 다시 말해 트로츠키의 연속혁명에서 중요한 것은 이행의 형식과 단계의 문제, 그리고 혁명의 주체가 누구여야 하는가이지만, 마오쩌둥의 부단한 혁명은 혁명의 주체가 어떠한 의식을 갖춰야 하는가에 방점을 찍고 있는 것이다.

8. 민주주의 혁명의 지도자로서 권력을 장악한 프롤레타리아 독재는 불가피하게, 그리고 매우 급속하게 부르주아의 소유권을 심각하게 침해하는 것과 긴밀히 결부될 수밖에 없는 임무들에 직면하게 된다. 민주주의 혁명은 곧바로 사회주의 혁명으로 성장·전환하며, 그럼으로써 연속혁명이 된다.

9. 프롤레타리아의 권력 쟁취는 혁명을 완성시키는 것이 아니라 혁명의 시작일 뿐이다. 사회주의 건설은 국내적·국제적 차원의 계급투쟁을 토대로 해서만 생각할 수 있다. 전 세계에 걸쳐 자본주의적 관계들이 압도적으로 지배하고 있는 조건에서 이 투쟁은 불가피하게 폭발, 즉 대내적으로는 내전, 대외적으로는 혁명전쟁으로 귀결될 수밖에 없다. 아주 최근에야 민주주의 혁명을 이룩한 후진국이든 이미 오랫동안 민주주의와 의회주의 시대를 거친 오래된 자본주의 국가이든 상관없이 사회주의 혁명 자체가 연속적 성격을 갖는 이유는 바로 여기에 있다(트로츠키, 2013: 361~362).

트로츠키가 제시한 연속혁명의 핵심은 불균등발전, 즉 서유럽과 비교

2013)의 용례에서는 레닌의 'uninterrupted revolution'과 트로츠키의 'permanent revolution'이 모두 '연속혁명'으로 번역되어 있고 트로츠키의 『연속혁명』 영어판본(*The Permanent Revolution: Results and Prospects*)에서도 'uninterrupted revolution'과 'permanent revolution'이 혼용되고 있다. 마오쩌둥 연설의 영어 번역본(Chinnery and Tieyun, 1975)에서는 마오쩌둥의 '不斷革命'과 트로츠키의 '연속혁명'을 모두 'permanent revolution'으로 번역하고 있다. 이 글에서는 마오쩌둥의 '不斷革命'을 '부단한 혁명'으로, 트로츠키의 'permanent revolution'을 '연속혁명'으로 번역해 사용한다.

해 부르주아와 프롤레타리아가 모두 취약한 러시아의 상황 속에서 역사적 단계를 압축해 프롤레타리아가 권력을 잡는 것을 이론적으로 뒷받침하는 것이었다. 더 구체적으로 말해, 트로츠키가 제시한 연속혁명은 계급적 기반이 취약한 러시아의 프롤레타리아가 부르주아적 민주주의 단계에 머무르지 않고 곧바로 사회주의 혁명으로 나아가야 함을 주장한 것이다(이완종, 2007: 26, 43). 결국 트로츠키의 연속혁명은 이행의 단계 자체에 대한 해석의 문제와 이행을 수행하는 주체가 누구여야 하는가, 그리고 그 범위가 국제적인가 국내적인가의 문제에 집중하고 있었던 셈이다.

하지만 마오쩌둥의 부단한 혁명은 이행의 단계와 그 주체가 누구여야 하는가라는 문제가 아닌, 이행을 위해서는 어떠한 세계관을 갖춰야 하는가의 문제에 방점을 찍고 있다고 할 수 있다. 마오쩌둥에게 이행의 단계와 그 형식은 더 이상 문제가 되지 않는데("짚신을 만들 때 이미 정해진 모양은 없다. 만들면서 모양을 갖춰가는 것이다"), 그의 시각에서 볼 때 ― 그 타당성의 문제는 차치하고 ― 중국은 이미 사회주의 국가이기 때문이다. 또한 마오쩌둥의 부단한 혁명 안에서 혁명의 주체가 누구여야 하는가의 문제 역시 주요 관심사가 아니다. 혁명이 아직 완성되지 않았고 지속적인 노력을 기울여야 한다고 주장하는 마오쩌둥의 주장이 응시하고 있는 것은 오히려 상부구조의 층위이다.

> 혁명은 아직 완성되지 않았습니다. 동지 여러분, 지속적으로 노력해주십시오. 정치와 업무는 서로 어우러져야 합니다. 홍(紅)이면서 동시에 전(專)이어야 하는 것입니다. 홍이라는 것은 정치를 말하고, 전이라는 것은 업무를 말합니다. 홍색을 갖춘 전문가가 되어야지, 백색의 전문가가 되어서는 안 됩니다. …… 만약 정치를 하는 사람이 홍만 갖추고 전을 갖추지 못한다면 그 홍 역시 진정한 홍이 아닐 것이며, 공상에 빠진 정치가일 것입니다. 당연히

사람마다 사정은 다르겠지요. 나이가 많다거나 …… 대체로 사정이 허락하는 이는 전문적인 지식을 갖춰야 하며 동시에 혁명적 의식을 가미해야 합니다. …… 우리는 상부구조에 대한 작업을 진행하는 것입니다. 원재료가 없기 때문에 도처를 찾아다니며 가공해야 합니다(毛澤東, 1968b: 16).

이행에 관한 의식적 층위에 대한 강조 이외에 마오쩌둥은 동시에 기술혁명, 즉 생산력의 문제도 강조하고 있다. 「연설」이 발표된 직후인 1958년 1월 31일 마오쩌둥은 「공작방법 60조(초안)(工作方法六十條)(草案)」를 발표하면서 기술혁명의 중요성, 그리고 혁명정신과 전문기술의 통합을 강조했다.

(21조) 부단한 혁명. 우리의 혁명은 계속 이어지는 것입니다. 1949년 전국적인 범위의 정권 쟁취가 시작되고, 곧이어 반봉건 토지개혁이 실행되었습니다. 토지개혁이 완성되자마자 농업합작사를 시작했고, 이어서 사영 공상업과 수공업에 대한 사회주의적 개조가 이어졌습니다. …… 우리는 반드시 더욱 힘을 내서 역사가 우리에게 부여한 위대한 기술혁명을 학습하고 완성해야 합니다. 이 문제는 간부회의에서 논의해야 하고, 간부대회를 열어 우리가 또 어떤 능력을 갖추고 있는지 논의해봐야 합니다. 과거 우리가 갖고 있던 능력은 주로 싸우거나 토지개혁을 하는 것이었습니다. 현재 이런 능력으로는 부족합니다. 새로운 능력을 갖춰야 하고 실제적인 업무를 진정으로 이해해야 합니다. 과학과 기술을 이해해야 하고 그렇지 않으면 제대로 지도할 수 없습니다. …… 올해부터 정치사상 전선상의 사회주의 혁명을 지속적으로 완성해가는 동시에 당 업무의 중점을 기술혁명에 두어야 합니다. (하략)

(22조) 홍과 전, 정치와 업무 사이의 관계는 대립 통일의 관계입니다. 정치적인 부분에 대해 묻지 않는 경향은 반드시 비판해야 합니다. 한편으로는

> 아무 생각이 없는 정치가를 비판해야 하고, 다른 한편으로는 방향을 상실한 실무자에 반대해야 합니다. 정치와 경제는 통일되는 것이고, 정치와 기술도 통일되는 것입니다. 이는 의심의 여지가 없습니다. 해마다 그렇고, 영원히 그렇습니다(毛澤東, 1968b: 24).

1950년대 말까지의 마오쩌둥의 언급을 종합해보면, 그의 인식은 사회주의 사회 내부의 모순과 그것의 지양 가능성에 대한 낙관적 전망으로 요약할 수 있다. 1950년대 말의 마오쩌둥은 생산력과 생산관계 사이의 모순이라는 마르크스의 인식론적 틀을 공유하면서도 그로부터 배태되는 모순이 사회주의라는 대전제하에서 민주적인 방법을 통해 지양될 수 있다고 생각했고, 부단한 혁명이라는 개념 역시 모순의 원만한 지양을 위한 의식적·물질적 층위의 노력으로 규정하고 있었으며 또한 그러한 의식적·물질적 차원의 노력이 별문제 없이 통합될 수 있다고 보고 있었던 것이다.

하지만 실상 마오쩌둥은 자신이 주장한 의식적 층위의 노력이 무엇이고 그것이 구체적으로 어떠한 행동 강령으로 이어져야 하는지, 그리고 의식적 측면의 노력과 생산력의 측면이 서로 원만하게 통합될 수 있는지에 대해서는 모호하게 생각하고 있었던 것이 사실이다. 마오쩌둥이 지속적으로 강조한 부단한 혁명과 그것을 위한 상부구조에서의 노력이 한층 더 첨예한 윤리적 요구로 드러나기 시작한 것은 대약진운동이 실패하고 중소관계가 지속적으로 악화되면서 혁명의 순수성과 분명한 계급전선이 재차 강조되기 시작한 1960년대 이후의 문건을 통해서이다.

서두에서 언급한 것처럼, 문혁의 발발은 비단 국내적인 요인에 의해서만 비롯된 것이 아니라 국제적인 요인, 즉 중소 분쟁이 결정적인 요인으로 작용했기 때문이다. 1957년 소련공산당 제20차 대회 이후 마오쩌둥은 줄곧 수정주의 반대 및 예방을 강조했고, 1960년대 중소 분쟁이 더욱 격화되면서 수정주의에 대한 마오쩌둥의 비판적 입장은 더욱 공고해졌다. 특히 흐루시초프가 실각한 이후 1964년 11월 중국 대표단이 소련을 방문했을 때, 당시 대표단 부단장이던 허룽(賀龍)에게 소련의 국방장관 로디온 말리놉스키(Rodion Malinovskii)가 마오쩌둥의 하야를 권유하고 이 사실이 정식으로 보고되자 소련에 대한 마오쩌둥의 적대감이 더욱 격화되었다(席宣, 2015b: 105).

이러한 측면에서 보면 문혁의 발발은 일견 마오쩌둥 개인의 권력에 대한 집착에서 비롯된 것처럼 보일 수도 있다. 하지만 그러한 측면이 분명 존재함에도 문혁이 엄청난 수의 인민을 동원했다는 점에서 볼 때, 문혁의 원인을 단순히 개인적 권력욕의 차원으로 귀결시키는 것 역시 폐쇄적이고 단순한 관점이라고 해야 할 것이다. 중소 분쟁이라는 국제적인 환경 속에서 마오쩌둥이 선택한 문혁이라는 정치적 노선은 분명 자국 내에서도 일반 대중의 생활 세계 차원에서 상당한 정치적 효과를 불러일으켰다. 따라서 문혁이 목표로 하고 만들어낸 정치적 경험의 양상은 더욱 깊이 있는 고찰을 필요로 하는 역사적 사건으로 해석되어야 한다.

1965년 발간된 『국제 공산주의 운동의 일반 노선에 관한 비판(The Polemic on the General Line of the International Communist Movement)』(이하 『비판』)은 중소 분쟁의 격화와 그에 따른 중국공산당의 대응을 집약해놓은 책이다. 이 책은 비록 마오쩌둥 개인의 저작은 아니지만[2] 당시 소련공산당에 대한 중국공산당의 비판적 입장이 집약적으로 반영된 저작이라고 할 수 있다. 이 책에는 1950년대 마오쩌둥의 입장과는 구별되는 더욱 첨예화된 계급노선과 수정주의로의 변질을 경계하기 위한 사회주의적 인간학의 요

---

2 *The Polemic on the General Line of the International Communist Movement*는 1963년에서 1964년 사이 기관지인 ≪홍기(紅旗)≫, ≪인민일보(人民日報)≫ 등에 실린 사설과 논평의 영문판을 싣고 있다.

구가 한층 선명하게 표출되어 있다.

더불어 이 시점에서 주목해야 할 것은 문혁의 정수를 집약시키고 있는 계속혁명이라는 개념이 정작 마오쩌둥 본인에 의해서는 한 번도 사용되지 않았다는 점이다. 계속혁명이라는 개념은 문혁이 정식으로 발발된 후인 1967년 10월 사회주의 혁명 50주년을 기념해 천보다와 야오원위안(姚文元)이 초안을 잡은 「10월 사회주의 혁명이 개척한 길을 따라 전진하자(沿着十月社會主義革命開闢的道路前進)」라는 제목의 사설에서 '프롤레타리아 독재하의 계속혁명 이론(無産階級專政下繼續革命的理論)'이라는 표현으로 사용되었다.[3] 비록 마오쩌둥이 직접 사용하진 않았지만, 그는 이 용어의 사용에 대해 "내부 문건은 이미 열람했습니다. 수정한 바가 좋으니 사용해도 좋습니다"(席宣, 2015a: 77)라고 비준한 것으로 보아 마오쩌둥 역시 계속혁명이라는 개념을 인지했으며 또한 그 용어의 사용을 허락한 것으로 볼 수 있다.

1965년 발간된 『비판』이 당내에서 집단 저술되었다는 점, 그리고 계속혁명 개념 역시 특정 개인의 주장에 의해 제시된 것이 아니라 당내 이론가들의 제안과 마오쩌둥의 비준에 의해 사용되기 시작했다는 점을 통해서도 문혁이 급작스럽게 발생한 정치적 돌발 사건이 아니라 당시의 국내외적 상황 속에서 여러 차례의 의견 교환을 거쳐 점진적으로 준비되었음을 짐작할 수 있다. 결국 1966년에 시작된 문혁과 그 정수를 표현하기 위해 사용된 '계속혁명'이라는 개념은 1950년대와는 다른 측면에 초점을 맞춘 혁

3 시쉬엔(席宣)의 고찰에 따르면, 1967년 10월 1일 자 ≪인민일보≫, ≪홍기≫ 등에 「프롤레타리아 독재하의 문화대혁명 만세(無産階級專政下的文化大革命萬歲)」라는 사설이 실렸는데, 여기에서 '프롤레타리아 독재하에 지속적으로 혁명을 진행하는 빛나는 이론에 관하여(關於無産階級專政下繼續進行革命的光輝理論)'라는 표현이 사용되었고, 이어 같은 해 11월 6일 자 ≪인민일보≫, ≪홍기≫에 실린 「10월 사회주의 혁명이 개척한 길을 따라 전진하자」라는 사설에서는 '프롤레타리아 독재하의 계속혁명 이론'이라는 표현이 사용되었다(席宣, 2015a: 76 참조).

명 이론이 점진적으로 강화되면서 촉발·등장한 것이라고 할 수 있다.

앞서 살펴보았던 것처럼 1950년대 부단한 혁명의 핵심은 인민 내부의 모순과 그 모순의 지양 가능성이었다. 부단한 혁명이 초점을 맞추었던 것은 혁명정신과 물질적 발전이 원만하게 통합될 수 있고 사회주의라는 대전제에 합의한 인민 내부의 모순이 민주적 방식을 통해 통합될 수 있다는 점이었다. 하지만 1960년대에 이르면서 혁명이 응시하는 초점이 이동하고 세밀화되기 시작했다. 중소 분쟁의 격화와 수정주의에 대한 경계가 더욱 강화되면서 혁명 이론의 초점은 의식적 측면에 대한 강조라는 기존의 노선을 유지하면서도, 프롤레타리아적 의식이라는 계급적 구분을 더욱 강화하고 사회주의적 인간을 주조하기 위한 주체성의 구도를 더욱 세밀하게 제시했던 것이다.

1964년 7월 14일 ≪인민일보≫와 ≪홍기≫의 편집부 명의로 발표된 후 『비판』에 실린 「흐루시초프의 가짜 공산주의와 그 세계사적 교훈에 관하여(On Khrushchovs Phoney Communism and Its Historical Lessons for the World)」(이하 「가짜 공산주의」)라는 글에서는 흐루시초프를 수정주의자로 규정하고 중국이 그와 같은 수정주의 노선에 빠져들지 않기 위해서는 어떠한 조치를 취해야 하는가를 세밀하게 제시한다. 우선 흐루시초프를 수정주의자로 분류한 가장 큰 이유는 그가 소비에트를 프롤레타리아의 국가가 아닌 모든 인민의 국가(state of the whole people)로 규정했기 때문이다. 이 글에서 흐루시초프는 계급노선을 희석시키고 평화적 공존과 평화적 이행을 제시한 수정주의자 또는 반혁명주의자로 규정된다(The Polemic on the General Line of the International Communist Movement, 1965: 417).

이어서 「가짜 공산주의」는 프롤레타리아 독재의 핵심 과제를 다음과 같이 규정한다. "오늘날의 상황에서 볼 때 프롤레타리아 독재의 과제는 그 어떤 사회주의 국가에서도 성취되지 않았다. 모든 사회주의 국가에는 예외 없이 계급과 계급투쟁이 존재하고, 사회주의 노선과 자본주의 노선 사이의 투쟁이 존재하며, 사회주의 혁명을 끝까지 밀어붙이고 자본주의의 회귀를 막는 문제가 존재하고 있다"(The Polemic on the General Line of the International Communist Movement, 1965: 427).

「가짜 공산주의」는 계급노선의 더욱 엄격한 적용과 사회주의 사회 안에서의 계급투쟁을 강조한 데 이어 소비에트에서 자본주의적 요소들이 다시 등장하고 있다는 것을 실제 사례를 통해 제시한다. 특히 소비에트의 사례를 통해 자본주의적 요소의 등장을 비판한 부분은 문혁이 목표로 하는 사회주의적 인간형의 구축이 덕성의 측면, 즉 윤리적 층위의 문제를 겨냥한다는 사실을 보여준다는 점에서 중요하다.

> 소비에트의 신문들을 훑어보면 최근 몇 년 동안 구착취계급의 수많은 요소들이 소비에트에 현존하고 있다는 것을 발견할 수 있을 뿐만 아니라, 새로운 부르주아적 요소들이 거대한 규모로, 그리고 계급 양극화의 가속화 속에 등장하고 있다는 점을 발견할 수 있다. …… 우선 이른바 전 인민적 소유제에 근거한 소비에트 기업들에서 나타나고 있는 다양한 부르주아적 요소의 활동들을 살펴보자. …… 우즈베키스탄에 있는 실크 공장의 관리자는 주임 기술자, 주임 회계사, 자재과와 영업부의 주임, 그리고 지점장 등과 한 패거리가 되어 새로운 기업가가 되었다. 그들은 회계를 거치지 않은 상품을 만들어내기 위해 불법적인 경로를 통해 수십 톤의 인공 및 천연 실크를 구입했다. 그들은 적절한 절차에 따라 노동자들을 고용하지 않았으며 하루 12시간 노동을 강요했다(The Polemic on the General Line of the International Communist Movement, 1965: 430).

이러한 예들은 이와 같은 부패분자들의 수중에 떨어진 공장들이 사회주의 기업이라는 미명하게 현존하고 있다는 것, 그리고 사실 그러한 공장들이 자기 배를 불리는 사람들에 의한 자본주의적 기업으로 변해가고 있다는 사실을 보여준다(The Polemic on the General Line of the International Communist Movement, 1965: 430~431).

「가짜 공산주의」가 강조하고 있는 것은 이행의 형식 및 그 형식에 대한 해석과는 거리가 멀다. 또한 부단한 혁명을 통해 제시되었던 막연한 의식과 기술의 통합적 지양과도 다르다. 「가짜 공산주의」는 말 그대로 가짜 공산주의적 요소들을 비판함으로써 프롤레타리아 독재의 진정한 의미를 강조하고 있는데, 그것의 시선은 부정부패와 같은 주체성의 내면, 즉 윤리적 측면에 대한 개입과 관리까지 포함하고 있는 것이다.

일견 부정부패의 현상들을 자본주의적 요소들로 환원시키고 부정부패에 대한 비판을 프롤레타리아 독재의 진정한 모습으로 규정하는 것은 매우 단순한 관점으로 여겨질 수도 있다. 부정부패에 대한 비판은 비단 사회주의에 독특한 것이 아니라 현재 신자유주의 사회에서도 흔히 볼 수 있는 식상한 구호에 불과하기 때문이다. 하지만 마르크스주의에서 논의되었던 이행과 그 결과인 투명한 공산주의적 사회상의 전망에 비추어봤을 때 개개인의 윤리적 측면을 파고드는 1960년대의 문건은 더욱 복잡하고도 미묘한 문제를 건드리고 있다고 할 수 있으며, 또한 이는 문혁에 대한 시좌를 어떻게 규정할 것인가의 문제와도 연계되어 있다고 할 수 있다.

문혁으로 접근해가는 마오쩌둥과 당내 이론가들의 시선이 주체성의 내면을 겨냥하고 있다는 것은 물질적 욕망에 대한 통제 또는 절제를 강조하고 있다는 점을 통해서도 드러난다. 예컨대 「가짜 공산주의」는 흐루시초프의 정책이 '부패한 미국 문화(decadent American culture)'를 조장한다고 비판하는 한편, 물질문화의 폐단을 경계하지 못한 소비에트의 정책이 공산주의로의 이행을 가로막고 있다고 주장한다.

> 공산주의로 나아간다는 것은 대중들의 공산주의적 의식을 고양시키는 것을 의미한다. 걷잡을 수 없는 부르주아적 사상들과 공존하는 공산주의 사회는 용납할 수 없는 것이다. 하지만 흐루시초프는 열광적으로 소비에트 연방에 부르주아 이데올로기를 부활시키고 있으며, 부패한 미국 문화를 퍼트리는 데 앞장서고 있다. 물질적 보상을 내세움으로써 모든 인간관계를 금전 관계로 환원시키고 개인주의와 이기주의를 부추기고 있다. …… 분명 흐루시초프에 의해 사회적 윤리와 분위기가 공산주의로부터 극도로 멀어지고 있는 것이다(The Polemic on the General Line of the International Communist Movement, 1965: 461~462).

「가짜 공산주의」가 언급하고 있는 공산주의로의 길은 생산력의 발전과는 거리가 멀다. 「가짜 공산주의」는 오히려 물질적 욕망과 개인주의 및 이기주의에 대한 통제를 언급하고 있으며 이는 곧 공산주의로의 길에서 윤리적 타락과 부패가 방해가 된다고 말하고 있는 것이다.

부정부패와 물질적 욕망, 그리고 이기주의에 대한 통제를 언급하고 있는 「가짜 공산주의」를 통해 확인할 수 있는 것은 그 시선의 초점이 주체성의 내면으로 이행하고 있다는 점이다. 생산력과 생산관계의 상호 관계를 통해 이행을 전망하던 종래의 방식과 달리 1960년대에 이르자 마오쩌둥과 중국공산당의 이행에 관한 초점은 점차 주체의 윤리적 측면을 더욱 조밀하게 겨냥하면서 주체에 대한 개조야말로 공산주의로의 이행에 결정적인 의미를 갖는다고 주장하는 것이다.

그렇다면 이처럼 생산력과 생산관계의 상동관계가 아닌, 주체의 내면 또는 윤리적 측면에 초점을 맞춘 혁명 논리의 전이는 어떻게 설명해야 하는가? 이를 설명하기 위해 우리는 자본주의, 즉 공산주의로의 이행이 비판·부정하려 했던 자본주의를 주체성의 생산이라는 측면에서 살펴볼 필요가 있다. 왜냐하면 공산주의로의 이행은 결국 자본주의적 인간학(또는 주체성의 구조)과 무관할 수 없으며, 자본주의적 인간학에 대한 비판과 극복이라는 맥락에서만 배태될 수 있기 때문이다.

사카이 다카시(酒井隆史)는 자본주의의 근간인 자유주의가 가정하는 인간과 인간에 대한 통치의 상관관계를 다음과 같이 설명하고 있다.

> 초기 자유주의: 적절한 통치란 통치되는 개인의 자유로운 행위의 합리성과 통치 활동의 합리화 원리를 결부시키는 것이다. 즉, 통치의 합리적 행위는 자유로운 시장에서 교환하는 개인의 사적 이익에 따르는 자연적 동기에 의한 행위와 내재적으로 결부되어 있어야 한다. 왜냐하면 이러한 개인적 행위의 합리성은 바로 시장이 그 본성 – 자연에 따라 가장 잘 기능할 수 있게 하기 때문이다(사카이 다카시, 2011: 104~105).

자유주의와 자유주의에 근거를 둔 자본주의는 특정한 인간관, 즉 자신의 합리적 이성에 근거해 사적 이익을 위해 자유롭게 활동하는 개인을 근간으로 한다. 사회적 구성 원리의 차원에서 말한다면 이는 자유주의와 자본주의 사회에서는 합리적 개인과 사적 이익을 추구하는 개인이 최소한의 단위로 존재하며 그렇지 못한 개인은 사회로부터 배제될 수 있다는 것을 의미한다.

결국 자유주의와 자본주의는 주체의 완벽한 자유를 실현하기 위한 체제가 아니다. 오히려 특정한 유형의 인간형을 창출하고 그러한 유형에 속하지 않는 이들을 배제시킴으로써 자신들의 체제를 관리한다. 이 때문에 자유주의와 자본주의는 차라리 특정한 유형의 인간형, 즉 시장 질서에 참여하는 사적 이익에 근거한 합리적인 개인을 만들어내기 위한 통치술이며, 그러한 범주에 포함되지 않는 인간 유형을 배제시킴으로써 특정한 자유의 범주를 만들어 강제한다. 앞서 언급한 것처럼, 자본주의를 강력하게 비판한 마르크스 역시 이와 같은 인간형의 유형에서 완전히 자유로울 수 없었다. 마르크스가 전망한 자유로운 생산자들의 연합은 자본주의의 생산력이 극도로 발전된 상태에서 실현되는 것이었지, 자본주의가 가정한(또는 강제한) 인간학적 테제 자체에 대한 거부는 아니었다.

윤리적 차원에 대한 개입을 통해 사회주의적/공산주의적 인간을 주조하려는 시도는 자유주의/자본주의가 전제하고 있는 인간학, 그리고 마르크스가 전제하고 있는 인간학과도 그 결을 달리하는 것이다. 앞서 언급했듯, 자유주의와 자본주의가 자명한 것으로 가정하고 있는 인간형은 사적 이익을 합리적으로 추구하는 인간이며 자신의 물질적 욕망을 양보하지 않는 인간이다. 또한 마르크스에게 사적 이익을 추구하는 인간을 극복하는 방안은 윤리에 개입하는 것이 아니라 생산력을 발전시키는 것이다. 요컨대 자유주의/자본주의와 마르크스는 모두 물질적 욕망에 대한 통제와 절제를 언급하지 않고 있으며, 논의의 범위를 한층 더 확대하자면 이 양자에게서 모두 사적 욕망이 통제될 수 있다(또는 통제되어야 한다)는 인간학적 가정은 애초부터 존재하지 않고 있는 것이다.

이처럼 이행의 과정에서 정치의 가장 기본적인 단위인 주체와 그 내면성의 윤리적 문제를 겨냥하는 시선은 1963년부터 시작된 사회주의 교육운동 또는 이른바 4청운동(四清運動)을 통해서도 드러난다. 사회주의 교육운동의 핵심은 수정주의를 방지하기 위해 간부와 기층 인민에 대한 설득 및 교육 작업을 강조하는 것으로서 4청, 즉 정치, 경제, 사상, 조직 부문의 작풍을 바로잡는[淸] 운동이었다. 1963년 5월 발표된 사회주의 교육운동의 시작을 알리는 문건 「중공중앙의 현재 농촌 공작의 몇 가지 문제에 관한 결의(中共中央關於目前農村工作若干問題的決定)(草案)」(일명 「전십조(前十條)」) 역시 주체의 윤리적 문제에 대한 엄격한 요구와 관리의 의지를 담고 있다.

> 중요한 것은 인민 내부의 모순을 해결하는 것이다. 하지만 탐욕을 부리고 절도를 행하며 고리대금업을 하는 등 변절한 사람에게는 엄중한 계급투쟁을 진행해야 한다. 농촌의 4청운동은 도시에서 진행되었던 5반(五反)운동[4]과 마찬가지로 사회주의 혁명 투쟁에 대한 자본주의 세력의 공격을 분쇄하는 것이다(「中共中央關於目前農村工作若干問題的決定(草案)」, 1963).

인용문에서 확인할 수 있듯 계급투쟁의 대상은 비단 부르주아라는 특정한 개인만이 아니다. 절도와 같은 일반적인 범죄 행위는 물론이고 탐욕과 고리대금업 역시 투쟁의 대상이 된다. 사회주의 교육이 겨냥하고 있는 것은 자본주의적(인 것으로 규정된) 내면(사익추구와 탐욕 등) 그 자체에 대한 통제와 재교육인 것이다. 마오쩌둥 역시 직접적으로 사회주의 교육운동의 핵심을 언급하고 있는바, 그는 "사회주의 교육 일반화가 개과천선[洗手洗澡]의 문제, 그리고 탐욕과 절도 등의 문제를 처리하지 않는다면 주요 문제를 제대로 파악하지 못한 것입니다"(毛澤東, 1968c: 47)라고 말하고 있다. 결국 마오쩌둥의 시각 안에서 계급투쟁을 통해 수행되어야 하는 것은 개인적 욕망 자체에 대한 개입과 쇄신이다.

---

4 5반운동은 1952년 1월 26일에 시작되어 같은 해 10월 25일에 종결된 정치사상운동으로, 다섯 가지 사항에 대한 반대, 즉 부패·탈세·국가 재산에 대한 강탈·산업자재 강탈·경제 관련 정보 누설 행위에 대한 반대를 가리킨다. 불법적인 부르주아 계급의 청산을 목표로 해서 진행되었고 1952년 3월 5일 마오쩌둥은 "과거에 대해서는 관대하게, 현재에 대해서는 엄격하게; 다수에 대해서는 관대하게, 소수에 대해서는 엄격하게; 고백하는 자에게는 관대하게, 저항하는 자에게는 엄격하게; 공업에 대해서는 관대하게, 상업에 대해서는 엄격하게; 보통 상업에 대해서는 관대하게, 투기적 상업에 대해서는 엄격하게"라는 다섯 가지 기본 원칙을 하달했다.

1950년대부터 1960년대 초중반, 즉 문혁 직전에 이르기까지 마오쩌둥이 가졌던 혁명에 대한 인식의 변화는 결국 모순에 대한 지양에서 내면성에의 개입으로 확대·심화되는 과정으로 집약될 수 있다. 마오쩌둥은 부단한 혁명에서 계속혁명으로 전환하면서 프롤레타리아는 어떠한 인간이어야 하는가라는 질문을 지속적으로 강화시켜갔고, 이러한 질문을 경제적 차원 또는 생산양식의 차원에만 국한시키는 것이 아니라 양심과 욕망의 문제, 즉 내면성의 문제로까지 확대시켰던 것이다.

부단한 혁명에서 계속혁명으로의 전환은 문혁의 근본적인 동기가 무엇이었고 문혁의 발발을 어떻게 재해석해야 하는가에 대해 중요하면서도 복잡한 문제를 제기하고 있다. 그리고 이러한 문제를 더욱 정교하게 세공하기 위해 알튀세르가 주장한 계급들에 대한 계급투쟁의 우위라는 테제를 참조해볼 필요가 있다. 우선 계급들에 대한 계급투쟁의 우위라는 테제를 살펴보면, 알튀세르는 프롤레타리아라는 계급이 그 자체로서 역사적 과정 안에서 계급의식을 태생적으로 갖추고 있다고 주장한 게오르크 루카치(György Lukács)를 비판한다. 루카치에 따르면 계급은 계급투쟁에 대해 선재(先在)하는 동일성을 갖는 것으로 상정되고 있다. 알튀세르는 루카치의 이와 같은 계급의식의 선험성을 비판하면서 계급의 동일성, 즉 계급의식은 계급 그 자체를 통해서가 아니라 계급투쟁을 통해 형성되는 것이라고 주장한다. 요컨대 계급의식은 계급투쟁의 효과로서 존재하는 것이다(서관모, 2011: 598 참조).

하지만 계급의식이라는 것이 선험적으로 존재하는 계급 개념 자체에 의해 담보되는 것이 아니고 계급투쟁을 통해 형성되는 효과라는 정식은 마오쩌둥에게 여전히 모호한 것이다. 부단한 혁명에서 계속혁명에 이르는 과정 속에서 마오쩌둥은 끊임없이 계급의식을 강조했다. 더욱이 계속혁명에 다다르면 계급투쟁은 부단한 혁명에서와 다르게 모순의 해결로 귀결되지 않는다. 계속혁명에서 계급투쟁은 오히려 의식의 쇄신을 위한 과정으로 전환되고, 이는 구체적인 윤리적 요구까지 내포하는 인격적 쇄신의 과정("사회주의 교육 일반화가 개과천선의 문제를 처리하지 않는다면 주요 문제를 제대로 파악하지 못한 것"이라는 마오쩌둥의 언급)이 된다.

결국 마오쩌둥이 무식적/의식적으로 부딪힌 문제는 – 알뛰세르의 주장대로 – 계급투쟁을 통해 형성되는 계급의식이 구체적으로 무엇인가라는 문제이다. 알뛰세르에게(그리고 마르크스에게도) 도대체 계급의식의 구체적 양태란 무엇인가 또는 프롤레타리아적 의식이란 구체적으로 무엇이어야 하는가에 대한 답을 구할 수 없었다(발리바르, 2007: 298~300). 마오쩌둥은 혁명 이후 사회주의 사회와 공산주의 사회의 무모순성을 비판하면서 끊임없는 의식적 쇄신을 강조했고, 이러한 부단한 쇄신에의 강조는 결국 그러한 쇄신의 노력이 구체적으로 어떠한 형태 또는 가치를 내함해야 하는가, 그리고 사회주의 또는 공산주의라는 단계를 위한 주체는 어떠한 내면성의 형식을 갖춰야 하는가라는 질문으로 이어졌다.

이러한 측면에서 보았을 때 문혁의 근본적인 동기를 문혁의 결과로부터 이격시켜서 보아야 할 필요성이 제기된다. 주지하듯 문혁은 대혼란과 무질서로 규정되어왔다. 기존의 문혁에 대한 인식론 안에서 문혁은 대중역량의 무제한적 방출로 소묘되었던 것이다. 하지만 문혁으로 접근해가는 마오쩌둥 인식 변화의 궤적을 통해 문혁을 일으킨 근본적인 동기가 단순히 대중 역량의 무제한적 방출로 귀결될 수 없음을 알 수 있다. 근본적인 층위에서 마오쩌둥이 시도하고자 했던 것은 모종의 윤리적 요구를 포함하는 계급의식을 일련의 교육 또는 문화운동을 통해 성취하는 것이었다. 그렇다면 문혁을 통째로 아나키적 시각에서 해석하는 관점은 재고되어야 한다. 문혁을 논함에서 더욱 중요한 것은 문혁이 제시한 인간학적 요구, 즉 윤리적 요구와 윤리적 요구를 위한 행위 양식의 가능성 및 타당성 그 자체이다.

4. 남겨진 문제들

문혁의 아나키적 측면, 즉 대중적 역량의 무질서한 방출이라는 결과론적 측면에만 초점을 맞추는 것이 아니라 문혁으로 접근해가는 마오쩌둥의 사유의 궤적을 추적함으로써 확인할 수 있는 것은 결국 문혁의 근본적인 동기가 사회주의/공산주의적 주체성을 찾기 위한 분투였다는 것이다. 마르크스는 자본주의가 사회주의로, 그리고 최종적으로는 공산주의로 이행해 결국 자본주의가 극복될 것이라는 이행의 전망을 내놓았고 이 전망을 위한 이론적 체계를 세웠지만, 그러한 이행의 전망을 상당 부분 경제적 측면, 즉 생산양식의 변화라는 측면에서 사유했다. 또한 마르크스의 사유 안에서 프롤레타리아는 이행의 주체로 등장하지만 그 주체는 오히려 이행의 최종적 국면에서 무계급사회라는 모순의 해소와 함께 소멸되고 말았다.

하지만 그간의 이론적 검토를 통해 수차례 논의된 것처럼 무계급사회의 도래라는 테제는 오히려 아나키적 혼란 또는 중앙 집권적 국가 독재를 초래했고, 문혁의 결과는 전자에 해당된다고 할 수 있다. 마오쩌둥 역시 이행이라는 마르크스주의의 시간표에 충실하려 했고 최종적으로는 이행의 질곡에서 자유로울 수 없었다. 하지만 마오쩌둥은 이론가일 뿐만 아니라 실천가로서, 그리고 통치자로서 그러한 테제가 현실과 맞부딪히면서 파생되어 나오는 공백과 모순에 대응해야 했고, 부단한 혁명에서 계속혁명으로의 전환 과정은 그러한 공백과 모순에 대한 응전의 흔적이었다고 할 수 있다. 그렇다면 오히려 이 응전의 흔적 속에서 새로운 가능성, 더 구체적으로 말해 새로운 주체의 가능성을 위한 사유의 계기를 찾아볼 수는 없는 것일까.

물론 계급의식의 창출이라는 마오쩌둥의 시도가 문혁이 발발된 이후 국가 또는 당이라는 매개를 거쳤다는 점에서 여전히 질곡으로 남아 있다고 해야 할 것이다. 그럼에도 불구하고 문혁의 발발이 여전히 가능성의 중심으로 남아 있는 이유는 마오쩌둥의 사유로부터, 그리고 문혁의 폭발로부터 대중이라는 무정형의 군집이 스스로 사회주의와 공산주의라는 대의를 향해 자신의 형상을 찾아갈 수 있는 무대가 출현했기 때문이다. 또한 마오쩌둥이 문혁 초기 당을 파괴하려 했다는 점 역시 주목할 필요가 있다. 이는 결국 마오쩌둥이 온전히 통치자의 입장에서만 대중을 주조하려 한 것은 아니었음을 보여준다. 마오쩌둥은 자신조차 알아채지 못했던 대중의 양가성을 낙관적으로 전망하면서 문화대혁명이라는, 말 그대로 문화운동의 대혁명 과정을 거쳐 사회주의/공산주의적 주체를 만들어낼 수 있다고 생각했던 것이다.

그렇다면 남겨진 과제는 문혁, 나아가 사회주의 및 공산주의로의 이행이라는 문제를 막연히 모든 억압의 철폐라는 측면에서 사유하는 것이 아니라 오히려 그 반대편에서, 다시 말해 관계적 범주인 규범과 윤리의 층위에서 파악하는 것이다. 앞서 언급했던 것처럼, 문혁은 사회주의/공산주의적 주체를 만들어내기 위한 분투였고 그 분투의 형상들은 문혁의 과정 속에서 단일하고 균질적인 기준으로 환원될 수 없는 다양한 모습으로 존재하고 있었다. 그 때문에 어찌 보면 문혁은 새로운 주체성을 찾아내려는 다양한 운동의 향연이었다고도 할 수 있다. 이제 우리는 문혁을 짓누르는 자연화된 해석 방식들(예컨대 문혁을 일괄적으로 아나키적 상태로 규정하는 해석 방식)을 거스르면서, 문혁이라는 계기를 통해 현시되었던 다양한 몸짓의 윤리적 함의를 새롭고도 정당하게 불러내야 하는 시점에 와 있는 것이다.

참고문헌

굴드, 캐롤 C.(Carol C. Gould). 1987. 『마르크스의 사회존재론』. 이정우·여현덕 옮김. 인간사랑.

마르크스, 카를[칼 맑스(Karl Marx)]. 1999. 『칼 맑스·프리드리히 엥겔스 저작 선집』 제1권. 김세균 감수. 최인호 외 옮김. 박종철출판사.

______. 2005. 『칼 맑스·프리드리히 엥겔스 저작 선집』 제4권. 김세균 감수. 최인호 외 옮김. 박종철출판사.

______. 2009. 『자본론』 I(상). 김수행 옮김. 비봉출판사.

______. 2011. 『프랑스 내전』. 안효상 옮김. 박종철출판사.

발리바르, 에티엔(Étienne Balibar). 2007. 『대중들의 공포』. 최원·서관모 옮김. 도서출판 b.

백승욱. 2012. 『중국 문화대혁명과 정치의 아포리아』. 그린비.

사카이 다카시(酒井隆史). 2011. 『통치성과 '자유'』. 오하나 옮김. 그린비.

서관모. 2011. 「알튀세르에게서 발리바르에게로」. 『알튀세르 효과』. 진태원 엮음. 그린비.

알튀세르, 루이(Louis Althusser). 2012. 「오늘의 맑스주의」. 『역사적 맑스주의』. 서관모 옮김. 중원문화.

이완종. 2007. 「레닌주의와 스탈린주의: 현대적 평가」. 전국서양사연합학술발표회.

코헨, 제럴드 A.(Gerald A. Cohen). 2011. 『카를 마르크스의 역사이론』. 박형신·정헌주 옮김. 한길사.

트로츠키, 레온(Leon Trotskii). 2013. 『연속혁명 평가와 전망』. 정성진 옮김. 책갈피.

하인리히, 미하엘(Michael Heinrich). 2016. 『새로운 자본 읽기』. 김강기명 옮김. 꾸리에.

毛澤東. 1968a. 『毛澤東思想萬歲 1949~1957』(武漢版). 王晁星 編.

______. 1968b. 『毛澤東思想萬歲 1958~1960』(武漢版). 王晁星 編.

______. 1968c. 『毛澤東思想萬歲 1961~1968』(武漢版). 王晁星 編.

席宣. 2015a. 「關於'無産階級專政下繼續革命的理論'」. 『回首"文革"(上冊)』. 張化·蘇菜青 主編. 北京: 中共黨史出版社.

______. 2015b. 「關於'文化大革命'起因的探討」. 『回首"文革"(上冊)』. 張化·蘇采青 主編. 北京: 中共黨史出版社.

「中共中央關於目前農村工作若干問題的決定(草案)」. 1963.

Badiou, Alain. 2005. "The Cultural Revolution: The Last Revolution?" *Positions*, 13(3). Duke University Press.

Chinnery, John and Tieyun. 1975. *Mao Tse-tung Unrehearsed*. Stuart Schram(ed.). Penguin Books.

Dirlik, Arif. 2011. *Culture and History in Post Revolutionary China*. The Chinese University Press.

Starr, John B. 1971. "Conceptual Foundation of Mao Tse-Tung's Theory of Continuous Revolution." *Asian Survey*, Vol.11, No.6.

Sullivan, Michael. 1985. *The Ideology of the Chinese Party since the Third Plenum*. Bill Brugger(ed.). Chinese Marxism in Flux. M. E. Sharp Inc.

The Polemic on the General Line of the International Communist Movement. 1965. Peking: Foreign Language Press.

무정형의 불만과 저항
_브렉시트와 코빈의 노동당

서영표 | 제주대학교 사회학과

1. 브렉시트의 사회적 맥락

2016년 초 영국에서 국민투표 캠페인이 본격화되기 이전까지 대부분의 사람에게 그렉시트는 몰라도 브렉시트는 한 번도 들어보지 못한 생소한 말이었을 것이다. 사실 영국의 정치인과 지식인도 브렉시트가 몰고 올 여파를 정확히 가늠하지 못했고 영국이 EU를 탈퇴한 이후로도 영국의 운명에 대한 논란은 여전히 계속되고 있으니 머나먼 한국의 보통 사람들이 그 말을 몰랐던 것은 당연한 일인지도 모른다. 미적지근한 잔류파였던 데이비드 캐머런(David Cameron)의 뒤를 이어 총리직에 오른 테레사 메이(Theresa May)조차 브렉시트를 완전한 경제자유화의 기회로 생각하는 쪽과 민족주의적 우파 사이에 끼어 있는 형국이다(Sutcliffe-Braithwaite and Stafford, 2016: 7; Bale, 2016). 국민투표에 의해 결정되었지만 리스본 조약 50조의 개시를 둘러싸고 법원과 의회를 오가면서 벌어지고 있는 논란도 그렇다. 결국 EU와의 완전한 결별(hard brexit)을 결정했지만, 탈퇴를 지지했던 사람들의 열망과는 달리 시티(the City)로 대표되는 영국 금융가의 이해를 절대시하는 일대일 무역협정으로 나아갈 가능성이 매우 높다. 노동자들의 권리는 축소되고 환경 규제는 약화될 것이며 소비자 보호 또한 유명무실해질 것이다(Corbett, 2016). 지금은 사회적 갈등이 어떤 양상으로 펼쳐질지 예측하기 어려운 상황이다.

이처럼 설명하기 어렵고 예측하기 힘든 머나먼 나라의 일이지만, 브렉시트가 우리와 무관하지 않다는 것이 문제이다. 두 가지 의미에서 그렇다. 우선 누구나 알고 있듯 세계 경제는 금융이라는 혈관으로 촘촘히 연결되어 있다. 브렉시트는 단순히 영국의 문제가 아니라 EU의 위기이며, EU의 위기는 대서양 건너 미국을 경유해 세계 곳곳으로 파장을 일으킬 수 있다. 한국처럼 세계 경제에 완전히 노출되어 있는 나라에서 브렉시트는 머나먼 나라의 '남의 일'이 아닌 것이다.

다른 한편으로 브렉시트는 더욱 근본적인 의미를 갖는다. 브렉시트는 이미 오래전부터 감지되었지만 한국의 지배 엘리트들이 결코 인정하려 하지 않았던, 우리가 신자유주의라고 불렀던 경제체계가 한계에 도달했다는 징표로 해석될 수 있다. 대다수 사람들의 희생 위에 자본의 이윤 창출을 극단적인 방식으로 보장했던 신자유주의는 민주주의와 인권이라는 껍데기로 그 잔인한 성격을 감추었지만 더 이상 이를 감출 수 없는 지경에 이른 것이다.[1] 말뿐인 민주주의와 인권이 감당하지 못하는 빈틈을 메우기 위해 관리 가능한 범위 내에서 조장되었던 인종적·종교적 갈등 또한 이제는 예측하기 어려운 방향으로 나가고 있다. 유럽으로 시야를 좁혀보면 '사회적 유럽과 연대'라는 '말'과 자본이 모든 것을 지배해 민주주의를 공동화시키

1 영국 사회의 신자유주의가 더 이상 지탱될 수 없을 정도로 사회적 갈등을 낳고 있다는 연구 성과가 쏟아지고 있다. 대표적인 예로는 Sayer(2016); Dorling(2015) 참조.

고 있으며, 그래서 삶의 질과 양식을 모두 파괴하고 있는 '현실' 사이의 넓어지는 괴리는 지배 엘리트들 사이의 합의를 넘어선 집합적 정서로 표현되고 있다. 때로는 극우적 방식으로, 때로는 좌파적 방식으로 말이다.[2]

극우적 방식이든 좌파적 방식이든 집단적 정서의 표출은 '유동적'이다. 인종주의와 외국인 혐오로 나타나는 극우적 방식 안에는 그것 말고는 기존 체제에 저항할 수 있는 방법을 갖지 못한 보통 사람들과 노동자들의 불만과 반감이 묻어 있다는 점에서 '극우'로 낙인찍기 어렵다. 극우 정치세력은 이러한 불만과 반감에 기생해 이를 일시적으로 활용할 수는 있다. 하지만 이는 체계를 위기로 몰아넣을 뿐 문제를 해결할 수는 없다. 그들은 자신들이 손에 든 카드패가 어떤 의미인지 정확히 모르기 때문이다. 어쨌든 노골적인 인종주의자이자 기후변화 회의주의자, 여성 차별주의자인 도널드 트럼프(Donald Trump)가 수십억 명의 목숨을 좌우할 수 있는 초강대국의 권좌에 앉고 구공산주의권 나라들에서는 부패로 얼룩진 극우 집단이 정권을 장악하고 있는 현실은 브뤼셀의 관료들과 정치인들이 원했던 방향이 아니다. 같은 맥락에서 브렉시티는 이민 반대와 외국인 혐오라는 껍데기 아래 그것으로만 환원될 수 없는 과잉 결정된 모순을 감추고 있다고 할 수 있다(Wilkinosn, 2016: 136~137).

그리스의 시리자(Syriza), 스페인의 포데모스(Podemos), 그리고 영국의 제레미 코빈(Jeremy Corbyn) 현상은 불만과 반감이 좌파적으로 표현된 것이다. 하지만 이들의 정치적 토대도 무정형적이고 유동적이기는 마찬가지이다. 신자유주의적 통치 전략은 제2차 세계대전 이후 도달했던 좌우타협과 복지국가를 부정했으며, 복지국가가 위기에 대한 좌파적 길로 제

---

2 긴축으로 상징되는 2008~2009년 금융위기 이후의 불만과 저항에 대한 분석은 Worth(2013) 참조.

시한 강력한 사회운동의 토대를 촘촘히 짜인 시간과 공간의 관리, 그리고 몸의 관리를 통해 허물어버렸다. 강력한 좌파 정당과 노동조합, 사회운동은 개인의 경쟁력과 화폐적 보상의 기제 속에 무력화되었던 것이다.[3] 사람들은 우발적 계기들을 통해 거리와 광장에 모인다. 하지만 그들은 제도적 질서 속에서 조직화된 '그들'에 맞선 '우리'라는 집합적 행위자를 구성하지 못한 채 거리와 광장의 일시적 모임에서 멈추곤 한다. 그 한편에는 신자유주의적 시장 논리를 몸에 새기고 마음속에 내면화한 원자들이 있고, 다른 한편에는 주기적으로 주어지는, 하지만 일상으로부터 멀리 떨어진 거대 서사를 SNS를 통해 공유하는 분노한 군중이 있다. 막연하게 '우리 것'을 빼앗은 1% 또는 10%가 공격받지만 이 분노한 사람들은 오랫동안 자신들의 존재 양식이던 연대와 집합적 행동의 양식을 잃어버렸다. 본능적으로 '적'을 인지하지만 사람들은 그 적 앞에 무력하게 고립된 '개인'일 뿐이다.

극우파들이 자신들의 손에 든 카드패가 무엇을 의미하는지 알지 못하는 것은 당연하다. 보통 사람들의 불만과 열망은 극우파가 선동하는 사람들 사이의 반목과 질시로는 해결될 수 없기 때문이다. 그렇다면 좌파는 어떠한가? 우리가 통과하고 있는 국면의 문제점은 좌파조차도 이렇게까지 축적된 불만과 저항을 정치적 에너지로 조직화하지 못하고 있다는 것이다. 여기에는 몇 가지 배경이 있다. 첫째, 이른바 중도좌파(soft left)의 정치적 투항이다. 영국의 정치평론가 타리크 알리(Tariq Ali)가 '극단적 중도(extreme centre)'라고 표현한, 투항한 사회민주주의자들이 바로 이들이다(Ali, 2015). 토니 블레어(Tony Blair)와 게르하르트 슈뢰더(Gerhard Schröder), 그리고 그에 앞서 프랑수아 미테랑(Francois Mitterrand)이 갔던 '제3의 길'은 신자유주의를 받아들이는 것이었지만, 그들의 딱지는 여전히 좌파였고 사

3 영국 노동자들의 절망에 대한 생생한 증언은 토드(2016)의 후기를 보라.

회주의였다. 그 결과 대중은 좌파에 대해 실망했으며, 더불어 대안적 좌파가 등장할 수 있는 싹도 잘렸다. 우파와 언론은 신자유주의적 길 말고 다른 길을 찾는 사람들을 모조리 몽상가나 시대착오적인 극좌파로 몰아간 굳건한 동맹군이었다.

시장의 행위자로 길러진 세대, 그리고 시장맹신주의에 동조한 '극단적 중도'의 시대 좌파는 황무지에 내던져졌다. 선택지는 많지 않았다. 대세에 동조하지 않은 중도좌파 정당으로부터 이탈한 사람들은 이합집산을 반복했다. 이들은 풀뿌리 운동으로 흩어져 아나키즘적 경향으로 경도되기도 했다(서영표, 2012: 218~219). 동시에 다양한 이름의 극좌파 정당이 우후죽순처럼 생겨났다가 사라지기도 했다. 또는 소수의 충성도 높은 조직원으로 명맥을 유지하기도 했으며, 녹색당처럼 아직 완전히 체계에 끌려 들어가지 않은 정당(독일이나 프랑스의 녹색당은 해당되지 않겠지만)으로의 결집을 시도하기도 했다. 이 모든 시도를 한두 개의 범주로 요약하는 것은 불가능하지만, 몇 가지 유형으로 분류할 필요가 있다.

황무지 위에 던져진 좌파가 살아남는 방식 중 가장 확실한 것은 스스로의 원칙만으로 세상을 바라보는 것이다. 거친 풍랑에 휩쓸리기보다는 '나'의 시각에서 세계를 바라보는 것을 선택하는 것이다. 마르크스의 텍스트가 인용되고 레닌과 트로츠키가 소환되었다. 자본주의의 모순은 폭발할 수밖에 없다. 그래서 항상 그랬던 것처럼 지금 자본주의는 붕괴의 위기에 처해 있다. 좌파의 정치적 입지가 축소되어 있는 조건은 구조적이고 필연적인 위기에 의해 보상받는다. '굳은 신념을 가지고 선전하고 선동하라. 곧 기회가 올 것이다!'

위기에 맞서는 좌파의 또 하나의 모습은 도덕적으로 우월한 입장을 존재 근거로 삼는 것이다. 신자유주의가 불러온 참상을 보라. 인권과 민주주의는 무력화되고 있으며, 강대국과 자본이 이익을 추구하는 과정에서는 분쟁이 발생하고 수많은 사람들이 죽어가고 있다. '극단적 중도'와 '도덕적 좌파'의 중간쯤이던 블레어 정부 시절의 외무부 장관 로빈 쿡(Robin Cook)을 떠올려보자. 쿡의 도덕적 접근은 블레어의 현실주의 앞에 무력하게 무너졌다. 비참함에 대한 연민과 도덕적 호소가 가지는 정당한 근거가 곧 현실 정치에서의 성공을 보장하는 것은 아니다. 2017년 현재 노동당 대표인 코빈의 위치를 중도좌파인 쿡의 그것과 동일하게 볼 수는 없지만, 긴축과 군사적 개입에 대한 일관된 반대는 많은 사람들에게 도덕적으로 호소하는 수준을 넘어서지 못하고 있다. 코빈의 입장에 공감하는 지지자들을 넘어서까지 정치적 신뢰를 주고 있지는 못한 것이다(Blackwater, 2016). 어쩌면 코빈의 노동당은 서로 다른 세 부류의 지지자들에게 의존하고 있는지도 모른다. 극우파와 나누어 가지고 있는 소외된 사람들의 무정형의 저항, 노동당 바깥에 있으며 제도적 정치의 통로를 가지지 못한 극좌파 정당들, 그리고 전통적으로 노동당에 기반을 둔 도덕주의적 사회주의 말이다.

또 다른 하나의 길은 도덕적으로 호소하거나 새로운 집합적 행위자를 만들려는 노력과는 달리 다양한 포스트모던 주체를 불러내는 것이다. 다시 말해 전국적인 주제보다 지역의 주제를 통해 운동을 조직하고 직접적으로 행동하는 정치를 추구하는 것이다. 이는 1960~1970년대 좌파운동의 동력이었던 밑으로부터의 급진적 사회운동을 정당정치로 다시 살려내려는 시도라고 할 수 있다. 포스트마르크스주의자 샹탈 무페(Chantal Mouffe)는 그런 정당의 형태를 스페인의 포데모스에서 보았던 듯하다(Mouffe and Errejon, 2016). 하지만 무페는 포데모스의 정치적 성공 여부를 판단하는 데 대해서는 유보적이었다. 아무것도 정해진 것이 없었기 때문이다. 포데모스는 결국 총선에서 기대했던 결과를 얻지 못했다. 지역을 넘어선 전국적 정치무대에서 아직 사람들의 마음을 얻지 못했던 것이다. 어쩌면 새롭고 포스트모던한 정치는 낡은 것으로 버려진 계급정치 및 조직된 운동과 조우해야 하는 것은 아닐까?

2. 통합된 유럽, 이상과 현실 사이

통합된 유럽의 모습은 이상에 기대고 있었지만 현실적인 측면도 담고 있었다. 철학자 칸트가 오래전에 '영구 평화론'에서 제시한 합리적이고 아름다운 공존에 기대고 있었다는 의미에서는 이상적이었으나, 두 번의 잔혹하고 거대한 전쟁이 남긴 깊은 상처를 치유하고 경제적으로 번영하기 위해서는 협력해야 한다는 공감대가 있었다는 의미에서는 현실적이었다. 1990년대에 본격화된 유럽 통합은 유럽 수준의 경제 통합을 통해 규모의 경제를 달성하고 미국 및 아시아와 경쟁할 수 있는 토대를 만들려는 더욱 현실적인 목표를 더했다. 하지만 통합된 유럽은 경제적 논리만 좇아서는 안 된다는 합의도 있었다(Rustin, 2016). 유럽인들에게 이러한 합의는 유럽이 가지는 도덕적 우월감의 원천이었다. 사회적 유럽(social Europe)이라고 표현된 통합된 유럽에서는 환경보호가 사회적 목표여야 했고 여성의 권리와 노동자의 권리가 보장되어야 했다. 이것이 유럽이 '유럽일 수 있는' 징표였다.

영국이 EU에 완전히 들어가지 못하고 유예 조건을 요구했던 것은 앵글로-색슨 경제 모델이 사회적 유럽과 충돌했기 때문이었다. 이미 마거릿 대처(Margaret Thatcher) 정부에 의해 1979년 시작된 신자유주의적 드라이브는 통합 유럽의 사회 헌장과 공존하기 어려웠다. 그리고 시간이 지나면서 1990년대까지 남아 있던 사회적 유럽의 정신은 옅어져갔다. 마스트리히트 조약에 근거한 경제 통합과 유로화(Euro)의 도입으로 인해 금융자본의 이해를 최우선으로 하는 신자유주의적 유럽으로 기울어졌던 것이다.

독일의 마르크화를 기준으로 만들어진 유로화의 가치를 유지하는 것이 최우선적인 목표였으나, 이로 인해 그리스, 스페인, 아일랜드 같은 유럽의 주변국들은 소비 붐에 근거한 과열이라는 온탕과 긴축의 가혹한 조치라는 냉탕을 오가는 경험을 해야 했다. 이러한 정책 기조를 결정하는 과정은 정치로부터 독립해 있는 유럽중앙은행의 금융가들과 민주적 통제로부터 벗어나 있는 정치가들에 의해 좌지우지되었다. 60%가 넘는 그리스 민중의 의지가 EU과 유럽중앙은행, 그리고 IMF라는 거대 권력 앞에 무력화되었던 것이다.[4]

이런 맥락에서 브렉시트는 역설적이다. 지금의 신자유주의적 유럽은 영국 모델을 충실하게 반영하고 있다. 영국 모델이란 대처가 시작했고 블레어가 찬양했던, 기업가의 가치가 평가받고 경쟁을 통해 성장을 추구하는 시장사회를 말한다. 그런데 그 영국이 경제적 주권의 회복을 외치면서 유럽을 거부했다. 영국의 정치 엘리트들은 '불편부당한 중립적 위치에 있는' 지식인을 자처하면서 이 같은 역설적인 현상의 원인으로 '무지한' 민중들의 인종주의를 겨냥했다. 그들이 유럽에 수출했고 지금도 유럽에 남아 민중들을 좌절과 절망으로 몰아넣고 있는 시장만능주의는 외면한 채 말이다. 캐머런이 이끄는 보수당의 유럽 잔류파가 그런 사람들이었다. 보수당 내 극우파인 보리스 존슨(Boris Johnson)과 마이클 고브(Michael Gove), 영국독립당(UKIP)의 나이절 패라지(Nigel Farage), 영국민족당(BNP)이 기만적인 이유는, 유럽을 공격하고 있는 이들이 바로 영국 민중이 겪고 있는 고통을 만들어낸 비민주적이고 착취적인 영국 모델 안에서 기득권을 공유하고 있기 때문이다. EU에서 탈퇴한 후에도 보수당 정부와 기득권층은 긴축을 고수할 것이고 복지를 공격할 것이다. 인종주의를 혐오하면서 통합 유럽의

4 EU의 정치 공동화(hollowing)에 대해서는 Mair(2013) 3장 참조.

가치를 소리 높여 외치는 노동당 당권파들도 크게 다르지 않았다. EU에 잔류해야 한다는 그들의 캠페인은, 영국이 도입했고 독일이 주도하는 비민주적이고 착취적인 신자유주의적 유럽에 대해서는 어떠한 비판의 목소리도 내지 않았다. 이런 비판은 블레어와 고든 브라운(Gordon Brown) 노동당 정부의 치적에 상처를 내는 '자기비판'에 해당하기 때문에 이미 신자유주의적 권력 블록 안에서 안락한 자리를 맛본 그들이 이런 선택을 할 가능성은 없었다. 탈퇴 반대 캠페인에서 캐머런과 블레어 옆에 나란히 서지 않았다는 이유만으로 사회주의자인 노동당 대표 코빈을 몰아세울 마음가짐을 처음부터 갖추고 있었던 것이다.

3. 신좌파와 신우파

하나의 사건은 그 자체로 설명될 수도 없고 설명되어서도 안 된다. 역사적 연원을 캐물어 들어가야 하고 그 과정에서 다양한 목소리를 소환해 스스로 이야기하게 만들어야 한다. 안토니오 그람시(Antonio Gramsci)의 이론적 일깨움을 따라 공식적인 기록에서 지워진 평범한 사람들의 목소리를 복원하려 했던 에드워드 톰슨(Edward P. Thompson)의 역사를 대하는 태도가 여전히 유효한 것은 이 때문이다.[5]

통치의 대상에 불과했던 무지몽매한 사람들, 하지만 사회적 질서에 항상적인 위협으로 작용해 지배자들에게 공포의 대상이었던 민중들은 '기나긴 혁명'의 과정을 통해 역사 속에 자신들의 존재를 각인시켰다. 제1차 세계대전에 동원되면서 주택과 일자리에 대한 지배계급의 약속에 속았고 최

5 톰슨의 그람시주의에 대해서는 서영표(2008) 참조.

소한의 삶을 지켜내기 위해 1926년 총파업에 나섰던 사람들은 지배자들이 생각했던 것처럼 무지몽매하지 않았으며 단결된 힘을 통해 세상을 바꿀 의지와 힘을 가지고 있었다. 그들은 제2차 세계대전을 견뎌내고 전시경제가 가져다준 권리를 지켜내기 위해서는 보수당이 아닌 노동당 정부가 필요하다는 것을 알 만큼 현명했다. 비록 노동당의 정치인들이 민중의 열망을 의회로 가두고 자신들의 정치에 동원할 요량으로 더 많은 민주주의, 더 급진적인 사회개혁을 스스로 가로막은 패착으로 인해 이른바 노동하는 민중을 정치적 환멸과 소비주의로 몰아넣었지만 말이다(토드, 2016).

소비와 풍요로 상징되는 시대가 노동하는 민중의 열망을 완전히 만족시킬 수는 없었다. 보수당과 노동당을 오가는 정부들은 여전히 그들을 통치의 대상으로만 간주했고 그들이 가진 정치적 주체로서의 역량을 간파하지 못했다. 이로 인해 보통 사람들의 '정치적' 열망과 소비와 풍요 사이에 존재하는 간극으로부터 새로운 사회운동이 생겨났다. 자율과 자기통치를 원하는 급진적 민주주의를 향한 열망이 분출하기 시작한 것이다.

이러한 새로운 사회운동의 물결은 케인스주의와 포드주의에 기초한 복지국가의 한계 지점에서 생겨났다. 이러한 한계 지점은 '유기적 위기'의 시기이며, 그런 시대는 대안적 패러다임이 서로 경쟁할 수 있는 조건을 만들어낸다. 한편에서는 프리드리히 하이에크(Friedrich Hayek)의 시장자유주의를 불러내어 케인스주의적 복지국가를 개인의 자유를 억압하는 비민주적 체제로 공격하는 신우파가 등장했다. 다른 한편에서는 여기에 맞서 국가의 공공사무가 된 주택, 의료, 교육, 교통, 에너지, 상하수도가 관료적으로 관리되는 것을 넘어 자주적으로 관리되고 통치되어야 한다는 목소리를 대변하는 신좌파 그룹이 형성되었다. 이에 따라 격렬한 이데올로기 투쟁이 전개되었다. 그 한가운데 낡은 관료적 복지국가의 틀을 유지하고 방어하려는 노동당 당권파들이 존재했다(서영표, 2009: 82~100).

노동당 당권파들의 문제는 예나 지금이나 똑같다. 이들은 자신들이 민중을 대변한다는 전문가적 엘리트주의, 기존의 질서를 흔들어서는 안 된다는 헌정주의, 노동당을 중심으로 단결해야 한다는 노동당주의라는 문제를 안고 있다. 격렬한 이데올로기 투쟁의 와중에 노동당이 아래로부터 분출하는 변화의 열망에 눈과 귀를 닫은 것은 당권파들의 엘리트주의 때문이었다. 더구나 아래로부터의 목소리는 그들이 안주하고 있는 헌정적 질서 자체의 한계를 공격하고 있는데도 그들은 이를 외면했다. 또한 그들은 스스로를 정치적 주체로 세우려는 평범한 사람들이 노동당으로 넘어 들어와 당의 단결을 해치고 분열시키고 있다고 판단했다.

역사 속에서 언제나 그랬던 것처럼 새로운 방향은 아래로부터 치고 올라오는 열망과 이를 정치적 힘으로 조직할 수 있는 그람시 스타일의 지도력이 결합되었을 때 나타날 수 있다. 노동당 당권파는 엘리트주의, 헌정주의, 노동당주의를 수호하기 위해 결정적인 전환의 시기에 민중과 함께하기보다는 신우파를 따라가기로 결심했다. 대처주의로 지칭되는 새로운 헤게모니 전략이 개인, 자유, 책임을 성공적으로 불러내는 것을 목격하고는 여기에 맞서 대결하기보다 계급, 착취, 적대의 현실에서 등을 돌려버린 것이다. 이로써 노동당은 거듭되는 선거 패배의 원인을 당내 좌파의 준동으로 돌리고 보수당이 설정한 이데올로기적 프레임 안에 스스로를 가두게 되었다.

노동당 좌파와 당을 넘나드는 신좌파들은 이에 저항했다. 지방자치체 사회주의라는 형태로 저항의 진지를 구축하려는 시도를 하기도 했다. 그러나 대처주의의 강력한 드라이브와 여기에 은밀하게 공모한 노동당 당권파들은 이 모든 시도를 고립시키고 무력화시켰다. 한편으로는 대처주의라는 이름으로, 다른 한편으로는 현대화(modernization)라는 이름으로 말이다. 이로 인해 케인스주의적 복지국가에서 길러진 연대의 정신은 침식되었고 자본의 논리와 시장의 힘에 의해 민주주의는 퇴행했다. 노동조합의 힘은 약화되었고, 노동자들의 목소리는 국가 경제를 좀먹는 이기주의로 지탄받았다. 복지국가에 의해 완화되었던 빈부 격차는 점점 벌어졌고, 복지국가의 도움을 받는 사람들은 세금 도둑이라는 오명을 뒤집어쓰게 되었다. 의회라는 거대한 성벽으로 스스로를 보호했지만 최소한 당원과 노동자들의 목소리에는 반응했던 노동당의 구조가 점차 당수와 여론 조작에 능란한 정치꾼들의 손아귀로 넘어갔다(Panitch and Leys, 2001; Finlayson, 2003).

4. 중도좌파의 우경화와 극좌파의 고립

노동당의 현대화는 신노동당(New Labour)에서 완성되었다. 블레어와 브라운의 신노동당은 형식적으로는 18년 동안 지속된 보수당 정부를 종식시켰지만 내용적으로는 보수당 정부를 연장했다. 신노동당은 보수당 정부를 계승함으로써 복지국가 파괴의 충격을 공동체의 가치와 민주주의의 이름으로 완화시켜 사람들의 의식에 내면화시키고 몸에 새겨 넣었다. 지구화된 시장에서는 시장 경쟁과 무한 경쟁만이 유일한 게임의 법칙이 되어버렸다. 이 상황에서는 어떤 방식으로 얼마나 잘 적응할 수 있을 것인가라는 선택만 있을 뿐이다. 우리는 이를 보수당-노동당 연계(nexus)라고 부를 수 있다. 신자유주의를 도입하고 기존의 복지국가를 공격해서 해체한 것이 보수당이라면, '파괴'의 죄목으로부터 자유로운 위치에서 시장의 가치를 사회 곳곳에까지 안착시킨 것이 노동당이었던 것이다(Devine et al., 2009).

이러한 보수당-노동당 연계의 이면은 빈곤과 양극화이자, 노동시장의 유연화와 끝없는 경쟁이었다. 국가경제의 경쟁력과 효율성을 향상시키기 위해 노동자들을 수단으로만 간주하는 논리가 팽배해지자 사람들의 불만이 쌓여갔다. 하지만 보수당과 마찬가지로 노동당도 이러한 불만에 귀를 닫았고, 불만의 목소리가 표현될 수 있는 공식적 통로는 차단되었다(서영표, 2010). 한편 30년 동안 공고화된 시장 문명과 이기주의는 아래로부터의 저항이 조직화될 수 있는 토양을 심각하게 훼손했다. 저항은 사라지지 않는다. 하지만 단속적이라서 예측할 수 없는 계기를 통해 타올랐다가 꺼져버린다. 때때로 과거의 저항 정신과는 무관한 폭동으로 표출되기도 한다. 더 이상 이러한 불만과 저항을 정치로 호명해주는 정치 세력이 없는 상황에서는 포퓰리즘적인 선동에 동원될 가능성도 높아진다.

이런 조건에서 소수로 전락한 극좌파의 무능을 본다. 영국의 극좌파는 위기를 말하지만 이를 느끼거나 체험하지는 못한다. 위기는 다양한 형태로 나타나고 다양한 방식으로 체험되지만 그들에게는 변하지 않는 공식으로만 인식된다. 민중의 불만과 저항은 교과서에서 정의된 것처럼 매끈한 형태로 존재하지 않는다. 변화에 대한 열망은 극우적 선동에 취약할 수도 있고 연대를 파괴하는 자중지란으로 드러날 수도 있다. 하지만 영국의 극좌파는 정치적 개입이나 실천이 필요한 시기에 '위기'를 곧바로 '혁명적 정세'와 등치시키고 실천을 통해 구성해야 할 혁명적 주체를 이미 존재하는 것처럼 전제하는 '공식'만 적용함으로써 정치적 무능함을 드러내고 있다.

이제 영국은, 그리고 우리 모두는 또 한 번의 '유기적 위기', 즉 기존의 합의가 붕괴되고 새로운 질서의 건설을 둘러싼 사회적 투쟁의 시대를 통과하고 있다고 할 수 있다. 영국인들은 '정치'를 믿지 않는다. 웨스트민스터에 대한 적대감은 그 어느 때보다 높다. 그러한 적대감은 민중이 현실에 대해 가지는 불만의 깊이에 비례한다. 이러한 불만이 커지면 기성 정치권과 아래로부터의 정치적 열망 사이의 간극은 더욱 커진다. 위기의 시대에는 언제나 그렇듯 위기를 해결할 수 있는 에너지가 '아래로부터' 나온다. 정제되지 않은 상태로, 산발적으로, 그리고 종종 어울리지 않는 의상을 걸친 채로 나타나는 것이다.

5. 세 가지 다른 표현

여기서는 조금 더 짧은 국면에 주목해보려 한다. 2014년 9월 18일 스코틀랜드 독립 국민투표에서부터 2015년 총선과 코빈의 노동당 대표 당선, 그리고 브렉시트 국민투표가 있었던 2016년 6월 23일까지 일련의 '사건들'이 가지는 의미를 되짚어봄으로써 현재의 정치 정세를 분석해보자. 각각의 사건은 다른 옷을 입고 있다. 스코틀랜드 독립 시도는 민족주의의 외투를 걸치고 있었고, 2015년 총선에서 노동당이 패배한 것은(보수당의 승리가 아니다) 스코틀랜드의 민족주의로부터 옆구리를 강타당한 노동당이 여전히 보수당과의 연계의 끈을 버리지 못하고 어정쩡한 헌정주의의 옷을 버리지 못했기 때문에 직면할 수밖에 없었던 정치적 재난이었다. 총선 패배 이후 전개된 드라마에서 코빈이 노동당 대표에 당선된 것은 계급정치와 노동정치로 환원되지 않는 좌절과 불만에 의해 과잉 결정된 사회주의의 모습이었다. 이 사회주의라는 브랜드의 옷이 신상품인지 아니면 30년 가까이 옷장 속에 버려졌던 낡은 옷을 꺼내온 것인지에 대한 논란은 아직까지 현재진행형이다. 마지막으로 브렉시트의 선택은 국수주의와 인종주의라는 옷을 입고 등장했다.[6]

이처럼 쌓인 불만으로부터 표출된 다양한 형태의 저항은 서로 다른 외

6 코빈 현상에 대해서는 Seymour(2016) 참조.

투를 입고 나타나 사람들을 혼란스럽게 하지만 그 안에 숨겨진 모습은 하나일 수 있다. 물론 그 모습을 명확하게 정의할 수는 없지만 겉모습처럼 완전히 다른 근원을 가지고 있는 것은 아니다. 단순화의 위험을 무릅쓰고 미리 결론을 말한다면, 그것은 영국 민주주의의 퇴행과 영국 정치에 대한 불만의 고조라고 할 수 있다. 앞에서 언급했듯이 신자유주의가 몰고 온 '사회'의 파괴가 더 이상 견디기 힘든 지경에까지 이른 것이다.

스코틀랜드 독립운동을 단순한 민족주의 운동으로 간주하기 어려운 것은 이 때문이다. 스코틀랜드 국민당은 그 이름과 달리 중도좌파적인 사회민주주의 정당이며, 스코틀랜드 사람들은 자신들의 생각과는 무관하게 결정되는 긴축과 복지 축소에 대한 반감의 표시로 독립 의지를 드러냈다. 이러한 웨스트민스터에 대한 반대가 스코틀랜드 민족주의를 통해 드러났을 뿐이다.

2015년 총선에서 노동당이 자신의 텃밭이던 스코틀랜드를 상실한 것은 중앙정치에 대한 스코틀랜드 사람들의 반감과 더불어 노동당의 미적지근한 태도 때문이었다. 2010년 총선 패배 이후에 중도좌파인 애드 밀리밴드(Ed Miliband)를 새로운 대표로 내세웠지만 노동당은 한 번도 조지 오스본(George Osborne)의 긴축 예산과 본격적으로 대결하지 않았다. 블레어-브라운이 실행한 당의 우경화를 되돌릴 결정적인 조치를 취하지도 않았다. 수사적인 차원에서 단절과 혁신을 되뇌었지만 달라진 것은 없었다. 말 몇 마디로 무마되기에는 사람들의 상처가 너무 깊었고 불만의 파고가 너무 높았다. 스코틀랜드의 민족주의 정서와 결합되어 표출된 개혁 의지의 파도를 넘지 못하리라는 것은 처음부터 결정된 사실이었다.

아무도 예상하지 못한 코빈의 노동당 대표 당선은 스코틀랜드 민족주의의 물결이 아래로부터의 사회주의적 열망으로 번역된 것이었다. 단 한 번도 노동당 정치의 전면에 나서지 못하고 30년 동안 평의원에 머물렀던 사회주의자이자 평화주의자인 코빈이 영국 제1야당의 당수가 되리라고 예상했던 사람은 없었다. 특히 정치를 의회에 가두어 생각하고 민중을 정치의 '대상'으로만 생각하는 기성 정치인들에게는 충격적인 사건이었다. 메시지는 분명했다. 사람들은 더 이상 기성 정치권을 신뢰하지 않으며 구조를 바꾸지 않고서는 한 발자국도 앞으로 나갈 수 없다는 각성에 이르렀다는 것이었다. 하지만 분명한 메시지는 모호함을 동반하고 있었다. 민중은 연대와 집합적 행동의 기술을 지속적으로 상실해왔으며, 지금의 젊은 세대에게 1980년대의 사회주의는 더 이상 유효하지 않다는 것은 분명한 사실이었기 때문이다. 불만과 저항의 에너지, 변화의 열망은 분명했지만 그것이 어떤 경로를 통해 어떤 방식으로 정치화될지는 열린 질문으로 남아 있었던 것이다.[7]

여기에 브렉시트라는 광풍이 더해졌다. 영국은 합리적인 유럽 잔류파와 국수주의적인 탈퇴파라는 두 패로 쪼개진 것으로 보였다. 극우파는 공공연히 인종주의와 외국인 혐오를 선동했다. 그 와중에 탈퇴파에 의해 노동당 하원의원 조 콕스(Jo Cox)가 살해되는 사건까지 발생했다. 스코틀랜드의 독립을 통해 드러난 사회민주주의의 개혁에 대한 열망과 코빈 현상으로 나타난 변화에의 요구와는 전혀 다른 극우적 선동이 영국 민중의 마음을 사로잡은 것처럼 보였다. 이런 상황이 발생한 이유는 무엇일까? 코빈을 지지한 사람들이 과거 정치적 경험이 없는 새로운 세대였다면, 브렉시트를 지지한 사람들은 나이 든 노동계급이라고 구분할 수도 있다. 분명 그런 차이는 존재한다. 하지만 중요한 것은 세대를 넘어 존재하는 노동하는 민중의 복잡한 마음은 코빈의 '사회주의'와 브렉시트의 '국수주의' 모두

7 이러한 모호함이 민족주의 문제에 의해서 과잉 결정되고 있다. 이에 대해서는 Denhem and Kenny(2016) 참조.

를 담고 있다는 것이었다. 언제나 '명확한' 인과관계만 추구하는 전문가들로서는 이해하기 어려운 문제일 것이다. 하지만 세상은 언제나 모순적이고 다양한 요인에 의해 과잉 결정된다는 인식을 가진 사람에게는 이러한 설명이 그다지 새롭지 않을 것이다.

불행히도 이렇게 과잉 결정된 사람들의 마음을 흔든 것은 극우적인 선동이었다(Wilkinson, 2016: 131). 하지만 이러한 진단이 정확한 것은 아니다. 하나의 사건이 아닌 일련의 사건들의 연속선상에서 브렉시트를 파악해보면, 불만과 좌절이 켜켜이 쌓인 사람들의 마음을 공감하지 못했던 좌파의 공백으로 인한 틈을 극우적인 선동이 파고들었다는 편이 진실에 가까울 것이기 때문이다. 좌파는 신자유주의적 유럽을 비판하면서 이를 주도한 영국 기성 집단을 비판했어야 했다. 자신의 이름을 잃은 사람들에게 '노동계급'이라는 이름을 되돌려주었어야 했다. 선험적으로 주어진 것이 아니라 착취, 불만, 좌절, 그리고 이로부터 나오는 저항과 연대를 함께 체험함으로써 정치적으로 창출되어야 하는 것으로서의 계급에 대해 이야기했어야 했다. 이름이 부재한 상황, 계급을 구성하는 정치가 공백으로 남아 있는 조건에서 사람들은 여러 번 신호를 보냈다. 스코틀랜드에서, 총선 투표장에서, 그리고 사회주의자 노동당 대표에 대한 지지에서 말이다. 그러나 노동당은 이를 알아차리지 못했다. 극좌파들은 자신들의 교의에 현실을 꿰어 맞추느라 정신이 없었다.

EU 탈퇴와 잔류를 결정하는 캠페인에서 노동당 주류는 어떤 정치적 쟁점도 만들어내지 못한 채 캐머런과 같은 배를 탔다. 영국이 겪고 있는 사회적 위기와 정치적 위기, 그리고 경제적 위기를 공론의 장으로 끌어내어 발본해야 하는 시기에 위기의 원인을 은폐하고 얼버무리는 보수당의 입장에 동조해버렸던 것이다. 많은 사람들, 특히 노동하는 민중은 영국의 현실에 불만이 많았고 이를 조장하는 EU에 비판적이었다. 그래서 무언가 저항의 목소리를 내고 싶어 했다. 그런데 선택지는 두 가지, 유럽 잔류와 탈퇴밖에 없었다. 하지만 잔류파는 평범한 사람들의 불만과 좌절을 이해하려 하지 않았고 무엇이 문제인지 진지하게 고민하지도 않았다. 따라서 영국이 브렉시트를 결정한 것을 두고 주권의 상실과 외국인 노동자의 탓으로 돌리는 극우파적인 선동에 휩쓸렸기 때문이라고 단정적으로 결론짓는 것은 잘못된 판단이다. 오히려 기성 정치권과 기득권에 대한 반감을 표출하는 성격이 강했기 때문이다.

극우파와 온건우파를 아우르는 보수당의 전략은 교묘했다. 그들은 처음부터 노동계급 사람들을 백인우월주의에 찌든 인종주의자들로 간주했으며 중간 계급의 가치를 따라오지 못하는 뒤처진 사람들이라고 생각했다. 다른 한편으로 때로는 은밀하게 때로는 공공연하게 인종주의적 선동을 진행했다. 자신들의 권위주의/엘리트주의, 시장만능주의가 초래한 사회적 위기의 원인을 유럽 대 영국이라는 국수주의적인 프레임, 영국 노동자와 외국인 노동자라는 인종 차별적 프레임 안에서 희석시키고 이 프레임을 합리적인 중간계급과 비합리적인 노동계급이라는 프레임과 겹치면서 전위시켰다. 여기서 노동당의 협조는 결정적이었다. 어차피 처음부터 신자유주의적 유럽의 특권을 공유한 지배 블록의 공동 구성원이었으니 이상할 것도 없는 일이었다.

여기에 순진하지만 맹목적인 극좌파가 결정적인 조연으로 등장했다. 이들은 기성세력과는 정반대의 방향에서 사람들의 마음을 왜곡했다. 극좌파가 브렉시트의 결정이 노동자의 저항이라고 선언하자 기성세력은 운신의 폭이 넓어졌다. 인종주의적 노동계급과 무책임한 극우파, 그리고 정신 나간 극좌파의 공모를 지탄할 수 있게 된 것이다.

좌파는 이전에도 이런 낭패를 경험했다. 1960년대에 본격화되기 시작한 경제적 위기와 이에 동반된 사회적 위기의 원인과 해결책을 둘러싼 격렬한 이데올로기 투쟁이 전개되었던 1970~1980년대, 가장 계급적인 대처 정부를 앞에 두고 좌파는 계급정치를 내려놓고 소비주의적 포스트모던 정치에 경도되었다. 극좌파는 그때도 자신들의 머릿속에 공식화되어 있던 혁명적 위기와 혁명적 주체를 암송하고 있었다. 그리고 승리는 스튜어트 홀(Stuart Hall)이 '권위주의적 포퓰리즘(authoritarian populism)'이라고 이름 붙였던 대처의 효과적인 헤게모니적 전략으로 돌아갔다(Seo, forthcoming). 그런데 노동당은 학습 능력이 부족했다. 역사적 사건들은 극우파의 인종주의에 맞서고 보수당의 긴축에 반대하는 좌파 정치를 실현하려면 엘리트주의와 헌정주의, 그리고 노동당주의를 버려야만 한다는 교훈을 남겼다. 그렇지 않고서는 보수당이 구축한 지배 블록의 하위 파트너이자 위기 관리자를 넘어서지 못하기 때문이다. 하지만 이는 노동당의 당권파에게는 도저히 받아들일 수 없는 어려운 가르침이다.

노동당과 좌파가 의미 있는 정치세력으로 자리매김하기 위해서는 브렉시트 광풍에 의해 가려진 사회적 문제들을 정치적 쟁점으로 만들어내야 한다. 인종주의와 국수주의에 반대하는 한편, 지금의 유럽에 무엇이 문제인지를 정확하게 진단해야 하며, '주권을 지킨' 영국이 유럽 안에 남아 있을 때보다 더 심각하게 긴축을 강요하고 복지를 축소하며 사람들의 삶을 팍팍하게 만들 것이라는 사실을 인식해야 한다. 전국의료제도(NHS)의 공격은 EU가 강요한 것이 아니며 EU에서 탈퇴한다고 나아지지도 않을 것이다. 임금 하락과 불안정한 직업은 경쟁력 있는 영국이라는 핑계 아래 더욱 악화될 것이다. EU를 탈퇴한 후에도 복지수당은 축소될 것이고 영국인들의 삶의 질을 결정하는 도서관, 박물관, 미술관, 공원 등 공공시설 지원도 감축될 것이 뻔하다. 주거 조건은 더욱 열악해지고 대학의 학비가 상승할 것이며, 교육 불평등도 악화될 것이다. 영국인들이 좌절하고 분노한 것은 EU의 강요 때문도, 외국인 노동자들 때문도 아니었다. 영국이 주도했고 브렉시트 이후로도 공공연하게 유지될 신자유주의적 체제 때문이었다.

6. 브렉시트와 코빈

이런 맥락에서 보면 브렉시트 결정 이후 진행된 노동당 당권파들의 코빈 흔들기는 교활하지만 어리석은 선택이었다. 뻔뻔하다고 말하는 것이 더 정확할지도 모르겠다(아전인수 격으로 코빈을 브렉시트 편으로 해석하고 노동자의 대의를 운운하는 사회주의노동자당의 무능력함은 논외로 하자). 당권파들이 코빈을 흔드는 근거는 그의 잔류 캠페인이 '충분하지 않았다'는 것이었다. 다시 말해 당권파들이 보기에 만족스러울 정도로 캐머런-블레어 편에 서지 않았다는 것이다. 코빈이 왜 그들 편에 서야만 하는가에 대한 근본적인 질문은 중요하지 않다.

코빈의 정치적 동지인 존 맥도널(John McDonnell)의 주장처럼 당권파는 코빈이 당대표가 된 지 얼마 되지 않아 마이클 미처(Michael Meacher)의 사망으로 치러진 맨체스터 올덤 웨스트와 로이턴의 보궐 선거에서 노동당이 패배하기를 기다렸는지도 모른다. 하지만 결과는 노동당의 압도적 승리였다. 당권파는 2016년 5월 5일 치른 지방선거를 또다시 반란의 기회로 생각했을 수도 있다. 하지만 결과는 또다시 노동당의 승리였다. 이에 당권파는 더 이상 미룰 수 없었던 쿠데타를 결행했다. EU 잔류를 당론으로 내세웠던 노동당은 국민투표에서 패배했는데, 그 책임이 코빈에게 있다는 것이었다.

하지만 브렉시트는 그냥 구실일 뿐이었다. 당권파는 언제든 꼬투리만 잡으면 쿠데타를 감행할 만반의 준비를 갖추어놓았을 것이다. 코빈은 노동당 당권파의 마음 깊은 곳에 자리 잡은 헌정주의에 어울리지 않기 때문이었다. 영국의 기성질서를 이끌기 위해서는 군사적 개입을 두려워해서는 안 되고 웨스트민스터가 가지고 있는 통치 기구로서의 지위를 흔들어서는 안 된다. 그런데 코빈은 군사적 개입을 일관되게 반대해온 평화주의자이자 엘리트 정치의 한계를 지적하는 사회주의자가 아닌가? 그들은 코빈이 영국인들이 생각하는 수상으로서의 자격을 결여하고 있다고 생각했다. 한편 정작 자신들이 당을 분열시키고 있으면서도 코빈이 대표직에서 사임하지 않는 것은 분열 행위라고 비난하면서 코빈을 당을 분열시키는 장본인으로 몰아세웠다.

앞에서 영국은 결정적인 위기를 통과하고 있다고 했다. 위기의 시대는 새로운 기회일 수 있다. 새로운 정치 패러다임, 밑으로부터 올라오는 에너지를 정치적 실천으로 조직화할 수 있는 대항 헤게모니 기획이 출현할 수도 있는 것이다. 노동당 당권파는 그러한 새로운 실험 자체를 원천봉쇄하려 했다. 대항 헤게모니는 지배적 이데올로기가 불가능하다고 선언한 바로 그곳에서 새로운 정치의 가능성을 찾아내는 지난한 정치적 실천이었다. 코빈의 노동당, 코빈을 지지한 수많은 당원들은 이 새로운 도전의 출발선에 서 있는 것이다. 그런데 당권파는 이를 도저히 용납할 수 없었다. 이러한 방향 전환은 자신들이 누리고 있는 기득권이 허물어짐을 의미하는 것이자 자신들을 지탱하고 있는 엘리트주의와 헌정주의, 그리고 그것을 포장하고 있는 노동당주의를 버린다는 것을 의미하기 때문이다.

브렉시트 결정 그 자체로 문제를 좁혀보면 당권파들의 교활함을 넘어선 뻔뻔함이 드러난다. 노동계급 사람들의 복잡한 심사를 고려한다면 노동당 지지자들의 상당수는 심정적으로 탈퇴로 기울어져 있었을 것이다. 그런데 투표 결과 노동당의 성적표는 나쁘지 않았다. EU 잔류를 공공연하게 천명한 스코틀랜드 국민당 지지자의 잔류 지지가 64%였고 노동당 지지자들 중 잔류를 선택한 사람은 63%였다. 그렇다면 스코틀랜드 국민당의 대표인 니콜라 스터전(Nicola Sturgeon)에게 브렉시트의 책임을 물어 사퇴를 종용해야 했을까?

당권파들이 무비판적으로 캐머런－블레어의 배에 올라탔을 때 코빈은 동승을 거부했다. 잔류를 선택하지만 캐머런－블레어가 만들어놓은 영국에 동의할 수 없었기 때문이다. 이러한 코빈의 캠페인이 오히려 노동당 지지자들을 잔류로 돌아서게 했던 것은 아닐까? 잔류가 곧 기성질서에 대한 옹호가 아니라는 메시지를 전달한 것은 코빈이었기 때문이다. 그리고 브렉시트가 결정되고 며칠 후 영국이 2003년 이라크전쟁 참전을 결정하기까지의 과정을 규명한 「칠콧 보고서(Chilcot Report)」가 발표되었는데, 이 보고서는 영국의 민주주의가 어떤 상태에 이르렀는지 여실히 보여주었다. 블레어 정부는 이라크 침공에 동참하기 위해 정보를 왜곡했으며 보수당은 거기에 동조했다. 국민들의 반대와 노동당 내 반대 목소리에도 불구하고 그렇게 했다. 그런데 과거와의 단절을 선언한 코빈이 그 과거를 만들어낸 블레어와 캐머런 옆에 아무런 비판 없이 서 있어야 했다는 것인가?

7. 낡음과 새로움 사이에서

노동당 안의 정치적 쟁점을 언론과 기성 정치권은 코빈 개인의 문제로 비화시키고 있는데, 이는 바람직하지 않다. 코빈은 코빈 '현상'으로 바라보아야 한다. 지극히 비민주적인 영국의 정치제도에서 변화에 대한 열망이 노동당 안의 작은 틈을 비집고 드러난 것이다. 좀처럼 넓어지지 않던 틈이 벌어진 것 자체가 정치적 위기를 방증하는 것일 수도 있다. 당권파가 브렉시트를 구실로 당대표를 불신임해서 2016년 9월 21일 재선거를 치렀으나 선거 결과 코빈에 대한 확고한 지지가 드러난 것은 이 틈이 결코 작지 않음을 보여준다.

하지만 코빈 앞에 펼쳐진 도전은 만만치 않았다. 당에 대한 지지율이 곤두박질쳤기 때문이다. 노동당을 긴축에 반대하고 신자유주의에 반대하며 군사주의를 비판하는 정당으로 이끄는 것과 총선에서 승리하는 것은 완전히 다른 문제이기 때문이다. 이런 상태가 당권파들이 코빈을 흔들 수 있는 '합리적' 근거라고 할 수 있다. 지금 코빈의 노동당에 주어진 역사적 책무는 그가 발 딛고 있는 자본주의에 대한 도덕적 분노와 비판을 '정체성'과 '자기만족'에 익숙한, 그래서 거대 서사와 조직을 달가워하지 않는 포스트모던한 행위자들의 열망과 교차시키고, 그럼으로써 무정형의 불만에 조직된 운동의 형식을 입히는 것이다. 경직되지 않지만, 그래서 교조적이거나 권위주의적이지는 않지만 '우리'를 확인할 수 있는 정치적 조직화가 요청되는 것이다. 도덕적 비판은 그렇게 일상의 실천을 통해 재확인될 때만 변화의 정치로 발전될 수 있다. 코빈에 대한 지지와 브렉시트를 통해 드러난 기성 정치권에 대한 반감의 교집합을 정치적으로 동원하고 조직화해야만 영국 사회를 배회하고 있는 인종주의와 혐오에 맞설 수 있다. 이는 당장 긴축을 기조로 한 반노동자·반민중적 경제정책을 비판하고 장기적으로 이에 대한 대안을 제시하는 것으로 드러나야 한다.

기성 정치권은 코빈 현상과 사회주의적 기획을 시대착오적이라고 공격할 것이 뻔하다. 이미 1980년대에서 진화하지 못한 낡은 좌파가 귀환한 것이라는 냉소적인 비아냥거림이 넘쳐난다(Thompson, 2016). 코빈의 노동당이 포스트모던한 정체성의 정치와 조직화된 운동을 만들어내는 데 노력을 기울이지 않고 도덕적 사회주의에 안주한다면 억울하기는 하지만 전혀 근거 없는 비판은 아닐 것이다. 게다가 코빈과 자신들을 동일시하는 극좌파의 달갑지 않은 지지가 문제를 더 꼬이게 하고 있다. 하지만 1980년대의 대처식 권위주의와 노동당의 기회주의에 억눌렸던 민중의 열망은 낡은 것이 아니다. 더 나은 삶과 스스로에 대한 자긍심을 향한 노동하는 민중의 투쟁은 최종적으로 역사의 진보를 결정하는 힘이기 때문이다. 이는 자신들이 가진 기득권을 지키기 위해 변화를 두려워하는 지배자들을 밀어붙일 수 있는 유일한 힘이다.

계급의 이름을 복원하고 착취를 정치 분석의 핵심으로 제시하며 저항을 정치적 실천의 중심에 놓는 것을 시대착오적이라고 지탄하는 바로 그 사람들은 자신들의 행동이 이미 주어진 기성제도 안에 갇혀 미래를 보지 못하는 퇴행의 덫에 걸려 있다는 점을 깨닫지 못한다. 과거의 실패에서 배우지 못하고 있는 것이다. 스스로를 진보라고 생각하면서 실제로는 기존 질서를 굳건히 하는 한 축을 담당하고 있는 위선적인 모습을 '합리적', '현실적'이라는 말로 정당화하는 것이 바로 그들이다.

8. 한국의 좌파, 그 초라한 초상

낡은 과거와 단절하면서도 새로움을 핑계로 버려진 '계급'과 '사회주의'를 다시 복원하는 것은 코빈이 이끄는 노동당 혼자만의 과제가 아니다. 코빈의 노동당에 주어진 역사적 책무인 새로운 사회주의적 실험은 국경을 초월하는 사회운동의 연대를 필요로 하기 때문이다. 그리고 한국의 좌파들도 코빈 현상이 함축하고 있는 엄중한 역사적 책무를 나누어 짊어져야 한다. 그런데 한국의 '좌파를 자처하는' 정치인들은 코빈과 달리 기꺼이 한국의 캐머런과 블레어가 되려고 한다. 필요할 때는 코빈을 선전 도구로 가져다 쓰면서도 코빈 현상의 역사적 의미에 대해서는 둔감한 것이다. 이런 방조로 인해 코빈을 '영국의 노무현'이라고 부르는, 말도 안 되는 비교가 통용되기도 한다. 한국의 좌파는 박근혜-최순실 게이트로 표출된 사람들의 불만과 저항이 언론과 정치권이 설정한 합법의 테두리 안에 갇혀 소진되고 있는 것을 방관하고 있지 않은가? 탄핵이 인용되고 조기 대선이 치러짐에 따라 광장의 촛불로 타올랐던 무정형의 에너지는 그들의 불만을 키웠던 '헌정 질서' 자체에 대한 비판으로 향하지 못하고 권력을 나누어가지는 새로운 형식의 개헌으로 흡수될 것이다. 좌파정당을 자임하지만 이미 좌파라고 보기 어려운 정의당이 더불어민주당, 국민의당과 나란히 손을 잡고 박근혜-새누리당을 성토하는 것이 당연하게 받아들여지고 합법으로 보호받고 있는 현실을 넘어설 비판정신과 상상력이 없었다. 거기에는 코빈이 가지고 있는 최소한의 도덕적 분노와 비판도, 포데모스가 보여준 포스트모던한 좌파정치의 단초도, 조직화된 계급정치를 새롭게 만들어내겠다는 의지도 없었다. 수많은 사람들이 광장의 촛불과 더불어 들떠 있는 지금, 촛불은 곧 꺼져버릴 것이라고 외치는 극우 정치인의 외침이 더 현실적으로 들리는 이 깊은 비관을 넘어설 길은 없는 것일까?

비관적인 현실에도 미래에 대한 희망을 버릴 수 없는 분명한 이유가 있다. 오언 존스(Owen Jones)가 생생하게 보여주었던 영국 노동계급의 비참한 현실은 아직 복지국가를 기억하고 있는 세대에게 도덕적 분노를 일으켰으며 신자유주의 시대에 자라난 세대에게는 깊은 절망과 저항감을 느끼게 만들었다(존스, 2014). 하지만 노동계급은 세금 도둑이라는 비난과 무식한 인종주의자라는 낙인하에서도 비참함의 나락으로 떨어지지 않고 있다. '시민'이자 '인간'임을 증명하기 위해 몸부림치며 살아내고 있는 것이다. 말 그대로 스스로 이야기할 통로가 없었던 평범한 영국인들이 셀리나 토드(Selina Todd)의 책을 통해 보여주고 있는 바대로 말이다. 우리라고 다를까? 한국 사회의 진보 정치인은 마치 자신이 노동자와 민중의 대변자인 것처럼 착각하고 있다. 하지만 한국 사회는 자신의 역할이 '대표'가 아니라 '조력자'임을 잊고 있는 그들이 듣지 못하고 보지 못하는 아우성과 몸부림으로 들끓고 있다. 한국 사회는 때로는 광장의 촛불로 타오르지만 아직은 무정형인 분노와 저항의 에너지로 가득 차 있는 것이다. 그렇게 분노와 저항을 가슴에 담고 사는 사람들이 스스로 말하고 스스로 행동하고 스스로 통치할 수 있는 정치를 고민하는 것이 우리 시대 좌파의 역사적 책무인 것이다. 브렉시트, 트럼프, 박근혜 – 최순실 게이트는 기존의 체계가 더 이상 유지되기 어렵다는 것을 보여주고 있지 않은가? 진부한 옛말을 떠올려 본다. '늦었다고 생각할 때가 가장 빠른 때이다.'

참고문헌

서영표. 2008. "영국 신좌파 논쟁에 대한 재해석: 헤게모니 개념에 대한 상이한 해석". 비판사회학회. ≪경제와 사회≫, 80.

______. 2009. 『런던코뮌: 지방사회주의의 실험과 좌파정치의 재구성』. 이매진.

______. 2010. "영국 노동당 13년 평가: 삶의 질의 후퇴와 소비주의적 주체성". 서강대학교 생명문화연구소. ≪생명연구≫, 제17집.

______. 2012. "기로에 선 영국녹색당: 운동과 제도정치, 녹색과 적색 사이의 긴장". 한국환경사회학회. ≪환경사회학연구 ECO≫, 16(2).

존스, 오언(Owen Jones). 2014. 『차브: 영국식 잉여 유발사건』. 북인더갭.

토드, 셀리나(Selina Todd). 2016. 『민중: 영국 노동계급의 사회사』. 도서출판 클.

Ali, Tariq. 2015. *The Extreme Centre: A Warning*. London: Verso.

Bale, Tim. 2016. "Leaving Party: Theresa May's Tories and Europe." *Renewal*, 24(4).

Blackwater, Bill. 2016. "Morality and Left-Wing Politics: A Case Study of Jeremy Corbyn's Labour Party." *Renewal*, 24(3).

Corbett, Richard. 2016. "Unanswered Questions." *Soundings*, 64.

Denhem, John and Michael Kenny. 2016. "Introduction." John Denham and Michael Kenny(eds.). *Who Speaks to England?: Labour's English Challenge*. Fabian Online Report. http://www.fabians.org.uk/wp-content/uploads/2016/10/Fabian-Society-Who-speaks-to-England.pdf.

Devine, Pat, Andrew Pearmain, Michael Prior and David Purdy. 2009. "Feelbad Britain." Pat Devine et al. *Feelbad Britain: How to Make It Better*. London: Lawrence and Wishart.

Dorling, Danny. 2015. *Inequality and the 1%*. London: Verso.

Finlayson, Alan. 2003. *Making Sense of New Labour*. London: Lawrence and Wishart.

Mair, Peter. 2013. *Ruling the Void: The Hollowing of Western Democracy*. London: Verso.

Mouffe, Chantal and Inigo Errejon. 2016. *Podemos: In the Name of the People*. London: Lawrence and Wishart.

Panitch, Leo and Colin Leys. 2001. *The End of Parliamentary Socialism*. 2nd Edition.

London: Verso.

Rustin, Michael. 2016. "The Referendum and the Crisis of Neoliberalism in Europe." Soundings Blog. https://www.lwbooks.co.uk/blog/the-referendum-and-the-crisis-of-neoliberalism-in-europe.

Sayer, Andrew. 2016. *Why We Can't Afford the Rich*. Bristol: Policy Press.

Seo, Youngpyo. forthcoming. "Reading Korean Society through Stuart Hall's Cultural Theory-Constructing a New Paradigm for Socialist Politics in the 21th Century." *Inter-Asia Cultural Studies*.

Seymour, Richard. 2016. *Corbyn: The Strange Rebirth of Radical Politics*. London: Verso.

Sutcliffe-Braithwaite, Florence and James Stafford. "After 2016." *Renewal*, 24(4).

Thompson, Paul. 2016. "Hard Left, Soft Left: Corbynism and Beyond." *Renewal*, 24(2).

Wilkinson, Michael. 2016. "The Brexit Referendum and the Crisis of 'Extreme Centrism." *German Law Journal*, 17, Special Issue.

Worth, Owen. 2013. *Resistance in the Age of Austerity: Nationalism, the Failure of the Left and the Return of God*. New York and London: Zed Books.

포스트사회주의 중국의 혁명사 인식

임춘성 | 목포대학교 중국언어와문화학과

1. 들어가며

일반적으로 '중국혁명' 하면 '문화대혁명'(이하 문혁)을 연상하기 마련이다. 그러나 문혁은 1949년에 일단락된 신민주주의 혁명의 연속선상에 있다. 따라서 '중국혁명'을 운위하려면 반우파투쟁, 대약진운동, 인민공사운동, 문혁을 포함한 사회주의 시기를 총체적으로 고찰해야 한다. 아울러 신민주주의 혁명의 성공으로 건국된 중화인민공화국(이하 인민공화국)의 역사를 하나의 시간대로 고찰하는 것이 필요하다. 나아가 인민공화국 건국이 신민주주의 혁명의 결과였고, 신민주주의 혁명은 또한 태평천국운동, 변법유신, 신해혁명의 연장선상에 있기에 이를 총체적으로 바라보는 시야가 요구된다. 이 글에서는 페르낭 브로델(Fernad Braudel)의 시간 개념과 동아시아 시간대를 참조 체계로 삼아, 아편전쟁 전후 어느 시점에서 시작해 지금까지의 시간대를 아우르기 위해 '중국의 장기 근현대(long-term modern China)' 개념을 제안했다. 중국 근현대 시기 구분에 대해서는 여러 가지 견해가 있지만, 이 글에서는 진다이(近代) - 셴다이(現代) - 당다이(當代)를 유기적 총체로 보자는 리쩌허우(李澤厚)의 '진셴다이(近現代)' 개념과, '셴다이'라는 기표 아래 초기 - 전기 - 후기로 나눈 왕샤오밍(王曉明)의 시기 구분에 주목했다. '중국의 장기 근현대' 개념은 이들의 논의를 이론적 근거로 삼아 확대 발전시켰다. 리쩌허우의 진셴다이와 왕샤오밍의 셴다이 개념은 우리의 근현대 및 현대와도 소통 가능하다. 그리고 '중국의 장기 근현대'는 '단기 40년: 포스트사회주의 시기', '중기 70년: 인민공화국', '장기 180년: 자본주의 편입'으로 나누어볼 수 있다.

이 글에서는 '단기 40년'과 '중기 70년'을 고찰하기에 앞서, 포스트사회주의 시기에 전개된 중국의 혁명사 인식이라는 주제의식을 가지고 리쩌허우의 근현대 사상사론에 주목해 반봉건 계몽과 반제 구망(救亡)[1]의 관계라는 혁명의 발전 동력을 고찰하고자 한다. 리쩌허우는 중국 근현대사 전체를 태평천국의 농민혁명 사상 → 개량파 자유주의의 변법유신 사상 → 혁명파 민주주의의 삼민주의 사상 → 신민주주의 사상의 선진 혁명 사조의 전개 과정으로 바라보았다. 그는 각 선진 사조의 이중성에 초점을 맞추었는데, 선진 사조들은 각기 사회주의 유토피아적 성격을 가진 동시에 소농경제에 뿌리를 둔 봉건 의식에서 벗어나지 못한 한계를 지니고 있었다. 이런 한계는 인민공화국 건립 이후에도 지속되어 한 편의 '역사풍자극'을 연출했다. 리쩌허우는 또한 중국 근현대 혁명사의 내적 동력을 '계몽과 구망의 이중 과제'로 개괄했다. '반봉건 계몽과 반제 구망의 상호 촉진'은 5·4 신문화운동이 이룩한 위대한 성취였지만, 그것은 백척간두의 위기에서 벗어나야 한다는 절박한 현실의 구국 요청으로 인해 '반봉건 계몽이 유보된 반제 구망'이라는 이중 변주를 연주할 수밖에 없게 만들었다. 그는 개혁개

---

1 국가를 멸망의 위기로부터 구한다는 의미이다.

방의 새로운 시기에 역사의 침중한 교훈을 되새기며 '전환적 창조'를 모색해야 한다고 말했다. 지난 혁명 과정에서 유보됨으로써 결락되거나 약화된 '반봉건 계몽'의 과제를 뒤늦게라도 완수하기 위해 '5·4' 정신의 비판적 계승이 필요함을 역설한 것이다. 나아가 전환적 창조의 목표로 '유학 4기' 상황을 제시했고 그 구체적인 방법으로 '서체중용(西體中用)'을 주장했다.

2. 중국의 장기 근현대

1) 근현대의 '삼분법' 비판과 극복

2017년은 개혁개방 39주년이자 인민공화국 건국 68주년인 해이다. 마오쩌둥의 혁명사 시기 구분에 따르면, 쑨원이 지도한 구민주주의 혁명 시기를 거쳐 자신이 이끈 신민주주의 혁명을 성공적으로 완수하고 1949년 10월 1일 세운 인민공화국은 이전 단계와는 다른 '신중국'이었다. 마오쩌둥은 신중국에 사회주의적 개조 및 사회주의 국가 건설이라는 과제를 부여했다. 이로 인해 구민주주의 혁명 시기(近代, 진다이), 신민주주의 혁명 시기(現代, 셴다이), 사회주의 개조 및 건설 시기(當代, 당다이)라는 삼분법이 제기되었고 이 삼분법은 오랜 기간 철옹성을 구축했다.

이 장벽에 균열이 일어난 것은 개혁개방의 '신시기'에 들어오면서부터이다. 문학사에 국한시켜 되돌아보면, 1985년 '창신(創新)좌담회'[2]에서 '20

2 이 좌담회는 1985년 5월 6~11일 중국현대문학연구회, 중국사회과학원 문학연구소, 중국작가협회 중국현대문학관의 공동 주관으로 베이징에서 개최되었다. 이 좌담회에서는 그동안의 '사조유파론'에 대한 이론적 축적을 바탕으로 ① 중국 셴다이 문학의 내포와 외연 문제, ② 문학 연구 방법의 혁신 문제, ③ 중국 셴다이 문학 연구와 당다이 문학의 관계에 대해 집중적인 토론을 진행했다. 자세한 내용은 다음을 참조. 于承哲, 「中国现代文学研究创新座谈

▮그림 1▮ 중국 근현대 삼분법

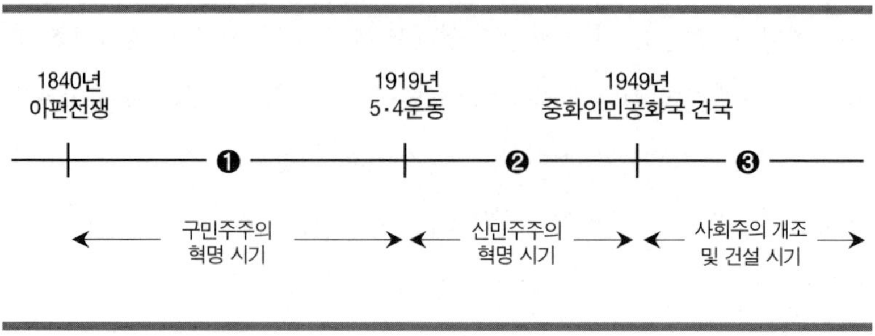

세기 중국문학'이 제창된 후 '백년 중국문학', '두 날개 문학' 등 여러 가지 문학사 담론이 제출되었다. 시기 구분과 관련된 핵심 내용은 진다이와 셴다이 사이의 장벽, 그리고 셴다이와 당다이 사이의 장벽을 허물자는 것이었다. 그 가운데 주목할 만한 것은 진다이 – 셴다이 – 당다이를 유기적 총체로 보자는 리쩌허우의 '진셴다이' 개념과, '셴다이'라는 기표 아래 이를 초기 – 전기 – 후기로 나눈 왕샤오밍의 시기 구분이다.

리쩌허우의 '진셴다이'와 왕샤오밍의 '셴다이'를 살펴보기 전에 한 가지 짚고 넘어가야 한다. '중국 연구(Chinese studies)'에 몸담고 있는 사람이라면 중국의 진다이 – 셴다이 – 당다이 삼분법에서 셴다이는 한국어의 '현대(現代)'와 한자 표기가 같음에도 시간적으로 서로 중복되지 않는 기의(signifier)를 가지고 있다는 사실을 잘 알 것이다. 일반적으로 한국의 '현대'는 1949년 중국의 '셴다이'가 종결되기 직전 시점인 1948년에 시작한다. 이를 변별하기 위해 이 글에서는 한국의 '現代'는 '현대'로, 중국의 '現代'는 '셴다이'로 표기한다. 중국의 '近代'와 '當代'도 '진다이'와 '당다이'로 표기한다.

리쩌허우는 '사상사론'이라는 독특한 '체제'를 통해 '구다이(古代)', '진다

会纪要」, ≪中國現代文學研究叢刊≫(1985年 4期).

▌표 1▌ 리쩌허우의 네 가지 근현대 시기 구분

	기준	소시기 구분	관련 사항	근거 자료
개괄적 시기 구분 (I)	총체적 계급투쟁 상황	(1) 1840~1895년 (2) 1895~1911년 (3) 1911~1949년 (4) 1949~1976년 (5) 1976년 이후	아편전쟁, 문화대혁명 등 주요한 정치 사건	「20세기 초 부르주아 혁명파 사상 논강」
지식인 세대 구분 (II)	세대별	(1) 신해세대 (2) 5·4세대 (3) 대혁명세대 (4) '삼팔식' 세대 (5) 해방세대 (6) 문화대혁명 홍위병 세대 (7) 완전히 새로운 역사 시기	주요한 사건을 중심으로 세대 구분	「루쉰 사상발전에 대한 약론」
지식인 세대 구분 (III)	중국 혁명의 길과 연계	(1) 계몽의 1920년대 (2) 격동의 1930년대 (3) 전투의 1940년대 (4) 환락의 1950년대 (5) 고난의 1960년대 (6) 스산한 1970년대 (7) 소생의 1980년대 (8) 위기의 1990년대	10년 단위로 이해하기 좋아하는 중국인의 심리를 염두에 둔 개괄	「루쉰 사상발전에 대한 약론」
지식인 심태 변이 (IV)	문화심리 구조의 변천	(1) 전환의 예고 (2) 개방된 영혼 (3) 모델의 창조 (4) 농촌으로 들어가기 (5) 모델의 수용 (6) 다원적 지향		「20세기 중국 문예 일별」

이(近代)', '셴다이(現代)'의 주요한 사상가와 유파를 논술하고 있는데, 흔히 말하는 '당다이(當代)'는 '셴다이'에 포함되어 있다. 중국 근현대 시기 구분에 관한 리쩌허우의 견해는 다채롭고 유연하다. 그는 '진다이'와 '셴다이'를 별책으로 집필했음에도 도처에서 '진다이'와 '셴다이'를 하나로 묶어 '진셴다이'라 칭하면서 이에 대한 시기 구분을 시도했다. 그가 말한 '진셴다이'는 넓은 의미에서 서양의 '모던(modern)'에 해당하며, 필자의 '근현대(modern)'[3]와 내포 및 외연을 같이하는 개념으로 이해할 수 있다. 그뿐만 아니라 그는 시기를 구분할 때 하나의 기준만 고집하지 않고 관점과 대상에 따라 유동성을 적용했다. 근현대 시기 구분에 관한 그의 기준과 구체적인 형태는 〈표 1〉과 같이 네 가지로 나눌 수 있다(임춘성, 2008: 354~356).

시기 구분의 기준이 계급투쟁이 되었건, 세대가 되었건, 문화심리구조가 되었건 간에 리쩌허우는 근현대를 하나의 유기적 총체로 파악하고 있

3 여기서 '근현대'는 아편전쟁 전후의 어느 시점에 시작해 지금까지를 하나의 유기적 총체로 보는 개념으로, '서유럽 모던'에 대응하는 '동아시아 근현대'를 염두에 둔 개념이다(임춘성, 2008: 344 참조).

다. 네 번째 시기 구분에서 리쩌허우는 "문예 창작자의 심태(心態)를 통해 근현대 중국이 거쳐 온 사상적 논리의 전개, 즉 심령(心靈)의 역정에 굴절되어 반영된 시대의 역정(歷程)을 관찰"(리쩌허우, 2005b: 335)한다고 하면서 심리 상태의 또 다른 표현인 '사상·정감 방식'이라는 독특한 용어를 사용했다. 또한 신해혁명 세대가 '사상·정감 방식'의 전환을 개시했고 5·4운동 세대에 이르러서야 "용감하게 전통을 돌파해 정식으로 이러한 전환을 실현했다"(리쩌허우, 2005c: 351)라고 평했다. 이는 이전 단계의 진다이와 셴다이의 장벽을 허문 것으로 이해할 수 있다. 나아가 그에게 '20세기'는 물리적 시간 개념이 아니라 중국적 맥락의 '장기 근현대'라 할 수 있다. 이는 리쩌허우의 시기 구분을 존중한다면 올려 잡아 아편전쟁부터, 내려 잡아 변법유신부터 시작해 그때부터 지금까지의 시간을 통칭하는 것으로 이해할 수 있을 것이다.

리쩌허우의 5단계를 〈그림 1〉의 삼분법과 대조해보면, 5·4운동 대신 신해혁명을 분기점으로 잡았고, 이른바 '진다이'는 변법유신을 분기점으로 삼아 두 단계로 나누었으며, 이른바 '당다이' 또한 문혁 종결을 분기점으로 삼아 두 단계로 나누었음을 알 수 있다. '총체적 계급투쟁 상황'을 기준으로 삼은 만큼 그의 선진 사조와 연계시켜보면, 태평천국의 농민혁명 시기－개량파 자유주의의 변법유신 시기－혁명파 민주주의의 삼민주의 혁명 시기－신민주주의 혁명 및 사회주의 이행 시기－개혁개방 시기로 나눠볼 수 있다.

신민주주의 혁명의 결실로 세워진 인민공화국의 전기 30년은 폐쇄적인 시공간이었다. 이에 대한 반작용으로 1980년대에는 서양 이론을 끌어와 중국의 험난한 사회 변천을 해석하려 했다. 하지만 이는 곧 한계를 드러냈고, 1980년대 말과 1990년대 초에는 새로운 성찰이 이뤄졌다. 왕샤오밍은 '외래의 비판적 수용'이라는 차원에서 문화 연구를 방법론으로 삼아 중국

▌그림 2▌ 리쩌허우의 근현대 5단계

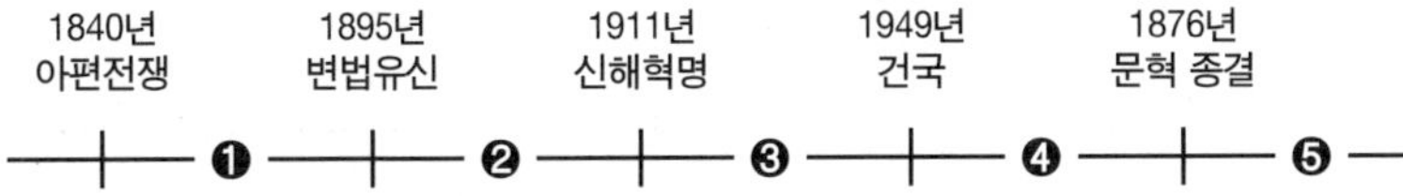

의 새로운 사회 현실을 해석함으로써 중국적 특색을 가진 문화 연구를 수립하는 동시에 혁명 전통을 창조적으로 계승하려 했다. 그는 1949년 이전의 좌익 사상 자료를 발굴해 20개 장[4]으로 구성된 『중국현대사상문선(中國現代思想文選)』(王曉明·周展安, 2013)을 출간했다. 왕샤오밍은 그 '서문'에서 기존의 근현대사 '삼분법'과 달리, '셴다이'라는 용어로 1880년대부터 최근까지를 아우르고 있다. 왕샤오밍의 '셴다이(現代)'는 삼분법의 셴다이(1919~1949)와 달리, 1880년대부터 최근까지를 아우르고 있기에, 한국 사회의 '현대'라는 기표와 통용될 수 있다는 맥락에서 아래에서는 '현대'로 표기한다. 하지만 그는 이른바 서유럽의 '모던' 개념을 무조건 따르는 것에는 반대한다. 서유럽 경험에서 비롯된 개념으로 비서유럽, 특히 중국의 역사와 현실을 기술하는 것은 타당하지 않다는 이유에서이다. 19세기 서양의 외압에 의해 제기된 문제인 '중국은 어디로 가는가'라는 문제에 답하면서 중국의 '현대'가 시작되었다고 보는 이유가 여기에 있다. 그러기에 중국의 '현대'는 첫째, 무엇이 중국인가를 전면적으로 다시 상상하고, 둘

4 20개 장은 '삼천년간 없었던 변국(變局)', '시세(時勢)', '구세(救世)', '심력(心力)', '중국', '체용(體用)', '정체(政體)', '신민(新民)', '개체', '대동(大同)', '혁명(1)', '혁명(2)', '사회주의', '혁명철학', '농국(農國)', '사회과학과 사회성질', '문화 본위', '국제주의와 세계혁명', '영혼의 깊이', '신중국'이다.

▌그림 3▌ 왕샤오밍의 셴다이/현대 3단계

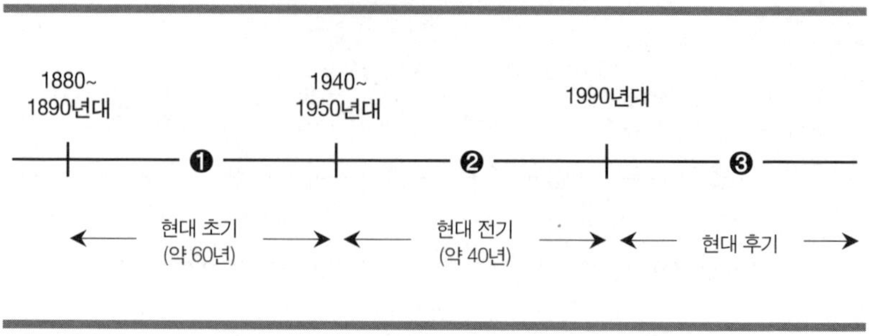

째, 온 힘으로 이런 상상을 실현함을 의미한다(왕샤오밍, 2014: 62). 이런 맥락에서 보면, 흔히 근현대사의 기점으로 거론되던 아편전쟁은 그저 하나의 현상이었을 뿐이다. 중국 주류 계급이던 신사(紳士)계급이 본격적으로 답변하기 시작한 1880~1890년대야말로 중국의 '현대'가 시작된 시기라는 것이다. 이런 논단은 '태평천국운동'에 대한 평가와 맞물려 지식인 중심 사관이라는 비판을 받을 소지가 있다는 점을 지적해두어야 한다. 이상의 인식을 토대로 삼아 왕샤오밍은 '현대'를 1880~1890년대에서 1940~1950년대까지의 약 60년간, 1940~1950년대부터 1980년대까지의 약 40년간, 그리고 1990년대부터 오늘날까지의 약 20년간, 이렇게 세 단계로 나누고 있다(왕샤오밍, 2014: 63~65). 왕샤오밍의 입장을 긍정적으로 해석한다면 "사회주의 30년에 1980년대의 과도기 10년을 더한 40년을 2단계로 삼고, 그 이전 60년을 1단계로, 그 이후 20년을 3단계로 설정"한 것이다. 그리고 1단계를 특별히 '현대 초기'라고 지칭하며 초기 사상을 세밀하게 검토함으로써 '중국이 어디로 갈 것인가'에 대한 계시를 찾고자 한다.

왕샤오밍은 '현대 초기'에 넓은 의미의 '좌익' 또는 '사회주의' 사상들이 도처에서 생겨나 서로 논전을 벌이고 상호 호응하면서 빠르게 중국 사상의 주류를 형성했고 나아가 거대한 사회운동을 이끌었다고 본다. 1890년대 중반부터는 위로는 조정 중신, 아래로는 시골 평민에 이르기까지 '3000년간 겪지 못한 비상시국'이라는 위기의식이 팽배해 있었다. 이로 인해 새로운 사상 주제가 확인되었다. 아울러 사상가들은 새로운 주제가 가져오는 사상과 실천의 거대한 곤경을 의식했다. 곤경은 세 가지 방면에서 확인되었다. 첫째, 사상가들이 현실을 이해하고 미래를 구상하기 위해 기댈 수 있는 것은 혼란스럽고 취약한 현실 경험뿐이라는 것이었다. 둘째, 서양을 어떻게 다룰 것인가가 새로운 중국을 상상하는 큰 난제가 되었다. 바꿔 말하면, 한편으로는 서양을 학습해 봉건제도와 예교(禮教)를 타파해야 하지만 다른 한편으로는 제국주의 서양을 극복해야 하는, 반봉건·반제국주의라는 이중 과제에 직면한 것이다. 셋째, 엉망이 되어버린 중국의 총체적 난국을 인식하고 어디서부터 첫걸음을 떼야 할 것인가라는 문제가 제기되었다(왕샤오밍, 2014: 66~70).

왕샤오밍은 이처럼 새로운 과제가 제시된 상황에서도 총체적 난맥상을 드러낸 중국의 시공간을 현대 사상의 기점으로 설정하는 지혜를 발휘했다. 중국에서는 '예부터 모든 것이 있었다(古已有之)', '선왕을 법으로 삼는다(法先王)'라는 식의 전통 중심주의로 인해 루쉰(魯迅)이 말한 것처럼 '의자 하나를 옮기는데도 피를 흘려야 했던' 완고한 상황이 초래되었고, 이로 인해 국가와 인민은 존망의 위기에 처하게 되었다. 하지만 바로 이런 위기 상황이야말로 새로운 중국을 건설할 기회였던 것이다. 그는 '현대 초기' 혁명 사상의 특징으로 다섯 가지를 꼽았다. ① 늘 피억압자와 약자 편에 서고, ② 정신과 문화의 관점에서 변혁을 구상하며, ③ 새로운 중국과 세계의 창조를 제일 동력으로 삼고, ④ 실패에 굴하지 않고 그것을 새로운 기점으로 삼으며, ⑤ 고도로 자각적인 실천 및 전략 의식을 가지고 있다는 것이었다(왕샤오밍, 2014: 70~89). 이어서 왕샤오밍은 오늘날의 과제와 관련해 여섯 가지 항목을 제시했다. ① 피압박·소수자의 관점에서 문제를 보는 태도를 어떻게 견지할 것인가? ② 역사적·공간적 깊이를 갖춘 미래 의식을 어떻게 발전시킬 것인가? ③'사람'을 어떻게 중시하고 신임할 것인가? ④ 이상과 현실을 한 몸으로 간주하게 하는 강인한 심력(心力)을 어떻게 다시 진작시킬 것인가? ⑤'자신의 길을 갈 뿐'이라는 역사 이성을 어떻게 발전시킬 것인가? ⑥ 하나의 행동으로 동시에 여러 행동을 품고 준비하는 능력을 어떻게 배양할 것인가?(왕샤오밍, 2014: 91~95)

왕샤오밍은 '현대 초기' 중국 사상을 다시 읽는 것이 오늘날 중국의 사상적 난제를 해결하는 한 가닥 가능한 경로임을 분명하게 밝히고 있다. 사상 문헌을 읽는 것은 첫걸음일 뿐이다. 그 시대의 구체적인 사회 과정 속으로 들어가 이 사상들에 의해 촉진된 각종 사회 실천의 상황을 이해하고 분석해 오늘날 활용 가능한 자원으로 가져오는 것이야말로 오늘날 중국의 난제를 해결하는 데 유용하다. 나아가 이를 한국의 사상 자원 또는 동아시아의 사상 자원으로 삼을 수 있을 것이다.

2) 동아시아 시간대와 세계 체계

홍호펑(孔誥烽)은 세계 체계론과 역사적 자본주의의 관점에서 동아시아 자본주의 부상과 중국의 발전 경로에 대해 설득력 있는 답변을 제시하고 있다. 먼저 홍호펑은 중국의 부상을 가능하게 만든 "1970년대 이후 지구적 자본주의 체계의 구조적 전환"으로 "(1) 새로운 국제 노동 분업의 출현, (2) 미국 헤게모니와 냉전 질서의 이중의 쇠퇴, (3) 노동자 계급 기반과 국가권력 지향의 대중 정치 형태를 가진 반체제 운동의 일반적인 쇠퇴라는 삼중의 전환"(홍호펑, 2012: 19)을 들면서, 이러한 삼중의 전환이 중국의 부상으로 넘어가는 "중간 단계로서 동아시아 지역 자본주의 질서의 부상"(홍호펑, 2012: 29)에 초점을 맞춘다. 모두 알다시피, 동아시아 자본주의의 부상은 제2차 세계대전 이후 미국의 냉전 정책과 긴밀한 관계를 가지고 있다. 아시아를 '공산주의 봉쇄의 취약한 고리'로 간주한 "워싱턴은 이 국가들이 번영할 수 있는 우호적인 조건을 창출하는 데 예외적으로 관대했으며, 동아시아의 수출품에 서방 시장을 개방하고 금융 및 군사 원조를 제공했다. 이 조건들로 인해 자원이 풍부한 발전 국가(developmental state)가 등장할 수 있었으며 …… 일찍부터 수출 지향적인 산업 정책을 채택했다"(홍호평, 2012: 29). 이처럼 '냉전의 지정학'과 '지역 내부의 특징'에 기인해 "뒤집힌 V자형의 기러기(flying geese) 모델의 특징을 나타냈다"(홍호평, 2012: 30). 그러나 1970년대 중국이 자본주의 경제와 재통합한 후 1990년대에 개혁개방이 심화 확대되면서, "저임금 노동력의 막대한 공급, 국가 사회주의 부분에서 온 엔지니어와 기술자의 거대한 풀, 제조업 상품의 거대 시장으로서의 잠재력 덕분에 중국은 저부가가치의 제조업 활동뿐만 아니라 모든 수준의 가치 사슬에서 제조업 투자를 흡수할 수 있었다"(홍호평, 2012: 33). 이처럼 "이전의 동아시아 부상의 국면에서 다른 동아시아 국가들이 축적해온 자본, 마케팅 망, 수출 지향적인 제조업 노하우를 대부분 흡수한 중국의 눈부신 경제 성장은 동아시아의 부상을 중국의 부상으로 바꾸어놓았다"(홍호평, 2012: 34). 홍호평의 논단은 거시적이면서도 치밀하다. 조금 단순화하면, 중국을 견제하려던 미국의 냉전 정책이 중국의 G2 부상이라는 결과를 초래한 셈이다.

백승욱 또한 '세계 체계 분석과 역사적 자본주의라는 시각'에서 '세계 헤게모니의 순환의 역사', '신자유주의의 등장과 변화 과정', '신노동과 노동운동의 역사'와 함께 '20세기 동아시아 지역의 변화 과정'(백승욱, 2006: 7~8)을 고찰했다. 그는 20세기 미국 헤게모니하에서 동아시아가 겪은 변화 과정을 '다층적 하청 체계의 확장 과정'이라 하면서 이를 네 단계로 나누어 설명했다. 첫 번째 단계는 일본의 전후 부흥 단계이고, 두 번째 단계는 동아시아 신흥 공업국이 등장한 시기이며, 세 번째 단계는 1985년 플라자 협약과 더불어 일본이 동남아시아 지역으로 생산 네트워크를 확장한 시기이고, 네 번째 단계는 기존의 사회주의권이 다층적 하청 체계의 경제 영향력에 포섭되는 시기인데, 이들 국가의 사회주의적 유산은 동아시아 신흥 공업 경제 모델과 유사한 독특한 맥락으로 작용한다(백승욱, 2006: 463). 그는 또한 동아시아의 다층적 시간대를 30년, 50년, 100년의 시간대[5]로 나누어 설명한다. 우선 최근 30년의 시간대는 신자유주의 시대로, 이전 동아시아 발전국가의 구도가 무너지고 일본 중심의 다층적 하청 체계 구도가 동아시아 전역으로 확장되며 사회주의 지역이 동아시아 경제구도 내에 들어오면서 빠르게 축적의 중심으로 성장한 시기이다. 조금 확장된 50년의 시간대는 기본적으로 냉전의 시대로, 전후 일본의 부흥에서 시작되었으며 그 다음에 동아시아 신흥공업국이 등장한 시기이다. 100년의 시간대는 서유럽 자본주의가 동아시아로 침투해 들어오면서 동아시아 전체를 자본주의 세계경제에 편입시킨 시기로, 빠르게 서유럽적 자본주의의 길을 걸은 일본과, 기존의 거대한 제국이 붕괴해 새로운 민족국가로 전환된 중국은 자본주의 이후에도 살아남아 경계를 더 확장해 민족국가를 구성했다(백승욱, 2006: 407~409).

페르낭 브로델(Fernand Braudel)의 시간 개념은 백승욱이 기대고 있는 근거이다. 브로델은 서양의 경제사를 고찰하면서, '사건(événement)'의 역사, '긴 시간을 두고 순환(conjoncture)'하는 역사이자 위기의 역사, 오랜 시간을 따라 천천히 진화하는 거대하고 구조적인 '장기 지속(long durée)'의 역사(브로델, 2012: 13~14)의 시간대로 나누고, "4세기 동안의 시간과 세계 전체

5 백승욱의 책이 2006년 출간되었음을 감안하면 '40년, 60년, 110년의 시간대'로 고쳐 읽는 것이 좋을 듯하다.

를 놓고 어떻게 그에 걸맞은 사실과 설명을 조직해낼 것인가 하는 문제"를 풀기 위해서 "장기적인 시간을 두고 진행되는 심층의 균형과 불균형을 선택"(브로델, 2012: 14)했다고 했다. 브로델이 말하는 심층은 '물질생활(vie matérielle)'이다. 그것은 '일상생활'에서 '누적되고 반복'되는 '습관적 행동'으로 구성[6]되는데, "인류가 이전의 역사를 지나오는 동안 자신의 삶 아주 깊숙한 곳에 결합해온 것이다. 마치 우리 몸속의 내장처럼 깊숙한 곳에 흡수되어 있는 삶이라는 것"(브로델, 2012: 17)이다. 단순화의 위험을 무릅쓰고 요약하자면, 브로델은 '물질생활'의 핵심을 '시장경제'로 보고, 근대 이후 "본연의 시장경제라는 바탕 위에서 '자본주의'가 번성했다"(브로델, 2012: 34)라고 본다.

홍호펑이 중국이 부상한 원인을 외부에서 찾았다면, 조반니 아리기(Giovanni Arrighi)는 그 원인을 내부에서 추적한다. 그는 우선 "19세기 중반 아편전쟁으로 실현된 문명의 충돌에서 유럽이 우위를 보인 것에 대한 설득력 있는 해답은 앞선 5세기 동안 국가 간 체계의 동학에서 드러나는 유럽과 동아시아의 근본적인 차이점에서 찾을 수 있다"(아리기, 2012: 48)라고 전제한다. 아리기는 유럽과 동아시아의 국가 간 체계 동학을 추적하면서 양자의 발전 경로를 발견한다. "유럽의 발전 경로에서 전형적으로 나타난 군사주의, 산업주의, 자본주의 간의 공동 상승 작용은 끊임없이 해외 영토 팽창을 추진했으며, 또한 그 결과로 유지되었는데, 이러한 공동 상승 작용은 동아시아에서는 나타나지 않았다"(아리기, 2012: 57). 이로 인해 동아시아는 서유럽의 군사적 침략에 취약했고 그 결과 동아시아는 아편전쟁부터 제2차 세계대전까지 100여 년 동안 유럽의 발전 경로를 추종했지만 이는 동아시

6 이는 일상생활에서 적전(積澱, 누적 또는 침전)되어 문화심리구조를 형성한다는 리쩌허우의 논리와 유사한 측면이 있다.

아 각국에 불행을 가져다주었을 뿐이다. 그러나 "제2차 세계대전의 종전 이후 반세기 동안은 서구 체계와 동아시아 체계의 혼성화(hybridization)가 방향을 바꾸어놓았으며, 점차 지역의 경제적 부흥에 유리한 조건들을 창출했다"(아리기, 2012: 60). 이처럼 훙호평과 아리기는 세계 체계론과 역사적 자본주의라는 관점에서 중국의 부상 과정을 지정학·지경학적으로 해석하고 있다. 또한 아리기는 덩샤오핑의 개혁이 성공할 수 있었던 두 가지 핵심 조치를 "(중국을 _인용자) 지역 및 세계 경제에 재통합"시킨 것과 동아시아 발전 경로의 또 다른 유산인 "화교들의 지원을 요청한 결정"으로 본다(아리기, 2012: 69). 그리고 해외 투자를 쇄도하게 만든 결정적인 조치를 "농촌에 기반을 둔 시장 경제 전통을 부활시킨 것"(아리기, 2012: 71)으로 보고 그 두드러진 표현으로 '향진 기업의 폭발적인 성장'을 들면서, 이것이 개혁 성공에 결정적으로 기여[7]했다고 평가했다.

이상의 논의를 종합해보면, 근현대 중국을 세 단계로 나눌 수 있음을 알 수 있다. 아편전쟁부터 제2차 세계대전 종전까지를 1단계, 인민공화국 건국부터 1970년대까지를 2단계, 개혁개방 이후를 3단계라고 할 수 있다. 1단계는 쇠퇴의 시기이다. 아편전쟁과 청일전쟁의 패배를 만회하고자 시도했던 서양 학습 – "유럽식 유형의 수렴" – 은 "몰락을 늦추기는커녕 오히려 더 파괴적인 결과를 낳았다"(아리기, 2012: 78). 2단계는 회복의 시기이다. 하지만 미국의 군사적 질서가 주도한 이 회복에서는 우선 일본이 수혜자가 되었고, '투자의 눈덩이 과정'이 진행되면서 그 혜택이 네 마리 용과 호랑이로, 다시 중국과 베트남, 그리고 동남아시아로 확장되었다. 3단계는 굴기(崛起)의 시기이다. 중국은 '1970년대 이후 지구적 자본주의 체계

7 그 원인으로 향진기업의 노동 집약적 성향, 생산성 제고, 세원 확보, 지역 재투자 등을 들고 있다(아리기, 2012: 73 참조).

의 구조적 전환'과 '동아시아 지역 자본주의 질서의 부상', 그리고 '화교 자본과 네트워크' 및 '양질의 저비용 농촌 노동 대중'에 힘입어 중국의 경제 기적을 가능케 만들고 있다(아리기, 2012: 78~79).

홍호평과 백승욱의 견해에 따르면, 포스트사회주의 시기는 중국이 본격적으로 글로벌 자본주의에 편입되는 시기이다. 그리고 그전 단계는 중국이 자본주의에 진입하기 위한 준비 단계라 할 수 있다. 뒤에서 살펴보겠지만, 인민공화국의 전기 30년은 '사회주의 개조 및 혁명'을 구호로 내세웠으나 소련으로부터 탈종속하면서 '자력갱생'을 통해 낙후한 생산력을 꾸준히 발전시켰다. 이로써 '다층적 하청 체계 구도'가 닦아놓은 글로벌 자본주의로 진입하는 길을 걸어온 셈이다.

3) 중국의 장기 근현대

이 글에서는 브로델의 시간대와 동아시아의 다층적 시간대, 그리고 아리기의 3단계를 참조 체계로 삼아 근현대 중국을 '중국의 장기 근현대(the long-term modern China)'로 명명하고자 한다. 이는 아리기의 '장기 20세기' 개념을 참조한 것으로, '중국의 장기 근현대'는 중국이 서유럽 중심의 지구적 자본주의로 편입되는 시간대인 동시에 혁명과 이행의 시기였다. 이 기간을 '단기 40년', '중기 70년', '장기 180년'으로 나누어볼 수 있다.

'단기 40년'은 동아시아 시간대로는 '신자유주의 시대'이고 중국 시간대로는 '포스트사회주의 시대'이다. '포스트사회주의'는 사회주의의 지속(after, 後)과 발전(de-, 脫)을 절합(articulation)시키는 중국 '개혁개방' 시기의 특색을 요약할 수 있다는 점에서 유효하다. 1972년 '상하이 공동성명'을 전환점으로 삼아 미국을 비롯한 서유럽 자본주의 국가들과 수교를 시작한 중국은 마오쩌둥 사후 본격적으로 개혁개방을 추진함으로써 동아시아의

| 그림 4 | 중국의 '장기 근현대'

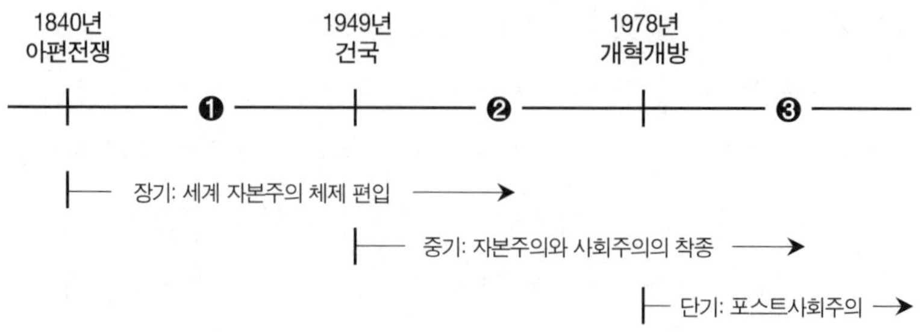

다층적 하층 체계에 자발적으로 포섭되며 '세계의 공장'으로 기능했고 2001년 세계무역기구(WTO)에 가입하는 등 30년 넘게 10% 이상의 높은 성장률을 기록하면서 '세계의 시장'으로 변모하고 있다.

냉전의 시대와 겹치는 '중기 70년'은 인민공화국의 시간대이다. 건국 70년이 되어가자 인민공화국을 독립적인 대상으로 삼아 인민공화국의 역사를 고찰하는 연구서들이 출현하기 시작했다. 인민공화국의 역사는 이제 독자적인 유기체가 되어 자신의 독특한 삶을 영위하고 있는 것처럼 보인다. 그 가운데 주목할 만한 것은 첸리췬(2012)과 원톄쥔(2016)의 저작이다. 전자는 정치와 사상사라는 맥락에서 마오쩌둥 체제 형성과 극복에 초점을 맞췄고, 후자는 경제사라는 맥락에서 도시와 농촌의 이원 구조에 초점을 맞춰 '여덟 번의 위기'라는 관점에서 인민공화국 60년의 역사를 고찰했다. 중국 밖에서 이루어진 연구로는 마이스너(2004)의 연구서를 들 수 있다.

'장기 180년'은 서세동점(西勢東漸)으로 시작해 동아시아가 자본주의에 편입된 시간대인 동시에 중국으로서는 전쟁과 혁명, 개혁과 독재를 겪은 시대였다. 아편전쟁과 태평천국운동과 양무운동, 청일전쟁과 변법유신과 신해혁명, 외세 침입과 5·4신문화운동과 신민주주의 혁명, 국공내전 및 항일전쟁과 인민공화국 건립과 경제 개발, 대약진운동과 문화대혁명과 개혁개방, 톈안먼(天安門) 사건과 2차 개혁개방 등의 역사 진행 과정은 나름의 법칙과 리듬[8]을 내장한 것처럼 보인다.

3. 반봉건 계몽과 반제 구망의 이중 과제

1) 근현대 선진 사조의 이중성과 상호 계승

리쩌허우는 『중국근대사상사론』의 「후기」에서 선진 사조에 초점을 맞춘다. 그는 근대 중국의 역사 발전을 추동한 세 가지 선진 사조와 그 대표 인물을 중점적으로 논술했다. 그는 마르크스주의가 중국에 수용되기 이전에 중국에는 세 가지 선진적 사회 사조가 출현했다고 진단했다. "이 세 가지 시대사조는 태평천국의 농민혁명 사상과 개량파 자유주의의 변법유신 사상, 그리고 혁명파 민주주의의 '삼민주의' 사상이다. 이 세 가지 사조는 중국 근대 구민주주의 사상 발전의 주류였다. 이 사조들은 근대 중국에서 연속적으로 출현하고 상호 교체된, 깊은 의의를 가진 역사 현상이었다"(리쩌허우, 2005b: 751). 이 세 가지 진보적 사회 사조는 각각 유토피아 사회주

8 리듬분석(rhythmanalysis)과 관련해 르페브르(2013)와 심광현(2013)의 성과를 주목할 필요가 있다. 심광현은 역사의 반복에 자연의 반복처럼 주기적인 리듬이 있다고 보면서, "역사적 반복과 차이의 변증법적 리듬을 분석하는 관점"에 서면 "전쟁-혁명-개혁, 토대와 상부구조, 생산 영역과 문화 영역 간의 중층적인 변증법적 리듬을 새롭게 포착할 수 있다"(심광현, 2013: 36)라고 하면서, 러시아혁명과 중국혁명의 리듬분석을 시도한 바 있다. 그는 앙리 르페브르(Henri Lefebvre)와 '가우스 분포'에 기대어 "거시적인 수준에 정치경제적인 주요 변곡점을 축으로 삼아 개략적인 리듬을 발견하는 방식으로 분석을 진행"(심광현, 2013: 59)하고 있다. 이에 대한 구체적인 분석은 다른 지면으로 미룬다.

의적 요소를 내포하고 있었다. "태평천국의 1000년 왕국, 자유주의 개량파 캉유웨이의 대동공상, 그리고 마지막으로 그 모순을 보고 모순의 회피를 요구한 쑨중산과 혁명파의 '민생주의'가 있었다"(리쩌허우, 2005b: 577).

리쩌허우는 이 세 가지 선진 사조의 이중성과 사조 간의 계승 관계에 초점을 맞춘다. 먼저 1850년대 태평천국의 혁명 사상은 "중국에서 최초로 출현한 근대적 선진 사조"인 동시에 "중국 고대 농민혁명 사상의 총결(總結)이었다"(리쩌허우, 2005b: 751). 이는 "군사·정치·경제적으로 농민계급을 대표해 지주 통치의 이익에 반대"하는 "농민의 혁명정권"을 수립했지만 "동시에 전형적인 봉건 성격을 띠고 있었다"(리쩌허우, 2005b: 71). 그리고 1870~1890년대의 자유주의 개량파의 변법유신 사상은 "제국주의 침략에 반대하고 중국의 독립과 부강을 요구하며, 자본주의 경제를 발전시키고 군주전제 제도를 개변시켜 서양의 부르주아 입헌군주제의 길로 나아가야 한다는 것을 근대에서 가장 먼저 명확하게 제출"(리쩌허우, 2005b: 752)했다. 하지만 그들은 "지주 토지 소유제와 더욱 긴밀한 연계"를 맺고 있었고 "봉건 통치 체계, 관료 제도와 불가분의 혈연적 의존 관계를 가지고 있었다"(리쩌허우, 2005b: 176).

1900년대의 혁명민주주의는 앞의 두 사조의 합리적 내용을 섭취했는데, 그 내용은 경제적인 측면과 정치적인 측면으로 나누어볼 수 있다. 태평천국의 토지 평균 제출 및 지주 토지 소유제 반대와 개량파의 자본주의적 발전 방향을 접합시켜 "쑨중산을 대표로 하는 혁명파는 '평균 지권'과 '토지 국유화'라는 사회혁명을 통해 자본주의를 최대한 발전시킬 것을 주장했다"(리쩌허우, 2005b: 752). 또한 태평천국의 청조 전제 정부 타도와 개량파의 입헌군주에서 한 걸음 더 나아가, "혁명파는 개량파에 반대해 폭력적인 수단으로 청조를 전복시키고 서양 부르주아 민주공화국을 건립해 봉건적 군주 전제 제도를 대체할 것을 주장했다"(리쩌허우, 2005b: 752~753).

그러나 혁명민주주의에 대한 리쩌허우의 평가는 그리 높지 않다. 태평천국의 농민혁명 사상과 개량파의 변법유신 사상을 계승해 이전 두 단계를 종합 및 총결하고 부정의 부정을 해야 했지만, 실제 현실에서는 "농민을 주체로 하는 폭력혁명을 발동시키지 않았고 경제적·정치적으로 자본주의의 진보적 개혁을 실행하지도 않았다"(리쩌허우, 2005b: 753). 그러기에 리쩌허우는 혁명파에 대해 개량파와 함께 "태평천국의 나선형 상승의 일환일 뿐이고 첫 번째 부정일 뿐"(리쩌허우, 2005b: 753)이라는 평가를 서슴지 않는다. 중국 최초의 공화국을 건설한 결정적 계기였던 신해혁명에 이르는 일련의 과정, 그로 인해 진정한 근현대의 시발점으로 인정했던 수많은 국내외 학자들의 주장을 무색케 할 만한 평가라 할 수 있다. 리쩌허우의 근거는 단호하다. "봉건주의가 새로운 현대적 형식과 결합하고 반혁명의 진압이 거꾸로 격화"(리쩌허우, 2005b: 753)되었기 때문이라는 것이다.

그가 보기에 두 번째 부정의 출현은 '신민주주의' 혁명에서 완성되었다. 물론 신민주주의 혁명의 봉건적 성격을 평가하기 위해서는 또 다른 논의가 필요하다. 리쩌허우도 "정권의 교체는 봉건주의의 자동적 전면 소실과는 거리가 멀었고, 오히려 체제부터 관념까지 농민혁명의 침중한 흔적을 남겼다"(리쩌허우, 2005b: 753)라고 하면서, 마오쩌둥의 신민주주의 혁명에 잔존하고 있는 농민혁명의 봉건적 잔재를 지적했음을 상기해야 한다. 2000년이 넘는 황제 전제 제도는 봉건적 생산양식을 형성했고, 그에 기초해 봉건 이데올로기를 만들어낸 천년 왕국에 서양의 충격이 들이닥치자 수많은 대응책이 마련되었다. 그 가운데 사회주의 유토피아적 성격을 겸비한 선진 사조들이 출현했다. 선진 사조들은 나름의 비전을 제시하며 개혁을 시도했지만 봉건 소농 경제라는 경제적 토대를 개변시키지 못한 상황에서는 언제든 전형적인 봉건 이데올로기로 바뀔 가능성이 내재되어 있었다. "경제적 토대가 상부 구조와 이데올로기를 결정한다는 마르크스주의 유물사관의 법칙은 근대 중국에 대한 냉정한 풍자였다"(리쩌허우, 2005b: 754)라는 리쩌허우의 평가는 바로 이 점을 지적한 것이다. 게다가 '자유·평등·박애 등의 민주주의를 주축으로 하는 반봉건 계몽 활동은 애국 반제라는 우선적 과제에 의해 희석되고 은폐되었다. 다음에서는 반봉건 계몽과 반제 구망의 이중 과제에 대해 살펴보자.

2) 반봉건 계몽을 유보한 반제 구망

'사조와 대표 인물'을 통해 '필연의 노정을 지시'하는 사상사를 고찰함으로써 '근현대 중국 역사의 법칙과 추향(趨向)'을 이해하려는 리쩌허우는 내적 동력과 관련해 우선 시대의 중심 고리가 무엇인가에 초점을 맞춘다. 게오르기 플레하노프(Georgi Plekhanov)에 기대어 리쩌허우는 근현대 중국의 중심 고리를 '사회·정치 문제에 관한 토론'으로 요약했다.

> 민족투쟁과 계급투쟁의 첨예함과 격렬함은 정치 문제를 유난히 두드러지게 했다. 이것은 장점인 동시에 결점이었다. 장점은 앞서 말한 대로 사상이 인민·국가·민족의 주요 과제와 긴밀하게 통해 있고 고락을 같이한 점이다. 결점은 정치가 모든 것을 뒤덮고 침투하며 압도하고 대체했기 때문에 각 영역 또는 학과의 독립적인 성격이 오히려 충분하게 전개되고 발휘될 수 없었다는 점이다. 그로 인해 심화된 이론 사변(철학)과 생동적인 개성 형식(문예)은 응분의 장족의 발전을 하지 못해 이 위대한 시대를 반영하는 위대한 철학 저작과 예술작품이 결여되었다(리쩌허우, 2005b: 749~750).

정치 문제에 집중하는 것과 정치가 모든 것을 압도하는 것은 동전의 양면이다. "국토가 없는데 어디에 문학이 있겠는가?(沒有土地, 哪有文學?)"라는 작가 예스타오(葉石濤)의 말처럼, 백척간두에 서 있는 조국의 운명을 앞에 두고 다른 일을 할 겨를이 없는 상황은 이해할 수 있지만, 주요 모순이 해결되었는데도 정치 문제만 붙잡고 있다면 그 또한 문제가 아닐 수 없다. 중국 근현대 사상의 노정에서 "애국 반제는 시종 우선적 과제였다. 이 주제는 항상 다른 주제를 희석시키고 은폐시켰다"(리쩌허우, 2005b: 753). "수많은 농민 소생산자를 기초로 하는 사회에 대한 계몽 활동은 굼뜨게 진행되었다"(리쩌허우, 2005b: 753~754). 여기에서 리쩌허우의 유명한 '계몽과 구망의 이중 변주'라는 논리적 개괄이 출현했다. 우리에게는 1986년에 발표된 같은 표제의 글로 알려져 있지만, 그 핵심은 1979년에 출간된 『중국근대사상사론』에서 이미 제기되어 있었던 것이다.

이런 맥락이 전제되어야 리쩌허우의 '고별 혁명'의 문제의식을 제대로 이해할 수 있다. 그가 혁명과 이별을 고해야 한다고 했을 때, 그 혁명은 반제 반봉건의 이중 과제 가운데 반봉건의 과제를 결락시키고 오직 반제의 과제에만 매몰된, 반제가 반봉건을 압도한 그런 혁명이었던 셈이다. 그리고 반봉건의 과제는 장기 지속적으로 수행되어야 하기에 개량적 방법이 필요하다고 했을 때, 그 개량은 혁명을 반대하는 층위의 개량이 아니라 혁명을 보완하는 수준의 개량으로 이해되어야 한다. 그러기에 그는 "오직 루쉰만이 위대했다"라는, 학자로서는 쉽지 않은 단언을 했다. 그 이유는 바로 루쉰이 펼쳤던 반봉건 계몽의 역할 때문이었다. "그(루쉰_인용자)는 부단히 전진하는 반봉건 계몽의 도로를 개척했고, 그것은 오늘날에도 여전히 빛을 발하고 있다"(리쩌허우, 2005b: 754). 그러므로 '고별 혁명'을 액면 그대로 받아들여 리쩌허우가 혁명에 반대하고 개량으로 돌아섰다고 이해하는 것은 표층적 이해에 머무는 것이다.

이렇게 구망과 계몽을 반제와 반봉건에 연계시킨 리쩌허우는 이를 전 역사 과정에 적용시켰다. 그가 볼 때 5·4 시기의 위대함은 바로 반봉건 계몽과 반제 구망을 상호 촉진한 데 있었다.

> 우선 계몽은 곧바로 구망에 매몰되지는 않았다. 오히려 그다음의 짧은 시기 동안 계몽운동이 구망운동을 빌려 그 위세를 크게 키워 빠르게 확산되었다. 구망은 계몽을 여러 곳으로, 베이징과 상하이에서 중소 도시로 옮겨주었다. 그다음으로 계몽은 오히려 구망에 사상·인재·대오를 마련해주었다. 베이징에서 각지에 이르기까지, 애국 반제 운동에서 선구적으로 공헌한 것은 대부분 바로 맨 처음 신문화운동의 계몽을 받아들인 청년 학생들이었다. 이 두 운동의 결합은 양자를 더욱 두드러지게 했으며, 원래의 범위와 영향을 크게 넘어서서 마침내 전체 중국의 지식계와 지식인들을 뒤흔들어놓았다(리쩌허우, 2005b: 54).

신문화운동의 계몽과 반제운동의 구망은 상호 결합되어 '천조심태(天朝心態)'를 뒤흔들어놓았다. 천조심태란 2000년이 넘도록 자신을 세계의 중심으로 생각하고 자신의 문화를 세계 최고라고 여기는 중국인의 문화심리 구조를 가리킨다. 5·4 신문화운동의 총사령관 천두슈(陳獨秀)는 애초에 서유럽의 개인주의로 전통적 집단주의를 대체하려고 했다. 그가 볼 때 '순수한 개인주의 정신'은 다음과 같았다. "모든 윤리·정치·법률·사회의 지향(과 _인용자), 국가의 기구는 개인의 자유·권리와 행복을 옹호하기 위한 것일 뿐이다. 사상·언론의 자유는 개성의 발전을 꾀하기 위함이며 법 앞에서 만인은 평등하다. 개인의 자유·권리는 헌법에 기재되어 있으며 국가의 법률로도 이를 박탈할 수 없으니 (이것이 _인용자) 이른바 인권이라는 것이다."[9] 우리는 이 시점에서 개성 해방이 정치 비판에 비해 더 중요한 과제였

9 陳獨秀, 「东西方民族根本思 想之差异」, ≪新青年≫, 1卷4号(1915). 리쩌허우(2005b), 56쪽

음을 인지할 수 있다. 그리고 개성 해방을 위한 급선무는 '충효 이데올로기'를 타파하는 것이었다. 이는 5·4 시기 이전부터 선각자들이 인식하고 제출한 과제였다. 탄쓰퉁(譚嗣同)과 캉유웨이(康有爲), 옌푸(嚴復)와 량치차오(梁啓超) 등은 개인이 가족제도에서 해방되어야 한다는 것을 명확하게 인식하고 있었다. 하지만 그들은 물론이고 5·4 시기의 루쉰과 후스(胡適)까지도 "가족제도와 전통적인 가정에 대해 격렬하게 비판하고 부정하면서도 행위상으로는 여전히 어느 정도 부모·형제·처자에 대한 전통 규범과 요구를 그대로 따르고 있었던 것이다"(리쩌허우, 2005c: 59). 리쩌허우는 이 지점에서 철저한 변혁은 '문화심리구조'의 개조와 전환을 수반한다고 언급하면서, 이는 '관념의 변화'뿐만이 아니라 행위양식의 진정한 변혁까지 포함한다고 말했다. 이런 면에서 5·4세대는 이전 세대와 달랐다. "젊은 세대 지식인의 **행위양식에 변화가 나타나기 시작했다**"(리쩌허우, 2005c: 59. 강조는 원문). 그 변화는 우선 '가정에서 벗어나는 것'으로 표현되었다. 혼인의 자유, 여성해방, 단발금지령 거부, 남녀공학 등의 문제는 대표적인 개성 해방의 문제였지만 그와 동시에 정치적 성격을 가지고 있었다. 이 문제들이 개인 차원의 반항이었다면, "청년 세대들이 자발적으로 서로 연계를 맺고 단체 조직을 구성함으로써 진리를 추구하고 어떠한 이상을 실천하려 한 것"은 "새로운 이상사회나 사회 이상에 대한 실천적인 지향과 추구"(리쩌허우, 2005c: 62~63)라는 점에서 대단히 중요한 의미를 가지고 있었다. 이로 인해 소년중국학회, 각오사, 신조사, 국민사, 공학회, 신민학회 등이 조직되었는데, 그 가운데 공독호조단은 규모와 영향이 큰 조직이었다.

그러나 "개인의 반항은 아무런 출로도 찾을 수 없었고, 집단적 이상을 현실적으로 구축하는 것 역시 실패했다"(리쩌허우, 2005c: 69). 루쉰의 『외침(吶

에서 재인용.

喊)』과 『방황(彷徨)』에 등장하는 수많은 지식인은 바로 그 구체적인 초상이었다. 그들은 혁명에 종사하다가 처형되기도 했고(「약」의 샤워), 새로운 전망을 찾지 못하고 지나간 시대를 반추하다 소멸되기도 했으며(「쿵이지」의 쿵이지), 현실과 이상의 괴리를 극복하지 못하고 피해망상증에 걸리기도 했다(「광인일기」의 광인). 구식 가정으로 도피하기도 했으며(「술집에서」의 뤼웨이푸), 전망을 상실하고 타락하기도 했다(「고독자」의 웨이롄수)(임춘성, 1995: 16). 그리고 수많은 일인칭 화자들은 현실의 실패에 좌절하면서 참회하기도 하고(「작은 사건」의 나) 자기합리화의 길(「축복」의 나)을 선택하기도 했다. 이들이 실패하고 수난을 받은 것은 개인 차원의 불철저한 계몽 탓이지만, 당시의 출로 없는 상황은 그들의 계몽을 허용하지 않았던 것이다.

그렇다면 출로는 무엇이었을까? 그것은 '정치와 사회를 철저히 개조하는 혁명적인 정치'였다. 그리고 러시아 볼셰비키 혁명의 성공은 신문화운동의 지도자들을 마르크스-레닌주의에 경도시켰다. "마르크스주의는 절박하게 실제 효과를 추구하는 당시 청년들의 현실적 요구와 중국적 실용 이성이라는 무의식적인 심리적 전통에 들어맞"(리쩌허우, 2005c: 76)아 반제 구망의 길로 인도함으로써 "5·4 시기에 계몽과 구망이 서로 어긋나지 않고 병행하면서 오히려 서로를 두드러지게 해주었던 국면은 결코 오랫동안 지속되지 못했으며, 시대의 위태로운 상황과 극렬한 현실 투쟁으로 인해서 정치 구망의 주제는 다시 한 번 사상계몽의 주제를 압도했다"(리쩌허우, 2005c: 78). 사상계몽의 과제를 방기한 결과는 참담했다. 혁명전쟁에서 "천신만고 끝에 승리를 거두었지만 이 전쟁의 지도자·참가자가 된 지식인들은 또한 현실 속에서 이 전쟁에 의해 정복당해버렸다. 오랜 전통을 가지고 있는 농민 소생산자의 이데올로기 형태와 심리구조는 그들이 원래 가지고 있던 민주주의·계몽의 관념을 몰아냈다. 또한 이러한 농민의식과 전통의 문화심리구조 역시 의식적·무의식적으로 이제 막 배워온 마르크스주의 사상 속에 침투하게 되었다"(리쩌허우, 2005c: 81). 이런 일들은 '마르크스주의의 중국화' 요구와 '민족 형식' 강조의 형세 속에서 진행되었다. 그 결과 인민공화국 건국 이후 '봉건주의적 집단주의'가 침투하기 시작한 것을 용인하게 되었다. 이는 1950년대 중국·후기에서 '문화대혁명'에 이르기까지 사회주의의 명의를 빌려 더욱더 기승을 떨치면서 자본주의에 반대했다. 그리고 5·4 반봉건 계몽의 주요 과제 가운데 하나인 개성 해방은 모든 악의 근원이라고 비판받았으며 봉건 이데올로기가 전면 부활하는 지경에 이르게 되었다.

이런 과정은 다음과 같은 '현대 중국의 역사 풍자극'을 만들어냈다.

> 위망(危亡)의 국면과 봉건주의는 자유주의자에게 평화롭고 점차 나아가는 온건한 발전 기회를 허용하지 않았으며, 사회문제를 해결하기 위해서는 '근본적인 해결'인 혁명전쟁이 필요했다. 하지만 혁명전쟁은 오히려 계몽운동의 자유 이상을 짓밟아버렸으며, 봉건주의가 기회를 틈타 부활할 수 있게 했다. 이것은 허다한 근본 문제가 결코 해결되지 않은 상태에서 모두 다 "근본적으로 해결되었다"라는 장막에 뒤덮이게 함으로써 보고도 못 본 체하는 상태가 되도록 만들었다. 계몽과 구망(혁명)이라는 이중 주제의 과제는 5·4 이후에도 결코 합리적으로 해결되지 않았으며, 심지어 이론적으로도 진정한 탐구나 충분한 주목이 이루어지지 않았다. 특히 최근 30년(사회주의 30년_인용자) 이래 이 문제를 가벼이 여겨 소홀히 대한 것은 진정 쓰라린 결과를 가져왔다(리쩌허우, 2005c: 89~90).

2000년이 넘는 봉건 황제 전제 제도를 창조적으로 전환하기 위해 해야 할 과제는 산더미처럼 많았다. 특히 제도를 받치고 있는 전통은 사람들의 행위 방식과 사상 방법, 그리고 감성적 태도가 문화심리 구조 속에 적전

(積澱)된 것으로, 이러한 전통이 탄생하고 발전·변화한 데에는 경제적인 토대가 자리하고 있었다. 그 경제적 토대는 바로 농업 소생산이다. "중국 근대에 소생산자의 입장에 서서 현대 문명에 반대하는 사상이나 사조는 항상 다른 방식으로 표현되거나 폭발되어, 강력한 힘을 가지고 광범위한 영향력을 행사한다"(리쩌허우, 2005a: 177). 소생산자의 입장에 선 사상이나 사조는 오랜 기간 누적되고 침전되어 형성된 전통 문화심리구조에 힘입어 수시로 발호해서 혁명의 성과를 무화시켰는데, 이것이 중국 근현대의 과정이었다. 특히 소생산자의 사상과 사조는 사회주의 시기에 "반(反)자본주의라는 겉옷을 걸치고 출현"함으로써 "개인의 권익과 요구", "개성의 자유·독립·평등 및 개인의 자발성·창조성" 등 자본주의와 자유주의의 긍정적 가치들을 "구망－혁명이라는 거대한 파도 아래 몽땅 부르주아의 누더기로 간주"(리쩌허우, 2005b: 94~95)해 억눌렀다.

마오쩌둥은 중국혁명의 이중 과제를 반제 반봉건으로 훌륭하게 개괄했지만, 신민주주의 혁명 및 인민공화국 건국 이후의 진행 과정은 '반봉건을 유보한 반제' 혁명이었다. 이는 마오쩌둥이 1942년 「옌안문예좌담회에서의 연설」에서 '보급과 제고의 쌍방향적 관계'를 훌륭하게 개괄해놓고도 실행 과정에서는 '제고를 유보한 보급'의 수준에 머물렀던 오류와 그 형태는 다르지만 질적으로는 같은 '이형동질(異形同質, isomorphism)'의 오류라고 할 수 있다. 마오쩌둥은 '연설문'에서 "우리의 제고는 보급의 기초 위에서의 제고이며 우리의 보급은 제고의 지도 아래에서의 보급"(毛澤東, 1968: 819)이라고 정리했다. 하지만 "제고를 강조하는 것은 당연하지만 그것을 일면적이고 고립적으로 강조하거나 지나치게 강조하는 것은 잘못"(毛澤東, 1968: 816)이라고 못을 박고는, 인민 대중에게는 "'비단에 꽃을 수놓는 것[錦上添花]'이 아니라 '엄동설한에 숯을 보내주는 것[雪中送炭]'이 무엇보다도 필요"(毛澤東, 1968: 819)하다고 하면서 '보급'의 일차적 중요성을 강조했다. 이는 결국 당면 현실 과제를 해결하기 위해 장기적인 과제를 유보하게 만들었고, 유보는 다시 회복되지 않은 채 '제고의 결락'이라는 국면으로 귀결되었다. 이것이 인민공화국의 역사였던 셈이다.

리쩌허우의 '계몽과 구망의 이중 변주'는 바로 이 지점을 겨냥하고 있다. 그러기에 그는 혁명 과정에서 유보됨으로써 결락되거나 약화된 반봉건 계몽의 과제를 뒤늦게라도 완수해야 한다고 주장하면서 '5·4 계승'의 필요성을 역설했다. 여기서 우리가 간과하지 말아야 할 것은 리쩌허우가 주장한 '5·4 계승'은 분명 비판적 계승이라는 점이다. 그가 '5·4'에 대해 "이성은 부족했고 격정은 남아돌았다[理性不足, 激情有餘]"(李澤厚, 2014: 214)[10]라고 평가한 것은 그런 맥락에서였다. 그리고 계승은 반복과 다르다. 그는 5·4운동이 남긴 반봉건 계몽의 과제를 다시 제창하되 지난 혁명의 경험을 반추하면서 '전환적 창조(轉換性創造)'[11]를 촉구했던 것이다.

3) 전환적 창조

그가 주장한 '전환적 창조'는 이전에 운위되던 '혁명적 창조'나 '비판적 창조'와 다르다. 전환적 창조란 "일종의 '개량적 창조'로, 조급하게 파괴하고 혁명할 필요 없이 점진적으로 학습하고 개량함으로써 새로운 것을 창조하는 것이다. 이는 경제 면뿐 아니라 정치 면과 문화 면에도 해당한다. 이것이야말로 정리와 사리에 맞는 실용 이성인 것이다"(李澤厚, 2014: 228~229).[12] 여기서 사용되는 혁명과 개량은 대조를 이루고 있음을 알 수 있다.

---

10 李澤厚, 「周公·孔子·秦始皇是最重要的三個人」(2005).

11 『중국현대사상사론』에서는 '창조적 전환'으로 번역했는데 리쩌허우의 다른 글에서는 '혁명적 창조' 등과 대조적으로 사용되고 있으므로 이 글에서는 원문의 의미를 살려 '전환적 창조'로 번역한다.

12 李澤厚, 「附錄: 儒學四期與轉換性創造」(2005).

'조급하게 파괴하는 혁명'과 '점진적으로 학습하는 개량'이 대조되고 있는 것이다. 그는 정치 부문에서의 급격한 혁명을 부정하고 경제와 정치, 그리고 문화 전 방면에서의 점진적 개량을 말하고 있다. 마오쩌둥식의 조급하게 파괴하고 제대로 학습되지 않은 혁명을 비판하고 있음은 더 말할 나위 없다.

리쩌허우가 제창한 '전환적 창조'는 주요하게 유학의 4기 상황을 가리킨다. 유학 4기는 머우쭝싼(牟宗三)의 제자인 재미학자 두웨이밍(杜維明)이 주장했던 3기설[13]을 비판하면서 제출되었다. 제1기는 공자와 맹자, 그리고 순자이고, 제2기는 한대 유학[漢儒]이며, 제3기는 주희와 왕양명이고, 제4기는 현재이다(李澤厚, 2014: 225). 3기설이 유학의 도덕 수양과 종교적 성격을 강조한 데 반해, 4기설은 심성을 강조하는 '내성(內聖)' 외에도 치국평천하의 경제적 성취를 중시하는 '외왕(外王)'의 측면, 다시 말해 "인류와 사회에 대한 유가의 원대한 이상"(李澤厚, 2014: 226)을 포함하고 있다. 리쩌허우의 유학 4기설은 역사를 따라 발전해온 것이다. 이를테면 "한대의 유학은 도가와 묵가, 법가와 음양가의 사상을 흡수하고 다른 학파의 음양오행을 자신의 이론적 뼈대로 삼고 사회와 자연, 그리고 정치를 하나의 피드백 시스템으로 삼아 고찰함으로써 공맹순의 유학을 발전시켰다"(李澤厚, 2014: 227). 이처럼 외부 사상과 이론을 흡수하고 수용하는 자세가 바로 '전환적 창조'인 것이다. 그러므로 오늘날 중국의 유학이 전환적 창조를 수행하려면 "외국의 현대적인 것을 흡수해야 한다. 마르크스주의와 자유주의, 그리고 포스트모더니즘 등을 주동적으로 흡수해서 전환적으로 창조함으로써 새로운 유학과 전체 중국 문화로 하여금 새로운 면모의 빛을 발하게

---

13 1기는 선진 유학, 공자와 맹자, 2기는 송명이학, 주희와 왕양명, 3기는 20세기의 슝스리(熊十力)과 머우쭝싼이다.

해야 할 것이다"(李澤厚, 2014: 227).

리쩌허우는 전환적 창조의 방법론으로 '서체중용'을 들었다. 유학 4기가 유학 3기를 겨냥해 제출한 것이라면, '서체중용'은 '중체서용'과 '전면서화'를 겨냥해 주장한 것이다. 여기에서 '체(體)'는 생활의 근본이자 본체이다. 본체는 가장 근본적이고 가장 실재적인 것이다. 리쩌허우는 "억만 인민의 일상적 현실생활이 비로소 '체'이고 이는 또한 현대적인 생산방식이자 생활방식이고 마르크스가 말한 사회 존재이기도 하다"(李澤厚, 2014: 227)라고 말한다. "그는 근현대 중국의 역사 과정에서 중국의 전통이 가지는 강고한 힘이 외래를 압도했다고 본다. 그러므로 그의 과제는 전통을 해체하고 재해석하는 것이다. 그러므로 근현대적 대공업과 과학기술을 근현대 사회 존재의 본체와 실질로 인정해 그것을 근본으로 삼아야 한다고 주장한 것이다"(임춘성, 2016: 240). 중용(中用)은 '중학을 쓰임으로 삼는 것(中學爲用)'이 아니라, 서학을 '중국에 응용'하는 것이다. 중국에 응용하려면 중국의 실제와 결합해야 하는데, 중국 현실에서 가장 큰 영향력을 가지고 있는 것은 바로 유학이다. "중국인이 인정과 혈육의 정, 고향에 대한 정과 보국의 정 등에 주의를 기울이는 것은 …… 중국 유가와 중국의 전체 문화가 부여한 것이다"(李澤厚, 2014: 228). 이런 중국의 전통을 현대화 생산방식 및 생활방식의 토대 위에 결합시키는 것이 바로 '서체중용'인 것이다.

4. 나가며

리쩌허우는 중국 근현대사 전체를 선진 혁명 사조의 전개 과정으로 바라보되, 그 내면의 동력을 반봉건 계몽과 반제 구망의 이중 과제로 개괄했다. 인민공화국의 역사는 파란만장하다. 크게는 마오쩌둥 시기와 덩샤오핑 시기로 나눌 수 있는데, 전자는 혁명적 사회주의, 후자는 포스트사회주의라 할 수 있지만 그 연속성도 홀시할 수 없다. 체제 면에서 '1957년 체제'와 '6·4체제'는 '일당독재'라는 점에서 지속성을 가지고 있다. 오늘날 중국은 중국 특유의 반봉건·반식민 사회로부터 '중국적 사회주의'로 이행했다가 다시 '중국적 자본주의'로 이행하고 있는데, 중국을 개혁개방 이후에 초점을 맞추어 '포스트사회주의' 시야로 바라보는 작업이 필요하다. 왜냐하면 지금은 '단기 40년'으로 표기하지만, 훗날에는 '장기 21세기'의 첫 부분으로 기록될 것이기 때문이다.

중국의 개혁개방은 소련의 페레스트로이카와 글라스노스트보다 8년 이른 1978년에 시작되었다. 소련으로서는 개혁개방이 시작된 지 30년이 갓 넘었지만 중국으로서는 40년이 되어가는 셈이다. 개혁개방 이후의 사회주의 사회를 지칭하는 포스트사회주의(postsocialism/postsocialist)라는 용어가 출현한 것도 30년이 넘었다.

그러나 포스트사회주의에 대한 이해는 논자에 따라 다양하다. 아리프 딜릭(Arif Dirlik)은 일찍이 사회주의적 이상이 현실에서 실현될 가능성이 배제된 현재 상황에서, '사회주의가 자본주의와 결합한 상황'을 포스트사회주의로 설정하는 동시에 이를 '지구적 자본주의'와 대립하는 것으로 설정했다(阿里夫·德里克, 2007: 43). 하지만 개혁개방 시기에 '혁명적 사회주의'는 '중국 특색의 사회주의'라는 목표를 실현하는 데 장애가 되고 있으니, 이는 '사회주의의 합리성 위기'가 아닐 수 없다. 딜릭이 포스트사회주의를 지구적 자본주의의 대립물로 설정했다면, 폴 피코위츠(Paul Pickowicz)는 포스트사회주의를 포스트모더니즘의 이데올로기적 카운터파트로 설정한다(Pickwicz, 1994: 80). 사회주의의 새로운 단계로 포스트사회주의라는 독자적인 사회 구성체를 제안한 피코위츠는 중국에서의 포스트사회주의를 일종의 '감정 구조(structure of feeling)'로 인식했다. 한편 장잉진(張英進)은 포스트사회주의를 포스트 마오 시대의 다양한 문화 경관(Zhang, 2007: 52~53)으로 파악하고 있다.

개혁개방 이후 중국 관방에서 '중국 특색의 사회주의'라고 한 데 빗대어, '중국 특색의 자본주의'라는 해석도 설득력 있게 제시되고 있다. 데이비드 하비(David Harvey)는 '중국 특색의 신자유주의'라고 표현했으며, 앨빈 소(Alvin Y. So)는 중국이 동아시아 발전 모델에 가까운 국가 발전주의로 이행하고 있다고 주장하기도 했다. 심지어는 '얼룩덜룩한 자본주의(variegated capitalism)'(Zhang and Peck, 2014)라는 말로 현재의 중국이 복잡하고 혼종된 발전 유형을 가진 사회임을 강조하기도 했다.

개혁개방 이후의 중국을 단일한 잣대로 규정하는 것은 현명한 일이 아니다. 그보다는 사회주의 정치체제를 고수하면서 자본주의를 적극 수용해 신자유주의적 개혁을 시행하고 있는 중국을 '이행(transition)'의 관점에서 바라보는 것이 중요하다. '중국의 장기 근현대'의 시각에서 보면, 중국은 아편전쟁 이후 반식민·반봉건 사회를 거쳐 1949년 인민공화국, 즉 사회주의 사회로 이행했다. 그리고 지금은 포스트사회주의 시기를 통과하는 중이다. 관점을 바꿔 말하면, 아편전쟁 이후 저급한 자본주의를 거쳐 1949년 이후 국가자본주의, 그리고 개혁개방 이후 중국 특색의 자본주의를 경과하고 있는 것이다. 이행의 관점은 중국이 서양식 시장 자본주의로 이행할 것이라는 가정을 경계한다. 그렇다고 '현실 사회주의'가 지속될 것으로 전제하지도 않는다. 현재 중국과 중국인들은 무엇인가로 이행 중이다. 학생들과 지식인들은 민주로의 이행을 희망하고, 언론인들은 언론의 자유와 더 큰 민주로의 이행을 원하며, 많은 중국인들은 더 많은 재화와 더 나은 수준의 삶으로의 이행을 원한다. 비자본주의적이면서 현실 사회주의와는 변별되는 제3의 길은 과연 무엇일까?

이 글에서는 포스트사회주의를 개혁개방 이후 중국을 관찰하는 시야로 설정했다. 포스트사회주의는 문화대혁명으로 대변되는 '사회주의 30년'을 부정하고 이와 단절하는 측면과, 새로운 단계에 들어섰음에도 문화대혁명의 기제가 여전히 관철되는 측면을 동시에 지적한다는 장점이 있다. 즉, 사회주의의 지속과 발전을 절합시키고 있는 중국 '개혁개방' 시기의 특색을 요약할 수 있다는 점에서 유효하다. 덧붙이자면, 딜릭의 결기를 본받아 지구적 자본주의에 대립하는 그 무엇으로 설정하고 싶지만, 포스트사회주의가 새로운 유토피아를 만들어내기 전에는 지구적 자본주의의 대립물로 설정하는 것이 쉽지 않음도 인식하고 있는 수준의 시야임을 밝혀둔다.

참고문헌

르페브르, 앙리(Henri Lefebvre). 2013. 『리듬분석: 공간, 시간, 그리고 도시의 일상생활』. 정기헌 옮김. 갈무리.

리쩌허우(李澤厚). 2005a. 『중국고대사상사론』. 정병석 옮김. 한길사.

______. 2005b. 『중국근대사상사론』. 임춘성 옮김. 한길사(2010년 2쇄).

______. 2005c. 『중국현대사상사론』. 김형종 옮김. 한길사.

리쩌허우(李澤厚)·류짜이푸(劉再復). 2003. 『고별혁명』. 김태성 옮김. 북로드.

마이스너, 모리스(Maurice Meisner). 2004. 『마오의 중국과 그 이후』 1·2. 김수영 옮김. 이산.

백승욱. 2006. 『자본주의 역사 강의』. 그린비.

브로델, 페르낭(Fernand Braudel). 2012. 『물질문명과 자본주의 읽기: 자본주의라는 이름의 히드라이야기』. 김홍식 옮김. 갈라파고스.

신영복. 2004. 『강의: 나의 동양고전 독법』. 돌베개.

심광현. 2009. 『유비쿼터스 시대의 지식생산과 문화정치: 예술－학문－사회의 수평적 통섭을 위하여』. 문화과학사.

______. 2013. 「20세기 혁명의 변증법적 리듬분석 시론: 러시아 혁명과 중국 혁명을 중심으로」. ≪문화연구≫, 2권 2호.

______. 2015. 「리쩌허우의 『비판철학의 비판』의 비판적 수용을 위하여」. ≪중국현대문학≫, 제75호.

아리기, 조반니(Giovanni Arrighi). 2008. 『장기 20세기: 화폐, 권력 그리고 우리 시대의 기원』. 백승욱 옮김. 그린비.

______. 2009. 『베이징의 애덤 스미스: 21세기의 계보』. 강진아 옮김. 도서출판 길.

______. 2012. 「장기적인 관점으로 본 중국의 시장 경제」. 『중국, 자본주의를 바꾸다』. 장윤미·이홍규·하남석·김현석 옮김. 미지북스.

왕샤오밍. 2014. 「문화연구 관점에서 바라본 중국 현대 초기 사상과 혁명」. 강내희·김소영 옮김. 임춘성 엮음. 『상하이학파 문화연구: 비판과 개입』. 문화과학사.

원톄쥔(溫鐵軍). 2013. 『백년의 급진: 중국의 현대를 성찰하다』. 김진공 옮김. 돌베개.

______. 2016. 『여덟 번의 위기: 현대 중국의 경험과 도전, 1949~2009』. 김진공 옮김. 돌베개.

원톄쥔 연구팀. 2016. 『글로벌 위기와 중국의 대응전략: 2010~2011년 전문가 비공개 토론회 내용 요약』. 김진공 옮김.

이재현. 2016. 「세계관으로서의 삼농주의: 원톄쥔의 비판적 수용을 위하여」. ≪문화과학≫,

가을호.

이진경. 2016.「베이징 컨센서스, 혹은 불화의 정치학: 레이모 외 저, 김진공·류준필 역,『베이징 컨센서스』」. 한국중국현대문학학회. ≪중국현대문학≫, 제77호.

임춘성. 1995.『소설로 보는 현대중국』. 종로서적.

______. 2008.「'서유럽 모던'과 '동아시아 근현대'에 대한 포스트식민적 고찰」. 현대중국학회. ≪현대중국연구≫, 제9집 제2호.

______. 2009.「한국 대학의 미국화와 중국 인식」. 현대중국학회. ≪현대중국연구≫, 제11집 제1호.

______. 2013.『중국근현대문학사 담론과 타자화』. 문학동네.

______. 2014.「왕샤오밍(王曉明)론: 문학청년에서 유기적 지식인으로」. ≪중국학보≫, 제70집.

______. 2016.「리쩌허우의 문화심리구조와 역사본체론」. ≪중국연구≫, 67권.

임춘성·왕샤오밍 엮음. 2009.『21세기 중국의 문화지도: 포스트사회주의 중국의 문화연구』. 중국 '문화연구' 공부모임 옮김. 현실문화.

천핑위안(陳平原). 2013.『중국소설의 근대적 전환』. 이종민 옮김. 산지니.

첸리췬(錢理群). 2012.『毛澤東 시대와 포스트 毛澤東 시대 1949~2009』 상·하. 연광석 옮김. 한울아카데미.

훙호펑. 2012.「서론: 지구적 자본주의의 세 전환과 중국의 부상」.『중국, 자본주의를 바꾸다』. 장윤미·이홍규·하남석·김현석 옮김. 미지북스.

李澤厚. 2014.『李澤厚對話集—二十一世紀(1)』. 北京: 中華書局.

毛澤東. 1968.「在延安文藝座談會上的講話」.『毛澤東選集』第三券. 北京: 人民出版社.

阿里夫·德里克. 2007.「后社会主义?: 反思"有中国特色的社会主义"」. 苑潔 編.『后社会主义』. 北京: 中央编译出版社.

王曉明·周展安 編. 2013.『中國現代思想文選』I·II. 上海: 上海書店出版社.

汪暉. 1998.「當代中國的思想狀況與現代性問題」. ≪文藝爭鳴≫, 6.

______. 2008.「現代性問題答問」.『去政治化的政治: 短20世紀的終結與90年代』. 北京: 三聯書店.

苑潔 編. 2007.『后社会主义』. 北京: 中央编译出版社.

Dirlik, Arif. 1989. "Postsocialism? Reflections on Socialism with Chinese Characteristics." Arif Dirlik and Maurice Meisner(ed.). *Marxism and the Chinese Experience*. M.

E. Sharpe, Inc.

Hann. Chris. 2002. "Farewell to the socialist 'other'." Chris Hann(ed.). *Postsocialism: Ideals, Ideologies and Practices in Eurasia*. London & New York: Routledge.

Humphrey, Caroline. 2002. "Does the category 'postsocialist' still make sense?" Chris Hann(ed.). *Postsocialism: Ideals, Ideologies and Practices in Eurasia*. London & New York: Routledge.

Jacques, Martin. 2009. *When China Rules the World: the End of the Western World and the Birth of a New Global Order*. New York: The Penguin Press.

Latham, Kevin. 2002. "Rethinking Chinese consumption: social palliatives and the rhetorics of transition in postsocialist China." Chris Hann(ed.). *Postsocialism: Ideals, Ideologies and Practices in Eurasia*. London & New York: Routledge.

Pickwicz, Paul. 1994. "Huang Jianxin and the Notion of Postsocialism." Nick Browne, Paul Pickowicz, Vivian Sobchack and Esther Yau(eds.). *New Chinese Cinemas: Forms, Identities, Politics*. New York: Cambridge University Press.

Zhang, Jun and Jamie Peck. 2016. "Variegated Capitalism, Chinese Style: Regional Models, Multi-scalar Constructions." *Regional Studies*, Vol.50, No.1.

Zhang, Yingjin. 2002. *Screening China: Critical Interventions, Cinematic Reconfigurations, and the Transnational Imaginary in Contemporary Chinese Cinema*. Ann Arbor: The University of Michigan Press.

제 3 부

21세기의 새로운 사회적 연대와 혁명 전략

인공지능 시대의 사회적 연대 전략에 관한 인지생태학적 밑그림

심광현 | 한국예술종합학교 영상이론과

1. 들어가며

2016년 4월 알파고가 이세돌에게 승리한 이후 '인간 지능'을 압도할 '인공지능' 시대에 대한 불안과 우려가 빠르게 확산되고 있다. 인공지능 기술 개발의 선두 주자인 레이 커즈와일(Ray Kurzweil)에 따르면 2030~2040년대에는 과학기술 연구마저 인공지능에 의해 대체될 것으로 전망된다(커즈와일, 2007: 47~53). 물론 지식노동이 인공지능에 의해 대체되더라도 로봇이 감정 노동이나 돌봄 노동, 또는 단순 육체노동까지 할 수는 없을 거라고 생각할 수도 있다. 하지만 인공지능 시대가 노동 대중 전체에게 초래할 진정한 위협의 근간은 단지 지식노동뿐만이 아니라 거의 모든 유형의 감정 노동과 육체노동까지도 '인조 노동'에 의해 대체할 수 있다는 데 있다.

제리 카플란(Jerry Kaplan)은 『인간은 필요 없다: 인공지능 시대의 부와 노동의 미래』(2015)에서 빠르게 확산될 인조 노동의 다양한 유형을 다음과 같이 소개한다. "로봇 청소기는 이미 시중에 많이 나와 있고, 잡초 뽑기, 화물 박스 싣고 내리기, 짐 들고 따라오기, 곡물 수확하기, 적당히 익은 과일만 따내기 등을 하는 로봇은 상용화 단계에 있다. 건물 안팎 페인트칠하기, 식품 조리하기, 빈 그릇 옮기기, 식탁 닦기, 음식 나르기, 침대 정리하기, 빨래 개기, 애완견 산책시키기, 배관 깔기, 인도 청소하기, 도구 가져오기, 티켓 회수하기, 바느질하기, 교통 정리하기 등 거의 모든 육체노동이 자동화될 것이다. 각종 산업 로봇은 이미 확산 중이고, 군사 로봇은 개발 중이며, 미용과 마사지 로봇, 심지어는 매춘 로봇도 개발되고 있다" (카플란, 2016: 63~64).

인간의 활동은 크게 네 가지 자원이 신체에 결합되는 방식으로 이루어진다. 일을 수행할 '운동 에너지', 눈과 귀로 관련된 측면을 감지해서 뇌를 통해 '인식하기', 계획을 세우고 수정하는 '추론 능력', 목표한 바를 실행에 옮기기 위한 근육이라는 '실행 수단'이 그것이다. 그런데 로봇의 경우 이 네 가지 자원이 하나의 신체나 공간에 결합되어야 할 이유가 없다. 로봇은 눈과 귀가 없어도 유비쿼터스 센서 네트워크만 있으면 충분하다. 깊이 지각이나 소리의 발원지를 찾아내는 능력은 두 눈이나 귀가 아주 멀리 떨어져 있다면 오히려 더욱 효과적으로 작용한다. 필요한 데이터는 전 세계에서 즉시 취합할 수 있고, 임무는 마음대로 변경할 수 있으며, 실행은 가장 편리한 곳을 선택하면 된다. 원거리에서 서로 협력해 작업하는 기기들의 광범위한 네트워크가 자동적으로 작동하는 것이 바로 로봇인 것이다(카플란, 2016: 65~71).

로봇이 네 가지 활동 자원을 하나의 신체에 결합한 인간과 같은 형태(안드로이드)를 취할 것이라는 착각에서 벗어난다면, 여기서 결정적인 것은 '데이터 인식'과 '추론과 판단'이라는 역량이 별개의 방식으로 발전함과 동시에 자유롭게 결합하는 방식의 기술적 진화이다. 지난 2세기 동안 운동 에너지와 실행 수단은 기술적으로 이미 충분히 발전해왔다. 데이터 인식 기능은 최근 빅데이터 기술을 통해, 추론과 판단 기능은 인공지능을 통해 각기 진화해왔는데, 2016년 알파고는 이 두 가지 기술을 결합함으로써 이세돌을 포함한 세계의 바둑 고수들을 모두 가볍게 이겨버렸다. 향후 병렬형 컴퓨터 기술과 유비쿼터스 센서 네트워크 기술의 발전은 두 기술의 결합 속도를 가속화할 것이다.

물론 자본주의적 축적의 기본 동력은 생산과정 내부에서 노동력 착취를 통해 잉여가치를 창출해내는 데 있다. 따라서 생산수단의 자동화가 아무리 빠르게 전개되더라도 자본주의적 생산관계가 존속하는 한 인간 노동은 사라지지 않을 것이라고 볼 수 있다. 그러나 모든 역사적 생산양식이 그러했듯이 자본주의도 영구불변하지 않다. 최근 기하급수적으로 가속화되고 있는 자동화 기술(GNR 혁명)의 발전이 더 이상 자본주의적 생산관계를 필요로 하지 않는 한계점에 이를 가능성을 생각해보아야 한다. 그럴 경우 잉여가치 축적의 방향은 두 갈래의 분기점에 이를 것으로 예상해볼 수 있다.

그 하나는, 이제까지와 같이 정규직/비정규직의 제도적 분할을 강화하면서 생산과정 내부에서 노동 강도를 높이는 동시에, 고용 비율을 줄이는 데 비례해 생산과정 외부에서 수탈의 비율을 높여나가는 것이다. 인공지능에 의해 이런 경향이 가속화되면 자본주의 생산양식은 그 한계점에 도달할 것이다. 착취에 비해 수탈의 비율이 계속 높아지는 생산양식은 더 이상 자본주의가 아닐 것이기 때문이다. 그에 따라 봉건제로 퇴행하는 것과 유사한 상황이 도래할 수 있다. 이에 맞선 대중의 저항이나 봉기는, 과거의 봉건제가 '철갑기사와 교회'라는 강제와 동의의 결합 구조에 의해 철저히 통제되었던 것처럼 '인공지능 경찰/군대+가상현실 시스템'이라는 새로운 형태의 강제와 동의의 결합 구조에 의해 통제될 것이다. SF 영화 〈매트릭스〉(1999)나 〈엘리시움〉(2013)이 예고하는 디스토피아의 모습처럼 말이다.

다른 하나는, 인공지능의 발전에 따라 전 사회적으로 생산성이 향상되는 성과를 보편적 기본소득과 보편적 복지의 형태로 모든 사회 구성원이 공유하는 것이다. 이로써 인공지능과 인간 활동 간의 선순환 고리를 만드는 방식으로 자본주의와는 다르게 잉여가치를 공유하는 새로운 공유사회로 진보해나갈 수 있다. 쉽게 말하면 유토피아로 나아가는 길이다.

10년 전만 해도 이 두 가지 길의 분기를 이야기하는 것은 SF적인 공상에 불과하다고 간주되어왔다. 하지만 지난 10년간 신자유주의적 착취/수탈이 심화되고 인공지능을 포함한 GNR 혁명이 기하급수적으로 발전함에 따라 세계는 이 두 갈래의 분기점에 근접하기 시작했다. 특히 2016년 영국의 브렉시트 결정과 미국 트럼프의 당선으로 신자유주의적 세계화 시대가 막을 내리고 각자도생의 길로 나아갈 수밖에 없는 새로운 이행기 국면을 맞아 세계 도처에서 이 두 갈래의 길을 예고하는 움직임이 뚜렷이 드러나고 있다. 노골적인 혐오 전술을 사용하면서 파시즘의 부활을 시도하고 있는 극우 정당들의 세계적인 확산이 그 한 갈래라면, 그동안 무시되어왔던 기본소득 운동에 대한 대중적 관심이 급속도로 확산된 것이 다른 한 갈래라고 할 수 있다. 한국에서는 박근혜 - 최순실 게이트가 발발한 이후 횃불의 기치 아래 박사모와 극우 기독교인들을 축으로 극우 세력의 노골적인 재결집을 시도하고 있는 자유한국당의 움직임과, 민주당 대선후보였던 이재명 성남시장의 공약을 계기로 확산되고 있는 기본소득에 대한 대중적 관심이 이러한 사례이다.

물론 현실의 복잡한 과정이 이 두 갈래의 새로운 흐름에 의해 지금 당장 좌우되는 건 아닐 것이다. 신자유주의 세력은 비록 헤게모니를 상실한다고 해도 상당 기간 일정한 지배력을 유지할 것이며, 기존의 정치 세력 역시 다양한 해법을 모색할 것이기에 정치적·경제적·이데올로기적 갈등과 경합은 극도로 복잡해질 것이다. 하지만 자동기술화의 가속화라는 흐름이 중단되지 않는 한 거시적으로 보면 두 가지 새로운 흐름이 세계사의 행로를 이제까지와는 다른 방향으로 나아가게 할 주요 변수가 될 것이다. 이런 예측이 맞는다면 기존의 정치경제적 세력과 두 가지 새로운 흐름 간의 적대와 협력 관계를 올바로 파악하면서 유토피아적 경향을 확대해 디스토피아적 경향을 억제해나가는 것이 오늘의 이행기에 우리 모두가 당면한 과제라고 할 수 있다. 이제까지와는 전혀 다른 방식의 새로운 사회적 연대 전략을 모색하는 일이 시급한 이유가 여기에 있다.

물론 지면의 한계상 정치, 경제, 사회문화 등 광범위한 심급에 걸친 다양한 연대 활동을 모두 다룰 수는 없으므로 여기서는 인공지능 시대라는 새로운 조건 속에서 개인과 집단이 협력해 진보적인 연대를 이루어나가는 데 필요한 새로운 전략적 관점과 프레임을 제시하는 데 집중하고자 한다. 우리 사회에서는 아직 낯설게 여겨질 수 있는 '인지생태학적 프레임'이 그것이다. 인지과학은 대략 60년 정도의 짧은 기간 동안 세 단계에 걸쳐 변화해왔으며 지금도 계속 변화 중이다. 이 글에서 주장하는 인지생태학적 관점은 이 중 3단계에 속하는 '신체화된 역동주의'의 연장선상에 있다.

제1세대 인지과학에 해당하는 '인지주의(cognitivism)'[또는 계산주의(computationalism)]가 1950~1970년대를 지배했다면, 1980년대에는 제2세대 인지과학이라 할 수 있는 '연결주의(connectionism)'가 인지주의에 도전했다. 그러다가 1990년대에는 제3세대 인지과학이라 할 수 있는 '신체화된 역동주의(embodied dynamism)'가 뒤따랐다. 오늘날에는 이 세 가지 접근법이 공존하고 있으며, 서로 분리됨과 동시에 다양한 형식으로 혼합되고 있다.

첫째, 1950년대에 등장한 계산주의는 유기체의 내적 상태를 무시하고 감각적 자극과 행동적 조건에만 주목했던 행동주의 심리학에 반기를 들면서, 내적 상태를 해명하기 위해 컴퓨터를 모델로 삼아 뇌를 복잡한 정보를 가공 처리하는 '물리적 상징 시스템'으로 간주했다. 이 접근법은 상징적 표상(재현)의 구조와 내용, 그리고 주어진 문제를 풀기 위해 상징적 표상을 조작하는 알고리즘의 본성을 규명하는 데 집중한 결과, 행동주의 전통이 금기시했던 '의식'의 문제를 행동주의와 같은 방식으로 삭제했다. 그 결과 인지와 의식은 완벽하게 분리되었으며, 개인의 주관적인 심적 상태와 뇌에 심어진 초개인적인 인지적 회로 사이에는 건널 수 없는 심연이 자리 잡게 되었다. 이로써 데카르트적인 이분법이 만들어낸 마음과 물질, 의식과 자연 사이의 설명적 간극이 더욱 심화되었다.

둘째, 1980년대에 등장한 '연결주의'는 계산주의의 물리적 상징 시스템의 신경학적 불완전성 문제를 해결하기 위해서 뇌의 신경망을 모델로 삼아 신경 네트워크의 설계(유닛, 층위, 연결), 학습 규칙, 네트워크의 행위로부터 창발하는 분산된 하위상징적(subsymbolic) 표상(재현)들에 초점을 맞추었다. 연결주의는, 인지란 미리 정해진(관찰자나 설계자에 의해 외부로부터 시스템에 주어진) 문제를 푸는 것이고, 마음이란 본질적으로 두개골에 의해서 제약된 인지적 무의식이며, 마음-두뇌는 계산적 재현의 하위개인적(subpersonal) 영역이라는 계산주의적 생각을 계승하고 있다. 따라서 여기서도 주관성의 문제는 삭제되어 있고 뇌와 마음 간의 설명적 간극이 논의되지 않고 있다.

셋째, 1990년대에 프란시스코 바렐라(Francisco Varelra)와 에반 톰슨(Evan Thompson), 엘리너 로시(Eleanor Rosch)에 의해 제시된 '체화된 역동주의'는 연결주의와 마찬가지로 물리적 상징 시스템보다는 자기조직적인 역동적 시스템에 초점을 둔다. 그러나 인지 과정은 두뇌와 몸과 환경을 포함하는 연속적인 감각 운동적 상호작용의 비선형적이고 순환적인 인과성으로부터 창발한다는 주장을 추가했다. 이 접근법의 중심적 은유는 머릿속의 신경적 네트워크로서의 마음이 아니라 세계 속에 신체화되어 있는 역동적 시스템으로서의 마음이다. 톰슨에 따르면 이 접근법은 서로 분리되어 발전해온 '역동적 시스템 이론'(시스템 다이내믹스 이론)과 '신체화된 자율적 행위자 이론'을 통합한 것이다(Thompson, 2007: 3~13).

이 세 가지 접근법은 시기적으로는 순차적으로 등장했지만 현재에는 공존하면서 혼합되거나 경쟁하고 있다. 4차 산업혁명을 주도하고 있는 인공지능은 1세대 프레임의 연장선 위에 2세대 프레임을 통합하면서 발전하고 있다. 반면 3세대 프레임은 생물학과 철학/인류학의 결합에 기반을 두고 뇌 과학의 연구 성과들을 실험의 방법으로 활용하는 방향으로 발전하고 있다. 달리 말하면, 오늘날 넓은 의미의 인지과학은 발전하고 있는 뇌 과학을 중심에 두고 한쪽으로는 뇌의 기능을 공학적 알고리즘으로 번역하려는 방향으로 나아가는 인공지능 연구와 다른 한쪽으로는 뇌와 몸과 환경 간의 살아있는 구조 접속의 복잡성을 해명하려는 방향으로 나뉘는 스펙트럼을 형성하고 있다고 볼 수 있다. 세 단계의 발전을 거쳐 이루어진 오늘날 인지과학의 스펙트럼을 다이어그램으로 그려보면 〈그림 1〉과 같다.

이 그림에서 인지생태학은 3세대의 체화된 역동주의 관점을 유지하되 여기에 복잡계 과학과 사회과학 및 생태학의 연구 결과들을 결합한 프레임으로서, 바로 이 글에서 취하려는 관점이다. 물론 인지생태학이라는 명칭을 단 모든 연구가 필자와 같은 입장을 택하고 있는 것은 아니다.[1] 일반적인 인지생태학은 정보환경이나 자연생태학적 환경에 초점을 두는 데 반해, 필자는 환경을 — 마르크스-하비의 연장선상에서 — 인간과 자연의 신진대사가 역사지리적으로 변화한 복잡한 과정으로 파악하기 때문에 필자의

1 일반적인 인지생태학을 체계적으로 이해하기 위해서는 Dukas(1998); Dukas and Ratcliffe (2009) 참조.

▌그림 1▌ 인지과학의 3단계 발전과 공존 양상

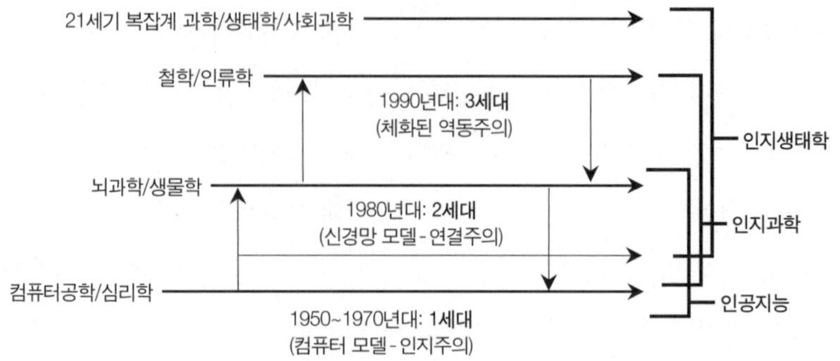

입장은 엄밀히 말하면 '역사지리적 인지생태학'인 셈이다. 역사지리적 인지생태학은 뇌 과학의 발전된 연구 성과를 인공지능과 공유하면서도 1인칭 생명의 입장에서 사회적·자연적 환경과의 중층적인 상호작용에 초점을 맞추고 있다. 따라서 3인칭 관점에서 생명체의 지능을 역설계하려는 인공지능 기술의 도구주의적 관점과는 비판적 대척점을 이룬다.

이런 전제하에 여기서는 인공지능 시대의 가속화가 가져올 자본주의 생산양식과 사회구성체의 배치 형태 변화를 전반적으로 예측해보고, 그에 따라 새로운 사회적 연대 전략의 기본 방향을 어떻게 설정해야 하는지를 논의해보고자 한다.

2. 인공지능 시대의 자본주의 생산양식과 사회구성체의 형태 변화

앞서 말했듯이 인공지능의 핵심 원리는 인식·추론 능력을 장착한 알고리즘과 빅데이터 기술의 결합이다. 물론 알고리즘과 빅데이터 기술은 허공에서가 아니라 특정한 컴퓨터 하드웨어를 매개로 해서 결합되기 때문에 인공지능은 컴퓨터 하드웨어, 알고리즘, 빅데이터 기술이라는 세 가지 요소로 구성된다. 이 세 가지 기술은 서로 다른 경로를 통해 발전해왔지만, 2000년대에 들어와 구글, 페이스북, 바이두, 아마존 같은 플랫폼 기업에 의해 인공지능 기술로 통합되었고 2010년대에 들어와서는 본격적으로 발전하기 시작했다. 물론 플랫폼 기업들은 현재 자본주의적 생산관계 내에서 인공지능 기술로 평균 이윤 이상의 수익을 내기 때문에 인공지능에 의해 자본주의 생산양식의 배치 형태에 어떤 변화가 나타날지를 분석하려면 이에 대한 정치경제학적인 분석이 필요하다.

이를 위한 적절한 틀은 강남훈(2016)의 「인공지능과 기본소득의 권리」에서 찾아볼 수 있다. 이 글에서 강남훈은, 인공지능을 구성하고 있는 하드웨어, 알고리즘, 데이터이라는 세 가지 요소가 초과이윤의 세 가지 원천인 특별잉여가치, 독점이윤, 지대에 어떻게 해당하는지를 다음과 같은 방식으로 보여주고 있다.

새로운 하드웨어(CPU, GPU 등)와 알고리즘의 개발에 따른 높은 이윤은 특정 기간 동안 새로운 생산 방법으로 초과이윤을 획득했다가 그 방법이 일반화되어 사회적 가치와 개별적 가치의 격차가 사라지면 소멸되기 마련인 특별잉여가치에 해당한다. 그런데 하드웨어 시장은 상당히 경쟁적이고 기술 확산이 빠르며, 알고리즘은 이미 완전 공개를 통해 오픈소스로 나아가는 상황이기 때문에 이 두 가지 요소에 의한 특별잉여가치는 오래 지속되기 어렵다. 그에 반해 플랫폼 기업은 추가적인 노동 투입 없이 사람들의 행동을 소프트웨어에 자동 기록하기 때문에 데이터로부터 얻는 수익은 일종의 지대에 속한다. 예쁘게 가꾼 플랫폼에 많은 사람들이 접속해서 초과이윤이 생기는 것이다. 특별잉여가치는 경쟁에 의해 장기적으로 소멸하지만, 지대는 시간이 지날수록 늘어나는 경향이 있다. 물론 이 경우의 지대는 자연물의 생산성에 기초한 일반적 차액지대와 다르게 자연이 아닌 사람들의 공동 참여 행위에 생산성의 기원을 두고 있다.

이런 분석을 통해 강남훈은 토지 지대로부터 발생하는 초과이윤에 대해 과세를 하듯 플랫폼 지대에 따른 초과이윤에 대해서도 별도의 과세가 필요하다고 본다. 후자의 경우 사람들의 공동 참여에 의해 이윤이 발생하기 때문에 이에 대한 과세는 기본소득으로 나누는 것이 가능하다고 주장한다(강남훈, 2016: 18~23).

강남훈의 요지는 인공지능 시대에는 앞서 제시한 두 번째 길(유토피아)의 선택이 왜 모두의 권리이자 필연적인 선택인가를 정치경제학적 분석을 통해 도출하는 것이다. 그러나 강남훈의 논문에서 주목해봐야 할 다른 지점은 인공지능 시대에는 높은 수익의 원천이 왜 특별잉여가치나 독점이윤이 아니라 지대의 유형에 집중될 수밖에 없는가를 논증하는 부분이다. 인공지능 기술에 기반을 둔 4차 산업혁명을 주도하는 핵심 산업에서 이윤의 지속 가능한 원천이 지대에 있을 수밖에 없다는 것은 자본주의의 미래를 주도하는 새로운 경향 자체에 봉건제로의 퇴행 경향이 내재하고 있음을 의미하는 것과 다름없기 때문이다.

물론 플랫폼 기업이 아닌 다른 기업들은 하드웨어와 알고리즘의 개발을 둘러싸고 치열한 경쟁을 벌일 것이며, 3차 산업혁명기에 형성되어온 여타 산업 부문에서도 경쟁은 계속될 것이다. 그러나 핵우산의 장애로 인해 지금은 과거의 이행기에서와 같은 전면전과 식민주의를 통한 위기 극복의 길이 차단되었다. 이런 상황에서는 2010년대에 들어와 세계적으로 확산 중인 과잉 생산과 과소 소비의 위기를 극복할 뾰족한 방도가 없다. 현재의 낡은 생산관계로는 생산력의 기하급수적 발전에 따른 경제 내적인 미래 변화를 통제할 수 없게 된 셈이다. 세계 각국에서 나타나고 있는 여러 정치적 혼란도 토대와 상부구조 사이에서 심화된 모순이 자연 발생적으로 표현된 것이라고 할 수 있다.

전 세계적으로 볼 때 그리스, 스페인 등은 장기적인 경제위기를 겪고 있고, 영국 브렉시트 및 미국의 트럼프 당선을 계기로 EU – 미국의 헤게모니는 해체되고 있으며, 각자도생에 따른 세계적 경쟁이 격화되고 있다. 일국 내에서는 – 박근혜 – 최순실 게이트를 계기로 폭로된 바와 같은 – RSA(억압적 국가 기구) 내부의 부패와 무능과 혼선, ISA(이데올로기적 국가 기구) 내에서의 경쟁과 갈등의 격화가 더욱 심화될 것이다. 각 지역마다 형태와 양상은 다르지만 이 모든 혼란은 신자유주의 세계화를 통해 그간 심화되어왔던 자본주의 사회구성체의 내부 모순이 응축되어 폭발한 것이다. 이렇게 한계에 도달해가고 있는 자본주의 생산양식과 사회구성체의 구조 전체가 어떻게 변화할 것인지를 종합적으로 분석하고 판단하려면 마르크스의 관점으로 되돌아가야 한다. 마르크스적인 분석틀 이외에는 자본주의 사회의 구조와 내적 모순을 전체적으로 분석할 수 있는 다른 수단이 없기 때문이다.

마르크스에 따르면 노동력뿐만이 아니라 자연력도 부의 공통적 원천(Commonwealth, 공통체)이지만, 자본주의는 이 두 가지 부의 원천을 모두 상품화함과 아울러 노동력과 자연력이 결합한 산물인 생산수단을 사적 소유의 메커니즘에 종속시켜 노동력 착취/수탈과 자연력의 수탈을 강화함으로써 거대한 규모의 잉여가치를 축적해왔다. 자본주의가 그 한계점에 도달할 경우 사회구성원들은 앞서 말한 바와 같이 두 갈래의 길 중 하나를 선택할 수밖에 없다. 즉, 지대를 중심으로 수직 계열화된 봉건제와 유사한 생산양식으로 퇴행하거나 아니면 자본주의를 넘어서는 공유경제로 진보해나가는 것이다. 전자의 경우, 사회구성체는 지배적인 생산양식으로서 '지대+특별잉여가치+독점 이윤'을 추구하는 4차 산업혁명에 종속된 기존 생산양식들의 종속적 위계화로 구조화된 토대와, 생산과정에서 퇴출된 노동력을 육체적·정신적으로 통제하기 위한 '로봇+가상현실 시스템'으로 구성된 기괴한 상부구조를 결합하는 형태를 취할 수밖에 없을 것이다. 후자의 경우, 4차 산업혁명의 생산수단 전반을 사적 소유로부터 해방시켜 사회화함과 더불어 노동력과 자연력 모두를 상품 형식으로부터 해방시켜 인공지능과 인간 활동 및 인간과 자연의 신진대사 흐름 전반을 선순환시키는 형태로서, 사회화된 생산력과 민주적인 상부구조의 결합체인 새로운 사회구성체로의 전환을 이루어내는 과정일 것이다. 그럼에도 불구하고 기존의 반자본주의 전략들은 토대와 상부구조 전체에서의 동시적인 변화의 방향을 고려하기보다는 부분적인 측면의 변화에 초점을 맞추면서 서로 경쟁하고 대립해왔다고 할 수 있다.

금민(2014)의 논변[2]에서 차용하자면, 공공체(Republic) 또는 공공영역(The Public)과 관련된 그간의 논의들(사회주의, 사회민주주의 등)이 물적·지적 생산수단의 사회화에 초점을 두고 있다면, 공통체(Commonwealth 또는 The Commons)와 관련된 그간의 논의들(전통적인 무정부주의, 자율주의 등)은 노동의 자율성과 상호 부조라는 문제에 초점을 맞추어왔다고 구분할 수 있다. 또 생태주의는 자연력의 해방을, 여성주의는 노동력의 해방을 양성 평등적인 입장에서 모색해왔다고 구분해볼 수 있다. 그러나 생산수단의 사회화, 노동의 자율성 및 양성 평등, 그리고 자연과의 공생은 환원 불가능한 사회 발전의 3요소이기 때문에 어느 한 가지가 해결되면 다른 것도 해결될 것이라고 보는 환원주의적인 방식으로는 전체 사회구성체의 변화

---

2 금민은 「기본소득: '보편적인 것'과 '공통적인 것'을 가로지르는 새로운 사회화 형식」이라는 글에서 기본소득론에 담긴 새로운 사회화 형식의 의미를 정치철학적으로 검토하고 있다. 그가 사회화 형식을 찾는 방법론은 두 가지 축으로 구성되어 있다. ① 그는 기본소득을 공화국, 곧 '공공체(res publica)'의 완성을 뜻하는 동시에 '모두의 것'에 대한, 모두의 공유에 입각한 '공통체(Commonwealth)'로 넘어가는 교량으로 파악한다. ② 그는 공공체의 공유 경제와 공통체의 연대 경제를 기본소득 도입의 효과이자 동시에 기본소득을 지탱하는 두 가지 축으로 파악한다. 여기서 필자는 공공체는 토대와 상부구조(국가 장치)를 결합한 사회구성체의 체계 구조를 의미하고 공통체는 그 체계를 작동시키는 동력인 인간과 자연력 전반을 의미하는 것으로 해석하고자 한다.

를 모색할 수 없다. 자유로운 개인들의 연합이 전 사회적인 차원에서 실현되려면 '공공체'를 사회화하는 데 그치지 않고 노동력과 자연력의 탈상품화를 통한 '공통체'의 새로운 형식을 동시에 구성하고 양자 간의 선순환 고리를 만들어가야 한다.

그런데 공공체의 사회화가 이루어지더라도 향후 인공지능에 의한 일자리 감소 추세로 노동력의 탈상품화가 가속화될 경우 그 결과가 사회적 배제로 이어지는 것이 아니라 오히려 사회적 참여와 활동을 위한 자유 시간의 증대로 귀결되도록 하기 위해서는, 강남훈의 주장처럼 인공지능에 의한 생산성 향상의 성과가 지대로 사유화되는 대신 보편적 기본소득으로 전체 사회구성원들에게 주어져야 한다. 보편적 기본소득이 인공지능 시대의 생산양식 변화에 조응하는 사회구성체의 형태와 기능 전환의 출발점이 될 수 있는 이유가 여기에 있다. 임금노동과 무관하게 주어지는 기본소득은 자신의 노동력이 상품이 아니라 물·공기·대지·동식물과 무기물을 포함한 다양한 에너지와 함께 자연력의 일부로서 '공통체'에 속한다는 사실을 일깨워줄 수 있고, 그 재원을 생산수단의 사회화라는 '공공체'의 형식으로 확보하는 것은 공공체에 속한 시민의 기본권이라는 점을 자각하게 만들 수 있다. 특히 보편적·개별적·무조건적으로 지급되는 기본소득은 모든 구성원의 노동력 재생산 방식을 자유로운 선택에 맡김으로써 보통선거권과 같은 형식적 자유는 물론, 핵가족이라는 재생산 형식까지 넘어서서 각자의 실질적 자유를 확대하는 데 기여할 것이다.

물론 이런 변화를 가져올 정도의 기본소득을 지급하려면 사적 소유를 철폐하고 발전된 과학기술을 통해 사회적 필요노동을 줄이면서 고르게 분배하도록 공공체 자체를 근본적으로 변형시켜야 한다. 생산수단의 사회화를 위한 공공체의 변혁은 노동력의 탈상품화와 공통체로서의 권리를 실현하기 위한 기본소득 지출의 재원 확보를 가능하게 할 것이다. 이런 방식으로 공공체가 사회화될수록 공통체의 권리가 실현될 것이며, 공통체의 권리가 실현될수록 공공체의 사회화 범위가 확대될 것이다. 또한 공공체의 사회화 범위가 확대되면 공통체의 권리 실현도 확대되는 선순환 과정을 겪는데, 이는 바로 일국 차원의 사회주의적 이행이 세계적으로 확대되어 전 지구적 차원의 코뮌주의로 나아가는 세계적인 이행 과정이라고 볼 수 있다(심광현, 2015: 143~146).

지난 10여 년 동안 한국에서 전개된 기본소득 연구는 이런 거시적인 선-순환 과정과 이에 필요한 재원의 유형을 다각도로 계산해보고 기본소득이 지급될 경우 국민 다수에게 어떤 이득이 돌아올 것인가를 보여주려는 경제학적 시뮬레이션의 과정이었다고 요약할 수 있다. 그러나 그간의 논의에는 이런 시뮬레이션을 현실화하려 할 때 필수적인 정치사회적 연대 전략이 빠져 있었다. 오히려 기본소득 논의는 일자리 감소를 전제하고 있고 노동의 가치를 등한시한다는 이유로 노동 중심성과 비정규직의 정규직화를 의제로 삼아온 노동운동의 비판에 직면해 사회적 연대의 확대로 나아가지 못했다. 이런 교착 상태가 장기화될수록 자본-국가의 공세에 맞설 사회적 에너지를 결집하기는 더 힘들어질 것이다.

하지만 지금까지 대립해오던 여러 단위의 운동이 이행기가 시작되었다고 해서 하루아침에 갑자기 연대하기로 결정하고 입장을 전환할 수는 없을 것이다. 대립과 분열에는 그럴 수밖에 없는 이유가 있었듯이 연대와 협력에도 그렇게 하지 않으면 안 될 이유와 동력이 제시되어야 한다. 이런 관점에서 보면 현재 사회적 연대의 확장을 가로막고 있는 장애 요인들이 무엇인지부터 먼저 파악할 필요가 있다. 다음에서는 한국 사회에 만연해 있으나 그간 주목하지 않았던 '인지적 오류 습관'이라는 장애 요인부터 살펴보고자 한다.

3. 연대의 확장을 가로막는 인지적 오류 습관 넘어서기

2016년 9월 12세 이상 한국인 1만 명을 대상으로 설문조사를 실시한 결과를 정리한 한국보건사회연구원의 「한국 국민의 건강 행태와 정신적 습관의 현황과 정책대응」 보고서에 따르면, '인지적 오류' 영역에 해당하는 5개 항목 중 1개 이상에 대해 '그런 습관이 있다'라고 답한 사람의 비율은 90.9%로 나타났다. 5개 항목이란 '하나를 보면 열을 안다고 생각한다'(선택적 추상화), '세상 모든 일은 옳고 그름으로 나뉜다고 생각한다'(이분법적 사고), '최악의 상황을 먼저 생각한다'(파국화), '어떤 일을 결정할 때 내 의견을 묻지 않는다면 그것은 나를 무시하는 것이라고 생각한다'(임의적 추론), '내가 다가가자 사람들이 하고 있던 얘기를 멈춘다면 나에 대해 안 좋은 얘기를 하고 있었음이 틀림없다고 생각한다'(개인화)이다.

'임의적 추론'은 어떤 사실을 뒷받침하는 근거가 없거나 그 근거가 사실에 반할 경우에도 임의적으로 그 사실이 맞는다고 결론을 내리는 것이다. '선택적 추상화'는 여러 가지 정보 중에서 자신의 생각이나 감정을 정당화하기 위한 정보만 선택해 전체로 해석하는 것을 말한다. '개인화'는 자신과 상관없는 사건이나 사실 등을 자신에게 해당하는 것으로 생각하는 것을 말한다. '이분법적 사고'는 세상의 모든 일을 절대적인 기준하에 옳고 그른 것으로 구분하거나 흑백논리로 접근하는 것을 의미한다. '파국화'는 일의 진행 과정에서 일어날 수 있는 여러 가지 상황 중 가장 파국적인 상황만 생각하는 것을 말한다. 인지적 오류에는 이 외에도 다양한 개념이 존재하지만 관련 전문가를 대상으로 한 자문을 통해 정신 건강과 연관성이 높고 우리나라 국민들에게 흔히 발견될 것으로 예상되는 개념을 선정했다고 한다(이상영 외, 2016: 76).

이 연구에서는 '인지적 오류 영역' 외에도 과거 일에 집착하는 '반추', 미래에 대한 희망 없음을 뜻하는 '무망', '걱정', '부정적 사고', '자기 도피', '기타 영역' 등 모두 일곱 가지 영역 32개 항목을 조사했다. 이 중 인지적 오류에 해당하는 비율이 가장 높았지만, 다른 영역에서도 대체로 부정적인 비율이 높게 나타났다고 한다. 다른 영역에 비해 우울증으로 이어질 연관성이 상대적으로 낮은 인지적 오류 영역이 우리의 주목을 끄는 것은, 이런 정신적 습관이 일상생활에 당장 큰 지장을 주지는 않겠지만 사회적 연대의 확장을 가로막는 무의식적 장벽으로 기능할 가능성이 매우 높기 때문이다. 앞서 말한 바와 같이 생산양식과 사회구성체의 구조와 기능을 전반적으로 전환하기 위해 매우 광범위한 사회적 연대가 필요한 이행기의 상황에서 이처럼 보이지 않는 장벽이 존재한다는 것은 참으로 난처한 일이 아닐 수 없다.

물론 전통적인 비판 이론의 관점에서 보자면 이런 유형의 인지적 오류 습관은 일종의 이데올로기적인 사고 습관이라고 뭉뚱그려서 볼 수도 있다. 그러나 이데올로기 비판은 계급 분석과 맞물리지 않으면 무의미하기 때문에 전 국민의 90%가 이데올로기에 사로잡혀 있다고 말하는 것은 공허한 이야기가 될 것이다. 엄밀한 이데올로기 비판을 위해서라도 인지적 오류의 유형을 더욱 논리적으로 분석하는 작업부터 필요하다. 우선, '임의적 추론'과 '선택적 추상화'가 오류 추리에 해당한다면, '이분법적 사고', '파국화', '개인화'는 그런 오류 추리를 촉발하는 숨겨진(무의식적인) 판단의 프레임이라고 구분할 수 있다. 이 중에서 근거와 사실을 혼동하는 오류 추리가 실증주의 이데올로기의 특징이라면, 부분으로 전체를 대체하는 오류 추리는 환원주의적인 사고방식의 특징이라고 구분할 수 있다. 이와 달리 '개인화'와 '파국화'는 공동체가 파괴된 상황에서 원자화된 개인들 간의 경쟁에 오래 시달린 결과로 체화된 인생관이라면, '이분법적 사고'는 70여 년간 지속된 분단 상황에서 지배 이데올로기로 자리잡아온 반공 이데올로기가 사회생활 전반에 스며든 결과, 카를 슈미트(Carl Schmitt)가 말했던 '적과 동지의 편 가르기'가 개인들의 인생관과 사회관에 둥지를 튼 것이라고 구분할 수 있다.

이런 유형 구분을 연결해보면 국민 가운데 90%의 정신적 습관에 내재한 오류 추리의 메커니즘을 다음과 같은 시나리오로 풀어볼 수 있다. 즉, 아무리 합리적으로 추론하고 행동하려 노력해도 그 결과는 언제나 분단 상황 속에서 흑백논리로 적과 동지를 가르는 반공 이데올로기의 지배와 중층적으로 겹쳐진 자본주의적 경쟁의 가열에 따른 개인화와 파국화로 귀결될 뿐이라는 일종의 무의식적인 체념이 국민 다수의 '해석적 프레임'으로 자리 잡았고, 이로 인해 눈앞의 사실과 확실한 부분만 중시하는 실증주의와 환원주의라는 손쉬운 추론 방식으로 목전의 문제를 처리해나가는 것이 근거와 전체를 따지는 합리적 사고보다 훨씬 효율적이고 가성비가 높다고 보는 사고방식을 갖게 되었다는 것이다. 단순화하자면, 어차피 모든 것이 흑백논리로 재단되는 치열한 경쟁사회에서 파편화되어 살 수밖에 없는 개인들 입장에서 보자면 파국을 피하기 위해서는 매사를 빨리빨리 처리하는 것이 최선이라는 사고방식을 갖게 되었다고 할 수 있다. 물론 이는 5개 항목 모두를 연결시켰을 경우에 해당하기 때문에 국민의 90%가 이런 사고방식에 사로잡혀 있다고 볼 수는 없다. 그러나 각 항목별로 응답 비율이 평균 39~58% 사이에 걸쳐 있기 때문에 국민의 절반이 이런 사고방식을 갖고 있다고 볼 수는 있다(인지적 오류 습관을 포함한 7개 영역 전체에 걸쳐 하나 이상의 부정적 습관을 가진 사람의 비율은 27%이다)(이상영 외, 2016: 97~98).

그렇다면 그간 한국 사회에서 진보좌파운동을 한다고 자처해온 기존의 사회운동권은 이런 사고방식으로부터 자유롭다고 과연 말할 수 있을까? 현실을 변화시키기 위해 사회운동에 참여하는 것 자체가 눈앞의 사실만을 중시하는 실증주의와 개인화와 파국화의 습관을 거부하는 것이라고 볼 수 있다. 그렇다고 해서 환원주의와 이분법적 사고 습관으로부터 자유롭다고 보기는 어려울 것 같다. 민족중심주의, 노동중심주의, 생태중심주의, 여성중심주의를 내세우며 자신과 다른 입장을 적대시해온 그간의 경향이야말로 바로 환원주의에 기반을 둔 이분법적 사고의 징표이기 때문이다. 하지만 이제까지 그런 사고가 지배적이었다고 해서 앞으로도 이런 인지적 오류가 지속될 것이라고 볼 수는 없다. 이런 사고 습관을 형성하게끔 강제해온 기존의 사회 시스템 전체가 이제는 해체 경로를 밟고 있기 때문에 그 시스템에 적응하기 위해 형성되었던 인지적 오류의 정신적 습관 역시 함께 해체될 가능성이 높기 때문이다.

물론 정신적 습관을 바꾸는 일은 어떤 면에서는 신체적 습관을 바꾸는 일보다 더 어렵다. 만일 대다수 구성원이 이와 같은 인지적 오류의 낡은 습관을 그대로 유지하려는 관성에 사로잡힐 경우 사회적 연대의 확대가 불가능해지면서 이행의 경로는 앞서 구분한 디스토피아의 유형으로 귀결될 수밖에 없을 것이다. 그러나 이런 경향을 억제하면서 공유 경제와 연대 경제에 기반을 둔 자유로운 개인들의 연합을 지속적으로 확대시키는 새로운 사회로의 이행을 촉진하기를 원한다면, 인지적 오류의 정신적 습관을 의식적으로 해체하고 합리적인 사고를 재건하려는 노력이 무엇보다 필요하다. 그렇다면 어떤 실제적이고 합리적인 근거 위에서 이런 노력이 가능할 수 있을까?

다양한 논의가 필요하겠지만, 지면 관계상 여기서는 뇌 과학과 복잡계 철학을 기반으로 해서 사고를 전환할 수 있는 방안을 제안하려 한다. 지난 수십 년간의 뇌 과학 발견에 따르면 자본주의 사회는 모든 노동과정을 전문적으로 분과화해 지식노동과 육체노동을 부품화된 방식으로 작동하도록 강제해온 결과, 전체를 보지 못하고 부분에 초점을 맞추는 좌뇌의 사용은 과도해진 반면, 전체를 아우르는 우뇌의 사용은 점점 빈곤해졌다고 볼 수 있다. 실증주의와 환원주의, 개인주의와 이분법적 사고 등은 모두 좌뇌 중심적 사고의 특징이라고도 볼 수 있다. 좌뇌와 우뇌의 기능적 차이를 좀 더 자세히 살펴보자.

4. 좌뇌 중심적 사고에서 좌우뇌 균형적 사고로의 전환

좌반구가 명시적이고 좁은 범위에 관심을 집중시키는 더 의식적인 처리 과정에 묶여 있는 데 반해, 우반구는 묵시적인 모든 것을 다룬다. 우반구는 자아 밖의 세계에 존재하는 모든 것을 받아들이는 넓고 열린 시야를 갖고 있으며, 폭넓게 확산되는 기민한 반응과 미묘한 지각을 무의식적으로 포착한다. 일반적으로 동물의 좌반구는 먹이를 얻고 먹여주기 위해 좁고 집중된 관심을 발휘한다. 동물의 우반구는 주위에서 발생하는 잠재적 포식자나 짝 또는 적이나 친구가 될 수 있는 다른 생물들에게서 오는 신호를 인지하기 위해 경계적인 관심을 폭넓게 발휘한다. 또한 동물의 우반구는 사회적 동물 간의 연대와도 관련되어 있다. 인간의 경우 두 뇌가 분리된 것은 세계에 대한 양립 불가능한 두 가지 관심을 동시에 담아내야 하는 필요에 따른 결과라고 할 수 있다(맥길크리스트, 2014: 52~55).

우반구는 관심의 넓이와 유연성을 강조하며, 좌반구는 집중된 관심을 담아낸다. 여기서 이어지는 결과는, 우반구는 전체 사물을 그 맥락에서 보는 한편, 좌반구는 맥락에서 추출된 파편화된 사물을 보고 거기에서 각 사물의 특성과는 아주 딴판인 어떤 '전체'를 조합해낸다는 것이다. 세계를 향한 것과 아주 다른 종류의 관심이 포함된, 인간으로서 우리가 타인과 연대를 형성하도록 도와주는 능력인 공감과 감정적 이해 같은 것은 대체로 우반구의 기능이다(맥길크리스트, 2014: 55~56).

우반구가 좌반구보다 더 길고 넓고 크고 무겁다는 사실은 사회생활을 하는 모든 포유류에 해당한다. 두 반구에 속하는 여러 구역의 크기와 형태는 각기 다를 뿐만 아니라, 신경세포의 수와 크기에서 수상돌기가 비대칭적으로 가지치기하는 범위도 다르다. 우반구에서는 피질원주에서 수상돌기가 더 많이 중첩되는데, 이 구역은 좌반구에 비해 상호 연결성을 더 높이는 메커니즘이 자리한 곳이다. 또 우반구는 회색질보다 백질이 더 많기 때문에 구역 너머로 정보를 전달하기가 더 쉽다. 이는 우반구가 전체 상황에 큰 관심을 보인다는 것을 반영한다. 반면 좌반구는 국지적 소통, 구역 내 정보 전달을 우선시한다(맥길크리스트, 2014: 64~65). 이런 신경학적 비대칭성을 기초로 이언 맥길크리스트(Iain Mcgilchrist)는 우반구('어떻게'의 반구)와 좌반구('무엇'의 반구)의 기능적 차이를 다각도로 비교한다(맥길크리스트, 2014: 73~161). 이 비교 내용을 정리하면 〈표 1〉과 같다.

그는 현대 세계에서는 언어가 좌반구의 의제에 너무 길들어져 있는 바람에 히브리어나 아랍어처럼 우반구에 의해 처리되는 과정에서 시작된 것이 분명하고 지금도 오른쪽에서 왼쪽으로 읽히는 언어들조차 사실상 대부분 좌반구에서 처리되고 있다고 말한다. 이처럼 글쓰기의 방향이 바뀐 것은 숫자와 화폐를 중시하는 제국이 등장하면서부터이다. 숫자나 화폐는 서로의 관계를 예측 가능하게 바꾸어 우반구의 가치로부터 좌반구의 가치로 넘어가는 과정을 명료하게 반영하기 때문이다. 화폐가 널리 퍼진 것은 기원전 4세기부터였는데, 초기의 우반구적 영향은 좌반구의 영향과 평형을 이루다가 점차 좌반구의 우위에 굴복한 것으로 보인다. 그 시기는 소크라테스 이전의 철학자들의 세계가 플라톤의 세계에 자리를 내주고 물러난 시기와 대략 같다(맥길크리스트, 2014: 454~457). 그러나 좌반구 우위의 경향

❙표 1❙ 좌우뇌의 기능 비교

우반구	좌반구
넓이와 유연성	집중성과 파악력
새로운 지식	기존 지식의 재인식
가능성	예측 가능성
통합	분할
전체	부분
맥락	범주
개인적인 것	비개인적인 것
살아있는 것	살아있지 않은 것
공감적·감정적 감수성과 표현력 우세	표현력 약세
어떻게	무엇
공시적 직관	순차적 분석
공간적·시각적·음악적 기호	언어적 의미와 상징 조작
통합적인 지속적 리듬	간헐 운동으로 분할된 시간
깊이감과 부피감	추상적 도식
불확실성	확실성
멜랑콜리	낙관주의
네거티브 피드백	포지티브 피드백
독립성과 동기 부여	수동성
존재	표상
사이와 상호성	고립
공정(과정)	실체

이 이후 일관되게 관철되어온 것만은 아니다. 맥길크리스트는 많은 자료에 의거해 르네상스 시대에 일어난 두뇌의 우향적 이동에 대해서도 이야기한다.

르네상스는 생각할 수 있는 모든 측면에서 세계 속에 존재하는 우반구적 방식이 거대하게 확장된 것으로서, 그 속으로 좌반구적 작업이 통합되어 들어옴으로써 시작되었다. 즉, 신체와 영혼을 하나의 사물 이상이자 전체 인간의 본질적 부분으로 존중하는 데서, 감각을 복권시키는 데서, 공간적 깊이를 강조하는 데서, 살아가는 시간을 강조하는 데서, …… 한 개인이면서 사회와의 도덕적-감정적 연대로써 통합된 존재로서 자아의 감각이라는 점에서, …… 다성음악의 극장에서, 멜로디와 화성과 부분과 전체의 관계의 중요성에서, 재치와 파토스의 중요성이 상승한 데서, 범주보다는 개별 사례에 매혹된 데서, 반대되는 것들의 인식과 혼재된 감정을 음미하고 광범위하게 상이한 생각을 한데 합칠 줄 알았던 데서, 묵시적인 채 남아 있어야 하는 것의 중요성을 강조한 데서, …… 반투명한 세계, 신화와 은유를 가득 담고 있는 세계를 강조한 데서, 이 모든 측면에서 그러했다(맥길크리스트, 2014: 519~520).

르네상스 시대는 중세 봉건사회에서 근대 자본주의 사회로의 거대한 변화가 일어나던 문명사적인 이행기였다. 물론 이 시대는 절대 왕정의 관료주의와 화폐 자본이 결합됨에 따라 확산된 산업자본주의에 의해 철저히 소멸되어버렸기에 다시는 돌아올 수 없는 아득한 과거의 '신화'로 추억될 뿐이다. 우리 시대에 점증하는 우울증과 분열증은 그동안 누적된 좌반구 우세의 문화가 우반구를 억압함으로써 야기된 대가라고 할 수 있다.

18세기 이전까지만 해도 영국에서는 정신분열증이 정말 드물었는데, 산업화가 진행되면서 정신분열증 환자도 크게 증가했다. 아일랜드와 이탈리아, 미국 및 다른 곳에서도 이와 유사한 현상이 관찰된다. 그러나 20세기 전반기의 가파른 상승에 비하면 19세기 말엽까지의 증가 추세는 크다고 말하기 어렵다. …… 도시에서 정신분열증이 발생할 위험은 농촌에서보다 거의 2배에 달하며, 위험도가 높은 개인이 도시 지역으로 이사하면 도시 환경이 정신병을 유발할 위험성이 더욱 커진다는 증거들이 있다. …… 도시 환경은 확실히 더 경쟁적이다. …… 자본주의 문화 …… 문화라는 말을 여기에 쓰는 것이 옳을지는 모르겠지만, 이것은 승자와 패자의 문화이다(맥길크리스트, 2014: 637~639).

맥길크리스트는 다양한 연구 자료를 토대로 사회적 유대감이 돈독한 상태에서는 감기, 심장 발작, 중풍 발작, 암, 우울증 등 온갖 종류의 질병이 발생하는 비율이 낮은 반면, 최근의 도시화와 세계화, 지역문화 파괴 현상의 증가는 세계 각지에 있는 개발도상국 사람들의 정신질환 발병률을 증가시켰다고 설명한다. 그렇다고 인류가 달성한 모든 업적에 좌반구가 기여한 바가 전혀 중요하지 않다고 주장하는 것은 아니다. 맥길크리스트는 좌반구는 하인으로서는 훌륭하지만 주인으로서는 매우 한심하기 때문에 좌우반구에 각기 주인과 하인의 제 위치를 바로잡아주는 것이 필요하다고 말한다(맥길크리스트, 2014: 690).

그렇다면 중세에서 근대로 이행하는 시기였던 르네상스 시대에 우세했던 우반구적 사고를 억누르면서 자본주의와 함께 지배적인 우위를 차지한 좌반구적 사고가 21세기 자본주의의 위기와 함께 지배적인 지위를 상실해가고 있다는 사실에 주목해보자. 오늘날 세계 자본주의의 위기와 함께 새로운 문명사적인 이행기가 시작되고 있다면, 우리는 다시금 우반구적 사고의 부활을 기대할 수 있지 않을까? 물론 우반구적인 사고의 부활이 좌반구적 사고를 대체하게 된다는 의미는 아니다. 오히려 좌반구에 억눌려 있었던 우반구가 자신을 회복하고 좌반구와 우반구가 새로운 균형을 이루는 상태로 변화한다고 보아야 할 것이다. 이렇게 좌우반구가 제자리를 찾는 일은 어떻게 가능할 수 있을까?

맥길크리스트는 뇌량은 "반구들의 세계를 갈라놓는 동시에 다리가 되어주는 복잡하고 역설적인 기능"(맥길크리스트, 2014: 359)을 가지고 있다고 말한다. 유아들은 뇌량에 덜 의존하며 좌반구보다 먼저 성장하는 우반구에 주로 의존한다. 그러다가 시간이 흐르면서 뇌량과 좌반구의 기능이 갖는 중요성이 커진다(맥길크리스트, 2014: 358). 또한 그는 몸짓 언어에 관한 데이비드 맥닐(David McNeill)의 연구와 의지에 관한 벤저민 리벳(Benjamin

▌그림 2▌ 뇌량에 의한 좌우반구의 분리와 연결

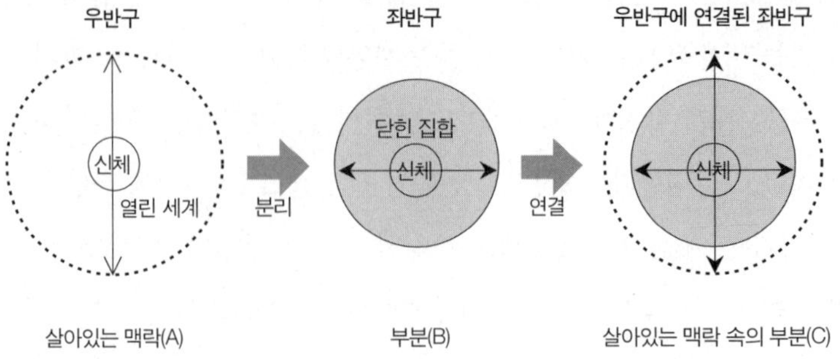

자료: 심광현(2013b: 206).

Libet)의 연구에 기초해, 우리의 사고과정은 우반구의 영역에서 시작되었다가 좌반구에서 오는 정보를 투입 받은 다음 마지막으로 좌반구의 정보와 우반구의 정보가 종합된다고 주장한다. 이런 점에서 우반구는 좌반구 세계의 기초라고 할 수 있다(맥길크리스트, 2014: 321). 이런 설명에 근거해 다음과 같은 방식으로 좌우반구의 역할 분담과 연결 과정을 생각해볼 수 있다. 즉, 좌반구가 관할하는 '닫힌 집합의 이미지'와 우반구가 관할하는 '열린 집합의 세계'는 뇌량에 따라 각기 분리된 역할을 하면서 동시에 연결될 수도 있다고 생각해볼 수 있다. 두 반구 간의 이런 역설적인 연결을 〈그림 2〉와 같은 다이어그램으로 시각화할 수 있다.

'점선의 원(A)'은 우반구가 경험하는 세계 상태를 보여준다. 서로 분리 불가능하게 연결된 살아있는(lived) 신체, 영적인 의미, 감정적 공명의 경험, 심미적 평가는 모두 우반구에 의해 중재된다. 그러나 현대 자본주의 사회에서 신체는 우리가 소유한 사물로서 성형수술을 통해 멋진 스포츠카와 같이 디자인할 수 있고 다른 사물과 같이 세계 속에서 추상해낼 수 있는 조작 가능한 객체가 되고 있다. 이는 좌반구가 인식하는 '닫힌 원(B)'과 같이 닫힌 집합으로 표상된 신체인 셈이다. 맥길크리스트는 정신분열증 환자는 어김없이 자신을 로봇이나 컴퓨터와 같은 기계로 인식한다고 말한다. 이는 모리스 메를로 퐁티(Maurice Merleau Ponty)가 말한 바처럼 신체는 물질로 인식되어 그저 걸어 다니는 몸뚱이가 되는 것과 흡사한 상황이다 (맥길크리스트, 2014: 693~695).

이런 상태에서 사람은 자신의 살아있는 신체, 주변 세계와의 감정적 공명으로부터 소외된다. 마르크스가 노동 수단/노동 대상으로부터의 소외, 노동과정으로부터의 소외, 노동 산물로부터의 소외, '인간의 자연(human nature)'으로부터의 소외라고 칭했던 '4중적 소외'는 이 과정을 거쳐 완성되는 것이다. 물론 이런 상태가 문제가 많다고 해서 19세기 낭만주의자들이 주장했던 것처럼 자본주의적 근대화의 산물인 인공적인 사물들과 기계들을 버리고 전근대적인 자연 상태로 되돌아가야 한다고 주장하려는 것은 아니다. 문제는 사물/기계와 신체를 가진 인간/생명체의 관계가 마치 좌뇌와 우뇌의 관계가 전도된 것처럼 전도되었다는 데서 비롯되었다. 따라서 좌뇌/우뇌의 전도된 관계를 바로잡는 데서 해결책을 찾아야 한다. 사물들의 닫힌 집합인 부분들(원 B)을 살아있는 열린 세계의 전체 맥락(원 A) 속에 다시 집어넣어 사물들을 살아있는 전체 맥락 속의 부분들로 새롭게 파악하는 방식(원 C)이 그것이다. 이 상태에서 신체는 자신을 둘러싼 사물들이나 기계들로 구성된 상품의 세계가 역사적으로 형성된 특정한 닫힌 집합에 불과하며 이 닫힌 집합을 둘러싸고 있는 더 넓은 열린 집합의 세계 속에 자신이 들어 있음을 감지할 수 있다. 이 경우 동심원의 형태인 원(C)과 같이, '신체화된 마음(embodied mind)'은 세계 속의 타인의 신체와 생명체들과 열린 우주의 진동과 감정적으로 공명하는 마음의 파동처럼 물결치는 상태로 파악될 것이다.

필자는 이와 같이 역사적으로 변화 가능한 좌우뇌의 사용 방식에 근거

▌표 2▌ 좌뇌 중심형 인지적 오류에서 좌우뇌 균형적 사고로의 전환

인지적 오류의 습관(좌뇌 중심적 사고)	합리적 인식의 습관(좌우뇌 균형적 사고)
1. 임의적 추론(실증주의)	1. 비판적 추론
2. 선택적 추론(환원주의)	2. 비환원주의적 추론
3. 개인화(원자적 개인주의)	3. 협력적 - 네트워크적 존재로서의 사회적 개인
4. 이분법적 사고	4. 변증법적 사고
5. 파국화	5. 공생에 기반을 둔 창조적 진화

해서 그간 좌뇌 중심적 사고의 산물인 인지적 오류의 습관을 좌우뇌 균형적 사고에 기반을 둔 합리적 인식의 습관으로 전환할 수 있을 것이라고 본다. 이런 전환 방식을 개괄해보면 〈표 2〉와 같다.

5. 좌우뇌 균형적 사고에 기반을 둔 새로운 사회적 연대 전략

그렇다면 이 같은 좌우뇌 균형적 사고와 인공지능 시대에 대응할 수 있는 사회적 연대 전략 사이에는 어떤 상관관계가 있을까? 제프 콜빈(Geoff Colvin)은 『인간은 과소평가되었다』(2016)에서 인공지능 시대에 중요한 것은 '지식노동'을 통해 인공지능과 경쟁하는 것이 아니라, '관계노동'을 통해 사람들 사이의 상호작용을 활성화하면서 인공지능을 적절히 활용하는 것이라고 말한다(콜빈, 2016: 84~85).

> 이제는 컴퓨터가 할 수 없는 일을 찾기보다는 인간이 반드시 해야 하는 일이 무엇인지를 묻는 편이 훨씬 유용하다. …… 수백만 년 동안 진화해오면서 가치 있게 여기고 다른 인간들을 통해 얻으려고 했던 바가 무엇인지를 말이다. 인간이 다른 인간에게서 가장 많이 얻고자 하는 것을 제공하는 능력이 앞으로 높은 가치를 인정받을 것이며, 인간의 그런 바람은 한동안 변하지 않을

> 것이다. …… 과거에는 기계 같은 기능을 하는 사람을 우수하다고 평가했다. 그러나 요즈음에는 인간다운 면에서 뛰어나고 철저히 인간다운 사람이 되어야 우수한 결과를 달성할 수 있다. …… 인간의 지식보다는 인간의 본성적인 모습과 더 밀접한 관련이 있다(콜빈, 2016: 91~92).

> 일에서 기계적이고 비사회적인 부분이 차츰 기계에게 맡겨지면서 인간의 가장 중요한 역할은 사회적인 부분으로 집중되고 있다. 인간은 근본적으로 사회적인 존재이기 때문에 사회적 관계가 없으면 생존하거나 행복을 찾거나 생산적인 존재가 되지 못한다. …… 공감은 그런 과정이 가능할 수 있도록 만드는 기본 요소이며, 모든 중요한 관계의 기초이다. …… 공감은 다른 누군가의 고통을 느끼는 것에 그치지 않는다. 타인의 기쁨, 분노, 관심, 혼란, 그 밖의 모든 정신 상태를 느낄 줄 아는 것도 그에 못지않게 중요하다. …… 남에게 관심을 갖고 돕고 싶은 생각이 드는 것까지가 공감의 영역에 포함되기도 한다(콜빈, 2016: 117~118).

앞서 살펴본 바에 따르면 사회적 존재로서 공감하는 역량은 우뇌의 주요 기능이다. 그리고 이런 기능이야말로 진화 과정에서 인간을 다른 동물과 구별해주는 가장 큰 특징이다. 인간의 신피질과 신체의 비율이 가장 커지는 방향으로 진화한 것도 바로 이 때문이라는 점은 최근 뇌 과학 연구에 의해 증명되고 있다. 문제는 앞서 살펴본 바와 같이 지난 2세기 동안 자본주의가 고도성장함에 따라 우뇌의 공감 능력이 극도로 쇠퇴하고 있다는 데 있다. 1979년에서 2009년 사이에 미국 대학생을 대상으로 진행한 대규모 연구에 따르면, 특히 2000년 이후 공감 능력이 급격히 감소했다고 한다. 또한 1979년 이후 쇠퇴한 공감적 특성은 별개의 연구에서 자기도취로 나타나는 최악의 요소들(착취와 자격 부여)과 일치했다고 한다. 공감 능력의 감소는 경제가 호황이었을 때 가장 뚜렷하게 시작되어 경제 불황기까지 지속적으로 이어졌다. 여러 연구는 텔레비전과 휴대폰, 온라인 소셜 네트워크 사용 시간의 증가도 공감 능력의 쇠퇴에 일조해왔다고 보고한다(콜빈, 2016: 131~132).

그러나 지난 200년간 공감 능력 상실의 주된 원인으로 작용해왔던 자본주의 시스템 자체가 한계에 도달하고 이제 인간의 좌뇌 중심적인 인지적 기능을 대체하는 인공지능 시대가 열린다는 것은, 역설적으로 그동안 우리가 상실해온 우뇌의 사회적 상호작용 능력과 공감 능력을 되찾을 수 있는 기회가 열린다는 것을 의미한다고 볼 수 있다. 달리 말하면, 이제까지 사회생활의 중심을 차지해온 분업화된 직무에 따른 좌뇌 중심적 노동활동의 감소에 반비례해 공감과 사회적 상호작용에 기반을 둔 '자기-배려와 타자-배려의 윤리', '협력 교육', '예술과 정치', 그리고 '일상생활의 창조적 변혁' 등이 앞으로는 점점 더 중요한 과제로 부상한다는 얘기이다. 콜빈은 한동안 뛰어난 지적 능력을 높이 사는 기업으로 유명했던 구글에서조차 인간적 상호작용 기술을 기업의 핵심 가치로 설정하고 있다는 데서 이런 변화의 흐름을 쉽게 확인할 수 있다고 본다. 최근 구글은 명문대 출신이나 시험 성적이 놀라울 정도로 높은 사람들만 골라서 뽑는 대신, 지원자가 다양한 상황에서 팀으로 활동하면서 다양한 능력을 키웠는지를 물으며 입사 지원자들의 협력적 태도를 중시한다는 것이다(콜빈, 2016: 315).

물론 그렇다고 해서 좌뇌의 기능이 불필요해졌다는 것은 당연히 아니다. 사회적 상호작용이 허공에서 이루어지거나 자연으로 돌아가지 않는 한, 우리는 여전히 과학기술 문명의 성과와 인공지능의 산물을 효율적으로 사용하고 통제하는 법을 배워야 하며, 그러기 위해서는 좌뇌의 기능을 계속해서 (그러나 이제까지와는 다른) 새로운 방식으로 발전시켜야 한다. 좌뇌만 중시하고 사용하던 정신적 습관을 좌우뇌 균형적인 새로운 정신적 습관으로 변화시켜야 하는 것이다. 이런 변화는 남녀 간의 차이와 그 사회적인 역할이 변화한 측면과도 깊은 관계가 있다. 뇌 과학 연구에 따르면, 보통 사람들의 두뇌에는 체계화(좌뇌)와 공감(우뇌) 능력이 공존하지만, 남자들은 체계화 쪽으로 좀 더 기울어지는 반면 여자들은 공감 쪽으로 좀 더 기울어진다고 한다. 기술의 발전이 가속화할수록 사회적 상호작용과 공감 및 협력의 기술이 상대적으로 더 중요해질 것이므로 앞으로는 여성의 사회적 역할이 점점 더 중요해질 것이라고 예상할 수 있다(콜빈, 2016: 296~297). 그렇다고 남자의 역할이 여자의 역할로 대체되어야 한다는 것은 물론 아니다. 오히려 서로 좌우뇌의 균형을 새롭게 맞추어 남성은 공감의 방향으로, 여성은 체계화의 방향으로 나아가는 것이 필요하다는 것이다.

이 같은 개략적 고찰은 왜 인공지능 시대에 새로운 사회적 연대 전략이 필요한가에 대한 밑그림을 제공한다. 이제까지 사회운동은 사회 시스템에 대한 체계적 분석에 기반을 두고 인과관계를 규명하면서 문제를 해결하는 방향으로 전개되어왔다는 점에서 좌뇌 중심적 사고 습관에 깊이 물들어왔다고 할 수 있다. 그 과정에서 많은 성과를 냈던 것도 사실이다. 그러나 그 대가로 사회운동은 정작 자신들이 내세운 사회적 의제의 대중화에 꼭 필요한 사회적 상호작용과 공감의 기술을 발전시키지 못했던 것도 사실이다. 하지만 그간의 이런 문제는 사회운동에만 고유했던 문제가 아니라 사회구성원 전반이 공유했던 문제였다. 그 때문에 운동과 대중의 관계는 교착 상태 또는 악순환의 상태에 머물 수밖에 없었다. 그러나 이제 이런 상태를 강요하던 사회 시스템이 해체됨과 아울러 인공지능 시대가 본격화함에 따라 정신적 습관의 지형 자체에도 균열이 발생했으며, 새로운 사회적 상호작용과 공감에 대한 요구가 분출하기 시작했다. 2016년 겨울 박근혜 - 최순실 사태로 촉발된 1000만 촛불의 거대한 흐름은 바로 이 같은 새로운 시대적 요구가 생생하게 분출한 사례이다. 그렇다면 이런 새로운 시대적 요구에 부응하는 새로운 사회적 연대 전략은 무엇일까?

무엇보다 지난 10년 사이에 제출되었던 '적 - 녹 - 보라 연대' 전략에 대한 재검토가 필요하다. 새로운 전략을 허공에서 찾기보다는 이미 제출되었지만 실천되지 못했던 연대 전략을 재검토하는 것이 현실적인 접근이기 때문이다. 총평해보면, 적 - 녹 - 보라 연대 전략의 필요성이나 타당성 자체를 거부하는 경우는 드물었다. 하지만 실제로 이 전략을 자신의 활동 영역에 적용해보거나 적과 녹과 보라 운동 사이의 연결고리를 확충하려는 실질적인 노력이 전개된 경우는 드물었고, 대부분 환원주의적이고 이분법적인 사고 습관에 여전히 머물러왔다고 할 수 있다. 그러나 자본주의 시스템이 강제해온 노동에 대한 착취와 억압, 자연에 대한 수탈과 파괴, 여성에 대한 착취와 억압 간의 심층적 연결고리를 입체적으로 파악하면서 공감에 기초한 사회적 상호작용을 가족 관계, 노동 현장, 자연과의 관계의 여러 차원에 적용하고 실천하려 노력하지 않는 상태에서 각 운동이 각개약진하는 한 자본주의적인 착취·수탈·억압의 장벽을 넘어설 수 없다.

각 운동이 각개 약진해온 가장 큰 이유는 계급-환원주의, 생태-환원주의, 성-환원주의라는 고질적인 습관 때문이었다고 할 수 있다. 하지만 이런 식의 환원주의로는 한 걸음도 전진할 수 없다는 것은 간단한 사고 실험만으로도 쉽게 확인할 수 있다. 그 실험은 다음과 같다. 모든 개인은 자본가 계급이나 중간계급 또는 노동계급에 속해 있는 계급적 존재이지만 이와 동시에 자연과의 다층적인 신진대사 없이는 단 하루도 생존할 수 없는 생태학적 존재이자 문화적으로나 생물학적으로 남자이거나 여자인 존재이다. 따라서 모든 인간은 이 중 어느 한 차원으로 환원 불가능한, 계급적·생태적·성적인 차원들이 상호작용해서 중층 결정되는 과정 속에서 살아갈 수밖에 없다. 또 간단한 수학으로도 환원주의적인 방식이 어떻게 사회적 연대를 방해하는지 확인할 수 있다. 인간이 계급, 생태, 성이라는 세 가

❙그림 3❙ 멱집합에서 부분집합들의 네트워크

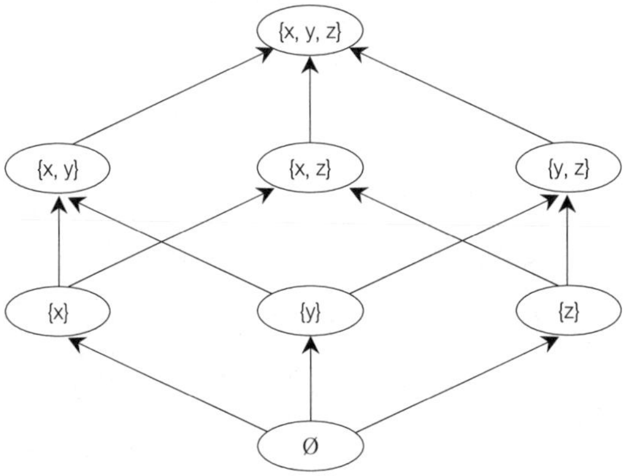

지 요소의 결합체라고 가정할 경우, 인간은 세 가지 요소 중 어느 하나에 고정된 존재가 아니라 $2^3=8$에 달하는 부분집합의 합계라고 할 수 있다. 집합 S={x, y, z}의 경우, 집합 S의 모든 부분집합, 즉 멱집합 P(S)는 이 부분집합들을 모두 모은 8개($2^3=8$개)가 된다. 이를 다이어그램으로 그리면 〈그림 3〉과 같다(위키피디아의 '멱집합' 참조).

단 3개 원소로 이루어진 하나의 집합이 이처럼 복잡한 관계망을 만드는 까닭은 각 원소가 {x, y, z}라는 전체 집합으로 즉시 모아지기 때문이 아니라, 그 사이에 {x, y}, {x, z}, {y, z}와 같이 중간 관계를 만들어내는 과정이 있기 때문이다. 중간 층위가 없다면 각 원소는 전체 집합의 단순한 원소에 불과할 것이다. 그러나 중간 층위가 있을 경우 전체 집합은 중간 층위의 결합 방식에 좌우될 것이다. 이런 관계망을 {적-녹-보라} 집합에 적용해보면, 전체 집합 {적-녹-보라} 연대가 실현되려면 그 과정에 반드시 {적-녹}, {적-보라}, {녹-보라}의 부분집합이라는 중간 과정이 형성되어야 한다.[3] 그동안에는 이런 중간 과정이 형성되지 못했기 때문에 '적-

녹-보라 연대'가 아직까지 구호에 머물고 있다고 볼 수 있다.

하지만 1절에서 밝힌 바와 같이 두 갈래 분기점을 향해 본격적인 이행이 시작되고 있는 오늘의 상황에서는 '적-녹-보라 연대'가 더 이상 구호에 머물러서는 안 되며, 중간적인 부분적 상호작용을 위한 실천이 시급하다. 나아가 이와 같은 상호작용의 노력이 사회운동권의 좁은 차원을 넘어 일반 대중과의 공감의 폭을 넓히는 방향으로 확장되어야 함은 물론이다. 이런 상호작용을 사회라는 전체 집합의 관계에 적용해볼 경우, 구성원의 수가 증가할수록 중간 층위의 부분집합은 무한히 증가한다(구성원이 n일 경우 가능한 부분집합의 수는 2^n이라는 엄청난 수이다). 중간 집합을 형성하는 이런 상호작용적 관계에서 분출되는 힘은 외견상 난공불락의 골리앗처럼 여겨지는 기존 시스템의 향방을 크게 좌우할 것이다.

물론 이렇게 연대 전략만 강조하는 것은 현존하는 사회적 적대와의 투쟁을 간과하는 결과를 초래할 것이라는 우려도 나올 수 있다. 그러나 연대와 적대는 양자택일이 아니라 서로 다른 층위에서 전개되는 동시적인 전략이라는 점을 고려한다면 이런 우려는 불식될 수 있다. 앞에서 밝힌 바와 같이 연대가 생태학적 공간에서 요구되는 공존하는 차이들의 연결망 전략이라면, 적대는 사회적인 계급 적대의 구조에서 비롯되는 선택적 투쟁의 전략이기 때문이다. 그동안 사회운동에서 일어난 혼란은 이런 차이를 구별하지 못한 데서 종종 비롯되었다.

그간 양자택일적으로 반목해왔던 '적대의 정치학'과 '차이의 정치학'이 유의미하게 결합하려면 이론적으로 변증법과 차이의 철학이 각각 하나가 아니라 둘 이상의 서로 다른 유형으로 구분되어야 한다. 즉, 모순을 용해

3 이 세 가지 연결 방식의 중간 과정이 필요한 이유와 중간 과정의 형성 방법을 확인하려면 심광현(2013a) 참조.

시키는 헤겔 변증법과 적대적 모순의 작동을 생명으로 하는 마르크스 변증법을 구별해야 하며, 위계화된 경쟁적 차이를 정당화하는 철학과 생태적 연결망 속에서 상호 의존하는 차이를 정당화하는 철학을 구별해야 한다. 이 구별이 어떤 의미를 갖는지 각기 살펴보면 다음과 같다.[4]

① 전자와 관련해서 데이비드 하비(David Harvey)는 『희망의 공간』에서 두 가지 변증법('이것과 저것'의 변증법과 '이것 또는 저것'의 변증법)을 구별했는데, 이 구별이 잘못된 양자택일로 가지 않게 하려면 각각 적용되어야 할 공간적 층위를 구별할 필요가 있다. '이것 또는 저것'의 선택이 발생하는 장은 사회적 적대의 공간인 데 반해, '이것과 저것'의 상호의존의 변증법이 적용되는 장은 음극과 양극처럼 2개의 극(물질과 정신)이 하나로 연결되어야만 생명을 탄생시킬 수 있는 자연적·생태적 공간이기 때문이다. 그런데 사회적 적대를 규명하고 이를 극복할 방안을 찾아야 할 지점에서 상보성을 강조하거나, 그와 반대로 상호 존중해야 할 문화적·성적·인종적 차이의 평등한 네트워크를 강조해야 할 지점에서 오히려 양자택일적 적대를 촉진할 경우 '변증법'은 남용되고 은폐의 이데올로기로 전락한다.

② 한편, 자본주의 사회에서 사회적 적대가 작동하는 공간은 계급투쟁의 복잡한 회로를 가진 중층적이고 역동적인 시스템적 공간으로서, 이 공간에서는 총자본-총노동 간의 모순이 자본과 국가권력의 유착에 의해 관철된다. 전체 시스템 공간에 있는 여러 층위의 회로를 관통하는 각 흐름은 개별 노드나 링크 수준이 아니라 전체 시스템의 구조화 방식에 연결되는 분화의 정도에 따라 상이하게 조절된다. 따라서 사회적 적대는 개별적인 수준이 아닌, 전체 시스템의 중층적 구조 수준에서만 파악될 뿐이다. 이런 의미에서 구조적인 적대는 시공간적 역동성을 취하면서 각 회로의 노드와

---

4 이하의 내용은 심광현(2014), 437~441쪽에서 발췌 및 부분 수정한 것이다.

링크를 지역-생태-젠더-인종-세대의 차이로 나누는 분할선(지식노동과 육체노동의 위계적 분화의 선)을 따라 다양한 갈등으로 치환하며, 또한 제반 갈등을 응축시키거나 폭발시킨다. 현상적이고 일상적인 수준에서 지역-생태-젠더-인종-세대의 차이가 서로 상이한 갈등으로 치닫거나, 갈등이 응축되다가 폭발점에 이르면 제반 갈등이 구조적 적대를 따라 횡적으로 연결되면서 커다란 전선을 이루는 이유가 여기에 있다.

그렇다고 해서 지역-생태-젠더-인종-세대 간 경계를 구조적 수준에서 나타나는 계급투쟁이라는 상수의 종속변수로 간주해서는 안 된다. 왜냐하면 이런 경계와 차이 가운데 일부는 자연적·생물학적 차이이고 일부는 문화적 차이로서, 사회적 구조 변동의 차원을 넘어 지속되기 때문이다. 이런 차이는 생태학적 연결망을 이루는 차이이기 때문에 일종의 존재론적으로 '상보적 차이'이지, 본래적으로 — 사회적으로 양자택일해야 하거나 위계화되어야 할 — 적대적 차이는 아니다. 그럼에도 이 차이들이 총자본과 국가의 지배 전략에 따라 계급 갈등과 겹쳐져 어느 순간 적대적 차이로 '전위'되는 경우가 다반사이다. 이 경우 계급 갈등과 겹쳐진 차이는 존재론적으로 '위계적 차이', 즉 사회적으로 정당화된 '차별'로 둔갑되기 쉽다. 이런 혼동을 넘어서기 위해서는 두 가지 차이(적대적/비적대적 차이)가 발생하는 공간적 유형과 두 가지 변증법의 유형을 결합해 〈표 3〉과 같이 4개의 항을 가진 매트릭스를 구성하는 일이 필요하다.

①과 ②에서 기술한 내용을 겹쳐서 보면 단순한 양자택일 대신 네 가지 선택적 조합의 경우가 드러난다. 여기서 중요한 차이는 'A-D' 묶음과 'B-C' 묶음의 대결이다. 이런 관점에서 보면 그간 사회운동 내에서 마르크스주의와 포스트-마르크스주의, 마르크스주의와 생태주의, 마르크스주의와 페미니즘 간의 갈등이나 분열은 대부분 'A'와 'D'를 상호 무관한 것이나 양자택일적인 것으로 간주한 데서 비롯되었다고 해석할 수 있다. 이런 양자

❚ 표 3 ❚ 변증법 - 공간 유형의 매트릭스

차이의 공간적 유형 \ 변증법 유형	이것 또는 저것의 변증법(적대) (대립물의 투쟁)	이것과 저것의 변증법(상보성) (대립물의 상호 의존과 침투)
사회적 공간 내의 구조적 적대 (계급투쟁)	1. 마르크스의 혁명적 선택(A) 2. 베냐민의 변증법적 전환과 혁명적 중단	1. 헤겔의 초월적 변증법(B) 2. 시민사회의 다양성을 강조한 계급 적대의 은폐
생태적 공간 내의 비적대적 차이 (지역 - 세대 - 젠더 - 인종적 차이)	1. 자본주의에 의한 제반 차이 간의 분열과 대립 촉진 2. 사회적 다원주의=경쟁과 적자생존의 진화(C)	1. 마르크스의 자연과 인간의 신진대사 2. 베냐민의 자연 - 이미지 - 신체의 집단적 신경 감응 3. 지역 - 노동 - 생태 - 젠더 - 세대 - 인종 간 협동과 공생의 네트워크와 진화(D)

자료: 심광현(2014: 439).

택일 속에서 실제로는 'A-C'와 같이 다양한 차이를 민주적으로 승인하지 않는 전체주의적인 파괴적 조합(스탈린주의와 파시즘), 'B-D'와 같이 차이의 다양성은 인정하면서 사회적 적대를 해결하는 데에는 무관심한 왜곡된 조합(자유주의적인 포스트모던 생태주의와 일부 페미니즘 등)이 확대되는 현상이 드러났다. 그에 반해 자본주의는 'B-C'와 같이 자유주의적으로 왜곡된 파괴적 조합 속에서 현실적으로는 (C)의 완화(케인스주의)와 강화(신자유주의) 사이를 반복하는 형태로 전개되어왔음도 알 수 있다. 이에 맞서 'A-D'와 같이 혁명적이면서도 생태적이고 민주적인 조합을 창조적으로 제시한 마르크스와 발터 베냐민(Walter Benjamin)의 경우를 환기할 필요가 있다.

이 네 가지 조합은 자본주의 생산양식과 맞물린 네 가지 유형의 주체양식/통치양식을 보여주는 것이라고도 할 수 있다. 탈영토화 속에서 재영토화의 흐름을 만들어내고 자본주의와 교전하면서 쾌활함과 기쁨을 만들어내는 새로운 주체양식 및 통치양식은 오직 A-D의 유형에서만 찾을 수 있다. 마르크스의 경우 'D'의 문제 설정을 명시적으로 체계화하지 못한 대신 'A'를 명시적으로 체계화하기 위해 전력을 다한 바 있다. 하지만 초기와 후기 저술에서는 'D'의 중요성에 대해 다각적으로 해명했으며, 전 저술에 걸쳐 "인간과 자연의 신진대사"가 사회 시스템의 작동을 관통하고 있다는 점을 강조한 바 있다. 베냐민의 경우 마르크스와는 반대로 'D'의 중요성을 강조하기 위해 미완의 프로젝트인 '파리의 아케이드'와 같은 방대한 연구를 통해 다양한 문화적 차이의 생태학적 연결망을 찾아내는 계보학적·고고학적 탐구에 일생을 바쳤다. 이와 동시에 '혁명적 단절과 중단'의 중요성(A)을 설파하면서, 양자의 조합을 '꿈과 각성의 변증법'(무의식과 의식의 변증법)으로 개념화한 바 있다.

오늘의 상황에서 보자면, '적-녹-보라 연대'는 마르크스나 베냐민이 구상했던 'A-D'의 연결망을 현실화해야 한다는 요구이다. 앞선 논의에 따르면 구조적 적대(A)를 정확히 인식하기 위해서는 분석적인 좌뇌적 사고가 필요하지만, 차이의 공생(D)을 이해하기 위해서는 포괄적인 우뇌적 사고가 요구된다. 양자를 분리시켜 사고하는 것은 그간 좌뇌와 우뇌의 사용을 분리해온 습관 탓이다. 그러나 우뇌에서 시작해 좌뇌를 거쳐 좌우뇌의 균형적인 사고에 도달해야 하는 새로운 관점에서 보자면, '우뇌(D) → 좌뇌(A) → 뇌량으로 매개된 좌우뇌 균형(D∋A)'에 도달하는 과정이 필요하다. 인간과 자연의 신진대사가 지닌 장구한 역사 속에서 차이의 공생만이 삶을 가능하게 한다는 우뇌적 관점에서 출발해, 자본-국가의 동맹이 구축해온 폭력적인 위계 구조를 정확히 인식하는 좌뇌적 분석을 거쳐, 자본-국가권력을 극복할 수 있는 대항 권력/대항 주권의 연결망으로서 노동운동-생태운동-여성운동을 포함한 광범위한 사회적 연대를 구성하기 위한 좌우뇌의 균형적인 창의적 사고와 적극적 실천이 필요한 것이다.

6. 나가며

최근 인공지능 기술이 비약적으로 발전하기 시작한 것은 단지 빅데이터 기술이 발전하고 있기 때문만은 아니다. 알고리즘 기술의 발전 역시 놀라운 속도로 전개되고 있다(이에 따른 특별잉여가치 창출도 당분간 지속될 것이다). 알고리즘 기술이 새롭게 도약하는 비결은 커즈와일이 강조하듯이 인간의 뇌를 '리버스엔지니어링'(역설계)하는 데 있다. 이 기술은 인간의 뇌가 어떻게 작동하는지를 정확히 이해하고, 이렇게 확인된 사실을 바탕으로 개별 인간보다 더 뛰어난 지능기계를 만드는 것이다. 이 역설계 기술은 간단히 말하면 자연적 현상을 크게 증폭시키는 엔지니어링의 본령에 속한다. 평면보다 곡면을 지날 때 공기의 압력이 떨어지는 현상을 설명한 다니엘 베르누이(Daniel Bernoulli)의 정리를 이용해 거대한 항공 산업을 만들어낸 엔지니어링이 그러한 사례의 하나이다(커즈와일, 2013: 20).

커즈와일은 뇌의 역설계를 통한 '패턴 인식 마음 이론'과 기술의 '수확가속 법칙'을 결합하는 것이 인공지능 기술을 가속화시키는 비밀이라고 강조한다. 이미 많은 이들이 스마트폰과 자연어로 대화하고 있고, 구글의 자율 주행 자동차는 캘리포니아의 혼잡한 도심을 200만km 이상 주파했다. 뇌 스캐닝의 공간 해상도와 뇌에 관해 축적되는 데이터는 매년 2배씩 늘어나면서, 청각 피질, 시 각피질, 운동 기능을 수행하는 소뇌의 핵심 기능을 역설계하는 데 성공했다(커즈와일, 2013: 22~23). 이런 과정을 거쳐 확인된 뇌의 패턴 인식 구조와 기능의 핵심을 요약해보면 다음과 같다.

신피질의 연결망은 잘 구획된 맨해튼처럼 격자 구조로 이루어져 있다. 2차원으로 구획된 거리 위에 수직으로 오르내리는 엘리베이터가 세 번째 축을 형성하는 3차원 구조인 것이다. 커즈와일은 가로-세로-수직의 정육면체로 이루어진 뉴런 연결망의 단위를 '패턴 인식 모듈'로 파악한다(커즈와일, 2013: 129). 수직으로 오르내리는 기능은 정보의 하향 처리(예측)와 상향 처리(정보 제공) 기능의 상호작용 방식을 가리킨다(커즈와일, 2013: 85). 이런 기능을 가진 신피질은 약 50만 개의 피질 기둥으로 이루어져 있고,

각 피질 기둥에는 600개의 패턴 인식기가 있으며, 각 패턴 인식기에는 100여 개의 뉴런이 포함되어 있다. 따라서 신피질 전체에는 총 3억 개의 패턴 인식기와 총 300억 개의 뉴런이 존재한다(커즈와일, 2013: 69). 인공지능 기술의 발전은 바로 이 패턴 인식 모듈을 모방해 인공 신피질을 만들어가는 것이다.

인공 신피질을 만들어 연결해나가는 기술은 계속 발전할 것이며 개개인이 이 기술을 따라잡을 수는 없다. 그러나 앞서 살펴보았듯이, 인간은 사회적 존재로서 다양한 방식으로 네트워크를 이루고 살고 있기 때문에 좌우뇌의 균형적인 사고 습관을 훈련해 적극적인 상호작용을 해나간다면, 사회구성원이 n일 경우 구성원들 간의 상호작용의 결과로 만들어지는 네트워크의 수는 2^n이라는 방대한 수로 증폭될 것이다. 이것이 바로 인공 신피질의 연결망에 맞서 인간만이 벌여나갈 수 있는 적극적인 사회적 상호작용의 힘이다. 그리고 이런 상호작용은 인간의 신피질 내 좌우뇌의 측두엽에 위치하고 있고 방추 신경세포들이 집약된 '인슐라'와 전두엽에 포진한 '거울 뉴런'의 공감·공동주의·모방·전염 기능에 신경학적 뿌리를 두고 있다.[5]

언젠가는 인공지능 기술이 인슐라와 거울 뉴런의 기능까지 장착할지도

---

5 우리가 음악에 즉각 반응하거나 사랑에 빠지는 것은 방추뉴런의 기능 때문이다. 이 세포는 좌우 측두엽에 위치한 인슐라(섬같이 생긴 엽)에 집중되어 있다. 우뇌에 4만 5000개, 좌뇌에 3만 5000개가 있어 총 8만 개 정도밖에 안 된다. 우뇌가 감성 지능을 담당한다고 간주하는 이유는 우뇌와 좌뇌의 이런 불균형 때문이다. 고릴라는 1만 6000개, 보노보는 2100개, 침팬지는 1800개 정도의 방추뉴런을 가지고 있으며, 다른 포유류에게는 방추뉴런이 아직 발견되지 않고 있다. 방추뉴런은 첨단 수상돌기가 아주 길어서 먼 영역까지 연결할 수 있다. 뉴런들이 많은 뇌 영역을 연결하는 이 깊은 상호 연결성은 진화의 사다리를 타고 올라갈수록 심화된다. 다양한 화제를 놓고 이야기할 때 고차원적 감정이 오가는 이유는 감정과 도덕적 판단에 관여하는 방추뉴런세포가 신피질의 많은 영역을 연결하고 있기 때문이다(커즈와일, 2013: 169~170). 1990년대에 이탈리아의 지아코모 리졸라티(Giacomo Rizzolatti) 교수 연구팀에 의해 발견된 거울뉴런은 전두엽의 전-운동 영역과 여타 중요한 교차 영역에 많이 포진하고 있으며, 상호작용과 공감 능력의 또 다른 진원지이다(심광현, 2014: 479~480).

모르지만 향후 10년 이내에 그럴 가능성은 거의 없다. 당분간 인공지능 기술은 지식노동이나 육체노동을 대체할 로봇 기술을 향상시키는 데 집중하고 있어 커즈와일이 말한 패턴 인식 기능의 정교화와 연결의 가속화에 중점을 둘 수밖에 없기 때문이다. 한편으로는 인간이 당장 마음먹고 훈련한다면 활성화가 가능한 사회적 상호작용의 기능과 패턴 인식 기능의 정교화에 집중하고 있는 인공지능 기술 간의 커다란 격차가 우리에게는 희망의 근거가 된다. 전자의 기능을 활성화하기만 한다면 인공지능에 대한 사회적 통제의 역량을 확보할 수 있는 길이 열리기 때문이다. 좌우뇌의 균형적 사고에 기반을 둔 사회적 상호작용과 협력에 역점을 둔 새로운 방식의 사회적 연대 전략을 발전시키는 데 주력해야 하는 이유가 여기에 있다.

참고문헌

강남훈. 2016.「인공지능과 기본소득의 권리」. 경상대학교 사회과학연구원. ≪마르크스주의 연구≫, 제13권 제4호(겨울호).

금민. 2014.「기본소득: '보편적인 것'과 '공통적인 것'을 가로지르는 새로운 사회화 형식」, ≪월간 좌파≫, 제13호.

맥길크리스트, 이언(Iain Mcgilchrist). 2014.『주인과 심부름꾼』. 김병화 옮김. 뮤진트리.

심광현. 2013a.「마르크스 사상의 역사지리적 생태과학으로의 확장과 사회주의 페미니즘과의 만남: '적 - 녹 - 보라 연대'의 약도 그리기」. 경상대학교 사회과학연구원. ≪마르크스주의 연구≫, 제10권 제1호.

______. 2013b.「인지과학과 이미지의 문화정치: 유비쿼터스 시대의 영상문화연구의 과제와 전망」. 한국철학사상연구회. ≪시대와 철학≫, 제24권 제2호(통권 63호).

______. 2014.「제3세대 인지과학과 신체화된 마음의 정치학」.『맑스와 마음의 정치학』. 문화과학사.

______. 2015.「맑스의 관점에서 본 기본소득과 대안사회로의 이행의 과제」. 한국철학사상연구회. ≪시대와 철학≫, 제26권 제2호(통권 71호).

이상영 외. 2016.「한국 국민의 건강 행태와 정신적 습관의 현황과 정책대응」. 한국보건사회연구원 연구보고서. No. 2016-23(2016.12).

카플란, 제리(Jerry Kaplan). 2016.『인간은 필요 없다: 인공지능 시대의 부와 노동의 미래』. 한스미디어.

커즈와일, 레이(Ray Kurzweil). 2007.『특이점이 온다』. 김명남·장시형 옮김. 김영사.

______. 2013.『마음의 탄생』. 윤영삼 옮김. 크레센도.

콜빈, 제프(Geoff Colvin). 2016.『인간은 과소평가되었다』. 한스미디어.

Dukas, Reuven and John M. Ratcliffe(ed.). 2009. *Cognitive Ecology II.* The University of Chicago Press.

Dukas, Reuven(ed.). 1998. *Cognitive Ecology: The Evolutionary Ecology of Information Processing and Decision Making.* The University of Chicago Press.

Thompson, Evan. 2007. *Mind in Life: Biology, Phenomenology, and the Science of Mind.* The Belknap Press of Harvard University Press.

마르크스 이론으로 '생태주의'에 질문하기

김민정 | 성공회대학교 사회과학연구소

1. 들어가며

1997년 경제위기에 직면한 김대중 정권은 통신과 물, 전기 등의 사회 공공 부분에 대한 사유화, 즉 신자유주의 정책을 추진했다. 특히 발전 산업과 가스 산업을 사유화하려는 정부의 시도에 맞선 노동조합의 투쟁은 환경운동 단체를 포함한 사회운동 진영과의 연대를 강화하는 방향으로 나아갔다. 이러한 투쟁은 2000년대 이후부터 진보 사회운동 진영이 본격적으로 기후변화와 에너지 문제를 주목하는 계기를 만들었다. 특히 2005년에 '에너지노동사회네트워크'가 출범하면서 에너지의 공공성 확보뿐 아니라 친환경적인 에너지 체제 전환을 모색하는 활동으로 이어졌다.

2009년과 2010년, 기후변화와 에너지 문제에 관심이 있는 사회운동 진영은 '한국기후행동캠프(Korea Climate Action Camp)'를 개최했다. 이곳에서 기후변화를 고민하는 사회운동 활동가와 기후변화에 관심 있는 일반인이 서로의 활동과 고민을 공유하고 향후 기후변화와 에너지 운동이 나아가야 할 방향을 모색했다. 이러한 사회 흐름 속에서 2011년 5월 25일 노동단체, 당, 환경단체, 시민사회단체는 기후변화 문제를 중심으로 한 '기후정의연대'를 결성했다. 20여 개의 진보 사회단체가 모인 기후정의연대는 환경과 노동이 연대하는 '정의로운 기후변화 문제 해결'을 목표로 한다. 무엇보다도 기후정의연대는 녹색과 적색의 만남, 즉 환경운동과 노동운동의 상승 발전을 모색하며, 녹색과 적색의 만남을 통한 실천의 장을 만들었다는 점에서 의의가 있다. 하지만 안타깝게도 2017년 현재, 노동운동과 환경운동의 공론장이 이전만큼 활발하게 움직이지 않고 있는 상황이다. 여기에는 여러 원인이 있지만, 주된 이유로는 경제위기의 심화라는 객관적인 상황과, 2011년 후쿠시마 핵발전소 사고 이후 환경운동 주체들이 탈핵운동에 집중하고 있고 노동운동 주체는 현행 노동 조건을 악화시키려는 정부 정책에 반대하는 방어적 차원의 운동을 벌이는 등의 주관적인 역량 부족을 꼽을 수 있다. 현재 상황은 녹록치 않지만 이럴 때일수록 환경운동과 노동운동의 연대를 활성화하기 위한 계기를 조성하고 이후 연대 활동을 준비하는 차원에서 진보적 사회운동 진영의 생태 논의에 대한 검토가 필요하다.

하일라와 레빈스는 '생태(ecology)'라는 용어를 다음 네 가지 의미로 구분한다(Yrjö Haila and Richard Levins, 1992: ix). ① 자연: 물질적 자체로서의 자연 경제, 인간 존재를 위한 물질적 토대, ② 과학: 자연 경제를 탐구하는 생물학적 지식, ③ 이념: 인간 본질에 관한 시각, ④ 운동: 생태 이념에 부합하는 방향으로 사회를 바꾸려는 운동이다. 이 글에서는 세 번째와 네 번째 의미인 생태 이념과 이에 기초한 사회운동 및 이념으로서의 생태주의를 주목한다.

생태주의는 다양한 입장과 가치관이 결합해 있어서 이론적으로나 실천적으로 논쟁적인 정치 이데올로기이다. 이 글에서는 앤드루 돕슨(Andrew Dobson)이 제시한 생태주의의 주요한 특징을 우선 논의할 것이다. 두 번째로 이러한 생태주의의 주요한 특징이 한국 환경운동단체(환경운동연합, 녹색연합)의 입장과 진보 정당(녹색당, 노동당, 사회변혁노동자당)의 강령에 어떻게 반영되었는지를 살펴볼 것이다. 다음으로는 생태주의와 마르크스주의 내에서 핵심적으로 논쟁이 되는 주제를 검토할 것이다. 환경 및 생태 문제를 둘러싸고 마르크스주의 진영 내에서는 견해차가 존재한다. 이 글에서는 존 벨라미 포스터(John Bellamy Foster)(포스터, 2016)와 폴 버킷(Paul Burkett)(Paul, 1999)이 제시한 마르크스의 생태학적 통찰[1]에서의 생태주의를 비판적으로 검토할 것이다. 생태주의에 대한 주요한 쟁점을 분석하는 것은 생태주의를 올바르게 진단하는 작업으로 이어진다. 이러한 진단은 심각해진 생태 위기를 극복하는 방안을 모색하는 실천 운동 진영에서 고민할 지점을 제시한다. 무엇보다 이러한 연구는 기존 논의가 현실 쟁점과 무관하지 않고 건설적인 논쟁이 될 수 있도록 이끌기 위해서도 필요하다.

2. 생태주의의 영향력

흔히 생태주의를 환경주의와 비교해 정의한다. 환경주의는 관리적인

---

1 1970년대 이래로 마르크스를 반(反)생태주의자라고 비판하는 진영과 이러한 주장을 반박하는 이들이 존재했다. 마르크스 이론을 일정 정도 방어하는 생태 마르크스주의와 생태 사회주의 내에서도 마르크스가 자연을 진솔하게 취급하지는 않았다고 주장했다. 그리고 이들은 마르크스 이론을 왜곡되게 해석했을 뿐이지, 마르크스 이론 내에서 이러한 비판을 적확하게 논의하지는 않았다. 1990년대 후반에 인디애나주립대학교 경제학과 교수인 버킷과 오리건대학교 사회학과 교수인 포스터는 마르크스 이론과 자연, 생태 문제를 마르크스의 종합적인 사상 내에서 분석했다. 포스터의 저작인 『마르크스의 생태학』은 마르크스가 자신의 이론을 정립하는 과정에서 자연과 생태문제를 어떻게 탐구했는가를 추적하며 마르크스 사상의 생태학적 통찰을 (국내에 소개된 그의 다른 책들과 비교해도) 깊이 있게 다룬다. 이 책은 다소 이론적이지만 자연과 인간 간의 관계에 대한 마르크스 이론을 올바르게 이해하기 위해 반드시 읽어봐야 한다(김민정, 2016).

입장에서 환경에 접근해 현재의 생산과 소비 양식 또는 가치관을 전면적으로 변화시키지 않고서도 환경문제를 극복할 수 있다고 설명한다. 반면, 생태주의는 환경을 보호하기 위해서는 사회·정치적 생활양식에서 근본적인 변화가 필요하다고 주장한다. 환경주의는 환경을 파괴하는 요인을 개선한다는 차원에서 체제 개혁을 요구하고 환경 친화적 기술로 환경문제를 극복할 수 있다고 본다. 생태주의는 인간과 자연 간의 관계에 주목하고 심각한 환경문제를 해결하기 위해서는 현행 사회구조와 가치관의 전환이 필요하다고 주장한다.

돕슨은 생태주의의 특징으로 두 가지를 지적한다. 첫째, 생태주의는 성장의 한계를 수용한다는 것이다. "지구의 유한성이라는 보편적 조건을 심각하게 받아들이며, 그 틀 안에서 어떤 종류의 정치·경제·사회적 관행이 첫째, 가능하고, 둘째, 바람직한가를 묻"(돕슨, 1993: 241)는다. 다시 말하면 생태주의는 산업사회의 성장중심주의와 물질만능주의, 기술주의를 비판한다. 하지만 환경주의는 지구의 유한성, 성장의 한계 등을 인정하지 않고 무한한 경제 성장주의 믿음을 수용한다. 경제 성장 및 인구 증가는 특정한 생산관계와 같은 사회적인 요인으로부터 영향을 받는 것이 아니다. 지구 자체의 수용력(인구)과 자연 자원의 생산능력, 생태계의 자정 능력이 제한되어 있으므로 경제 성장이 제약을 받는다는 것이다. 이러한 경제 성장의 한계는 소비의 한계로 이어진다. "소비 수준의 지속적인 증가는 지구의 유한성에서 비롯한 생산성의 한계 때문에 불가능하며 따라서 소비하고자 하는 우리의 열망 역시 좋든 싫든 간에 줄어들 것이라는 점이다"(돕슨, 1993: 30). 과잉 소비주의의 대안은 무한한 소비 욕구를 제한하고 물질만을 추구하는 성장주의에서 벗어나는 것이다. 이러한 점에서 하나뿐인 지구의 한계는 검소한 생활과 결합해 금욕주의로 이어질 가능성이 높다.

둘째, 생태주의는 강한 인간중심주의를 비판한다는 것이다. "인간과 비인간 자연 세계의 연계라는 측면에서 생태주의는 비인간 자연 세계에 가능한 한 간섭을 적게 하려는 사람이 아니라 자연 세계에 대한 간섭을 본질적으로 문제 삼지 않는 사람들이 자기변명의 의무를 져야 한다고 주장한다"(돕슨, 1993: 241~242). 환경보호를 하는 이유가 인류에 이익이 되기 때문이라는 강한 인간중심주의는 비인간 자연 세계가 인간의 이익과 무관하게 고유한 존재 가치를 가지고 있다는 입장을 수용해서 수정되어야 한다고 주장하는 것이다.[2]

필자는 돕슨이 지적한 생태주의의 두 가지 특징에 다음과 같은 점을 덧붙이려 한다. 바로 생태주의는 산업주의(industrialism), 산업(industry) 문명을 비판한다는 점이다. 이러한 사실은 1989년에 작성된 한살림 선언에서도 어렵지 않게 확인할 수 있다.

> 오늘날 세계는 자본주의와 공산주의로 양분되어 서로 대립하고 갈등하고 있으나 기술적 산업주의라는 동일한 문명적 기반 위에 서 있다. 이것이 세계를 지배하고 있는 것이다. …… 산업 문명은 기술과 기계로써 인간과 자연을 통제하고 지배하는 전체주의적 세계이다. 산업 문명은 생명을 기계로, 존재를 소유로, 주체를 객체로, 주인을 노예로, 지식을 기술로, 자유를 동조로, 노동을 상품으로, 낭비를 필요로, 파괴를 생산으로, 가격을 가치로 바꾸어놓음으로써 전도된 세계를 연출하고 있다. 그리고 산업 문명은 인간과 인간, 인

2 돕슨이 제시한 생태주의의 두 가지 특징을 기초해서 한국의 대표적인 생태주의 학자인 한면희(2008: 161)는 생태주의를 "최소한 두 단계"로 구분한다. 첫 번째 단계는 소극적 생태주의로, "인간 사회와 자연이 유기적으로 연결되어 있다는 유기적 연계성 논제를 수용하고 자연을 도구 이상의 가치를 지닌 것으로 간주하는 탈도구적 가치(non-instrumental value) 논제를" 수용한다. 두 번째 단계는 적극적 생태주의로, "지구 생물권이 인간 사회의 무한 성장을 수용하기에는 한계가 있다는 생태적 한계성 논제를 받아들이고 인류가 위기 극복을 위해 대안적 사회, 즉 생태주의 사회를 실질적으로 구축하기 위한 이념 구체화 프로그램을 갖춰야 한다는 논제를 승인"한다.

> 간과 사회, 인간과 자연을 분열시킴으로써 서로 대립하고 투쟁하게 하는 갈등의 세계이다.[3]

산업주의에 대한 비판은 돕슨이 제시한 성장의 한계와 연결된다. 하지만 첫 번째 항목과 별도로 산업주의를 언급한 것은 대안 사회론을 논의할 때에 전제가 되는 부분이기 때문이다. 조나손 포리트(Jonathon Porritt)는 공산주의와 자본주의 모두를 포함하는 산업주의를 초이데올로기(super-ideology)라고 설명한다. 이는 "생산과 소비 과정의 지속적인 확대를 통해서만 인간 욕구가 충족될 수 있다는 신념에 대한 집착"(돕슨, 1993: 44에서 재인용)이다. 생태주의는 자본주의와 '현실' 사회주의가 동일하게 산업주의를 수용한다는 점에서 사회주의를 대안 사회로 볼 수 없다고 주장한다. 생태주의의 주요한 과제는 산업주의를 벗어난 탈산업주의에 기초한 대안 사회 체제를 구축하는 것이다.

다음으로 한국의 대표적인 환경운동단체인 환경운동연합과 녹색연합이 제시한 환경문제의 원인과 해결 방안을 살펴보자. 1994년에 창립한 녹색연합은 환경문제의 원인을 다음과 같이 설명한다.

> 20세기 성장제일주의와 개발 패러다임은 무분별한 생태계 파괴를 가져와 많은 동식물을 우리 주위에서 떠나보냈으며, 폭염, 폭설, 폭우 등 이상기후를 동반하며 우리가 살아가는 지구별의 위기를 가져왔습니다. 인류가 자신의 욕망을 억제하지 못하고 욕망을 채우기 위해 함부로 사용한 풍요의 대가로 우리 환경은 돌이킬 수 없을 정도로 파괴되어왔으며, 인간과 자연 사이, 인간

---

3 http://www.hansalim.or.kr/wp-content/uploads/2014/04/the_Declaration_of_Hansalim.pdf

과 인간 사이에 부정의와 불평등이 나타난 것입니다.[4]

녹색연합은 환경문제의 원인으로 성장제일주의와 개발 패러다임, 무분별한 욕망 등을 주목한다. 한편 1993년에 작성된 환경운동연합의 창립선언문에는 다음과 같은 문구가 있다.

> 환경이 이처럼 파괴되고 오염된 것은 그동안의 급속한 산업화와 도시화, 그리고 이를 무분별하게 진행시켜온 잘못된 정책들 때문이다. 탐욕스러운 기업 활동은 자원과 에너지를 마음대로 사용하고 엄청난 공해 물질들을 내뿜으며 이윤을 극대화하고자 했으며, 성장 정책을 최우선으로 한 정부는 개발만을 강조하고 환경에 대해서는 단지 문제가 발생했을 때만 임기응변적으로 대처해왔다. 이러한 정치·경제의 영향으로 인해 우리 시민 개개인들 역시 무절제한 소비생활로 환경을 더욱 파괴하고 오염시키는 역할을 하게 되었다.[5]

환경운동연합은 환경문제의 원인으로 급속한 산업화와 도시화, 환경을 파괴하는 정책, 탐욕스러운 기업 활동, 경제성장 우선 정책, 개인들의 무절제한 소비 등을 주목한다.

녹색연합은 생명 파괴 문명에서 자연과 인간이 하나 되어 살 수 있는 녹색 문명의 전환을 제시한다. 반면 환경운동연합은 사회 구성원의 환경 친화적 역할을 강조한다. 즉, 정부는 환경 보전 정책을 추진하고 기업은 환경보호 파수꾼의 임무를 수행하며 시민은 환경친화적인 생활을 삶 속에서 실천해야 함을 주장하는 것이다. 녹색연합이 가치관과 지배적인 패러다

---

4 http://www.greenkorea.org/?page_id=45203
5 http://kfem.or.kr/?page_id=217

임, 문명 전환을 강조한다면, 환경운동연합은 환경 파괴적인 현재의 체제에서 환경 친화적인 방향으로 사회를 개혁하려는 경향이 강하다.

녹색당은 강령에서 "개발주의와 성장주의는 공동체와 생명, 자연을 파괴하고 있으며, 성공과 승리만을 바라보는 경쟁과 차별의 문화를 만들어내고 있"다는 점을 지적한다.[6] 녹색당은 앞에서 살펴본 환경단체와 비슷하게 개발주의와 성장주의를 환경문제의 원인으로 지목한다.

노동당은 소개란에서 "자연과 지구를 해치는 것 또한 결국은 돈이기 때문에, 생태적 가치를 위해서도 돈 중심의 사고는 극복되어"야 한다고 주장한다.[7] 사회변혁노동자당은 강령에서 "우리는 성장제일주의는 물론 자본주의 그 자체와 투쟁함으로써 인간과 자연이 공생하는 생태사회로의 전환을 추구한다. …… '더 많은 생산, 더 많은 노동, 더 많은 소비'라는 자본주의가 낳은 환경 파괴적 생산 시스템과 생활양식을 '필요한 만큼 생산하고 소비하는' 사회, 생태적 생산양식 및 생활양식이 이뤄지는 사회로" 나아가야 한다고 제안한다.[8]

노동당은 자본주의의 화폐 물신주의를 돈이 우선시되는 사회[9]라고 지적하면서 생태적 가치의 복원을 주장한다. 사회변혁노동자당은 성장제일주의 언급과 함께 자본주의의 환경 파괴적 생산체계와 생활양식을 문제삼는다. 사회변혁노동자당은 성장주의와 (과잉)소비주의를 염두에 두고 있어서 "성장제일주의는 물론 자본주의"와 "생태적 생산양식 및 생활양

---

6 http://www.kgreens.org/platform/

7 http://www.laborparty.kr/lp_laborparty

8 http://rp.jinbo.net/principle

9 마르크스의 이론에 따르면, 돈(화폐)과 이윤은 같은 뜻을 함축한 용어가 아니다. 내 지갑에 있는 화폐가 자본이 아니듯 모든 돈(화폐)은 자본이 아니다. 자본의 자기 증식 과정을 통해 만들어진 잉여 가치가 현실에서 실현된 것이 이윤이다. 따라서 돈 중심의 사회와 이윤 추구의 사회는 같은 의미일 수 없다.

식"이라는 표현을 사용한 듯하다.

3. 생태주의와 논의하기

이상헌(2011)은 『생태주의』에서 생태주의의 이론적 쟁점으로 다섯 가지를 선정했다. 자연의 한계, 시간과 공간에 대한 재해석, 자연에서의 인간의 지위, 역사 발전의 주체, 민족 국가는 생태적일 수 있는가 등이다. 영국 적록연구그룹(2010)은 "적색주의와 녹색주의를 모두 혁신하고 재활성화할 창조적인 교류를 발전시키기" 위해 다섯 가지의 쟁점에 대한 논의를 제시했다. 인간중심주의와 생태중심주의 쟁점, 사회 정의와 환경 재앙의 연결 지점에 관한 논의, 국가 및 중앙 집중화 대 탈집중화에 대한 문제, 노동계급과 새로운 사회운동에 대한 문제 등이다. 이 절에서는 네 가지 핵심 쟁점인 자연의 한계 및 성장의 한계, 인간중심주의와 생태중심주의 쟁점(자연에서의 인간의 지위), 과잉 소비 문제, 노동계급과 새로운 사회운동에 대한 문제(역사 발전의 주체) 등을 다룰 것이다. 앞의 세 가지 쟁점은 생태주의에서의 핵심 주장이고, 마지막 쟁점은 실천 운동에서 중요한 논의 주제이다. 이 네 가지 쟁점을 마르크스 사상에 기초해서 분석할 것이다.

다만 앞선 쟁점에 대한 질문은 다음과 같이 변경할 것이다. 첫째, 인간중심주의와 생태중심주의는 인간과 자연 간의 교류 방식에 관한 문제로 물질대사적 관점에서 논의한다. 둘째, 성장의 한계와 자연의 한계는 자본주의에서 사용가치와 가치의 모순 문제, 더 넓게는 자본주의와 생태(계)의 모순 문제로 파악한다. 셋째, 산업주의, 성장중심주의, 과잉 소비 간의 관계는 생산 - 소비 - 교환의 종합적인 과정으로 설명하고 산업주의와 성장중심주의는 생산력 문제로 설명한다. 넷째, 노동계급과 새로운 사회운동의 연대에 관한 문제는 변혁적인 사회 전환을 통해 논의한다. 마지막 논의는 이 글의 결론으로 대신한다.

1) 인간과 자연 간의 교류 방식에 관한 문제

생태주의는 오늘날의 사회를 인간중심주의라고 규정한다. 이러한 주장은 심정적으로 충분히 이해가 된다. 현재의 경제성장이 생태 친화적이지 않고 자연과 함께 사는 인간 삶을 파괴하는 방식으로 진행되었기 때문에 이에 대한 반감으로 형성된 생태중심주의는 많은 이들에게 호감을 준다. 생산수단을 기반으로 한 자연에 대한 통제 및 관리가 사회적으로 관리되지 못하고 자본 중심으로 통제되는 상황에서 생태중심주의는 자본주의의 대안으로 등장했다. 그러나 인간중심주의를 비판하면서 생태중심주의를 주장하는 태도에는 여전히 인간과 자연을 구분하는 관점이 내재해 있다.

인간중심주의와 생태중심주의 가운데 하나를 선택하는 것이 아니라 인간과 자연 간의 대립 관점을 극복해야 한다. 그러나 인간중심주의와 생태중심주의 모두 인간과 자연 간의 대립 관점을 취하고 있다는 점에서 공통점이 존재한다. 그러므로 이 둘의 입장을 취사선택한다고 해서 인간과 자연 간의 대립적 관점이 해결되는 것은 아니다.

"역설적이게도 인간 예외주의 패러다임(인간중심주의 _인용자)과 새로운 환경주의의 패러다임(생태중심주의 _인용자)의 대비가 갖고 있는 중대한 문제는 환경적 요소를 강조하다 보니 사회 대 물질적 환경, 인간중심주의 대 생태중심주의라는 이원론이 고착되고, 이로 인해 중간을 배제하는 이분법의 오류에 쉽게 빠질 수 있다는 점이다. 이런 대비법 가운데는 사회경제적 발전이나 문화적 축적을 '인간중심적'으로 파악하고 인간세계와 인간의 노력을 낮게 평가하는 '생태중심적' 관점을 배제하는 경향이 자리 잡고 있다"(포스터, 2010: 268).

마르크스의 인간과 자연에 대한 관점은 인간과 자연을 대립적으로 파악하는 것이 아니라 인간을 자연의 산물이자 그 자체로 자연 존재라고 파악한다. 마르크스는 『경제학·철학 수고』(1844)에서 인간과 자연 간의 관계를 규명하기 위해서는 인간과 자연을 추상적인 관념으로 바라보거나 인간이 지닌 의식을 과도하게 바라보아서는 안 되며, 인간이 자연법칙에서 인간의 역사를 발전시키기 때문에 인간을 올바로 이해해야 한다고 언급했다. 그리고 이는 자연을 올바로 이해하는 것과 긴밀하게 연관되어 있다고 밝혔다.

자연이 어떻게 인간 행위에 관련되는가를 밝히는 '자연의 인간화'와 인간의 역사가 어떻게 자연에 관련되는가를 밝히는 '인간의 자연화'에 대해 마르크스는 이분법적 사고하에 어떤 한 측면을 강조한 것이 아니라 두 측면의 상호적 과정에 토대를 두고 중용의 시각을 유지했다.

마르크스는 인간과 자연 간의 교류를 물질대사(metabolism)[10] 개념으로 설명한다. 와타나베 노리마사(2007: 105)는 물질대사 개념을 네 가지로 구별한다. 첫째는 자연의 물질대사로, 음식물의 부패 과정과 같은 질료 변환을 의미한다. 둘째는 인간의 자연적 물질대사로, 인간이 음식물을 섭취하면 몸속에서 일어나는 전반적인 대사 과정을 의미한다. 셋째는 인간과 자연이 노동을 매개로 진행하는 물질대사로, 생산-소비-분배-폐기와 같은 인간 생활의 물질적 순환 과정을 의미한다. 이와 같은 의미로 마르크스는 『자본론』에서 물질대사를 언급한다. 넷째는 사회적 물질대사로, 노동 생산물이 상품 교환을 통해 사회적으로 유통되고 소비되는 것을 의

10 stoffwechsel은 물질 교환, 질료 전환의 의미를 가지고 있다. 이는 자연 생태계의 물질순환, 인간과 자연의 물질대사(질료 변환), 인간 사회의 물질대사 등 여러 과정을 포함한다.

미한다.

인간과 자연 간의 물질대사는 인간 생산 활동을 통해 인간 자신의 물질대사가 이루어지는 자연적 조건을 만든다. 이러한 물질대사는 사회적으로 규정되는데, 사회적인 특성에 따라 여러 균열(rift)이 발생한다. 따라서 인간과 자연 간의 물질대사 균열은 사회 형태에 따라 양적 그리고 질적 차이가 발생한다. 인간과 자연 간의 물질대사 균열은 환경오염, 환경 파괴, 환경문제 및 생태문제 같은 용어로 표현할 수 있다.

환경문제의 일반성은 인류의 생산 일반성과 연결된 공통점을 지닌다. 인류가 멸망하지 않는 이상, 먹고사는 방식과 환경 간의 상호작용은 계속 진행될 것이다. 이 상호 관계의 다양한 규정에 따라 환경문제가 지역적 차원에서 발생하거나 지구적 차원에서 나타난다. 생산의 물질적인 내용과 사회 형태들은 특수한 사회적 관계를 함축하고 있으며, 이런 의미에서 생산의 자연적 조건도 역사적으로 특수하다(김민정, 2008).

인간과 자연의 물질대사가 균열되는 유형 가운데 하나는 물질대사가 중단되거나 또는 물질대사의 여러 조건이 빈곤화되거나 양극화되는 것이다. 사회적 물질대사가 상품 교환에 바탕을 두고 있는 한 인간과 자연 간의 물질대사는 개별 인간의 계급 격차 및 계급 간 격차로 나타난다. 균열의 다른 유형은 유스투스 폰 리비히(Justus von Liebig)의 지적처럼 도시와 농촌 간의 대립으로 나타난다. 마르크스는 『자본론』에서 인간과 토지 사이의 물질대사 균열을 설명한다. 자본주의 생산은 도시와 농촌, 다시 말해 산업과 농업의 분리를 가속화하기 때문에 토양 성분을 토지로 돌려주어 토지의 비옥도를 지속시킬 자연 조건을 파괴한다.

노동은 인간과 자연을 맺어주는 매개이다. 그러나 자본주의 사회에서는 노동이 인간과 자연의 조화로운 관계가 아니라 단절되고 파괴된 관계로 나타난다. 노동이 더욱더 동질화함에 따라 많은 자연도 동질화되면서 노동이 겪은 상황과 유사한 악화 과정을 겪었다. 노동자의 기능에서 노동과정을 분리하고 노동과정의 실행에서 구상을 분리함에 따라 복잡하고 숙련된 노동이 단순한 비숙련 노동으로 전락했다. 이와 동시에 산림 서식지의 자연적 복합성은 산업적 산림 플랜테이션의 인위적 단순성으로 전화했다.

생산과정에서 직접 생산자가 생산수단을 직접 통제 및 관리하지 못한다는 현실적인 물질 조건은 인간과 자연을 서로 파악하지 못하게 하고 인간과 자연이 서로를 대립적으로 파악하는 사고를 낳는다. 노동자는 생산수단이 자기 것이 아니므로 이중적인 도덕 기준을 갖게 된다. 직장에서는 수돗물과 전기 사용에 관해 무관심하지만 집에 오면 수돗물과 전기를 절약하기 위해 노력하는 식이다. 이러한 이중 잣대는 생산수단 및 생활수단이 타인의 소유인 곳과 그렇지 않은 곳에서 달라진다.

따라서 인간중심주의 경제 성장을 비판하는 것이 아니라 어느 집단을 위한, 어느 집단에 의한 경제 성장인가 하는 계급 및 계층적 이해관계에서 경제 성장을 비판해야 한다. 문제 설정 자체를 성장주의 대 제로 성장주의 또는 마이너스 성장주의에서 사회적 세력 관계의 대립으로 전환해야 한다. 우리는 누구를 위한 성장인가, 무엇을 위한 성장인가, 어떤 방식의 성장인가에 대해 근본적인 질문을 던져야 한다.

2) 자본주의에서 사용가치와 가치의 모순 문제

자본은 부를 균질적으로 나눌 수 있고 양적으로 무한한 것처럼 취급하기 때문에 자연의 질적 다양성과 생태적 상호 연관, 양적인 한계와 모순된다. 이는 생산에 필요한 자연 자원의 황폐화와 고갈은 자본의 고려 대상이지만 그 밖의 자연 생태계는 가치화되지 않기 때문이다. 사용가치와 가치의 모순관계가 생산 영역에서는 환경오염을 수반한다.

사용가치 측면에서 보면 생산요소들은 내부적 한계가 측정된다. 인간이 24시간 쉬지 않고 일한다면 체력이 바닥날 것이고 비옥도를 다 써버린 땅에서는 더 이상 풀이 자라지 않을 것이다. 하지만 가치 측면에서는 생산요소들이 제약 조건 없는 무한한 가치 증식 차원에서만 고려된다. 더 싸고 튼튼한 노동력의 공급과 쉼 없이 돌아가는 공장 기계에서 형성되는 가치는 무한히 생산될 수 있는 것처럼 보인다. 사용가치와 가치의 상호 충돌은 하나뿐인 지구라는 (사용가치 측면에서의) 자연적 제약 및 자본의 무한한 자기 증식 과정과 모순된다.

노동자와 생산수단의 분리는 결과적으로 생산의 무계획성을 낳고 이는 상품의 실현에서 과잉 생산 및 과잉 소비를 가져온다. 상품과 화폐의 변환을 통한 자본의 가치 증식은 생산과 소비의 불일치를 증폭시키며 공황을 통한 사회적 위기를 발생시킨다. 계획되지 않은 과잉 생산은 상품으로 팔리지 않아 대량으로 폐기된다. 이는 자연 자원의 낭비를 낳는다. 자본의 끊임없는 잉여가치 생산과정은 확대 재생산을 낳고 이는 세계적인 자본관계의 확대를 수반함으로써 환경문제 또한 지구화된다.

자본주의에서는 '절약'과 '낭비', '개선'과 '악화'가 모순적으로 작용된다. 개별 자본들은 자기 사업장 안에서 일정 정도 계획을 하며 고정자본의 절약을 통해 이윤율 증가를 도모한다. 하지만 개별 자본가들의 계획의 합은 총자본에서 무계획성으로 나타나고, 개별 자본가들의 고정자본 절약은 사회적으로 환경오염의 외부화로 나타난다. 이러한 개별 이익과 공동 이익의 모순은 환경오염을 더욱 증폭시킨다. 개별 사업장의 환경 개선 효과가 사회적으로 환경오염의 악화를 낳을 수 있다는 것이 자본주의 생산의 특징이다.

개별 자본은 자연의 사용가치를 전유하고 불변자본으로 축적하는 과정에서 자연을 소비한다. 확대 재생산을 끊임없이 추구하는 자본의 논리는 자연 자원을 자연의 재생 능력 이상으로 사용하게 함으로써 자연 자원의 고갈 문제를 불러일으킨다. 자본의 축적에 쓰이는 자연 자원 중 일부는 무상으로 제공되기도 한다. 특정 자연 자원의 고갈은 기술 개발이나 대체 자원으로 문제를 일정 정도 해결할 수도 있다. 하지만 자본주의적 생산의 부산물인 폐기물은 사회적 및 자연적으로 처리할 수 있는 능력 이상으로 대량 발생하기 때문에 심각한 환경문제를 일으킨다. 또한 자연 자원을 채취해 원료 및 보조 원료를 생산하는 과정이 환경을 고려한 생산 방식이 아니라 비용 절감의 방식으로 진행되기 때문에 채취하는 양에서 환경 고갈을 불러일으킬 뿐 아니라 생산과정에서도 심각한 환경문제를 일으킨다(김민정, 2013).

3) 총체적 관계 속에서 파악한 생산과 소비 문제

마르크스는 1857년 『정치경제학 비판 요강』 서설에서 생산, 분배, 교환, 소비의 관계를 통일성 속에서 파악했다. "생산은 인간 활동의 출발점이고 분배와 교환은 이중의 매개점이며 – 전자는 사회에 의해 작동되는 매개, 후자는 개인에 의해 작동되는 매개 – 소비는 종결점이다"(무스토, 2013: 105). 생산과 소비의 동일성은 삼중으로 나타난다. 우선, 생산과 소비는 동일성을 지닌다. 재생산을 의미하는 소비적 생산과 생산 활동에서 재료와 인간 노동의 소모를 뜻하는 생산적 소비가 생산과 소비의 직접적 동일성을 설명해준다. 둘째로, 생산과 소비는 각각 타자를 위한 수단으로 나타난다. 생산 없는 소비는 없고 소비 없는 생산은 없다. 생산은 소비를 생산하는데, 구체적으로 소비 대상, 소비 방식, 소비 충동을 생산한다. 소비는 생산을 생산한다. 다시 말해 자연 대상과 구별되는 생산물이 현실적인 생산물이 될 수 있는 이유는 소비를 하기 때문이다. 그리고 소비는 새로운 생산에 대한 욕구와 생산의 대상을 창조한다. 셋째로, 생산은 직접적인 소비이고 소비 과정을 거쳐 완성되기 때문에 소비를 창조한다. 소비는 직접적인 생산이고 생산을 통해 소비가 완성되기 때문에 새로운 생산을 창조한다.

생산과 소비의 이러한 관계는 생산과 소비가 같다는 것을 강조하는 것이 아니라 "생산과 소비는 언제나 하나의 과정의 계기로서 나타나며 그 과정에서는 생산이 현실적인 출발점이며 따라서 또한 우세한 계기라는 점이다. 필요이자 욕구로서의 소비는 그 자체가 생산 활동의 내적 계기이다. 그러나 생산적 활동은 실현의 출발점이며 따라서 실현의 우세한 계기이자 전체 과정이 다시 귀착되는 행위이다"(마르크스, 1992: 454).

자연의 일부인 인간은 먹고살기 위해 우선 물질세계(인간 외부의 환경)에 작용을 가하는 활동을 해야 한다. 그러므로 소비가 우선되는 것이 아니라 생산이 선행되어야 한다. 따라서 소비는 생산의 계기로 나타나기 때문에 (과잉) 소비의 문제를 다룰 때 소비 자체만 염두에 두고 과소 소비 또는 적정 소비를 논하는 것은 생산과 소비의 관계를 일면적으로 다룬 것이다. 무엇보다 과잉 소비는 소비 자체가 문제의 원인이 아니므로 (전제된) 생산의 과정을 함께 고려해서 과잉 소비를 해결할 수 있는 방법을 찾아야 한다.

생산력주의는 '생산을 위한 생산'이 이루어지는 경제체제를 비판하는 데에는 의미 있는 개념일 수 있다. 그러나 생산력 자체를 역사 발전의 기본 토대로 보고 이를 기반으로 인간 역사의 변화 가능성을 모색했던 마르크스의 유물론 자체를 부정하는 것은 비판해야 할 지점이다. 마르크스가 생산력 개념을 중요하게 여긴 이유는 생산력이 바로 인간 생존의 전제조건이기 때문이다. 인간이 다른 생물처럼 생존하기 위해서는 외부로부터 에너지를 받아들여 자기 활동의 에너지로 전환해야 한다. 인간은 노동을 통해 자연에 대한 목적에 부합하는 이용과 변형을 한다는 점에서 여타의 동물과 구별된다. 이때 생산력은 가장 기본적으로는 인간 스스로 생존을 위한 생산물을 만들어내는 능력이다. 이러한 생산력은 고정불변이 아니라 자연에 대한 인식 능력이 발달함으로써 더욱 발전한다. 따라서 마르크스는 『독일 이데올로기』에서 생산력의 발전을 "개인들 자체의 능력 발전", 인간 능력의 발전으로 파악했다.

인간 외부에 인간과 독립해 존재하고 작용하는 자연의 법칙을 인식하지 못할 때 인간은 자연이 제약하는 맹목적인 필연성에 종속된다. 그리고 인간의 의지 및 의식과 독립해 작용하는 자연법칙을 조금씩 인식하는 과정을 통해 인간은 자연을 목적에 맞게 사용할 수 있게 된다. 이러한 과정이 바로 인류 역사의 생산력 발전으로 나타난다.

하지만 엥겔스는 「원숭이의 인간화에서 노동이 한 역할」에서 인간이 자연법칙을 이전보다 더 많이 이해하는 과정은 정복자가 다른 민족을 지배하듯이 자연 밖에서 자연을 지배하는 과정이 아니라 인간도 자연의 일부라는 위치에서 자연을 올바르게 사용하는 과정임을 강조한다.

마르크스는 『자본론』에서 생산력을 자연 생산력과 사회 노동의 생산력 또는 노동의 사회 생산력으로 구분했다. 우선 자연 생산력에서는 자연적 위치, 토양의 비옥도 등으로 인해 생산력이 차이 날 수 있다. 자연 생산력의 차이는 인류 역사에 존재한다. 자본주의에서 이러한 자연력 차이에 따른 생산력 차이는 자본으로부터 발생하는 것이 아니라 자연력에 대한 처분권의 독점으로부터 발생한다. 이러한 자연력의 처분권 독점은 차액지대 일반, 즉 초과이윤을 낳는다.

> …… 폭포를 사용하는 제조업자의 초과이윤의 경우에는 사정이 다르다. 높은 생산성은 자연력의 이용과 결부된, 노동의 더 큰 자연발생적 생산성(greater natural productivity of labour)으로부터 생긴다. 그런데 이 자연력

은 동일한 생산 분야의 모든 자본이 이용할 수 있는 자연력(예를 들면, 증기의 탄력)이 아니며, 따라서 자본이 이 생산 분야에 투하된다고 해서 자동적으로 이용할 수 있는 그러한 자연력이 아니다. 오히려 이 자연력은 (폭포와 같이) 특수한 장소와 그 부속물을 자유로이 이용할 수 있는 사람들만 독점할 수 있는 자연력이다(마르크스, 2004: 793).

자연력의 차이에서 발생하는 생산력의 차이는 경제 관계, 즉 농업상의 화학과 기계의 발전 수준 관계를 내포한다. 이런 점에서 사회 생산력의 발전 수준에 따라 자연력은 극복될 수 있다.

다른 한편 노동의 사회 생산력은 다음과 같다. "직접적으로 사회적인, 사회화된 (공동의) 노동의 생산력은 협업을 통해, 작업장 안에서의 노동 분업, 기계의 사용, 일반적으로 자연과학·기계학·화학 따위의 의식적 적용, 특정하게는 기술 따위에 의한 생산과정의 변형 등을 통해, 그리고 이런 모든 진보에 조응하는 대규모의 노동"(마르크스, 1998: 92)이다. 노동의 사회 생산력은 인간의 집단 노동을 통해 발생한다.

자연은 기계, 기관차, 철도, 전보, 자동 방직기 등을 제작하지 않는다. 이들은 인간의 근면의 산물로서, 자연을 지배하는 인간 의지의 기관 또는 자연에서의 인간 의지의 활동 기관으로 전환된 자연적 재료이다. 이들은 인간의 손으로 창출된 인간 두뇌의 기관들이자 대상화된 지력(知力)이다. 고정 자본의 발전은 일반적으로 사회적 지식이 어느 정도까지 직접적인 생산력으로 발현되었는지, 그리고 이를 통해 사회적 생활 과정 자체의 조건들이 어느 정도까지 일반적 지성의 통제 아래 놓였으며 이 지성에 따라 개조되었는지를 가리킨다. 또한 사회적 생산력이 지식의 형태로서뿐만 아니라 사회적 실천의 기관들, 현실적 생활 과정의 직접적인 기관들로서 어느 정도까지 생산되었는지를 가리킨다(마르크스, 2007: 382).

"역사 유물론의 생산주의가 인간의 이러한 유적 능력을, 즉 마침내 인간이 대상을 미의 법칙에 따라 형성하기까지의 사정을 설명해주는 것이라면 그 생산주의가 필연적으로 생산 '지상'주의 또는 '나쁜' 생산주의일 이유는 없다. 더 나아가 생산력의 지속적 발전 자체가 환경 위기를 야기한다는 생각은 근거가 없다. 문제는 어떤 생산력이 발전하느냐, 그 생산력이 어떻게 사용되느냐, 그 생산력을 누가 통제하느냐이다"(정성철, 2007: 327). 다시 말하면 마르크스에게 생산력은 인간의 고유한 능력으로서, 생산력의 발전은 인간 능력의 발전이다. 이러한 의미에서 마르크스의 생산력 개념에 대한 적극적인 해석이 필요하다.

문제는 '생산력의 발전'과 '생산 자체를 위한 생산', '생산력주의'가 다른 범주라는 것이다. 이는 생산력의 발전이 그 자체로 자연에 대한 제한 없는 이용을 뜻하는 것이 아님을 의미한다. 오히려 생산력의 발전은 자연 및 자연과 인간 사이의 소원한(소외) 관계를 극복하는 것이고 이는 인간이 자연을 합목적적으로 이용하는 것을 의미한다.

'생산을 위한 생산'은 생산자가 노동 통제 및 자연에 대한 목적에 부합하도록 이용하지 못하게 만드는 작동 기제로, 마르크스에게는 거부해야 할 자본주의 본성이다. 잉여가치를 생산하는 것이 직접적인 생산의 목적으로 등장하자 자본이 노동을 포섭하고 생산을 위한 생산이 나타났다. 생산 규모는 주어진 사회 욕구에 의해 결정되는 것이 아니라 생산양식 자체에 의해 규정되며, 생산량은 끊임없이 증가하는 생산 규모에 의해 결정된다.

생산은 생산자들과 대립하며 생산자들에게 냉담하다. 실제 생산자는 단순한 생산수단으로서, 물적 부는 자기목적으로서 나타난다. 따라서 이 물적

> 부의 발전은 인간적 개인에 대립해서, 인간적 개인의 희생 위에서 이루어진다. 노동 생산성 일체가 최소 노동에 의한 최대 생산물, 따라서 상품의 가능한 한의 저렴화와 같다. 이것이 자본주의적 생산양식에서는 개별 자본가의 의지와 관계없이 법칙이 된다. 이 법칙은 다른 법칙이 포함될 때만 실현된다. 다른 법칙이란 생산 규모가 주어진 욕구에 따라서가 아니라 그 반대로 생산양식 자체에 의해 규정되고 끊임없이 증가하는 생산 규모에 의해 생산량이 결정된다는 것이다(마르크스, 1998: 105).

자본이 노동과정을 예속하는 과정에서 생산자의 노동이 자본가에 예속되는데, 이것이 의미하는 바는 자본가가 생산의 방식을 결정한다는 것이다. 이는 생산자에게 노동 대상 및 수단에 대한 통제권이 상실된다는 것을 의미하고, 이러한 생산수단에 대한 통제권의 상실은 자연의 활용 방식에 대한 자본의 예속을 의미한다.

생산력 자체에 대한 비판의 대안은 생태공동체론으로 연결되기도 한다. "자본주의의 긍정성은 생산수단의 집중을 통해 생산력이 비약적으로 증가한다는 것이다. 그러나 이러한 긍정성은 생산력의 자기 파괴적 측면과 동시에 나타난다. 이러한 이중적인 측면을 간과한 생태 공동체주의는 생산성을 부정한 저성장, 제로 성장을 주장한다. 다시 말해 생태 공동체론은 생산력과 생산관계의 갈등을 해소하는 차원에서 문제를 풀어나가는 것이 아니라 생산력 그 자체를 '악'으로 등장시킨다. 따라서 자본주의의 긍정성은 유지하고 부정성은 지양해 대안적 사회적 모델을 제시하지 않은 생태주의자들은 자본주의의 어두운 측면만 제거하려고 한다. 이런 점에서 생태 공동체 모델은 현재의 지양이 아닌 과거 지향적인 자기 노동에 기초한 소생산제 사회로의 회귀를 갈망한다"(김민정, 2010).

생태주의는 산업주의가 생산 자체에서 발생한다고 설명한다. 그래서 이들에게 자본주의 극복은 필요조건이지만 충분조건이 될 수는 없다. 하지만 마르크스주의는 생산력 자체가 아니라 생산력과 생산관계가 조응하는 방식 자체에서 나타나는 모순을 극복하는 방안인 생산수단의 사적 소유를 사회적 통제 및 관리로 변혁하는 것을 목표로 한다.

4. 변혁적 사회 전환의 탐색[11]

환경운동이 성장하면 할수록 국가의 개발 행위, 기업의 영업 행위와 같은 기존 사회의 운영 방식에 대해 도전하지 않을 수 없다. 개별 인간의 소비 활동 때문에 지구적으로 환경이 파괴되는 것이 아니라 세계적 차원의 생산 활동과 대규모 산업 행위, 전쟁 등으로 생태 위기가 발생한다는 점이 현실에서 명확하게 입증되기 때문이다. 이는 환경문제가 단지 자연 생태계의 위기가 아니라 사회 문제라는 점을 보여준다. 무엇보다 사회적·역사적 맥락에서 환경문제를 고찰하면서 환경운동을 통해 현재 사회구조 및 사회체제에 도전하는 작업이 필요하다.

1) 사회 전환의 필요성

지속할 수 있는 사회로 전환해야 한다는 주장은 경제적인 측면과 사회적인 측면, 환경적인 측면에서 제기되었다. 특히 경제 위기 상황에서는 지속할 수 있는 경제 발전으로의 전환이 필요하며, 사회 불평등이 심화하는

---

11 이 절은 『정의로운 전환』(김현우, 2014)의 서평 글인 「'정의로운 전환'에 대해 변혁적으로 질문하기」의 내용 일부를 수정한 것이다.

환경에서는 평등한 사회로의 전환이 필요하다. 무엇보다 과도한 화석연료에 기초한 에너지 사용으로 기후변화가 발생하고 우라늄의 에너지원화로 인류가 방사능의 위험을 안고 살아가야 하는 심각한 자연환경하에서 에너지 전환을 통해 생태적으로 지속할 수 있는 사회로 전환해야 할 필요성이 절실해졌다.

지속 가능한 사회로 전환하자는 요구는 소수의 정책 입안자가 제시했다기보다는 아래로부터의 민중의 집단적 요구가 반영된 측면이 강하다. 기후변화 대응을 둘러싼 위로부터의 해결 지점과 아래로부터의 해법 간의 차이를 통해 이러한 특징을 살펴보자.

자연과학자 대다수와 환경활동가가 기후변화의 심각성을 알리고 국제 대응을 시급히 요구한 결과, 1990년대에는 UN기후변화협약과 교토의정서를 통해 일정 정도 성과가 나타났다. 2005년 교토의정서가 발효되면서 기후변화 대응에 대한 논의는 주로 UN기후변화협약을 중심으로 진행되었다. 기후변화가 지구 차원으로 빠르게 진행되고 있기에 국제사회의 공동 대응이 절실해졌으며 국제 규제를 통해 기후 변화를 해결할 수 있다는 기대감도 높았다. 하지만 교토의정서의 실질적 이행은 기후 재난의 파급 효과보다 더디게 진행되었다. 무엇보다 2008년 세계경제의 위기 국면 속에서 미국을 중심으로 한 부국은 역사적 책임을 회피했으며 직접적인 규제를 통한 온실가스 감축 노력보다는 시장 기제를 통한 방안과 공학적 해결책을 더 선호했다.

2009년 코펜하겐에서 열린 UN기후변화협약 당사국총회에서 교토협약 이후 '포스트 2012' 체제의 실질적인 합의가 도출되지 않자 2007년부터 시작된 기후 정의 운동이 민중적 지지를 받으면서 2010년 코차밤바의 세계 민중회의로 이어졌다. 2010년 4월 볼리비아 코차밤바에서는 '기후변화와 대지의 권리에 대한 세계 민중회의'가 개최되었는데, 이 회의에서 채택된 코차밤바 합의는 '기후 정의(Climate Justice)'를 중요한 과제로 결정했다. 코차밤바 합의는 지구 온난화를 발생시킨 가해자와 기후변화로 인해 피해를 보는 피해자의 입장을 명확히 구분해 다량의 온실가스를 배출시킨 집단에 대한 역사적 책임과 기후 부채를 주장했다. 또한 기후변화로 발생한 기후 불의에 대한 명확한 진상 규명과 피해 보상을 요구하고 기후 불평등 해결을 강조했다(김민정·이창언, 2014).

기후 정의 운동은 1990년 후반 진행된 대안 세계화 운동의 지구 정의 운동이 남긴 성과물을 계승하고 발전시킨 사회운동의 조류 중 하나이다. 이러한 점에서 민중의 집단적 요구가 결합한 기후 정의는 지속 가능한 사회 전환을 위해서는 '정의'를 기반으로 해야 한다는 점을 명확히 반영한 개념이다.

2) 왜 '정의로운' 전환인가

환경문제와 일자리 전환의 연결고리가 발견됨에 따라 사회 전환의 내용이 구체화되었다. 환경 악화에 영향을 미치는 일자리 축소 문제를 포착하고 이를 정의롭게 해결하자는 방안들이 선진 노동조합 활동가들의 제안으로 등장했다. "정의로운 전환이란 어떤 지역이나 업종에서 급속한 산업구조 전환이 일어날 때 그 과정과 결과가 모두 정의로워야 한다는 개념이다"(김현우, 2014; 28).

정의로운 전환운동은 1970년대 미국 석유·화학·핵발전노동조합의 노동운동가 토니 마조치(Tony Mazzocchi)의 제안으로 시작되었다. 이 제안을 기반으로 환경적으로 지속 가능한 체제에서 석유와 화학, 핵발전 부분의 일자리가 줄어들자 노동자의 보상과 교육, 재훈련의 기회를 지원하는 '노동자를 위한 슈퍼펀드'를 제안했다. 슈퍼펀드 제안은 캐나다 통신·에너지·제지 노동조합의 활동가 브라이언 콜러(Brian Kohler)가 제시한 정의로운 전환 정책으로 이어져 논의되었다.

1999년 캐나다 노동조합총연맹이 구체화한 정의로운 전환 프로그램의 주요 내용은 다음과 같다(안준관 외, 2008).

- 공정함: 정의로운 전환이란 어떠한 이유에서든지 고용주가 공장(산업) 문을 닫을 때 노동자와 그 산업에 의존하고 있던 공동체를 정당(공정)하게 처우하는 것을 말한다. 이는 도덕적·정치적으로 필수적인 요건이다.
- 재고용 또는 대체 고용: 정의로운 전환의 주요 목표는 임금, 혜택, 노동 기간의 손실 없이 고용이 지속되는 것이다. 일자리가 최소한 보전할 가치가 있는 일이어야 한다.
- 보상: 고용의 지속성을 보장하기 불가능한 상황에서는 정당한 보상이 그다음 대체 수단이다.
- 지속 가능한 생산: 정의로운 전환의 핵심은 더 지속 가능한 생산수단과 그 수단을 지지할 수 있는 서비스 부문으로의 이동이 전제되어야 한다는 것이다.
- 프로그램: 정의로운 전환은 사안에 따라 다양한 방법으로 표현될 수 있다. 그러나 발생하는 환경 변화에 대처하기 적합한 다음과 같은 프로그램이 반드시 포함되어야 한다.
    1. 일자리를 잃은 노동자들을 위한 대안적인 고용 제공
    2. 실업보험과 공공임대 주택 등을 통한 수입의 보전
    3. 공공 부문/서비스 부문의 일자리 창출과 새로운 산업 육성을 통한 공동체 지원
    4. 일자리를 잃은 노동자를 우선적으로 고용
    5. 일자리를 잃은 노동자에게 교육 및 재훈련 기회 제공

6. 지속 가능한 생산 방식을 위한 연구 개발
7. 지속 가능한 산업과 서비스를 위한 공공투자 자금 제공

정의로운 전환은 고용 문제와 환경문제가 서로 대립적인 문제가 아니라 상생하는 방안으로 나갈 수 있다는, 정치적 고안물이 필요한 사회경제적 상황을 반영한 것이다. 진보운동은 노동자와 함께하는 환경운동의 전형을 정의로운 전환에서 찾는다. 다양한 사회운동과의 연대를 통해 기존 사회경제체제에 반대하는 진보적 전환을 실현할 수 있다는 점에서 정의로운 전환은 사회운동의 더 많은 연대를 형성할 수 있는 실마리를 제시해준다.

노동자가 제안한 사회 전환 프로그램은 '정의로운 전환'이 등장하기 이전에도 존재했다. 1970년대 영국 군수용 항공 부품을 제조하는 루카스 항공이 구조 조정을 예고하자 노동자들은 '사회적으로 유용한 생산'을 제안하면서 '루카스 계획'을 제시했다.

노동조합은 '루카스 계획'의 핵심 사안인 '사회적으로 유용한'이라는 의미를 다음과 같이 정의했다. "지역사회의 모든 사람에게 열려 있고 유용해야 하며 일부 상류층의 필요를 충족시키는 것으로 한정되어서는 안 된다. 기업 내에 존재하는 기술의 이점을 최대한 살려야 하며, 그 기술이 전 종업원과 지역 사회에 이득이 되도록 개발해야 한다. 종업원 또는 일반 지역 주민의 건강과 안전을 해치지 않는 방법으로 만들고 사용해야 한다. 천연자연에 대한 수요를 최소화해야 하고 환경의 질을 개선해야 한다"(김현우, 2014: 48에서 재인용).

안타깝게도 생산 결정과 관련된 사항은 자본가의 고유 권한이라는 이유로 노동자들의 훌륭한 이 방안은 현실에서 지속해서 빛을 보지 못했다. 루카스 계획은 '관계자 외 출입 금지'라는 생산수단의 사적 소유가 노동자들의 공적 관리와 지속할 수 있는 경영을 가로막고 있다는 점을 확인할 수

있는 유용한 사례이다.

3) 몇 가지 변혁적인 질문

우리는 정의로운 전환에 관해 다음과 같은 변혁적인 질문을 던질 수 있다. 정의로운 전환을 자본주의의 체제 내에서 실현할 수 있는 대안 사례로 바라보는가? 정의로운 전환은 탈화석 및 탈핵사회를 지향하는가 아니면 반(反)자본주의를 지향하는가? 다시 말해 정의로운 전환은 자본주의 내에서 개별 사례로 언급되는가 아니면 사회 전반의 변혁에 기초한 대안 사회 체제로 제안되는가?

전반적으로 정의로운 전환에 관한 김현우의 주장에는 두 가지 입장이 혼재되어 있지만, 체제 내에서 실현 가능한 사례로 정의로운 전환을 강조하는 측면이 강한 듯하다. 대표적으로 루카스 계획의 시도를 런던 지방자치단체의 사회주의 전략으로 분석하고, 산업 안전 문제를 지역 수준으로 확대해 '지역과 함께하는 산업 안전 네트워크' 등이 필요하다고 강조한 것을 들 수 있다. 이러한 해결 방안은 정의로운 전환을 체제 내에서 실현 가능한 모범 사례로 만들고 지역 및 지방자치단체 차원에서 정의로운 전환의 성공 사례를 확대하자는 의견으로 해석될 소지가 농후하다.

무엇보다 김현우는 정규직 중심 노동조합운동보다는 미조직 운동, 비정규직 운동, 지역에 토대를 둔 운동의 대안 주체를 강조하고 아이디어 수준으로 새로운 주체 형성을 제시한다. "즉, 탈자본주의 이행 프로그램에 적록정치 프로그램을 결합해 진보적 구조 개혁의 실현 과정을 통해 적록의 대안 주체를 형성한다는 것이다. '녹색의 노동계급'과 '적색의 소비자/생활인 집단'이 형성되고 중앙 정치와 풀뿌리 정치에서 정치세력으로서 자연스레 협력해야 한다"(김현우, 2014: 190).

필자는 김현우가 지역 차원의 대안적인 전환과 새로운 주체를 주목하는 것은 (일부 사회운동 진영에서 제기하는) 정규직 중심 노동조합운동의 위기론에 동의하는 주장과 연결되어 있다고 본다.[12] 그는 책 곳곳에서 그간 노동조합운동이 대공장 정규직 노동자의 이해관계에만 주목해 비정규직 운동에 결합하지 않고 여타의 사회문제 – 정치 사안, 환경 사안 등 – 에 다소 무관심했던 조합이기주의를 타당하게 지적한다. 노동조합의 관료주의와 개량주의는 비판받아 마땅하다. 하지만 그는 정규직 노동조합을 비판하면서 이를 바탕으로 정규직 노동조합의 집단적 힘까지 부정하는 듯하다. 그는 이런 인식하에 계급투쟁을 비관적으로 평가하고 정의로운 전환을 실현할 새로운 주체 형성에서 희망을 찾고 있는 것은 아닌지 궁금하다.

필자는 정의로운 전환을 체제의 문제와 연결하기 위해서는 자본주의 작동 원리를 충실하게 분석해야 한다고 본다. 이는 이윤을 목표로 하는 자본주의 동력을 이윤을 창출하는 집단이 절단하게 해야 한다는 의미이다. 노동계급은 이윤을 창출하는 집단이므로 이윤 생산 고리를 끊을 힘은 집단적 노동운동에 달려 있다. 집단적 노동운동의 현실적 조직은 대공장 정규직 노동조합운동의 성패와 밀접하게 연결되어 있다. 이런 점에서 노동조합의 잘못된 정치와 객관적으로 존재하는 노동운동의 물질적 기반은 구분해야 한다.

자본주의의 근간인 체제에 직접 도전할 수 있는 집단적 노동운동의 현실적이고 물질적인 근본 환경은 변한 바가 없다. 또한 노동조합 관료와 현장 조합원의 정치의식을 구분해서 봐야 한다. 변혁의 동력은 노동조합 관료가 아닌 현장 노동자의 집단적 힘에 달려 있다. 따라서 노동조합운동의

---

12 이러한 주장은 앙드레 고르(André Gorz)가 자본주의 발전으로 실현된 생산력은 자본의 합리성에 길들여진 노동자계급을 양산하기 때문에 그들에게 기대할 수 없다고 했던 입장과 유사하다.

정치적 오류가 정규직 중심의 노동조합운동 무용론 또는 정규직 노동조합을 제외한 사회적 약자 운동의 강화론으로 곧바로 연결될 수는 없다.

정규직 중심의 노동조합운동이 정치적으로 올바른 태도를 취하지 않는다면 이를 바로잡아 운동의 동력이 되어줄 변혁 정치가 필요하다. 적록동맹은 노동조합운동의 잘못을 비난하거나 관망하는 태도에 머무는 것이 아니라 비판적으로 상생 발전할 수 있는 정치를 생산해야 하고, 이러한 적록 정치는 실천을 통해 입증되어야 하며, 실천을 적용함으로써 적록 정치를 수정 및 발전시켜야 한다.

필자는 정의로운 전환의 핵심은 직접 생산자가 생산수단에 대한 통제를 어떻게 획득할 것인가에 달려 있다고 본다. 김현우도 한국 사회의 탈핵 전환에서 대중의 생산과 소비 결정권을 언급한다. "생산 따로, 투쟁 따로, 연대 따로의 운동이 아니라 무엇을 어떻게 생산하고 소비할 것인가를 함께 결정하는 대중운동이 가능하다면, 다른 기술적인 문제는 그러한 동력과 집단적 지혜를 가지고 함께 풀어가면 될 것이기 때문이다"(김현우, 2014: 129). 이는 기존 사회구조 내에서 정의로운 전환조차도 무엇을 얼마나 어떤 방식으로 생산하고 소비할 것인가에 관한 생산 방식에 대한 통제와 연결되어 있다.

대중의 생산과 소비를 통제하는 데에서 관건은 '어떻게' 통제권을 획득할 수 있는가이다. 이에 대해 김현우는 (앞서 필자가 제기한 이유로) 조직된 노동운동의 핵심 역할보다는 지역에 기반을 둔 광범위한 운동 주체의 실질적 연대에서 찾는다. 하지만 필자는 노동자의 실질적 동력이 중심이 된 대중 운동의 연대 세력과 기존 생산 방식을 통제하는 기득권과의 사회적 세력 관계가 주된 고려 대상이라고 본다. 루카스 계획에서도, 그리고 다양한 정의로운 전환 사례에서도 성패의 핵심은 직접 생산자가 생산 통제권과 권한을 확보하느냐에 달려 있다.

4) 변혁적인 사회 전환의 탐색

여기서는 기후 정의 운동을 통해 변혁적인 사회로 정의롭게 전환하기 위한 정치적 방향을 모색해보자. 이를 위해서는 기후 정의 운동을 확대함으로써 구체적인 한국의 기후 쟁점을 형성하는 것이 필요하다. 무엇보다 경제 위기 상황 속에서 일자리 지키기 운동과 기후변화 대응 운동이 대립적인 지점에 서지 않도록 기후 정의적 관점을 접목하는 일이 필요하다.

오늘날에는 신자유주의 정책이 강화되어 정부는 의료와 교육, 철도 등을 사유화하고 있을 뿐 아니라 경제위기의 고통을 노동자에게 강요하는 구조조정, 임금 삭감, 안정된 일자리의 축소 등도 시도하고 있다. 이런 상황 속에서 환경운동이 증가하는 에너지 수요를 막기 위해 가정용 전기요금을 인상해야 한다거나 이산화탄소를 줄이기 위해 탄소세를 도입해야 한다고 주장한다면 과연 얼마나 많은 사람의 지지를 얻을 수 있겠는가. 무엇보다도 환경운동에서 제시하는 방안들이 평범한 사람들의 처지와 충돌하거나 대립한다면 이러한 방식이 문제 해결에 도움이 되겠는가. 고용을 보장하고 사회 공공성 강화를 목적으로 하는 현재의 노동운동 사안에 환경운동이 동참할 수 있는 방안을 고민하는 한편, 사회 정의의 측면을 적극적으로 고려하는 환경운동이 필요할 때이다.

노동운동 역시 단일 작업장 내의 문제에만 주목해 노동조합 이기주의에 빠져서는 안 되며 경제적인 문제와 정치적인 문제를 연결해 사회 의제 투쟁에서 사회운동의 일원이 아닌 운동의 구심점이 되어야 한다. 노동운동이 강력하게 힘을 발휘할 때 기후변화에 대응하는 정의로운 전환을 실현하기 위한 다양한 시도와 실험을 해볼 수 있고 이를 실현할 가능성을 높일 수 있다. 강력한 노동운동은 야간 노동 근절, 현재와 같은 개인용 자동차 생산보다는 대중교통 확충을 위한 친환경 버스 생산, 철도 확충, 재생

가능한 에너지 일자리 확충, 탈핵으로의 전환, 화력발전소 축소 등 정의로운 전환을 위한 다양한 의제를 선점할 수 있는 기반을 만들 수 있다.

2009년 코펜하겐에서 열린 기후변화 당사국총회 기간에 국제노동조합총연맹이 주최한 국제건설목공노동조합연맹의 토론회에서 한 노동자는 "정의로운 전환은 녹색 일자리, 좋은 일자리를 만들어야 한다고 역설하고 있지만 고도의 착취 구조인 다단계 하도급이 건설업계에 그대로 존재하는 한 그것은 공허한 구호일 뿐"(유기수, 2010)이라고 날카롭게 지적했다. 현장 노동자의 발언에서도 알 수 있듯, 노동운동이 노동 조건 악화에 시달리고 해고 위협에 처해 있는 노동자들의 처우를 개선하고 안정적인 기반을 확보할수록 여타의 쟁점을 수용할 수 있는 능력도 증가한다. 무엇보다 노동 조건 개선 투쟁과 함께 정의로운 전환을 기획해야 한다.

김현우 역시 이 점을 강조한다. "…… 녹색 일자리 정책은 다른 무엇보다 '정의로운 전환'의 원칙에 기반을 두고 만들어지고 수행되어야 한다. 즉, 산업과 일자리가 녹색경제에 기여해야 할 뿐 아니라 직접적 이해 당사자인 노동자와 지역사회의 참여 속에서 불공평한 희생을 막고 지속 가능한 경제와 사회로 전환하기 위해 구체적인 프로그램과 공적 자원이 만들어지고 동원되어야 한다"(김현우, 2014: 197).

이를 위해서는 산별 및 지역의 여러 노동조합이 환경운동과 연대했던 노력과 경험의 축적을 바탕으로 자본주의의 내적 법칙과 동학의 측면에서 노동문제와 환경문제의 사안을 분석해내는 정치가 필요하다. 한국의 경우 '핵 없는 사회를 위한 공동 행동'에 참여한 민주노총은 유성기업 노동자의 파업 투쟁으로 쟁점화된 야간 노동 금지가 에너지 소비를 줄여 탈핵운동에 기여할 수 있다고 주장했다. 이러한 쟁점이 현실화되고 구체화하기 위해서는 탄탄한 조직 노동운동이 뒷받침되어야 한다.

노동(조합)운동 내에서 발생한 기후변화 대응 운동의 희망적인 사례를 살펴보자. 2012년 허리케인 샌디가 미국 뉴욕을 강타하면서 단전과 단수 사태가 발생했다. 병원 노동자들은 피해를 겪었고 열악한 상황 속에서 피해 지역의 복구와 부상자의 응급 치료에 참여하면서 자신이 살고 있는 지역 사회와 기후변화가 직접 연결되어 있다는 점을 인식했다. 이후 간호사 노동조합은 기후변화에 관한 조합원 교육을 시행했다. 이러한 사전 작업을 바탕으로 2013년 9월 열린 뉴욕 기후 민중 행진에도 많은 조합원이 참여했다.

기후 문제는 단지 자연 현상의 변화나 기후에만 국한된 문제가 아니라 사회 구조 및 체제와 밀접하게 연결되어 있다. 기존 생산 방식과 소비 패턴을 강요하는 사회구조에 정면으로 맞서 체제 전환을 요구하는 기후 운동은 수세적인 요구가 아니라 공세적인 실천이다. 특히 경제위기 상황 속에서 기존 노동 조건과 생활 조건을 후퇴시키려는 기득권의 공세가 가속화되면서 현재의 조건을 지키려는 노동운동은 방어적 성격이 강화되었다. 이러한 상황하에서는 기후 운동과 같은 공세적인 운동이 확대되기 힘들다. 그렇기에 노동운동의 방어적인 운동과 기후 정의의 공세적인 운동이 서로 결합해 힘을 배가시켜야 한다. 이런 점에서 필자는 이상과 같이 정의로운 사회로 전환하기 위한 변혁적인 기본 방향을 제안하는 바이다.

참고문헌

김민정. 2008.「자본주의와 전지구적 환경위기」. ≪진보평론≫, 35호(봄).

______. 2010.「생태 공동체론과 대안 사회논의」. ≪人文科學≫, 92집.

______. 2013.「자본주의 환경불평등과 환경정의」. 한국환경사회학회 엮음.『환경사회학의 이론과 환경문제』. 한울.

______. 2015.「'정의로운 전환'에 대해 변혁적으로 질문하기」. ≪ECO≫, 19권(1).

______. 2016.「마르크스의 생태학적 통찰에 관한 길라잡이」. ≪레프트대구≫, 11호.

김민정·이창언. 2014.「기후변화의 정치경제학과 기후정의: 남아프리카 공화국을 중심으로」. ≪신학과 사회≫, 28호(3).

김현우. 2014.『정의로운 전환』. 나름북스.

돕슨, 앤드루(Andrew Dobson). 1993.『녹색정치사상』. 정용화 옮김. 민음사.

마르크스, 카를[칼 맑스(Karl Marx)]. 1992.「정치경제학의 비판을 위한 기본 개요: 서설」.『칼 맑스·프리드리히 엥겔스 저작 선집』. 최인호 외 옮김. 박종철출판사.

______. 1998.「직접적 생산과정의 제결과」.『경제학 노트』. 김호균 옮김. 이론과실천.

______. 2004.『자본론』 제3권(하). 김수행 옮김. 비봉출판사.

______. 2007.『정치경제학 비판 요강』 II. 김호균 옮김. 그린비.

무스토, 마르셀로(Marcello Musto). 2013.『마르크스와 마르크스주의들을 다시 생각한다』. 하태규 옮김. 한울.

비판사회학회 엮음. 2012.『사회학: 비판적 사회읽기』. 한울.

안준관 외. 2008.『기후변화와 노동계의 대응 과제: 정의로운 전환을 위하여』. 발전노조.

영국 적록연구그룹. 2010.「영국 녹색 사회주의의 한 견해」.『사회주의, 녹색을 만나다』. 서영표 엮음. 한울.

와타나베 노리마사(渡邊憲正). 2007.「인간과 자연의 물질대사」. 오제키 슈지·가메야마 스미오·다케다 가즈히로 엮음.『환경사상 키워드』. 김원식 옮김. 알마.

유기수. 2010.「지구의 파수꾼, 건설노동자가 앞장선다」.『기후변화에 대응하는 국제 노동운동의 현장: 런던·코펜하겐 방문 보고서』. 에너지기후정책연구소.

이상헌. 2011.『생태주의』. 책세상.

정성철. 2007.「환경운동과 마르크스주의」. ≪크리티카≫, 2호.

포스터, 존 벨라미(John Bellamy Foster). 2010.『생태혁명』. 박종일 옮김. 인간사랑.

______. 2016.『마르크스의 생태학』. 김민정·황정규 옮김. 인간사랑.

한면희. 2008.「한국 생태주의의 흐름과 현황」. ≪문화과학≫, 56호(겨울).

노동당 홈페이지. http://www.laborparty.kr/lp_laborparty(2017년 2월 10일 검색).
녹색당 홈페이지. http://www.kgreens.org/platform/(2017년 2월 10일 검색).
녹색연합 홈페이지. http://www.greenkorea.org/?page_id=45203(2017년 2월 10일 검색).
사회변혁노동자당 홈페이지. http://rp.jinbo.net/principle(2017년 2월 10일 검색).
한살림 홈페이지. http://www.hansalim.or.kr/wp-content/uploads/2014/04/the_Declaration_of_Hansalim.pdf(2017년 2월 10일 검색).
환경운동연합 홈페이지. http://kfem.or.kr/?page_id=217(2017년 2월 10일 검색).

Burkett, Paul. 1999. *Marx and Nature: A Red and Green Perspective*. St. Martin's Press.
Haila, Yrjö and Richard Levins. 1992. *Humanity and nature: ecology, science, and society*. Pluto Press.

21세기 이행과 기본소득

강남훈 | 기본소득한국네트워크

1. 머리말

사람들은 흔히 기본소득을 복지 정책의 하나로 생각한다. 기본소득이 가난한 사람에게 낙인 효과 없이 노동 유인을 없애지 않은 채로 기초 생활을 보장한다는 점에서는 효율적이고 인권 친화적인 복지 정책이라는 의미가 있는 것은 사실이다. 그러나 기본소득은 단순한 복지 정책을 넘어선다. 기본소득은 임금노동이 아닌 인간의 일반적인 활동에 대해 보상하기 때문에 탈임금노동 정책이라고 볼 수 있다. 더불어 기본소득의 재원을 마련하기 위한 과세도 복지를 위한 과세가 아니라 공유 생산수단으로부터의 배당이라고 보면 기본소득은 생산수단 소유의 전환을 모색하는 정책이라고 할 수 있다. 기본소득은 이와 같이 임금노동으로부터의 탈피와 생산수단 소유의 전환을 모색하기 때문에 21세기 이행을 위한 정책이 될 가능성이 있다.

이 글의 목적은 21세기 이행의 기술적·경제적 가능성을 살펴보고 이행을 위한 정책으로서 기본소득을 도입하는 전략을 논의하는 것이다. 이 글에서는 이행의 기술적·경제적 가능성을 찾기 위해 4차 산업혁명의 기술적 특징과 이를 활용하는 자본의 전략에서 나타나는 경제적 특징을 살펴볼 것이다. 그렇게 함으로써 기본소득이 4차 산업혁명의 기술적·경제적 특징을 활용하는 이행 전략임을 살펴볼 것이다.

2절에서는 4차 산업혁명의 기술적 특징을 살펴보고, 3절에서는 4차 산업혁명의 경제적 특징을 살펴볼 것이다. 4절에서는 기본소득의 필요성을, 5절에서는 기본소득에 대한 권리를 살펴볼 것이다. 맺음말에서는 기본소득을 통한 이행의 가능성을 서술할 것이다.

2. 4차 산업혁명의 기술적 특징

1) 임금노동을 대체할 가능성

흔히 각 산업혁명의 핵심적인 발명품을 언급할 때 1차 산업혁명은 증기기관, 2차 산업혁명은 대량생산 체제, 3차 산업혁명은 컴퓨터와 인터넷, 4차 산업혁명은 인공지능, 로봇, 사물 인터넷이라고 말한다. 그러나 로봇은 인공지능의 팔다리에 해당하고 사물 인터넷 플랫폼은 인공지능의 눈과 귀에 해당하므로 4차 산업혁명의 핵심적인 발명품은 인공지능이라고 할 수 있다.

인공지능은 인간이 만든 지능이다. 스튜어트 러셀(Stuart Russell)과 피터 노빅(Peter Norvig)은 사람처럼 행동하는 시스템, 사람처럼 생각하는 시스템, 합리적으로 생각하는 시스템, 합리적으로 행동하는 시스템이라는 네 가지 기준으로 인공지능을 정의했다(러셀·노빅, 2016). 마이클 네그네빗스키(Michael Negnevitsky)는 인공지능을 "문제를 풀고, 결정을 내리기 위해 배우고 이해하는 능력"이라고 정의했다(네그네빗스키, 2013: 22).

인공지능의 연구 분야는 인식, 추론, 학습이라는 세 가지 범주로 나눌 수 있다. 인식(recognition)은 보고 듣고 말하는 능력을 말하는 것으로, 문자 인식, 음성 인식, 동영상 인식 등이 여기에 포함된다. 추론(inference)은 주어진 사실이나 규칙으로부터 결론을 얻는 과정을 의미하는 것으로, 정리의 증명, 게임, 프로그램 자동 생성 등이 여기에 포함된다. 학습(learning)은 사실과 규칙을 반복적인 과정을 통해 습득하는 과정을 의미한다(조영임, 2012: 14~15). 인공지능을 만들 때에는 학습 과정이 반드시 필요하지만, 지능이 일정 수준에 도달하고 난 뒤에는 인식과 추론 기능만으로 상업적 활용이 가능하다.

정치경제학에서 노동은 "사람과 자연이 참여하는 과정, 그리고 그 안에서 사람이 자신의 뜻에 따라 자신과 자연의 물질적 반작용을 시작하고 규제하고 통제하는 과정"(마르크스, 1992: 114)을 말한다. 인간의 노동이 다른 동물의 노동과 구별되는 이유는 구상과 실행이 통일되어 있기 때문이다. "가장 미숙한 건축가와 가장 뛰어난 꿀벌을 구별 짓는 지점은, 건축가는 현실에서 건물을 만들기 전에 그의 상상 속에 구조물을 만든다는 것이다" (마르크스, 1992: 115). 노동은 육체적 능력뿐만 아니라 정신적 능력도 발휘하는 것이다. 이렇게 구상하고 실행할 수 있는 능력을 노동력이라고 정의하면 노동은 노동력이 발휘되는 과정이라 할 수 있다(마르크스, 1992: 114).

1차 산업혁명 이래로 기계는 꾸준하게 인간의 노동을 대체해왔다. 여기서는 노동의 복잡성, 환경의 가변성, 작업 영역의 다양성이라는 세 가지 기준을 가지고 기계가 인간의 노동을 대체해온 과정을 도식적으로 설명해 보자. 1차 산업혁명은 변하지 않는 환경 속에서 단순한 작업을 대체했다. 2차 산업혁명은 변하지 않는 환경 속에서 다소 복잡한 작업을 대체했다. 3

차 산업혁명은 약간 변하는 환경 속에서 복잡한 작업을 대체했다. 4차 산업혁명은 많이 변하는 환경 속에 있는 아주 복잡한 작업을 대체하고 있다. 예를 들어 자율 자동차는 끊임없이 변하는 도로 환경을 인식하고 추론해 운전을 해나간다.

그러나 4차 산업혁명까지는 다양한 작업 영역에서 인간의 노동을 대신할 수 있는 강한 인공지능이 아니라 특정한 작업 영역에서 인간의 노동을 대체할 수 있는 약한 인공지능을 개발하고 있는 단계이다. 알파고는 인간보다 바둑을 더 잘 두지만 바둑돌을 실제로 집어서 바둑판 위에 놓는 능력은 지니지 못하고 있다.

인공지능은 그 수준이 약하더라도 인간이 하는 임금노동의 상당한 부분을 대체할 능력을 가지고 있다. 전문가들의 의견을 통해 인공지능의 대체 가능성을 구체적으로 조사한 연구에 따르면, 기존 임금노동의 50~70%까지 인공지능에 의해서 대체될 것으로 예상되고 있다(Frey and Osborne, 2013: 38). 복잡한 작업이라고 할지라도 자동차 운전 등과 같이 작업 영역이 한정된 노동은 얼마든지 인공지능으로 대체 가능하다. 이와 같이 인공지능이 상당한 임금노동을 대체할 수 있는 이유는, 자본주의가 분업을 통한 효율성을 극단적으로 추구함에 따라 임금노동자를 고도로 전문화된 한정된 작업 영역에서 노동하도록 만들었기 때문이다. 이에 반해 전문화가 덜 진행되어 다양한 영역에 걸친 작업을 수행하고 있는 사회적 노동 등의 비임금노동은 인공지능에 의해 대체될 가능성이 상대적으로 적다고 할 수 있다.[1]

---

1 비임금노동 중에서도 필수적이고 반복적인 노동은 여러 영역으로 분할되어 인공지능에 의해 대체될 가능성이 있다. 가사노동이 대표적인 예이다.

2) 인공지능과 데이터

인공지능을 발전시킨 세 가지 요인, 즉 하드웨어, 알고리즘, 데이터에 대해 생각해보자. 컴퓨터 하드웨어는 이른바 무어의 법칙(Moore's law)에 따라 지수적으로 성장해왔다. 그러나 하드웨어의 발전이 인공지능 개발에 필수적이기는 하지만 결코 충분한 조건은 아니다. 구글이 새로운 알고리즘으로 접근하기 전까지는 슈퍼컴퓨터를 가지고도 자동 번역에 실패했기 때문이다. 따라서 알고리즘이 하드웨어보다 더 중요한 요소라고 할 수 있다.

인공지능에서 가장 먼저 상용화된 시스템은 바로 지식 기반 인공지능(knowledge-based AI)의 일종인 전문가 시스템(expert system)이다. 이 시스템은 전문가들의 지식을 모아서 방대한 지식 베이스를 만들고 이로부터 추론을 거쳐서 결론을 내리는 알고리즘을 사용했다. 이 알고리즘은 지식을 많이 입력할수록 더 좋은 성과를 냈지만, 기본적으로 입력한 지식 이상의 성과를 낼 수 없었고, 점점 더 많은 지식의 입력이 필요했으므로 한계를 안고 있었다(마쓰오 유타카, 2015). 이 방식은 인간이 만든 지식 자체를 데이터로 해서 인공지능을 개발하는 것이므로 데이터 입력이 인공지능을 만드는 데 가장 중요한 요소가 되는 알고리즘이라고 할 수 있다.

인공지능이 본격적으로 개발된 것은 기계 학습(machine learning) 알고리즘을 사용하면서부터이다. 기계 학습은 컴퓨터에 일일이 프로그램을 하지 않더라도 컴퓨터 스스로 배울 수 있는 능력을 부여하는 것을 의미한다(사이먼, 2015). 그런데 기계 학습 알고리즘을 통해 컴퓨터가 스스로 배우려면 방대한 데이터가 필요하다. 따라서 기계 학습은 데이터를 지능으로 변환시키는 알고리즘으로 정의할 수도 있다. 기계 학습에서 컴퓨터는 데이터를 추상화(abstraction)하고 일반화(generalization)하는 과정을 거쳐서 학습한다. 추상화는 자료의 특징(features)을 표현(representation)하는 과정이고, 일반화는 표현된 특징으로부터 다른 자료에 적용할 수 있는 지식(knowledge)을 만들어내는 과정이다(란츠, 2014).

최근 인공지능의 발전은 기계 학습 중에서도 심층 학습(deep learning)이라는 알고리즘이 주도하고 있다. 심층 학습은 인간의 두뇌 구조를 모방한 신경망(neural network)의 한 종류이다. 신경망은 입력층과 출력층 사이에 은닉층(hidden layer)을 넣어서 자료의 특징(features)을 학습하도록 만든 구조인데, 심층 학습은 이러한 은닉층을 여러 겹으로 쌓는다. 심층 학습은 데이터의 특징을 사람이 가르쳐주지 않고 인공지능 스스로 특징을 찾아내면서 학습하므로 특징 표현 학습(representation learning)이라고도 부른다(마쓰오 유타카, 2015).

이와 같이 인공지능을 만드는 데 성공한 알고리즘은 데이터를 통해 학습하는 알고리즘이다. 데이터가 없으면 인공지능을 만들 수 없다. 신경망 알고리즘은 이미 1950년대부터 개발되어왔지만, 21세기 들어 빅데이터가 활용 가능해지기 전까지는 인공지능을 만들 수 없었다. 결국 빅데이터의 존재와 빅데이터를 활용해서 학습하는 알고리즘의 개발이 인공지능을 만들어낸 것이라고 할 수 있다. 다음 두 가지 사례를 통해 빅데이터가 인공지능의 발전에 어떤 역할을 했는지에 대해 살펴보자.

IBM은 문법과 단어를 컴퓨터에게 가르쳐서 자동 번역을 하는 인공지능 컴퓨터를 만들어내려고 했다. 그러나 번역을 하기 위해서는 컴퓨터에게 규칙뿐만 아니라 예외도 가르쳐야 하는데, 이것이 불가능하다는 사실이 드러났다. 1980년대 후반 통계적 방법을 활용해 영어와 프랑스어를 자동 번역하도록 하자는 아이디어가 등장했지만, 당시 활용했던 캐나다 의사록에는 10년치 300만 개 문장밖에 들어 있지 않아 실패했다. 2004년 구글은 모든 책을 스캔해서 공짜로 제공하겠다는 프로젝트를 시작했다. 스캔한 디지털 이미지는 OCR을 사용해 텍스트로 전환시켰다. 2006년에 이르자 구글은 1조 단어로 된 950억 개의 문장을 저장하게 되었다. 이 과정에서 성경책처럼 전 세계 언어로 정확하게 번역된 책이 있다는 것을 알게 되었다. 구글은 저장된 문장들을 활용해 자동 번역하는 데 성공했고, 2012년에는 60개 이상의 언어로 된 2000만 권의 책을 자동 번역에 활용했다. 이와 같이 자동 번역이라는 인공지능은 과거에 수많은 사람들이 정확하게 번역해놓은 결과들을 검색해서 해당하는 문장을 찾아주는 과정을 중심으로 만들어진 것이다(마이어-쇤버거·쿠키어, 2013).

구글은 뛰어난 인터넷 검색 도구로 세계적인 기업이 되었다. 이전의 검색 엔진은 가능한 한 많은 사이트를 찾아가서 사이트 내용을 분류하고 판단해 점수를 매기는 방식으로서, 사용자가 검색어를 입력하면 검색 엔진이 매긴 점수 순서대로 사이트들을 보여주었다. 구글의 공동 창업자인 래리 페이지(Larry Page)는 이와는 전혀 다른 접근 방식을 선택했다. 검색 엔진이 스스로 좋다고 판단한 사이트에 높은 점수를 매기는 것이 아니라 사용자들이 오래 머문 사이트, 링크가 많이 걸린 사이트에 높은 점수를 매겼다. 이렇게 사용자들의 행동에 따라 점수를 매기는 방법을 페이지랭크(Pagerank)라고 부른다(Brin and Page, 1998). 예를 들어 사용자가 '책'이라는 검색어를 입력하면 '책'이라는 검색어를 입력한 사람들이 많이 방문하고 여러 사이트에서 추천하는 사이트를 먼저 보여주는 것이다. 이것이 바로 구글 검색 엔진이 세계를 제패하게 된 비결이다. 한 사람의 천재가 아니라 인터넷을 이용하는 수많은 사람들의 행동이 똑똑한 인공지능을 만들어낸 것이다.

인간은 몇 개의 데이터만 보면 특징을 추출할 수 있지만, 컴퓨터는 엄청나게 많은 데이터가 있어야만 학습할 수 있다. 구글의 심층 학습은 고양이를 인식하기 위해서 인터넷으로부터 1000만 장의 이미지를 다운로드했다

(Le et al., 2012). 페이스북은 400만 장의 얼굴 사진을 학습시킨 결과 97.35%의 정확도로 사람의 얼굴을 인식시킬 수 있었다(Taigman et al., 2014). 알파고는 KGS라는 인터넷 바둑 사이트에서 6~9단 기사들이 둔 16만 개의 기보로부터 3000만 개의 데이터를 모았다(Silver et al., 2016).

이러한 빅데이터는 인터넷에 이미 존재하는 것이거나 인터넷을 통해서 수집된 것이다. 인터넷이 없었더라면 빅데이터를 수집하는 데 엄청난 비용이 들었거나 아예 모을 수 없었을 것이다. 인터넷은 어떻게 해서 이런 빅데이터의 보고가 되었을까? 바로 인터넷이 공유지로서 출발했기 때문에 가능한 일이었다.

로런스 레시그(Lawrence Lessig)는 인터넷이 공유지가 된 것은 그 코드(TCP/IP) 계층이 자유롭기 때문이라고 설명했다.[2] 여기서 자유롭다는 것은 아무런 허락 없이 사용할 수 있거나 사용 허락이 중립적인 경우를 의미한다. 인터넷의 최초 설계자들은 지능적인 작업은 네트워크의 끝에 배치하고 네트워크 자체는 어떤 형태의 자료이든 어떤 곳으로든 자료를 전송하는 기능만 한다는 E2E 원칙(end-to-end)을 세웠다(Lessig, 2002). 기본소득에 비유하자면, 인터넷은 보편성(누구나 인터넷에 접근할 수 있다)과 무조건성(인터넷에서 무엇이든 자신이 원하는 일을 할 수 있다)이 보장되는 자유로운 공간이다.

팀 버너스-리(Tim Berners-Lee)는 공유지인 인터넷 위에 월드 와이드 웹(World Wide Web)이라는 땅을 만들었다. 그는 HTTP와 HTML 등의 코드를 만들면서 보편성과 무조건성이라는 인터넷의 원칙을 발전시켰다. 그리고 자신의 발명품을 인류에게 무상으로 선물함으로써 오늘날 우리가 쓰고 있

---

2 레시그는 통신 시스템을 물리적 계층, 코드 계층, 콘텐츠 계층으로 나누고, 코드 계층이 자유로운 시스템을 공유지라고 불렀다(Lessig, 2002).

는 인터넷을 확대된 공유지로 만들었다.

공유지가 된 인터넷에서는 수많은 사람이 자신들의 지식을 모아 위키피디아를 만들었다. 이렇게 모인 지식은 미국 퀴즈쇼 〈제퍼디(Jeopardy)〉에서 인간 챔피언을 이긴 IBM의 딥 블루에 입력되었다. 인터넷을 검색하는 사람이 늘어날수록 구글의 검색 엔진은 더 똑똑해졌다. 취미로 자신이 좋아하는 고양이 사진을 올린 수많은 사람들은 고양이를 인식하는 인공지능을 만드는 데 기여했다. 친구들과 소식을 나눈 수많은 사람들은 '딥 페이스(Deep Face)'를 만들었다. 바둑 게임을 하면서 기보를 남긴 수많은 사람들은 알파고를 만들었다. 인터넷이라는 보편적이고 무조건적인 공유지 위에서 사람들이 자유롭게 생각하고 말하고 일하고 노는 과정에서 빅데이터가 만들어졌고, 빅데이터는 다시 인공지능을 만들게 된 것이다.

3. 4차 산업혁명의 경제적 특징

1) 자본의 집적과 집중

4차 산업혁명을 주도하고 있는 기업은 구글, 페이스북, MS 등의 플랫폼 기업이다. 플랫폼이란 최종 사용자 사이의 상호작용을 가능하게 하거나 촉진하는 기구로 정의된다(Rochet and Tirole, 2004). 플랫폼 기업은 광고 플랫폼, 클라우드 플랫폼, 제조 플랫폼, 서비스 플랫폼, 중개 플랫폼 등으로 구분할 수 있다(Srnicek, 2017: 592~593).[3] 플랫폼 기업은 플랫폼을 이용하는

3 제조 플랫폼(industry platform)은 흩어진 제조업자들을 연결해서 물건을 만드는 기업이고, 서비스 플랫폼(product platform)은 제품을 소유하고 서비스를 제공하는 기업이며, 중개 플랫폼(lean platform)은 공급자와 수요자를 중개하는 기업이다(Srnicek, 2017). 여기서는 원

사용자들의 데이터를 수집할 수 있는 위치에 있다. 데이터는 인공지능을 만들고, 원격 작업을 조정 관리하고, 생산과정을 최적화·유연화하고, 새로운 서비스를 만들어내고, 더 많은 데이터를 생산하는 기능을 한다(Srnicek, 2017).

플랫폼에서는 사용자가 많아짐에 따라 사용가치가 증가하는 네트워크 효과가 두드러지게 나타난다. 생산량이 늘어날수록 이윤이 늘어나는 현상을 '생산에서의 규모의 경제'라고 부른다면, 네트워크 효과는 수요가 늘어날수록 그 효과가 높아지므로 '수요에서의 규모의 경제'라고 부를 수 있다. 생산에서의 규모의 경제에는 소재적인 한계가 있지만 수요에서의 규모의 경제에는 그런 한계가 없으므로 규모의 경제는 더욱 강하게 작용한다.

플랫폼 사용자들은 대개 2개 이상의 집단으로 나뉜다. 페이스북과 같이 친구들 사이의 의사소통을 목적으로 한 플랫폼도 광고를 목적으로 하는 기업이 참여하면 2개 이상의 상이한 집단으로 구분된다. 플랫폼이 2개 이상의 집단으로 구성되면 동일한 집단 내의 사용자들뿐만 아니라 다른 집단의 사용자들과도 상호작용(네트워크 효과)이 일어난다. 이처럼 다른 집단 간의 외부 효과를 교차 외부 효과라고 부른다.

플랫폼의 양쪽 면에 있는 접속자 사이에 네트워크 효과가 발생해서 플랫폼의 접속량이 각 면의 접속자들에게 부과되는 접속료의 합에 의해서뿐만 아니라 접속료의 구조에 의해서도 달라지는 시장을 양면 시장이라 한다(Rochet and Tirole, 2004). 양면 시장에서 한쪽 면의 사용자에게 받은 요금으로 다른 쪽의 사용자에게 보조금을 지불하는 것을 교차 보조라고 부른다. 플랫폼은 교차 네트워크 효과를 활용하기 위해 교차 보조를 실시한다. 구글은 이메일, 캘린더, 오피스 등의 서비스를 무상으로 제공하면서 광고

어의 뜻을 의역했다.

업주들로부터 수익을 올리고 있다.

교차 보조 전략은 한편으로는 양면 시장의 교차 외부 효과를 노린 전략이지만, 다른 한편으로는 이메일, 캘린더, 오피스 등의 서비스를 무상으로 제공함으로써 그러한 서비스를 제공하던 다른 기업의 시장을 없애는 역할을 한다. 플랫폼 기업은 자기 자신은 강력한 네트워크 효과로 막대한 이윤을 얻으면서 다른 기업에 대해서는 무상화 전략으로 다른 자본을 몰락시키는 이중적 경향을 보이고 있다. 이는 자본이 집중되는 경향이 글로벌한 차원에서 진행되기 때문이라고 할 수 있다.

소재적 한계에서 벗어난 네트워크 효과와 양면 시장의 특성을 활용한 교차 보조 전략은 플랫폼 기업을 역사상 유례가 없는 지구적 독점 기업으로 성장시켰다. 자본의 집적과 집중 경향이 4차 산업혁명으로 인해 지구적 차원으로 확대된 것이다.

2) 상대적 과잉인구와 궁핍화 경향

앞 절에서 살펴보았듯이 4차 산업혁명은 임금노동으로 수행되는 대부분의 작업을 대체할 수 있는 기술적 가능성을 가지고 있다. 일자리 감소의 근본적인 원인은 유기적 구성의 극단적인 상승이다. 과거에는 인간의 지능적인 노동을 기계로 대체하는 데 대한 장벽이 컸지만 이제는 인공지능으로 인해 그 장벽이 거의 사라졌다.

수년 뒤 자율 자동차가 상용화되면 사람들은 놀라운 광경을 목도하게 될 것이다. 미국의 예만 들더라도 우선 트럭 운전사 350만 명이 일자리를 잃을 것이다. 다음으로 인공지능은 먹을 필요도 잘 필요도 없으므로 운전사들이 쉬어가던 패스트푸드 업소도 타격을 받을 것이다. 이렇게 해서 주유소, 세차장, 오일 교환업소, 타이어 교환업소, 면허 시험장, 검사장, 주차장, 교통경찰관, 자동차 보험 등 100여 종류 이상의 분야에서 1000만 개 이상의 일자리가 사라질 것이다.[4]

그러나 기술적으로 대체할 수 있는 모든 작업을 당장 대체하는 것은 경제적 측면에서 바람직하지 않다. 기존의 인건비가 인공지능 개발비보다 싸거나, 임금노동의 규모가 너무 작아서 인공지능 개발비를 회수할 수 없다면 인공지능을 개발하지 않을 것이다. 이렇게 보면 인공지능을 개발해서 대체하기 적합한 일자리는 중산층 일자리이다. 저소득층 일자리는 사람에게 시키는 것이 더 싸고, 고소득층 일자리는 인공지능을 개발하는 것이 아직은 어렵거나 비용이 많이 들기 때문이다. 예를 들어 트럭 운전은 임금노동의 규모가 커서 인공지능 개발에 들어가는 비용을 충분히 상쇄할 수 있는 분야이다. 이와 같이 기술적 가능성과 경제적 논리가 겹쳐진 결과, 일자리 감소와 일자리 양극화가 동시에 진행되는 현상이 나타나고 있다.

전 세계적으로 저임금 일자리와 인공지능 로봇이 가격 경쟁에 접어든 상태이다. 맥도날드 전 CEO는 최저임금을 15달러로 올리자는 요구에 대해 그렇게 되면 사람 대신 로봇을 투입할 것이라고 말했다. 맥도날드 전 세계 매장에서 햄버거를 만드는 사람의 인건비는 한 해에 9조 원 정도이다. 그런데 이것을 이미 개발된 햄버거 제조 로봇으로 바꾸면 35조 원 정도가 든다. 4년이면 로봇에 대한 투자비를 완전히 회수할 수 있는 상황인 것이다.

아디다스는 아시아 노동자의 임금보다 독일의 로봇이 더 싸지자 생산기지를 독일로 옮겼다. 테슬라의 전기 자동차는 중국이 아니라 미국에서 생산되고 있다. 그렇다고 미국에 일자리가 많이 늘어난 것도 아니다. 테슬

---

4 http://zackkanter.com/2015/01/23/how-ubers-autonomous-cars-will-destroy-10-million-jobs-by-2025/

라 공장에서는 로봇이 자동차를 만들고 있다. 3차 산업혁명은 선진국의 일자리를 줄이는 대신 중국과 인도의 일자리를 늘렸지만, 4차 산업혁명은 중국과 인도의 일자리마저 없애고 있다.

유기적 구성의 상승은 상대적 과잉인구를 낳고, 상대적 과잉인구는 궁핍화 경향을 낳는다. 이것은 자본 축적의 절대적 법칙이다. 그러나 자본의 축적은 궁핍화 경향에 대해 반작용하는 경향도 만들어낸다. 유기적 구성이 고도화되는 이상으로 자본 축적이 진행되면 상대적 과잉인구가 줄어들 수 있다. 유기적 구성의 상승과 자본의 축적은 서로 반대로 작용하는 힘들을 만들어내면서 상대적 과잉인구가 호황기 때에는 줄어들고 불황기 때에는 늘어나는 경기 순환의 리듬을 만들어왔다.

그런데 4차 산업혁명은 궁핍화에 반작용하는 경향을 상당히 약화시키고 있다. 이런 현상이 나타나는 하나의 요인은 교차 보조로 인한 극단적인 집중화 경향이다. 플랫폼 기업들은 기존의 자본이 공급하던 상품의 가격을 0으로 만드는 전략을 사용하고 있다. 예를 들어 구글은 사용자를 늘려서 광고 수입을 늘리기 위해 검색, 이메일, 클라우드 등의 서비스를 무상으로 제공하고 있다. 우리가 스마트폰에서 공짜로 쓰는 앱 서비스의 가치는 수십 년 전만 하더라도 수천 달러에 달했던 것이다.[5] 이러한 전략은 자신의 규모를 키우기 위해 다른 자본을 단순하게 퇴출시키는 것을 넘어 아예 시장 자체를 없애버리는 전략이다. 이렇게 되면 자본 축적의 증가로 상대적 과잉인구가 줄어드는 효과는 상당히 약화된다.

---

5 2011년 시점에 무상으로 제공된 11가지 서비스에 대해 출시 연도의 권장 소비자 가격을 조사해보면, 화상회의(1982년) 58만 6904달러, GPS(1982년) 27만 9366달러, 디지털 녹음(1978년) 8687달러, 디지털시계(1969년) 7716달러, 5메가 카메라(1986년) 6201달러, 의학도서관(1987년) 3968달러, 비디오 플레이어(1981년) 3103달러, 비디오카메라(1981년) 2617달러, 음악 재생기(1982년) 2113달러, 백과사전(1989년) 1370달러, 비디오게임기(1977년) 744달러, 총합계 90만 2065달러이다(다이어맨디스·코틀러, 2012: 434).

궁핍화에 반작용하는 경향을 약화시키는 또 하나의 요인은 나눔 경제(sharing economy)의 등장이다. 흔히 나눔 경제를 공유 경제라고 잘못 부르기도 하는데, 나눔 경제란 사적 소유물을 여러 사람이 나누어서 쓰는 것이다. 보통 사적 소유물은 경합성을 띠고 있어서 한 사람이 소비하면 다른 사람이 소비하기 어려웠는데, 4차 산업혁명으로 인해 소비의 경합성이 줄어들었다. 자동차를 예로 들면, 자가용 차량이 실제로 운행하는 시간은 평균적으로 전체 시간의 4%에 불과하다. 나머지 96%의 시간 동안은 주차되어 있다.[6] 자율 자동차가 등장하고 자동차 나눔 서비스가 확대되면 자동차 소유가 크게 줄어들 것이다. 기존의 상품이나 서비스를 플랫폼으로 연결해 나눔 경제로 바꾸면 플랫폼 기업은 수익을 올리겠지만 기존의 제품이나 서비스를 제공하던 기업은 축소된다. 자본 축적의 영역을 상대적으로 줄이는 것이다.

궁핍화에 반작용하는 경향을 약화시키는 또 하나의 요인은 새로 생겨나는 일자리의 상당한 부분이 불안정한 일자리라는 것이다. 불안정한 일자리로는 궁핍화 경향을 억제하기 어렵다.

영국은 1996년 0시간 계약(zero hour contract) 제도를 도입했다. 0시간 계약이란 최소 근로 시간이 보장되지 않고 고용주가 원하는 시간에만 일하는 계약을 말하는 것으로, 급여는 일한 시간에 비례해서 지급된다. 결국 근로자는 자기 주급이나 월급이 얼마가 될지 모른 채로 일을 하게 된다. 0시간 계약 근로자들은 2013년 20만 명 이하였는데, 2016년 4분기에는 91만 명(전체 고용의 3% 정도)으로 늘어났다. 이는 그 전해에 비해 10만 명이 늘어난 수치이며, 2000년 이후로는 4배가 증가했다.[7]

---

6 http://www.bloter.net/archives/263695

7 https://www.theguardian.com/business/2017/mar/03/zero-hours-contracts-uk-record-high

미국은 비슷한 일자리를 긱(gig) 경제 또는 온 디맨드(on-demand) 경제, 공식적인 용어로는 디지털 매칭(digital matching) 경제 등으로 부른다. 이는 모바일 앱이나 인터넷으로 근로 시간을 정하는 경제이다. 우버, 에어비앤비 등의 나눔 경제에 종사하는 근로자들이 대표적인 예이다. 예를 들어, "베벌리힐스에서 차이나 극장까지 가려는 손님이 있습니다. 일하고 싶으면 Y 버튼을 누르세요"라는 메시지에 남보다 빨리 버튼을 누르면 1시간 동안의 일자리가 생기는 것이다.

카츠와 크루거(Katz and Krueger, 2016)는 임시 도움기구 소속 노동자, 호출 노동자, 계약 노동자, 독립계약자 또는 프리랜서라고 불리는 노동자들을 대체 노동 계약(alternative work arrangements)이라는 범주에 넣고 그 규모를 추정했다. 그 결과 대체 노동 계약 노동자의 규모가 2005년 전체 노동자의 10.1%에서 2015년에는 15.8%로 증가했다. 그리고 미국 회계감사원(Government Accountability Office: GAO)은 조금 더 넓은 정의를 사용해 대체 노동 계약 노동자의 규모가 2006년 35.3%에서 2010년 40.4%로 증가했다고 추정했다(GAO, 2015: 4).

보통 상대적 과잉인구는 유동적 과잉인구, 잠재적 과잉인구, 정체적 과잉인구 등으로 분류하는데, 긱 경제에 속하는 대체 노동 계약은 4차 산업혁명 시기에 등장한 상대적 과잉인구의 특징적인 존재 형태라고 할 수 있다. 자본 축적이 진행되면 상대적 과잉인구가 증가하고 상대적·절대적 궁핍이 증가하는 경향이 있다는 자본주의적 축적의 일반 법칙은 4차 산업혁명을 통해 더욱 뚜렷하게 나타나고 있는 것이다.

3) 이윤율 저하 경향과 지대 추구

인공지능 로봇을 도입해 유기적 구성을 극단적으로 상승시키는 4차 산업혁명은 상품 생산에 필요한 노동을 0에 가깝게 만든다. 노동가치 이론에 따르면 이 경우 상품의 가격은 0으로 하락할 수밖에 없다. 노동가치 이론의 이러한 예측은 현실로 나타나고 있다. 실제로 가격이 0으로 되어 시장에서 퇴출되는 상품과 서비스가 속속 나타나고 있기 때문이다.[8] 현실적으로 노동가치가 0이 될 때 상품의 가격이 0으로 되는 과정은 경쟁 작용을 거쳐 나타난다. 앞에서 설명한 양면 시장의 특성을 활용한 교차 보조 전략도 그러한 경쟁 작용 가운데 하나이다.

유기적 구성의 고도화, 교차 보조 전략에 의한 시장의 축소 등으로 이윤율이 저하되는 경향은 IT 산업이 발전함에도 불구하고 생산성 상승이 현실화되지 않는 생산성 역설 현상의 가치론적 근거이다. 예를 들어 자율 자동차와 중개 플랫폼의 등장으로 자동차 판매가 줄어들면 생산성이 엄청나게 증가하더라도 화폐 단위로 측정한 생산성은 줄어들 수밖에 없다.

이윤율 저하는 생산에서 노동을 축출한 결과 나타나는 내재적·필연적 경향이지만, 반작용하는 경향과 함께 나타난다. 반작용하는 경향은 자본이 이윤율 저하를 극복하려는 노력을 통해 나타난다. 그 노력의 하나가 지대의 추구이다.

지대[9]는 특별잉여가치와 마찬가지로 개별적 가치와 사회적 가치의 차이에 의해 발생한다. 그러나 지대는 초과이윤의 원천이 "기계나 석탄 등등과 같이 노동이 생산할 수 있는 생산물과 결부되어 있는 것이 아니라 특정한 토지 조각의 특정한 자연 조건과 결부되어 있는 것이다"(마르크스, 2004: 797). 초과이윤의 원천은, 특별잉여가치의 경우 기업이 보유한 우수한 생산력에 있는 데 반해, 지대의 경우 유리한 외부적 환경에 있다. 지대는 외

8 제러미 리프킨(Jeremy Rifkin)은 이런 현상에 주목해 한계비용 제로 사회가 도래할 것으로 예측했다(리프킨, 2014). 그러나 정치경제학적으로 표현하면 노동가치가 0이 되는 것이다.

9 이 글에서 말하는 지대란 차액지대를 의미한다.

부적 환경이 사라지지 않는 한 경쟁에 의해 사라지지 않는다. 그래서 지대는 등가교환이지만 불공정교환이라고 할 수 있다. 지대는 외부적 환경이라는 재생산 불가능한 생산자원의 불평등한 소유 때문에 생기는 것이므로 불공정교환으로 규정하는 것이다(강남훈, 2002).

지대 이론을 인공지능에 적용시켜보자. 인공지능은 하드웨어, 알고리즘, 데이터가 합쳐져 만들어진 것이므로 인공지능이 벌어들이는 초과이윤의 원천은 이 세 가지 중 하나이다. 여기서 구글, 페이스북, 바이두, 아마존 등 플랫폼 기업들이 인공지능 개발에 앞장서고 있는 현실에 주목할 필요가 있다.

먼저 초과이윤의 원천으로서 하드웨어에 대해 살펴보자. 인공지능을 만드는 하드웨어가 인공지능으로 인한 초과이윤의 원천이 되기는 힘들 것이다. 하드웨어 시장은 경쟁적인 상태이고 기술 확산도 빠른 데다, 하드웨어를 만드는 기업이 인공지능 개발을 주도하고 있는 것은 아니다. 다음으로, 우수한 알고리즘 때문에 인공지능이 초과이윤을 얻는다면 초과이윤의 원천을 특별잉여가치라고 말할 수 있다. 그러나 인공지능을 개발하는 기업들은 알고리즘을 오픈 소스로 개방하는 전략을 선택했다.[10] 알고리즘으로부터 얻을 수 있었던 특별잉여가치를 포기한 것이다.

마지막으로 남은 초과이윤의 원천은 데이터이다. 사람들은 플랫폼이 제공하는 서비스를 무상으로 이용하면서 플랫폼에 지식, 행동, 감정 등의 데이터를 올리고 있다. 빅데이터는 인공지능을 만들어내는 데 중요하게

---

10 페이스북은 2015년 1월 16일에 자사의 인공지능 프로젝트 토치(Torch, http://torch.ch/)를 위한 오픈 소스의 딥 러닝(deep learning) 모듈을 다른 경쟁사들보다도 먼저 공개했다(https://venturebeat.com/2015/01/16/facebook-opens-up-about-more-of-its-cutting-edge-deep-learning-tools). 구글은 2015년 11월 10일 일본 도쿄에서 열린 '기계 안의 마술(The Magic in the Machine)' 행사에서 기계 학습 기술 '텐서플로(TensorFlow, http://tensorflow.org)'를 오픈소스 프로젝트로 공개하고 외부에서도 무료로 쓸 수 있도록 했다(차원용, 2016).

기여하고 있다. 플랫폼 기업은 이러한 빅데이터에 알고리즘을 적용해 인공지능을 만들고 있으므로 데이터가 없는 기업들은 인공지능 알고리즘이 있더라도 인공지능을 개발하기 힘들다. 따라서 인공지능으로부터 생기는 수익의 상당 부분은 데이터로부터 나온 것이라고 할 수 있다. 그리고 데이터는 수많은 사람들이 자기 노동을 통해 올리는 것이므로 인공지능으로부터 생기는 초과 수익은 지대 범주에 속한다(강남훈, 2016).

특별잉여가치는 경쟁에 의해 장기적으로 소멸되지만, 지대는 시간이 갈수록 늘어나는 경향이 있다. 이러한 점에서 지대 추구 전략은 특별잉여가치 추구 전략보다 유리하다. 플랫폼 기업들은 지대 추구 전략을 통해 이윤율 저하 경향을 극복할 수 있다. 그러나 이는 다른 기업들의 시장을 없애므로 경제 전체로서는 이윤율 저하 경향을 촉진하는 모순적 결과를 낳는다.

4. 기본소득의 필요성

4차 산업혁명으로 인해 일자리가 대규모로 사라지면 여러 가지 이유에서 기본소득이 필요해진다. 첫째, 기본소득은 사람들의 생존을 보장하기 위해 필요하다. 그렇다면 사람들의 생존은 왜 꼭 보장해야 할까? 사람들은 필요 없어지면 조용히 사라지는 존재가 아니다. 실업자가 늘어나면 사회가 점점 불안해지고 결국에는 폭동이나 테러가 일어날 것이다. 둘째, 기본소득은 경제가 순환되도록 하는 데 필요하다. 인공지능이 아무리 많은 물건을 만들더라도 살 사람이 없으면 기업의 이윤은 늘지 않는다. 인공지능은 사람처럼 소비하지 않는다. 사람들에게 기본소득을 보장해서 부족한 수요를 늘릴 필요가 있다. 1960년 헨리 포드(Henry Ford)와 노동조합 지도자 월터 로이터(Walter Reuther)는 다음과 같은 대화를 나누었다. "월터, 로봇이 조합비를 어떻게 내게 만들 건가?" "헨리, 로봇이 자동차를 어떻게 사게 만들 건가?"(Bregman, 2017)

새로운 일자리가 생겨난다고 하더라도 일자리가 없어지는 시점과 생겨나는 시점 사이에 시차가 있을 것이므로 기본소득은 여전히 생존을 보장하고 거시경제에서 수요를 확보하기 위해 필요할 것이다. 또 다른 차원에서, 일자리가 없어지면서 다른 일자리가 바로 생겨난다고 하더라도 없어지는 일자리에 종사하던 사람이 생겨나는 일자리에 종사하기 위해서는 상당한 기간 동안 학습을 해야 하므로 그 기간 동안 기본소득이 필요할 것이다.

기본소득이 아니라 구직수당(실업부조) 같은 선별적 소득 보장 정책으로도 최소 생활을 보장하고 거시적 수요를 확보할 수 있지 않을까라는 의문이 생길 수도 있다. 그러나 구직수당은 노동 유인을 없애서 복지함정에 빠뜨리는 문제를 안고 있다.

어떤 나라가 실업률 3% 정도의 완전고용에 가까운 상태를 유지하고 있다면 3% 정도의 실업자에게 구직수당을 제공하는 것은 큰 문제가 안 된다. 사회적으로 생산성이 낮은 3%의 인구가 노동을 하지 않더라도 나머지 97%가 생산한 것으로 충분히 나눌 수 있기 때문이다. 그러나 만약 실업률이 10%를 넘으면 문제가 달라진다. 10%가 넘는 인구에게 노동 유인을 없애면서 효율적인 경제를 유지할 수는 없기 때문이다.

노동 유인을 없앤다는 것 외에 구직수당의 또 다른 중요한 문제는 사실상의 실업자를 공식 실업자로 전환시키고 비경제활동 인구를 경제활동 인구로 전환시키는 효과가 있다는 것이다. 관대한 구직수당 제도가 도입되면 돈을 벌 필요가 없어서 경제활동을 하지 않던 사람들도 구직수당을 타기 위해 구직활동을 시작하게 될 것이다. 사람들의 경제활동 상태가 크게 바뀌면서 구직수당이 필요 없는 사람도 구직수당을 신청하는 도덕적 해이가 일어나는 것이다. 그렇다고 도덕적 해이를 막기 위해 엄격하게 선별하면 행정비용이 급증하고 인권 침해가 우려된다.

기본소득은 기초생활을 보장하면서도 노동 유인을 줄이지 않기 때문에 이러한 상황에서 문제 해결에 도움을 줄 수 있다. 특히 기본소득은 저소득층의 노동 유인을 없애지 않는다. 핀란드와 네덜란드에서 2017년부터 실행하는 실험의 목적도 구직수당을 받던 사람들에게 기본소득을 제공해줄 경우 인권 침해적인 노동 강제 없이도 노동 유인이 높아지는지를 실증적으로 확인해보려는 것이다.

4차 산업혁명으로 인한 일자리의 대규모 소멸은 아직 본격적으로 일어나지 않은 상태이다. 그러나 이미 일어난 현상이 있다. 노동력 양극화로 불안정한 일자리가 늘어나고 있는 것이다. 불안정한 일자리의 가장 큰 특징은 임금 격차이다. 우리나라에서 정규직 근로자와 비정규직 근로자 사이의 임금 격차는 2배 정도로 지속되고 있다(김유선, 2016). 긱 경제에 종사하는 근로자가 더욱 늘어난다면 임금 격차는 더욱 커질 것이다.

〈표 1〉을 보자. 2016년 3월 기준 15세 이상 인구 4330만 명 중 2870만 명이 확장 경제활동 인구이다. 그중 사실상의 실업자는 약 340만 명이다. 취업자 2580만 명 중 정규직이 1080만 명이고 안정된 자영업자가 150만 명이다. 나머지는 영세 자영업자(무급 가족 종사자 포함) 510만 명과 비정규직 840만 명이다. 영세 자영업자, 비정규직, 사실상의 실업자를 불안정 근로자로 보면 1690만 명이 된다. 확장된 경제활동 인구의 약 59%가 불안정 근로자인 것이다. 반면 대기업은 120만 명, 공무원 정규직은 130만 명, 공공기관 정규직은 30만 명으로, 이른바 좋은 일자리는 280만 명이며 경제활동 인구의 10% 정도이다.

불안정한 노동이 이렇게 증가한 상태에서 구직수당, 기초생활보장 등의 전통적인 복지 제도로 대응하는 데에는 한계가 있다. 최저임금은 대폭

❙표 1❙ 불안정 노동자 구성(2016년 3월)

노동자 현황			인원
15세 이상 인구			4330만 명
확장 경제활동 인구			2870만 명
취업자	비정규직		840만 명
	정규직		1080만 명
	비임금근로자		660만 명
취업자 합계			2580만 명
자영업자	고용원 있음		150만 명
	영세 자영업자	고용원 없음	400만 명
		무급 가족 종사자	110만 명
자영업자 합계			660만 명
사실상 실업자 (고용보조지표 3)	공식 실업자		120만 명
	추취 가능자		50만 명
	잠재경활		170만 명
불안정 노동자	불안정 노동자 수 (비정규직+영세 자영업자+사실상 실업자)		1690만 명
	불안정 노동자 비율		58.89%
이른바 좋은 일자리	대기업		120만 명
	공무원(직업군인 포함)		160만 명(비정규직 30만 명)
	공공기관(공기업 포함)		40만 명(비정규직 10만 명)

자료: 통계청, '경제활동 인구 조사'.

인상해야 한다. 그러나 최저임금은 최저임금을 넘는 노동자나 영세 자영업자에게는 도움을 줄 수 없다. 구직수당은 비정규직이나 긱 경제에 종사하는 노동자, 영세 자영업자에게는 도움이 되지 않는다. 그리고 구직수당의 확대는 도덕적 해이를 일으키고 노동 유인을 떨어뜨려 경제의 효율성을 저해한다. 노동조합은 임금을 높이고 임금 격차를 줄일 수 있는 강력한 정책이지만, 노동조합 가입률이 떨어지고 노동조합을 결성하기 어려운 노동자들이 늘어나면서 비정규직 노동자들의 처지를 개선하는 데 실패하고 있다. 게다가 영세 자영업은 노동조합의 혜택을 누리지 못하고 있다.

기본소득은 구직수당, 최저임금 인상, 노동 소득 보충, 정규직과 비정규직 임금 격차 축소, 자산 소유자와 노동자 사이의 소득 격차 축소, 비경제

활동 인구의 소득 보장 같은 효과를 동시에 가지므로 불안정 노동자의 안정성을 높이는 데 데 크게 기여할 수 있다. 불안정 노동자들에게는 사회에 소속되어 있다는 소속감과 연대감을 줄 수 있다. 최저임금의 인상, 노동조합의 강화, 자산소득에 대한 과세 강화, 비정규직 보호 등의 정책과 기본소득이 결합될 때 그러한 정책들이 기대하는 효과를 낼 수 있을 것이다.

기본소득은 일자리가 감소하는 경제에서 일자리를 전환·나눔·창출하는 데 다음과 같은 도움을 줄 수 있다.

① 일자리를 상당 기간 구하지 못하더라도 최소한의 생계를 유지할 수 있게 한다.

② 새로운 일자리를 위해 충분한 기간 동안 교육을 받고 훈련을 할 수 있게 한다.

③ 임금 삭감 없는 노동시간 단축은 매우 어렵다. 기본소득은 임금노동과 상관없이 일정한 소득을 보장하므로 일자리를 나누는 것을 용이하게 한다.

④ 안정성을 높여 모험 활동을 촉진하므로 창업이 활발해진다. 인공지능이 대체한 일자리 대신 새로운 좋은 일자리를 만들어내는 데 도움을 준다.

⑤ 임금노동 이외의 소득이 보장되므로 협동조합 등의 사회적 경제 분야에서 비임금노동을 활성화한다.

5. 기본소득에 대한 권리

강남훈(2016)은 섀플리 가치 개념을 활용해 인공지능을 만드는 데 쓰이는 데이터를 제공한 사람들에게는 인공지능이 벌어들이는 소득에 대한 권리가 있다는 것을 증명했다. 이 절에서는 이 논문의 내용을 간단하게 요약하려 한다.

섀플리 가치는 여러 사람이 연합해서 가치를 만들어낼 때 기회균등이라는 조건하에서 효율적이고 공정한 분배분을 계산하는 방법이다. 구체적으로 세 사람이 임의의 순서로 연합을 형성한다고 할 때 존재할 수 있는 모든 순서는 (1, 2, 3), (1, 3, 2), (2, 1, 3), (2, 3, 1), (3, 1, 2), (3, 2, 1), 여섯 가지이다. 모든 순서가 발생할 확률이 동일하다는 가정하에 순서별로 사람들의 기여분을 구하고 모든 순서에 대해 평균을 구하는 것이 섀플리 가치이다(Shapley, 1953: 307~317).

예를 들어보자. 인공지능을 만들 때 1, 2번은 데이터를 제공하는 사람이고, 3번은 데이터에 알고리즘을 적용해 인공지능을 만드는 플랫폼 기업이라고 하자. 인공지능을 만드는 데 1명의 데이터와 1개의 알고리즘이 필요할 때 인공지능의 가치를 1이라고 한다.

인공지능에 대한 세 사람의 기여분을 각각 m_1, m_2, m_3라고 표현하자. 순서가 (1, 2, 3)일 때에는 v(1)=0, v(1, 2)=0, v(1, 2, 3)=1이 된다. 1번과 2번의 데이터만으로는 인공지능을 만들지 못하고 3번의 알고리즘이 적용될 때 비로소 인공지능이 만들어지기 때문이다. 이 경우 세 사람의 기여분을 계산하면, m_1=v(1)=0, m_2=v(1, 2) − v(1)=0, m_3=v(1, 2, 3) − v(1, 2)=1이 된다. 여섯 가지 모든 순서에 대해 기여분을 계산하면 〈표 2〉와 같은 결과를 얻을 수 있다. 기여분을 평균하면 섀플리 가치(1/6, 1/6, 4/6)를 얻을 수 있다.

섀플리 가치는 인공지능의 가치 1을 분배하는 방식의 하나이다. 인공지능의 가치를 분배하는 또 하나의 방법은 시장균형이다. 시장균형은 (0, 0, 1)로서, 데이터를 제공하는 두 사람은 아무것도 분배받지 못한다. 시장균형이 왜 이렇게 되는지는 다음과 같은 협상의 과정을 생각해보면 이해할

| 표 2 | 인공지능 게임에서의 섀플리 가치

순서	m_1	m_2	m_3
1, 2, 3	0	0	1
1, 3, 2	0	0	1
2, 1, 3	0	0	1
2, 3, 1	0	0	1
3, 1, 2	1	0	0
3, 2, 1	0	1	0
합	1	1	4
평균(섀플리 가치)	1/6	1/6	4/6

수 있다. 일단 1번과 3번이 연합해서 1의 가치를 만들고 이를 1/2씩 나누어 가지기로 합의했다고 가정해보자. 이 합의는 2번이 3번에게 몫의 2/3를 줄 터이니 1번 대신 자기하고 연합하자고 제안하면 깨질 수밖에 없다. 그러나 이 연합도 불안정하다. 1번이 몫의 3/4을 주겠다고 3번에게 다시 제안할 수 있기 때문이다. 이런 과정이 반복되면 결국 3번은 가치의 전부를 차지할 수 있게 된다.

시장균형 (0, 0, 1)과 비교할 때 섀플리 가치(1/6, 1/6, 4/6)는 데이터를 가진 두 사람에게 0이 아니라 1/6씩의 가치를 부여한다.[11] 섀플리 가치는 공정하지만, 시장을 통해서 실현하기는 도달 불가능하다. 섀플리 가치대로 분배하는 방법의 하나가 기본소득이다. 알고리즘을 가진 사람의 소득에 50%의 세금을 매겨서 1/2의 가치를 모은 다음, 세 사람이 1/6씩 기본소득으로 나누어 가지면 되는 것이다.

데이터를 제공하는 사람이 무한대로 늘어나면 데이터를 제공하는 사람들의 섀플리 가치의 합은 인공지능 가치의 1/2에 수렴한다. 연합지성이든

---

11 알고리즘을 제공하는 사람의 플랫폼 독점이 사라져서 서로 경쟁하게 되면 알고리즘을 제공하는 사람의 섀플리 가치는 적어지고 데이터를 제공하는 사람의 섀플리 가치는 커진다.

연합행동이든 인공지능을 만드는 데 기여하는 수많은 사람은 인공지능 가치의 1/2에 대해 권리를 가지고 있다. 미래의 경제에서 상품의 대부분이 인공지능을 활용해서 생산된다면, 사람들은 전체 소득의 약 1/2을 기본소득으로 나누어가질 권리가 있다고 말할 수 있다.

6. 맺음말: 기본소득을 통한 이행

4차 산업혁명은 유기적 구성이 고도화되더라도 자본 축적으로 인해 상대적 과잉인구가 줄어드는 경향을 현저하게 약화시킨다. 교차 보조로 인한 극단적인 집중화 경향과 나눔 경제의 등장은 자본 축적의 영역인 상품 시장을 축소시킨다. 자본의 활동이 상품 시장을 축소시키는 경향을 만들기 시작한 것이다. 자본 축적의 영역이 축소되는 데다 새로 생겨나는 일자리의 상당한 부분이 불안정한 일자리이기 때문에 자본 축적을 통해 고용을 증가시켜서 궁핍화를 억제하는 경향이 위축되었다.

플랫폼 자본들은 경쟁에 의해 소멸되는 특별잉여가치 대신 시간이 갈수록 늘어나는 지대를 추구하고 있다. 플랫폼 기업들은 지대 추구 전략을 통해 이윤율 저하 경향을 극복할 수 있다. 그러나 지대 추구 전략은 다른 기업들의 시장 자체를 없애서 경제 전체로서는 이윤율 저하 경향을 촉진하는 모순적 결과를 낳고 있다.

인공지능 알고리즘을 오픈소스로 개방하는 이유에는 여러 가지가 있을 것이다. 하나는 알고리즘의 성능을 빨리 개선하기 위해서이다. 인공지능 개발에서 공동 생산은 사적 생산보다 더 높은 생산성을 낳고 있다. 이와 같이 오픈 소스 형태의 공유 자산을 생산수단으로 하는 공동 생산이 사적 생산보다 생산력을 더 빨리 증가시키고 있는 것이다. 공유 자산에 기초한 공동 생산의 생산성이 빠르게 증가하면서 사적 소유를 절대시하는 생산관계는 생산력 발전에 점점 질곡으로 작용하고 있다.

인공지능은 수많은 사람들의 연합지성과 연합행동의 산물이다. 인공지능은 하늘에서 떨어진 만나와 같다. 만나의 축복이 노동자에게는 궁핍화 경향을 가져오고 전체 자본에는 이윤율 저하 경향을 가져오는 모순은 생산력과 생산관계가 점점 더 부조응되고 있다는 것을 의미한다.

플랫폼 기업들의 엄청난 초과이윤은 연합지성과 연합행동의 산물을 대가 없이 활용한 결과이다. 사람들의 연합지성과 연합행동은 인공지능 개발에 필요한 데이터를 제공한다. 데이터를 제공하는 사람이 무한대로 늘어날 때 데이터를 제공하는 사람들에게 분배되어야 할 섀플리 가치는 인공지능 가치의 1/2에 수렴한다. 미래의 경제에서 상품의 대부분이 인공지능을 활용해서 생산된다면, 사람들은 전체 소득의 약 1/2을 기본소득으로 나누어가질 권리가 있다고 말할 수 있다.

4차 산업혁명은 가격을 0으로 만들어 상품 경제에서 비상품 경제로 전환되는 영역을 늘리고 있다. 나눔 경제 영역이 커지면서 사적 소유의 필요성이 줄어들고 있다. 가장 중요한 발명품인 인공지능은 공유 자산에 기초한 공동 생산에 의해 더욱 효율적으로 만들어진다. 다른 한편으로 인공지능의 활용은 임금노동 일자리를 대폭 줄이고 있다.

기본소득은 이러한 21세기 생산력의 발전에 조응하는 제도이다. 기본소득은 단순히 4차 산업혁명으로 인해 늘어나는 실업자에게 기초생활을 보장하는 정책을 넘어선다. 기본소득을 실시하면 줄어든 임금노동 일자리를 나눌 수 있으며, 새로운 비임금노동 일자리를 만들어내는 일이 용이해진다. 소수의 사람들만 줄어든 임금노동 일자리를 독차지하고 대부분을 배제시키는 디스토피아를 막을 수 있는 것이다. 기본소득은 공유 경제의 영역을 넓힌다. 이는 늘어나는 공동 생산으로부터 생기는 소득의 일정

부분을 나누어 가지는 것이므로 생존을 위해 임금노동에 의존할 필요성을 크게 낮춘다. 또한 노동력의 상품성을 크게 낮추고 공유 자산을 확대시켜 21세기로의 이행에 도움을 준다.

참고문헌

강남훈. 2002. 『정보혁명의 정치경제학』. 문화과학사.

______. 2015. 「섀플리가치와 공유경제에서의 기본소득」. ≪마르크스주의 연구≫, 제12권 제2호.

______. 2016. 「인공지능과 기본소득의 권리: 마르크스의 지대이론과 섀플리 가치 관점에서」. ≪마르크스주의 연구≫, 제43호.

강남훈·강성윤·류동민·박성수·이경천·이채언·채만수. 2007. 『정보재 가치논쟁』. 한신대학교 출판부.

김유선. 2016. 「비정규직 규모와 실태」. ≪KLSI Issue Paper≫, 제4호(2016.6.17).

네그네빗스키, 마이클(Michael Negnevitsky). 2013. 『인공지능 개론』. 김용혁 옮김. 한빛아카데미.

다이어맨디스(Peter Diamandis)·코틀러(Steven Kotler). 2012. 『어번던스』. 권오열 옮김. 와이즈베리.

란츠, 브레트(Brett Lantz). 2014. 『R을 활용한 기계학습』. 전철욱 옮김. 에이콘.

러셀(Stuart Russell)·노빅(Peter Norvig). 2016. 『인공지능: 현대적 접근방식』. 류광 옮김. 제이펍.

리프킨, 제러미(Jeremy Rifkin). 2014. 『한계비용 제로 사회』. 안진환 옮김. 민음사.

마르크스, 카를(Karl Marx). 1992. 『자본론』 제1권. 김수행 옮김. 비봉출판사.

______. 2004. 『자본론』 제3권. 김수행 옮김. 비봉출판사.

마쓰오 유타카(松尾豊). 2015. 『인공지능과 딥러닝』. 박기원 옮김. 동아엠엔비.

마이어-쇤버거(Viktor Mayer-Schonberger)·쿠키어(Kenneth Cukier). 2013. 『빅 데이터가 만드는 세상: 데이터는 알고 있다』. 이지연 옮김. 21세기북스.

브라이버먼, 해리[해리 브라이버만(Harry Braverman)]. 1989. 『노동과 독점자본』. 강남훈·이한주 옮김. 까치.

사이먼, 필(Phil Simon). 2015. 『당신의 흔적에 기회가 있다: 무시하기에는 너무 큰 존재, 빅 데이터』. 장영재·이유진 옮김. 한국경제신문사.

안현효. 2016. 「인지에 적용된 공유자원 패러다임: 기본소득의 가치론적 기초」. ≪마르크스주의 연구≫, 제13권 제2호.

조영임. 2012. 『인공지능시스템』. 홍릉과학출판사.

차원용. 2016. 「페이스북 인공지능-기계학습-딥러닝의 현재와 미래」. ≪Electronic

Science≫, 2013. 5. http://www.elec4.co.kr/article/articleView.asp?idx=14047#.
판 파레이스, 필리페(Philipe Van Parijs). 『모두에게 실질적 자유를』. 조현진 옮김. 후마니타스.

Bregman, Rutger. 2016. *Utopia for Realists: How We Can Build the Ideal World*. Little, Brown and Company.
______. 2017. *Utopia for Realists: The Case for a Universal Basic Income, Open Borders, and a 15-hour Workweek*. The Correspondent.
Brin, Sergey and Lawrence Page. 1998. "The Anatomy of a Large-Scale Hypertextual Web Search Engine." *Computer Networks and ISDN Systems*.
GAO(US Government Accountability Office). 2015. "Contingent Workforce: Size, Characteristics, Earnings, and Benefits." GAO-15-168R.
Frey, Carl and Michael Osborne. 2013. *The Future of Employment: How Susceptible Are Jobs to Computerization?* Oxford Martin School.
Katz, L. F. and A. B. Krueger. 2016. "The Rise and Nature of Alternative Work Arrangements in the United States, 1995-2015."
Lessig, Lawrence. 2002. *The Future of Ideas: the Fate of the Commons in a Connected World*. Vintage Books.
McFarland, Kate. 2016. "UNITED KINGDOM: Web inventor Sir Tim Berners-Lee on benefits of UBI." *Basic Income News*, 2016.5.28.
Poole, D. and A. Mackworth. 2010. *Artificial Intelligence: Foundations of Computational Agents*. Cambridge University Press.
Le, Quoc V., Marc' Aurelio Ranzato, Rajat Monga, Matthieu Devin, Kai Chen, Greg S. Corrado, Jeff Dean and Andrew Y. Ng. 2012. "Building High-level Features Using Large Scale Unsupervised Learning." Proceedings of the 29th International Conference on Machine Learning. Edinburgh, Scotland, UK.
Rochet, Jean-Charles and Jean Tirole. 2004. "Two-Sided Market: An Overview." IDEI working paper.
Scarf, Herbert. 1962. "An Analysis of Markets with a Large Number of Participants." *Recent Advances in Game Theory*. The Princeton University Conference.
Shapley, L. S. 1953. "A Value for N Person Games." *Annals of Mathematical Studies*, XL.
Shapley, L. S. and Martin Shubik. 1969. "Pure Competition, Coalitional Power, and Fair

Division." *International Economic Review*, 10(3).

Silver, David, Aja Huang, Chris J. Maddison, Arthur Guez, Laurent Sifre, George van den Driessche, Julian Schrittwieser, Ioannis Antonoglou, Veda Panneershelvam, Marc Lanctot, Sander Dieleman, Dominik Grewe, John Nham, Nal Kalchbrenner, Ilya Sutskever, Timothy Lillicrap, Madeleine Leach, Koray Kavukcuoglu, Thore Graepel and Demis Hassabis. 2016. "Mastering the game of Go with deep neural networks and tree search." *Nature*, Vol.529(28 Jan.).

Simon, Herbert. 2000. "UBI and the Flat Tax." Phillip van Parijs(eds.). *What's Wrong with a Free Lunch*. Beacon Press.

Srnicek, Nick. 2017. *Platform Capitalism*(Theory Redux). Kindle Locations. Wiley: Kindle Edition.

Taigman, Yaniv, Ming Yang, Marc' Aurelio Ranzato and Lior Wolf. 2014. "Deep Face: Closing the Gap to Human-Level Performance in Face Verification." Conference on Computer Vision and Pattern Recognition. CVPR(24, June).

21세기 혁명과 이행에서의 주체 형성 전략

박영균 | 건국대학교 인문학연구원

1. 들어가며: 20세기 사회주의의 몰락과 21세기 자본주의의 위기

20세기는 독점자본주의가 낳은 제국주의 국가들 간의 충돌로 인해 인류 역사상 가장 처참했던 세계대전을 두 차례나 연거푸 치른 '전쟁의 시대'였다. 하지만 다른 한편으로 자본주의에 대한 대안적 체제로서 사회주의라는 이념의 성공과 실패, 영광과 욕됨이 함께한 시대이기도 했다. 20세기 초반 발발한 제1차 세계대전은 '제국주의 전쟁을 내전으로'라는 슬로건을 제출했던 볼셰비키 혁명과 더불어 종식되었으며, 20세기 중반 종식된 제2차 세계대전은 중국과 동유럽에서의 인민민주주의 혁명으로 이어졌다. 따라서 독점자본주의가 불러온 제국주의 전쟁은 사회주의라는 새로운 체제의 등장으로 이어졌다.

하지만 20세기 '반제' 민족주의와의 결합을 통해 성장했던 사회주의는 1956년 흐루시초프의 스탈린 비판 이후 이어진 폴란드의 총파업 및 헝가리 봉기, 1968년 프라하의 봄으로 이어지는 일련의 사태 속에서 이미 그전과 같은 의미와 가치를 가질 수 없을 정도로 퇴락해가고 있었다. 1986년 소비에트연방의 고르바초프는 페레스트로이카를 추진했다. 그러나 이는 오히려 현실사회주의의 몰락을 가속화시키는 효과만 낳았을 뿐이다. 20세기의 마지막 10년 동안 현실사회주의권은 완전히 붕괴·해체되었다. 1989년 폴란드, 헝가리로부터 시작된 동유럽혁명은 동유럽 전체로 번져 나갔으며 1991년에는 냉전의 한 축을 형성했던 소비에트연방 자체가 해체되었다.

하지만 이런 '체제 경쟁에서의 승리'에도 불구하고 21세기 전반기를 지배한 것은 '자본주의의 승리'가 아니라 오히려 '자본주의에 대한 비판'이었다. 1998년 베를린에서 시작된 '반세계화 투쟁'은 1999년 시애틀 투쟁을 거쳐 매년 벌어지는 연례행사가 되었고, 탐욕스러운 자본주의에 대한 비판은 2012년 월스트리트 점거 투쟁에서 보듯이 세계 자본주의 체제의 심장부인 미국 본토를 강타했다. 이는 사회주의와 체제 경쟁을 벌여야 했던 자본주의가 냉전이 붕괴된 이후 고삐 풀린 망아지처럼 탐욕스러운 이윤추구의 욕망을 따라 전 세계를 착취하면서 지구적 위험을 생산하는 기관차가 되었기 때문이다.

역사적으로 보았을 때, 1970년대까지는 적어도 상대적인 빈부 격차가 완화되는 경향을 보였다. 그러나 1980년대 이후 상대적인 빈부 격차는 점점 더 확대되었으며 90 대 10의 사회를 거쳐 오늘날에는 99 대 1의 사회가 되어버렸다. 이것은 1980년대부터 본격화된 신자유주의 지구화가 20세기 말을 지배했기 때문이다. 사적 자본들은 시장자유화를 내세워 공공적인 것들을 공격해 사유화했고 1%도 안 되는 금융자본은 피와 땀으로 일군 타인의 부를 빼앗는 약탈의 시스템을 만들어가기 시작했다. 게다가 오늘날 세계 자본주의 체제는 자본과 임노동의 착취 메커니즘을 제1세계와 제3세계, 여성과 남성, 그리고 인종적 차별과 결합시켜놓았을 뿐만 아니라 인간과 자연의 유전자들을 포함한 생명 일반에 대한 약탈을 본격화하고 있다.

그러나 이와 같은 자본의 공격은, 다른 한편으로 지구적이면서도 총체적인 자본의 위기를 불러오는 것이기도 하다. 2008년 미국의 금융위기뿐만 아니라 2010년 디폴트 선언 직전까지 간 그리스의 재정 적자로부터 시작되어 포르투갈, 이탈리아, 아일랜드, 스페인 등지로 번져나간 유럽의 금융위기가 보여주듯이, 오늘날 세계 자본주의 체제의 위기는 전 지구적 양상을 띠고 있다. 게다가 오늘날 자본주의 체제에서 부는 자신이 흘린 땀이 아니라 '남의 땀'을 약탈함으로써 만들어진 것이다. 따라서 오늘날 자본은 노동자들을 고용하지도 않고 사람들이 생산한 가치를 약탈함으로써 그 자신의 존재론적 정당성을 파괴하고 있을 뿐만 아니라 이윤율의 경향적 저하라는 자본의 한계를 향한 운동을 가속화하고 있다.

미국의 사회학자 이매뉴얼 월러스틴(Immanuel Wallerstein)은 현시대를 세계 체제의 헤게모니적 재편을 넘어서는 "하나의 역사적 체계로서 근대 세계 체제가 최종 위기에 진입"(월러스틴, 2009: 11)한 것으로 규정하면서 다음과 같이 말한다. "…… 이 역사적 체계는 다른 역사적 체계들처럼 모순을 지니고 있고, 이 모순이 특정 지점에 도달했을 때(달리 말해 궤적이 균형을 벗어났을 때) 체계의 정상적 작동은 불가능해진다. 체계는 분기점에 도달한다. 오늘날 우리가 이 지점에 도달했다는 징조는 많다. 탈농화, 생태 파괴, 그리고 민주화는 각각 상이한 방식으로 자본 축적 능력을 감소시킨다"(월러스틴, 2009: 108).

하지만 이런 자본주의 세계 체제의 위기가 마르크스가 말했던 '코뮤니즘(communism)'으로의 이행을 보장해주는 것은 아니다. 월러스틴도 다음과 같이 말하고 있다. "우리가 살고 있는 체계를 대체해 어떤 역사적 체계가 나타날지 우리는 확신할 수 없다. 우리가 확실히 알 수 있는 것은 우리가 살고 있는 이 독특한 체계, 국가가 끊임없이 자본 축적 과정을 지원하는 데 핵심적인 역할을 맡는 이 체계는 더 이상 유지될 수 없다는 것이다" (월러스틴, 2009: 109). 그러나 자본의 파국은, 자본주의 체제를 대체할 수 있는 삶의 방식으로 발전하지 못한다면 인류 전체의 파멸이라는 공멸로 나아갈 수밖에 없다.

게다가 억압은 저항을 생산하기도 하지만 억압에 순응하는 노예를 생산하기도 하며, 부조리한 현실에 대한 폭로는 행동을 생산하기도 하지만 역으로 절망과 무기력을 생산하기도 한다. 미국의 트럼프나 일본의 아베를 한 나라의 정치지도자로 만든 것도 다름 아닌 분노한 대중의 '증오'였다. 대중의 억압되고 박탈된 욕망이 불러오는 증오는 권력에 저항하기보다 오히려 자기보다 약한 자에 대한 공격을 생산하고 자신의 욕망을 초자아에게 전이시킴으로써 절대 권력을 생산하는 경향을 가지고 있다. 스피노자가 말했듯이 폭군은 대중의 슬픈 정념을 먹고 자란다.

오늘날 증오의 정치학은 미국과 일본에서만 작동하는 것이 아니다. 프랑스, 독일, 오스트리아와 같이 유럽에서 극우 정당들이 성장할 수 있었던 것도, 필리핀의 두테르테가 집권할 수 있었던 것도, 이명박과 박근혜가 집권할 수 있었던 것도 증오의 정치학이 작동했기 때문이다. 증오의 정치학은 대중의 분노를 통해 작동한다. 하지만 모든 분노가 증오의 정치학에 의해 포획되는 것은 아니다. 분노가 엄혹한 현실의 벽에 부딪혀 희망을 잃고 좌절하거나 자신의 무기력증과 결합될 때, 분노는 증오의 정치학에 포획되고 폭군을 생산하는 자양분이 된다. 따라서 문제는 대중의 분노가 아니다.

분노는 이미 차고 넘친다. 하지만 그 분노가 매우 깊음에도 불구하고 이를 타개할 희망을 가질 수 없을 때 사람들은 좌절하거나 무기력증에 빠져드는 경향이 있다. 따라서 현재의 시점에서 더욱 중요한 문제는 현실을 바꿀 수 있다는 희망을 만들고 실제로 현실을 바꿀 수 있는 힘을 만들어가는 것이다. 오늘날 다른 무엇보다도 정치적 실천이 화두가 되어야 하는 것은 이 때문이다. 정치적 실천은 대중의 분노를 대안적 세계의 건설이라는 자기긍정으로 전화시킴으로써 자기통치적인 주체들을 만들어내고 그들의 힘을 통해 세상을 바꾸어가는 것이다. 따라서 자본에 저항하면서 자본을 넘어 대안적 삶을 창출하는 '자본 이후의 삶'을 만들어가는 정치적 실천이 '지금-여기서' 시작되어야 한다.

2. 주체 형성 전략의 존재론적 토대와 노동자주의

청년 마르크스가 한때 동료였던 청년헤겔학파를 비판하고 '철학의 실천'에서 '실천의 철학'으로 나아갔던 것은 '비판'이라는 행위 자체가 가지고 있는 한계를 자각했기 때문이다. 비판은 현실의 부조리와 모순을 폭로하지만 이것만으로는 현실을 바꿀 수 없다. 마르크스는 "비판의 무기는 물론 무기의 비판을 대체할 수 없다"라고 말한다. 즉, 이론 또는 말을 가지고 하는 비판인 '비판의 무기'는 총·칼 같은 무기를 가지고 하는 비판인 '무기의 비판'을 대신할 수 없다는 것이다. "물질적 힘은 물질적 힘에 의해 전복되어야 한다. 그러나 이론 또한 대중을 사로잡자마자 물질적 힘이 된다"(마르크스, 1995: 9).

하지만 모든 비판이 대중을 사로잡는 무기가 되는 것도 아니며 모든 대중이 비판에 사로잡히는 것도 아니다. 비판이 대중을 사로잡기 위해서는 그 비판이 현실을 정확하게 진단하면서 사람들을 사로잡는 타당성과 설득력을 가지고 있어야 한다. 하지만 비판이 그와 같은 타당성과 설득력을 가지고 있다고 해서 모든 대중이 그 비판을 받아들이는 것은 아니다. 태어나고 자란 환경이 다르면 세계를 다르게 보고 다르게 인식한다. 따라서 비판이 대중과 결합하기 위해서는 그 비판이 정확성과 과학성을 갖추는 것만으로는 부족하다. 비판은 그 자신의 비판을 이해하고 받아들일 수 있는 존재들을 필요로 한다.

"혁명은 요컨대 수동적 요소, 어떤 물질적 기초를 필요로 한다. 이론은 항상 어떤 민족이 가지고 있는 욕구들을 현실화하는 것인 만큼 그 민족 속에서 현실화된다"(마르크스, 1995: 10). 따라서 마르크스는 혁명과 이행의 주체를 자의적으로 사고한 것이 아니다. 오히려 생산을 중심으로 맺는 자연과 인간의 관계라는 역사에 대한 유물론적 이해 위에서 그 사회의 모순과 메커니즘을 분석했으며, 그와 같은 운동이 경향적으로 보여주는 바를 따라 혁명과 이행의 가능성 및 주체의 존재론적 조건들을 규명하고자 했다. 그리고 이와 같은 분석을 통해 그는 다음과 같은 결론을 내렸다.

첫째, 코뮤니즘으로의 이행은 자본주의 메커니즘이 가진 운동 경향의 필연적 산물이다. 생산력의 발전은 분업의 발전으로 나타나며, 분업의 발전은 동시에 사회적 협업의 발전을 의미한다. 따라서 분업의 발전에 따른 생산력의 발전은 생산 그 자체를 더욱 사회적인 것으로 확장하는 '생산의 사회화'를 동반한다. 하지만 생산은 점점 더 사회적인 방식으로 더 많은 사람들의 협력에 의해 생산되는 반면, 그것이 생산한 결과는 사적으로 소유되기 때문에 '생산의 사회화'는 '사적 소유'라는 생산관계와 충돌할 수밖에 없다. 따라서 생산에 함께 참여한 노동자들은, 생산 결과 전체를 사적으로 전유하는 자본에 대해 저항할 수밖에 없다.

둘째, 생산의 사회화와 사적 소유 간의 모순은 계급투쟁으로 나타나는데, 이때 노동자계급은 자신을 해방시키기 위해 궁극적으로 코뮤니즘을 지향할 수밖에 없다. 생산력이 증가함에 따라 자본은 더 거대해지고, 자본이 거대해질수록 노동자는 자본에 더 철저하게 예속될 수밖에 없다. 하지만 노동이 이런 예속의 악순환을 벗어나지 못하는 이유는, 생산수단을 가지고 있지 못한 상태에서 먹고 살기 위해서는 자신의 노동력을 팔 수밖에 없기 때문이다. 따라서 노동자가 자신을 해방시킬 수 있는 유일한 길은, 아무도 생산수단을 독점하지 못하도록 사회화하는 것이다.[1] 바로 이런 점에서 마르크스는 노동자계급이 혁명과 이행에서 코뮤니즘의 경향을 담지하고 있는 계급이라고 주장했던 것이다.

셋째, 노동자계급은 코뮤니즘으로의 이행에서 사회경제적인 생산능력 그 자체를 가지고 있을 뿐만 아니라 노동자의 존재론적 성격 자체가 코뮤니즘에 친화적이다. 노동자는 무엇보다도 코뮤니즘의 물질적 기초인 사회적 생산력 자체를 체현하고 있는 존재이다. 따라서 노동자는 코뮤니즘으로 이행할 때나 그 이후에도 그 사회를 유지하고 운영하는 데 가장 중요한 핵심 역량이 될 수밖에 없다. 게다가 노동자들은 프티부르주아와 달리 개별적으로 노동을 하는 것이 아니라 여러 사람과의 협업을 통해 작업을 한다. 따라서 노동자들은 자신들의 존재 방식에서 공동체적인 삶에 친숙하며 집단주의에 이끌리는 성향을 가지고 있다. 마르크스주의와 노동운동의 결합이라는 마르크스의 주체 형성 전략은 이로부터 시작되었다.

그러나 오늘날 많은 사람들은 더 이상 노동자계급을 해방의 주체라고 생각하지 않는다. 이것은 노동자들이 자본주의와 싸우지 않았기 때문이 아니다. 오히려 노동자운동은 자본과 싸우면서 사회정치적 영향력을 지속적으로 확대시켜왔다. 특히 유럽의 노동조합들은 사민주의 정당들을 만들고 국가권력을 장악하기 위해 노력해왔으며 그 결과 정치적으로 좌우 날개를 구축하면서 국가를 통치하는 정치세력으로 성장했다. 하지만 이를 통해 그들은 자본을 극복하는 방향으로 나아간 것이 아니라 오히려

---

1 이것은 다음과 같은 논리와 정확히 조응한다. "…… 오로지 정치적일 뿐인 혁명은 어디에 근거하는가? 시민사회의 한 부분이 자신을 해방시키고 보편적 지배에 도달하는 것에, 어떤 특정 계급이 자신의 특수한 상황으로부터 사회의 보편적 해방을 도모하는 것에 근거한다"(마르크스, 1995: 12).

자본과의 사회-정치적 협력을 통해 자본주의 체제를 안정적으로 유지하는 중심축이 되었다. 따라서 이는 마르크스 이후, 마르크스주의 정치가 새로운 사회로의 혁명과 이행을 위한 주체를 생산하는 데 실패했음을 의미한다.

그렇다면 마르크스주의 정치는 노동자계급을 코뮤니즘적 주체로 만들어가는 데 왜 실패한 것일까? 다른 요인들도 있지만 마르크스주의 내적으로 보면 무엇보다도 먼저, 마르크스주의가 노동운동과 결합하면서 오히려 '노동자주의'에 포획되어버렸기 때문이라고 할 수 있다. 노동자주의는 노동자라는 계급적 환경 및 사회적 위치들에 의해 공유되는 가치 및 정서를 특권화함으로써 그들 사이에서의 일체성을 생산한다. 한때 지하철노조는 자기 자신을 '남한 최대의 지하조직'이라고 소개했다. 물론 이는 진실이 아니다. 하지만 이와 같은 상상이 각종 탄압과 억압에 대항해 그들을 묶는 '접착제'이자 함께 투쟁하도록 만드는 '수행성'을 제공했다. 하지만 노동자주의 또한 객관적 실재와 자신을 상상적으로 동일화함으로써 그들 스스로를 주체화하는 이데올로기이다.

자본주의 사회에서 자본가와 노동자는 서로가 상대의 존재를 전제로 해서만 존재할 수 있으며 상호 협상의 파트너로 존재한다. 노동자들은 자신의 노동력을 좀 더 비싼 가격에 팔기 위해 자본과 대립하지만 자본가들 사이의 경쟁에서 그들은 운명을 같이한다. 따라서 노동자들은 임노동자로 존재하는 한에서 자본에 친화적이다. 회사가 위기에 빠지면 이전까지 격렬하게 대립했던 노동자들이 나서서 임금을 삭감하고 적극적인 협조 관계로 돌아서는 것은 이 때문이다. 따라서 노동자들은 존재론적으로 '해방의 주체'가 될 수 있는 잠재력을 가지고 있을 뿐, 그 자체로 '혁명적인 존재'라고는 할 수 없다.

노동자들은 자본주의의 내적 분열과 대립을 체현하고 있는 모순적 존재로, '양가적(ambivalent)'이다. 한편으로 그들은 자본에 대항해 투쟁하는 '반(反)자본'으로 존재하기도 하지만 다른 한편으로는 자본과 운명을 같이 하는 파트너이자 협력자인 '친(親)자본'으로 존재하기도 한다. 이는 하나의 기업이나 공장 단위에서만 나타나는 현상이 아니다. 오늘날 유럽의 사회민주주의 정당들이 자본주의 지배 체제의 한 축으로 자리 잡게 된 것은, 노동운동이 성장하면서 '독일사회민주노동당'과 같은 마르크스주의 정당이 노동조합주의적인 흐름에 의해 오히려 통제되었기 때문이다.

바로 이런 점에서 코뮤니즘적 주체는 자본 내부에서 자연 발생적으로 만들어질 수 없다. 자본주의 체제는 계급투쟁 속에서 지속적으로 튕겨져 나가는 자들을 다시 묶어내는 자본주의적 인간들을 생산했다. 그들은 자신을 '주체'라고 믿음으로써 자본주의의 정치·경제적인 사회 시스템에 따라 자발적으로 인식하고 판단하고 행동하도록 하는 '수행적' 효과를 생산한다. 주체를 뜻하는 'subject'는 정치학적으로 '국민'인 동시에 '신하', '신민'을 의미한다. 또한 이 단어가 동사로 사용될 때는 '지배하다', '통치하다', '복종시키다'와 같은 의미를 가진다.

그러므로 자본주의는 노동자를 '노동자'로 호명함으로써 노동자를 주체화한다. 이때 호명되는 노동자는 '노동만이 가치를 생산하는 생산자'로 불리며 자신을 '노동자'로 코드화함으로써 자본주의적 인간형이 된다. 그런데 노동자주의는 바로 이와 같은 '노동 중심=생산 중심'에 근거해 자신을 이 사회의 주인으로 주체화한다. 따라서 노동자주의를 벗어난 전혀 새로운 주체화 전략이 필요하다. 그러나 이것은 도덕적인 정신교육을 통해 만들어낼 수 있는 것이 아니다. 교육이 필요한 것은 맞지만 아무런 물질적 기초 없이 정신과 의식에 대한 외적인 주입 및 세뇌를 통해 새로운 인간형이 만들어질 수는 없다. 따라서 코뮤니즘을 향한 혁명과 이행의 주체 형성은 자본주의 체제 자체가 가지고 있는 내재적 모순과 그 모순이 생산하는 균열로부터 출발할 필요가 있다.

3. 모순적 주체와 탈자본화된 신체의 형성[2]

우리는 흔히 '사회적 존재가 사회적 의식을 규정한다'(테제 ①)라는 유물론적 테제에 따라 노동자계급은 노동자계급으로서의 의식을 가지고 있기 때문에 자본에 저항하는 해방의 주체라고 말한다. 하지만 마르크스의 『독일 이데올로기』에는 이와 전혀 다른 상반된 테제가 존재한다. '한 시대의 지배적 사상은 지배계급의 사상이다'(테제 ②)라는 테제가 그것이다. 테제 ①에 따르면 지배적 사상은 노동자들의 사상이 되어야 한다. 왜냐하면 자본주의에서 다수는 노동자들로, 다수가 노동자의 의식을 가지고 있기 때문이다. 하지만 테제 ②에 따르면 이와 반대로 자본주의에서 지배 사상은 여전히 자본가의 사상일 수밖에 없다. 왜냐하면 자본주의에서 지배계급은 자본가이기 때문이다. 따라서 이 2개의 테제는 모순적이다.

하지만 마르크스는 이 2개의 테제 중 어느 하나를 버리는 것이 아니라 양자를 모두 취한다. 왜냐하면 이 모순은 자본주의 사회에서 살고 있는 피지배자들 자신의 의식 상태를 보여주고 있기 때문이다. 인간은 기본적으로 유물론적이다. 그는 자신이 체험하고 경험한 세계가 곧 '세계 그 자체'라고 생각한다. 노동자는 자본가와 다른 세계를 경험한다. 따라서 노동자가 느끼는 정서와 가치는 자본가와 다르다. 테제 ①은 바로 이런 두 계급이 가질 수밖에 없는 의식의 분열을 표현한다. 반면 테제 ②는 이런 정서

2 3절부터의 논의는 ≪진보평론≫ 47호(2011)에 발표한 「주체형성의 유물론적 관점: 사회적 신체와 연대의 정치학」을 이 글의 주제에 맞게 수정·보완한 것이다.

와 가치의 차이에도 불구하고 노동자들이 자본가의 사상을 따르는 현실을 표현한다.

일반적으로 이제까지 사람들은 테제 ②를 신문, 방송과 같은 대중매체의 조작과 세뇌로 보는 경향이 있었다. 그러나 이는 매우 피상적인 이해일 뿐이다. 테제 ②는 단순히 조작이나 세뇌의 산물이 아니라 노동자 자신의 사회적 위치가 '임노동자'이기 때문에 성립하는 것이다. 마르크스가 『자본론』에서 보여주듯이 상품물신성은 자본주의 사회 자체가 상품의 방식으로, 상품들의 관계로 나타나기 때문에 성립한다. 부르주아 사회에서의 상품은 "경제적 세포 형태"(마르크스, 1989: 4)일 뿐만 아니라 '사회적 관계'이며 화폐는 모든 노동을 추상노동 일반으로 환원한다. 따라서 노동력이라는 상품을 사는 자본가뿐만 아니라 자신을 상품으로 판매하는 노동자 자신도 모든 존재를 '독립적이고 동등한 원자적 개체'로 이해하며 사회를 이기적인 존재들의 경쟁 상태로 인식한다.

부르주아 정치학과 사회학의 출발점인 개체론과 계약론, 그리고 대의제와 일인일표, 시장적 자유의 관념이라는 표상은 바로 이런 인식의 틀을 반영한다. 여기에서는 자본가뿐만 아니라 노동자들에게도 토대와 상부구조의 상품적 동형성이 유지된다(박영균, 2007). 왜냐하면 그가 노동력이라는 하나의 상품으로 존재한다는 사실 이외에 일상적인 삶에서 그들이 경험하는 세계 자체가 상품－화폐 교환 체제로 작동하는 자본주의이기 때문이다. 여기서 그들의 일상을 지배하는 것은 온통 '상품－원자'로 추상화된 세계이다.

'평등'은 질적 차이들이 배제된 양화된 '등가성'으로, '자유'는 이런 추상적인 개인들의 합리적 '선택'으로, '주권자'는 일인일표를 가진 '선거권자'로 코드화된다. 질 들뢰즈(Gilles Deleuze)가 말했듯이 자본주의 사회에서 공리는 오직 하나밖에 없으며(Deleuze and Guattari, 2005) 그것도 자본이 양화하는 화폐의 공리만이 존재한다. 그러나 이런 자본의 외부가 전혀 없어 보이는 자본의 전체성 내부에는 '노동과 노동력'이라는 간극이 존재한다. 자본가는 임노동이라는 상품을 사서 자신의 가치를 증식하기 때문에 '상품(노동력) – 화폐(임금) – 자본물신성(이윤)'으로 이어지는 세계에서 자본가는 그 어떤 모순 없이 통일적인 일관성을 유지한다.

그러나 노동자는 그렇지 않다. 노동력은 인간의 노동을 상품화한 매우 특수한 상품이기 때문이다. 자본가는 노동력이라는 상품만을 필요로 하는 반면 임노동자는 노동(생명)의 재생산 없이는 노동력을 재생산할 수 없다.[3] 따라서 자본주의 사회에서 자본가가 보는 것은 오직 '노동력'이라는 상품이지만 노동자가 보는 '노동력'은 자기 자신의 생명을 재생산하는 '노동'과 분리 불가능하다. "자본은 자본을 목적으로 하는 임노동자가 아닌 자기 자신을 목적으로 하는 임노동자와 대면"(마르크스, 1989: 109)할 수밖에 없다. 여기에 계급투쟁의 필연성이 주어져 있다.

자본가는 노동력의 가치(임금)를 노동자의 육체적 최소치-생존적 필요(need)로 줄이려고 하는 반면 노동자들은 항상 그 반대편을 향한다. 따라서 노동자는 이 간극, 갈등, 모순을 무의식적으로 체현한다. 이를 인지하는 것은 '의식'이 아니라 '신체'이다. 하지만 그렇기 때문에 이런 노동자들의 인지는 모호하며 충동적이다. 그의 신체는 일상적으로 체현된 자본주의적 아비투스라는 전체적인 틀 속에서 살아가지만 끊임없이 그로부터 빗겨져 나가는, 또는 나가고자 하는 충동을 경험할 수밖에 없다. 자본주의의 위기가 전면화할 때 이러한 충동과 갈등은 더욱 강화된다.

그러나 이런 충동은 일시적이며 모호하기 때문에 지속성을 가지고 있

---

3 "전체로서의 자본은 모든 전제조건과 모든 가정이 결과물로 나타나는 완전한 총체가 아니다. 전체로서의 자본은 반드시 어떤 타자와 관계를 맺지 않고는 스스로 존재할 수 없는 것으로 나타난다"(리보위츠, 1999: 100).

지 않다. 따라서 문제는 '위기'가 생산하는 계급투쟁이나 충동에 대한 무조건적인 찬양이 아니다. 오히려 문제는 이 간극과 모순 속에서 생산되는 '비자본주의적 또는 반자본주의적 충동'을 '탈자본화된 신체'로 전환시키는 전략이다. '탈자본화된 신체'는 단순히 자본에 저항하는 신체에 머무는 것이 아니라 자본주의와 전혀 다른 코뮤니즘적 원리와 가치를 체화하고 있는 신체이다. 따라서 그것은 일거에 획득될 수 없으며 신체에 각인되어 가는 지속성과 반복성, 습관화를 필요로 한다. 노동조합적인 좌파들을 비롯한 무능력한 좌파들이 하는 '노동과 노동자에 대한 찬양'은 자본이 생산하는 '자본주의적 신체'를 고려하지 않고 있다.

자본은 노동자들의 빗겨남이라는 충동을 자본주의 내부로 포획하기 위해 다양한 기제, 국가의 억압적 장치와 이데올로기적 장치, 그리고 시민사회에 존재하는 다양한 생활·문화·소비적 기제를 발전시켰다. 피에르 부르디외(Pierre Bourdieu)는 다음과 같이 말하고 있다. "국가는 일정한 영토와 이에 상응하는 인구 전체에 대해 물리적이고 상징적인 폭력을 합법적으로 사용하는 독점권을 성공적으로 요구하는 X(결정력이 있는)이다. 국가가 상징적 폭력을 행사할 수 있는 이유는, 국가가 특수한 구조들과 메커니즘들의 형태로 객관성을 통해 구현됨과 동시에, 정신적 구조들, 지각 및 사유 구조들의 형태로 주관성을 통해, 또는 이를테면 두뇌를 통해 구현되기 때문이다"(부르디외, 2005: 118~119).

그러므로 새로운 사회의 형성은 '자본주의의 위기'에 일시적이자 간헐적으로 터져 나오는 '대중운동'만으로 형성될 수 없으며 '탈자본화된 신체'를 생산하는 '주체 형성 전략' 없이 가능하지 않다. 이런 점에서 마르크스주의에서의 주체 형성은 발리바르가 말했듯이 "현실적 모순", "하나의 모순적인 현실, 사회주의 사회에서 '지배계급'의 역할을 수행하는 프롤레타리아트의 상황과 마찬가지의 모순적인 현실"(발리바르, 1988: 145)에서 출발해야 한다. 하지만 이런 모순적 현실이 노동자계급에 대한 포기를 의미하지는 않는다. 오히려 그것은 모순적 존재로서 노동자계급에 주목하면서 자본의 외부를 창출하는 정치적 주체로 조직해가는 것이다(박영균, 2008 참조).

4. 현대 자본주의의 총체적 위기와 대안적 실험들

자본주의는 단순히 사적 소유라는 거대한 경제권력과 정치권력으로만 지배되는 것이 아니다. 이른바 '정통' 좌파는 부르주아 국가권력을 단순히 '부르주아의 집행기관'으로 보는 경향이 있다. 하지만 이와 같은 관점은 부르주아지가 가지고 있는 '토대와 상부구조'상의 동형성만을 볼 뿐, 계급투쟁은 보지 않는 것이다. 부르주아지는 노동자계급과의 계급투쟁 속에서 계급으로 존재한다. 따라서 그들은 계급투쟁을 관리하고 부르주아적 지배 헤게모니 속으로 노동자들을 비롯한 피억압 인민들을 흡수하는 전략을 취한다. 부르주아 국가 장치가 물리적인 강제력뿐만 아니라 이데올로기적 지배 장치를 만들면서 관료제적 장치를 확장해온 것은 바로 이 때문이다.

부르주아 국가는 "전 사회를 자기 자신의 문화적·경제적 수준으로 동화시킬 수 있는 유기체로서" "교육자"(그람시, 1993: 276)이기도 하다. 그람시가 고뇌했던 것은 바로 이와 같은 부르주아적 지배의 '총체성'이다. 이는 알튀세르에게도 마찬가지이다. 알튀세르는 '대표제'(대의제-대리주의), '관료제'(기술관료주의 또는 행정관료주의), '수직적 체계로서의 군대식 모델', 이 세 가지를 당 형태 위기의 주요한 원인으로 지목(윤소영, 1996: 69)하면서, 공/사 영역과 정치/경제의 이분법을 비판하고 있다. 그러나 그는 이 지배의 총체성, 전체주의적 성격을 너무 과장함으로써 "국가 없는 정치", "국가 외부에 서 있는" "당의 자율성"(알튀세르, 1992b: 84)만을 일면적으로 강조하면서 "요새를 포기하라"라고 말하고 있다.[4]

반면 그람시는 이 이분법 속에서 모순을 본다. 그람시는 노동자계급이 가질 수밖에 없는 의식의 비동형성, 윤리적 가치의식과 자본주의 현실 간의 긴장과 충돌, 이 둘의 균열 가능성을 탐색한다. 여기서 그는 "새로운 문화의 창출을 위한 가능성과 필연성"(그람시, 1993: 295)을 본다. "새로운 문화를 창조한다는 것은 …… 비판적 형태의 진리가 확산됨을 의미하고, 마찬가지로 '사회화됨'을 뜻하고, 심지어는 역동적 행위의 기초와 통합의 토대가 된다는 것, 따라서 지적·도덕적 질서가 된다는 것을 의미한다"(그람시, 1993: 164). 그렇다면 이것이 의미하는 바는 무엇인가? 그것은 바로 '탈자본화된 신체'로서 새로운 사회의 아비투스를 만들어내야 한다는 것을 의미한다.

오늘날 자본주의는 정보통신, 인공지능 등의 기술적 발전을 기반으로 해서 노동을 생산 현장으로부터 몰아내고 있다. 게다가 생명과학 같은 기술로 자연과 인간의 유전자를 약탈하고 있으며, 공장을 넘어 사회 전체로 수탈을 확장하고 있다. 따라서 이들 자본에 의해 배제되거나 쫓겨난 자들이 흘러넘치고 있다. 가난한 자들은 상대적 빈곤에만 시달리는 것이 아니라 절대적 빈곤에도 시달리고 있다. 또한 이들이 겪는 빈곤은 단순한 경제적 빈곤을 넘어서 있다. 환경 유해 산업은 제1세계에서 제3세계로, 가난한 자들이 거주하는 지역으로 이전되며, 문화 시설들은 제1세계와 부자들이 거주하는 지역에 집중된다. 따라서 이들은 환경의 빈곤과 더불어 문화의 빈곤까지를 포함한 '총체적 빈곤'에 시달리고 있다.

---

4 알튀세르는 오늘날 당의 현재 상태를 "물속의 고기라기보다는 요새 속의 수비대"로 규정하고 "요새를 포기하라"라고 말한다. 이는 결국 현재의 정당들은 부르주아와 정당과 동일하므로 "부르주아 정당"과 다른 "당"을 만들라는 것이다(알튀세르, 1992a: 154~156).

그렇다면 무엇보다 먼저 출발해야 할 지점은 '연대와 우애의 아비투스'를 만들어가는 실험들을 실천적으로 생산하는 것이다. 인간은 자신이 체험하고 경험하는 것을 통해서만 자신의 사회적 신체를 형성한다. 만일 현실적으로 감각할 수 없거나 느낄 수 없다면 이는 현실성을 결여한 '낭만'이거나 '상상'이 될 수밖에 없다. 좌파의 이념을 많은 사람들이 '이상주의'적이라고 평가하는 것은 피부로 느낄 수 있는 현실을 창출하는 데 실패했기 때문이다. 따라서 유물론적 주체 형성 전략은 선전·선동이 아니라 다른 삶이 현실적으로 가능하다는 것을 몸으로 느낄 수 있는 '지금-여기서' 작동하는 대안적 삶을 창조하는 전략이 되어야 한다.

그러나 여기서의 현실은 '현행적인 것(actual)'이 아니다. 이는 '자본주의적 현실'에 굴복하지 않는, 따라서 자본주의적 현실을 벗어나 몸과 마음으로 '연대와 우애'를 유지하는 '코나투스적 지속성과 충실성'을 창출하는 것이다. 이런 점에서 교육자 자신도 교육되어야 한다. 그렇다면 교육자는 어떻게 교육되어야 하는가? 계몽주의자들은 이 교육을 이성의 빛에서 찾았다. 그러나 마르크스주의는 자본주의가 생산하는 모순에서 이 교육을 찾는다. 이러한 모순은 대중의 자생적 실천 속에서 모습을 드러낸다. 따라서 대중의 실험적인 실천들은 언제나 징후적이라는 의미에서 '전위적'이며 교육자들은 이와 같은 대중들의 실천 속에서 교육되어야 한다.

대중의 실천이 미래를 선취하는 것은, 그들이 '의식적으로 각성'된 상태에서 '실천'하기 때문이 아니라 자본주의가 생산하는 '위험'에 대처하는 그들의 삶이 다양한 실험들을 생산하기 때문이다. 이 실험들은 '조직노동자'나 '의식된 분자들'에게서만 나타나는 것이 아니다. '조직화된 의식'은 그들의 사상이 '과거'에 붙들려 있거나 '자기이해'나 '정치-운동'에 종속되어 있을 때 더 위험하다. 그들은 변화를 읽지 못하며 새로운 운동을 창안하지 못한다. 현재 좌파들이 앓고 있는 병은 바로 이것이다. 그들은 이제 앙상하게 남은 '계급'이니 '투쟁'이니 하는 것으로부터가 아니라 자본이 파괴하는 삶 속에서 스스로를 지키기 위해 실험적으로 삶을 만들어가는 대중의 실천으로부터 배워야 한다. 전위는 바로 이런 실험들의 선도성에서 주어진다.

오늘날 대중은 무수한 실험들을 만들어내고 있다. 이러한 실험은 매우 미숙하고 불안정하며 대부분 실패한다. 그럼에도 불구하고 이런 운동들은 지속되고 있다. 먹을거리 공동체인 '생협'이나 교육 공동체를 지향하는 '대안학교', 자연과 인간의 공존을 추구하는 '생태공동체', 레츠(Lets)와 같은 지역화폐와 '지역공동체 운동', 그리고 기본소득과 같은 실험들이 다양한 방식으로 실험되고 있다. 그러나 많은 '정통' 좌파들은 이런 실험들에 대해 냉소적이다. 그들은 이런 실험들이 현대 자본주의의 어떤 모순에서 폭발해 나오는지에 대해 사유하기 이전에 그 실험들의 미숙성과 불안정성을 꼬집어내기에 급급할 뿐이다.

그러나 이 실험들 속에서 좌파들이 배워야 할 것은 그들이 생산하는 현실이 바로 오늘날 현대 자본주의 체제가 낳고 있는 위기가 무엇인지를 보여주고 있다는 것이다. 현대 자본주의 체제가 생산하는 총체적 위기는 자본이 수세적 위기에 몰렸기 때문이 아니라 과학기술혁명과 사회적 생산력의 증가를 공세적인 축적 체제로 바꾸었기 때문에 발생한다. 여기서 포획되는 것은 자본-임노동의 계열 속으로 들어가는 극소수의 정규직 대기업 노동자들이다. 하지만 그들 또한 안정적인 것은 아니다. 그들에게는 더 강한 노동 강도와 유연한 노동 능력, 끊임없는 속도전이 요구된다. 따라서 불안은 오늘날 전 세계가 앓고 있는 병이며 생존에 대한 공포가 사람들을 지배하고 있다.

극단적으로 분열되는 세계 속에서 생존권의 벼랑으로 밀려나는 다수와 자신의 몸에 강제되는 자본의 규율은 개인의 다-감각적인 흐름을 통제하며 다른 존재와의 나눔을 근본적으로 차단한다. 여기서 개인들은 사회적 생산력이 만들어놓은 욕망의 흐름을 향유하지 못한다. 게다가 환경 – 생태의 파괴와 생명산업의 발전과 같은 생명 그 자체의 상품화는 시시각각 자기 생명의 원천적 에너지를 고갈시키고 있다. 따라서 자본의 지구화는 인간 존재 자체의 가치를 상실시킬 뿐만 아니라 문명까지 파괴하고 있다. 이런 상황에서 대중이 생존하기 위해 스스로 찾아낸 여러 가지 방책은 이미 자본에 의해 배제된 상태에서 대안적 삶의 공간을 찾는 것으로서, '자본 없이 살기'라는 방향을 가질 수밖에 없다. '코뮌'과 '자기통치'는 바로 이런 실험들이 보여주는 미래이다.

5. 대안 사회로서의 코뮌과 자기통치자로서의 주체 형성

그람시가 말한 현대 군주로서의 정당은 "있어야 할 것"을 창출하는 권력의 의지적 집합체이자 새로운 대중의 정신을 대중 스스로 창출하게 하는 "창조자요, 선도자"이다(그람시, 1993: 175). 그러나 이런 창조자로서의 역할은 정당이 대중 위에서 '이성의 빛'으로 대중들을 계몽하기 때문에 이루어지는 것이 아니다. 오히려 정당은 대중들이 삶에서 실험적으로 창조해낸 것들을 전국적이면서도 전 인민적인 것으로, 정치적인 어젠다로 만들면서 새로운 삶의 방식과 가치들을 보편화하는 주체들을 생산한다. 그런데 오늘날 지구화하는 자본이 생산하는 위험에 대처하면서 대중들이 생산한 실험들은 연대에 기초한 대안적 삶의 방식들을 만들어내는 것이다. 거기서 그들은 자기 스스로 자신의 삶을 돌보는 자기통치를 수행한다. 따라서 그들이 생산하는 다양한 삶의 방식은 코뮌적 삶을 체험하는 장을 제공하고 있다.

마르크스가 말했듯이 "코뮌은 노동자계급의 사회운동"으로, "그 행동의 조직화된 수단"(MEW 17, 1962: 545)일 뿐만 아니라 "무시무시한 계급 지배의 장치 자체를 부수기 위한 혁명 기관"(MEW 17, 1962: 541)이다. 하지만 코뮌이 하는 역할은 여기서 멈추지 않는다. 코뮌에서 더욱 중요한 점은 "사회가 국가 권력을 흡수하는 것"으로서, "사회적 해방의 정치적 형태"(MEW 17, 1962: 543)라는 점이며, 이때 코뮌은 의회와 행정의 통일 및 소환권과 같은 직접민주주의가 작동하는 자기통치 기관으로 등장한다. 따라서 코뮌은 사회혁명의 과정에서 자기통치자로서의 '주체를 형성하는 기관'이면서도 직접민주주의라는 '새로운 사회의 정치적 형태'이기도 하다.

하지만 이와 같은 코뮌은 위로부터 그 누군가에 의해 창안된 것이 아니며 역사적으로 그 형태가 고정된 것도 아니다. 1971년 출현한 파리코뮌과 1905년 러시아에서 출현한 소비에트, 그리고 1920년 이탈리아에서 출현한 공장평의회는 각기 다른 사회역사적 배경 속에서 대중들 자신에 의해 창안되었다. 예를 들어 1905년 러시아의 소비에트는 노동운동을 조직할 수 있는 노동조합이 없는 상황에서 전국적으로 일어나는 파업을 조정하는 기관으로 출현했다면, 이탈리아 토리노 지역의 공장평의회는 기존의 체제내화된 노동조합의 질서가 더 이상 자본의 위기를 흡수할 수 없는 상황에서 출현했다. 이런 점에서 오늘날 우리가 주목해야 할 것은 먹을거리와 환경 - 생태, 교육과 주거, 기본소득 등에 대한 대안적 운동들이다.

이들 운동은 자본이 생산하는 '삶의 위기'가 '생존의 위기'일 뿐만 아니라 '기술 지배와 환경 파괴'를 포함하는 총체적인 위기라는 점을 보여준다. 주체 형성은 이 위기에 조응하며 새로운 삶의 공간, 대안적 사회 형태를 만들어내는 것과 분리 불가능하다. 그런데도 기존의 정통 좌파는 경제적 불평등에만 주목하면서 노동 중심적 운동만을 주창하거나 사회혁명과 정치혁명을 이분법적으로 나누고 '선 정치혁명 후 사회혁명'이라는 단계론적 사고를 고수하는 경향을 가지고 있다. 게다가 더 나아가 이들은 혁명을 일회적인 격변기와 위기, 또는 파국으로만 간주하면서 혁명과 주체 형성의 문제를 분리하고 혁명의 과정 자체가 대안적 주체를 만들어가는 과정이라는 것을 망각하고 있다.

하지만 마르크스가 말한 새로운 주체는 단순한 경제적 평등이나 사적 소유의 직접적 부정으로만 귀결되는 '조야한 공산주의'와 다르다. '조야한 공산주의자들'은 자본의 착취(사적 소유)와 피착취계급의 빈곤한 삶만 볼 뿐이다. 그들은 욕망, 문화, 리비도에 알레르기적 반응을 보이면서 오직 필요(need)의 평등만 이야기할 뿐이다. 하지만 이는 『경제학·철학 수고』에서 이미 마르크스가 지적했듯이 오히려 양적 평등의 관념을 보존함으로써 자본주의적 소유 관념에 머물러 있는 것이다(마르크스, 1991: 153~154).

게다가 이와 같은 평등은 오늘날 자본주의가 생산하는 소비 욕망의 포획 망을 벗어날 수 없다. 현대 자본주의는 '상품의 미학화'와 '미학의 상품화'를 통해 다양한 상품의 차이라는 욕망, 그리고 다양한 형태의 상품적 향유를 생산한다. 따라서 오직 결핍을 해결하는 필요의 욕망에만 기초한 평등은 욕망의 다양성과 개인들의 차이를 배제함으로써 오히려 자본의 포획 능력을 강화할 뿐이다. 하지만 마르크스는 모든 감각을 오직 가짐(haben)이라는 소유욕으로 환원하고 절약과 억제를 외치는 국민경제학을 비판하면서 "다른 인간들의 감각들과 정신"이 "나 자신의 전유"가 되는, "인간적인 생활의 자기화 방식"으로 새로운 문명을 창조하고자 했다(마르크스, 1991: 159).

그러므로 진정한 마르크스주의적인 주체 형성은 무엇보다도 먼저 현대 자본주의가 발전시킨 생산력의 발전이 인간의 풍부한 자기발전이 아닌 노동의 배제를 통한 '과잉 생산'으로 귀결되는 현재의 국면을 전복하는 삶을 창조하는 실험들을 실천하는 과정 속에서 진행되어야 한다. 오늘날 우리가 목도하고 있는 세계는 2개로 분열된 세계이다. 한편에서는 충동과 향유의 세계가 존재하지만, 다른 한편에서는 결핍과 빈곤의 세계가 존재한다. '정통' 좌파는 '결핍과 빈곤의 세계'만 볼 뿐이지만 '풍요 속의 결핍'은 자본주의가 세상을 만들어내는 방식이다. 한국만 보더라도 글로벌적인 인간은 강남의 테헤란로에 존재하며 화려한 스펙터클은 강남의 쪽방촌을 감춘다. 사람들은 이 스펙터클한 자본주의의 역동성 속에서 녹아내리고 있다.

그러나 이는 단순히 세계의 종말, 윤리의 종말로만 파악할 문제는 아니다. 오늘날 자동화와 정보화, 4차 산업혁명은 직접적인 노동이 부의 원천이 되는 세계가 끝나가고 있음을 보여주고 있다. 따라서 노동 자체가 생산에서 배제되면서 노동의 위기가 가속화되고 있다. 하지만 다른 한편으로, 이와 같은 노동의 위기는 자본의 위기이기도 하다. 자본의 가치 증식은 기본적으로 노동을 통해 이루어지는데 '노동의 배제'는 바로 이와 같은 자본의 가치 축적이 더 이상 이전과 같은 방식으로 작동할 수 없게 만들기 때문이다. 급증하는 실업률과 비정규직의 양산, 그리고 청년 실업률의 상승 등으로 인해 자본은 더 이상 이전과 같은 양의 인구를 필요로 하지 않는다. 이런 점에서 오늘날 자본주의가 발전시킨 사회적 생산력은 임계점을 넘어서고 있다. 그러나 그럴수록 자본의 한계는 임박한 파국을 알리는 전조이기도 하다. 왜냐하면 자본주의의 윤리적 기초였던 노동의 권리와 자기 노동에 근거한 소유권이라는 자본주의적 논리의 기초가 무너지고 있기 때문이다.

게다가 오늘날 생산은 공장 안에 국한되지 않고 사회 전체의 차원으로 확장되었으며, 가치 생산 방식 또한 생산 현장을 벗어나 사회적 네트워크들을 통해 이루어지고 있다. 따라서 자본을 넘어선 대안적 세계의 구상도 노동 현장에 국한될 수 없다. 즉, 공장 안에서만 투쟁과 적대성이 발견되는 것이 아니라 임노동과 노동이 분리되어 관계하는 장, 자연적 생명과 에너지원이 고갈되면서 자본과 관계하는 장, 그리고 자본이 가부장제적 지배와 결합해 성적 차별을 극대화하거나 인종적 차별을 통해 더 많은 가치를 증식하는 장에서도 투쟁과 적대성이 발견되고 있다(박영균, 2012 참조).

오늘날 자본이 '가짐'이라는 단일 감각으로 사람들을 포획하면서 삶의 총체적인 위기를 생산하는 상황에서 노/자 간의 적대성만 이야기하는 것은 마르크스의 해방 전략에 적절하지 않을 뿐만 아니라 마르크스 자신의 의도에도 맞지 않다. 마르크스는 노동해방을 통해 더욱 생산적인 사회를 만들고자 한 것이 아니다. 그는 노동으로부터 해방된 더 문화적인 사회, 자연과 인간의 물질대사가 생태적으로 순환하면서 각인의 다면적이고 다-감각적인 욕망이 사회적으로 결합해가는 공동체를 만들고자 했다. '노동의 해방'은 '노동으로부터의 해방'과 동시적이다.

마르크스가 제시하려 한 사회는 "잉여노동을 정립하기 위한 필요노동시간의 단축이 아니라 사회의 필요노동시간의 최소한으로의 단축 일체, 그리고 여기에 모든 개인을 위해 자유롭게 된 시간과 창출된 수단에 의한 개인들의 예술적·과학적 교양 등이 조응"하는 사회이다(마르크스, 2000: 381). 따라서 혁명은 사회혁명과 정치혁명의 결합뿐만 아니라 문화혁명도 필요로 한다. 그람시는 이러한 사실을 알고 있었다. 그래서 그람시는 '유기적 지식인'과 '역사적 블록'의 창출 문제에 주력했으며 "헤게모니 개념의 정치적 발전은 정치적 실천의 진보뿐만 아니라 위대한 철학적 진보까지를 대변"(마르크스, 2000: 174)한다고 말했던 것이다.

6. 나가며: 총체적인 변혁과 21세기 주체 형성의 방향

오늘날 21세기의 주체 형성은 20세기 마르크스주의가 표방했던 노동자계급 중심의 주체 형성 전략이 직면한 실패 위에서 출발해야 한다. 마르크스주의의 주체 형성 전략이 실패한 것은 마르크스주의 내적으로 보면 노동자주의에 포획되었기 때문이기도 하지만 마르크스주의가 '정전화(canonization)'됨으로써 현대 자본주의 체제의 기술적-사회적 구성의 변화를 반영하지 못하고 있기 때문이기도 하다. 따라서 이런 현실의 변화를 반영한 주체 형성 전략을 모색해야 한다.

오늘날 기계에 의한 노동의 대체, 다양한 네트워크를 통한 생산의 사회화와 자본에 의한 자연과 인간에 대한 수탈은 '반(反)자본' 또는 '자본의 극복'을 더 보편적인 피억압 인민 전체의 문제로 바꾸어놓고 있다. 하지만 문제는 이처럼 폭넓게 확장되고 있는 사회운동들과 마르크스주의의 정치적 실천이 아직까지 만나지 못하고 있다는 점이다. 따라서 이에 대한 적극적 모색을 지금 당장 시작해야 하며 사회 변혁적인 정치라는 차원에서 노동운동과 사회운동을 결합시키고 이를 통해 헤게모니를 만들어가는 정치적 실천을 수행해가야 한다.

마르크스가 '코뮤나르드'를 자처하는 아나키스트들을 비판한 것은 파리코뮌이 사회혁명이라는 그들의 주장이 틀렸기 때문이 아니라 이와 같은 사회혁명이 본질적으로 정치혁명이었다는 점을 파악하지 못하고 있었기 때문이다. 마르크스가 보기에 코뮌은 새로운 주체를 만들어내는 물리적 기관이기도 하지만 또한 새로운 사회의 정치권력을 형성하는 대체 권력체로서 자기통치적인 주체들을 생산하는 기관의 역할을 수행하기도 했다. 따라서 21세기 주체 형성 전략은 자기통치자를 조직함으로써 '집합적 권력의지의 창출'을 정치의 핵심 목표로 삼아야 한다.

오늘날 다양한 사회운동과 아나키즘 운동, 그리고 대안적인 대중운동이 결여하고 있는 것은 바로 이와 같은 집합적 권력의지의 창출 행위로서의 정치이다. 그들은 스스로를 권력의지의 집약체나 권력체로 조직하지 않는다. 그렇기 때문에 자본주의 체제의 위기는 자본주의 정치의 무능력과 부르주아정치학의 사멸을 생산하고 있음에도 불구하고 자본주의적 국가의 관료적(과학-중립적이라는 표상) 체제 속에서 여전히 그 생명을 유지하고 있다. 하지만 '정치'란 다른 무엇이 아니다. 정치는 스스로 입법자이자 재판관이 되는 '물질적 힘', 즉 '권력'을 창출하는 것이다. 따라서 의회 - 제도정치를 포함해 제도권 정치에 적극적으로 개입하면서 자기통치의 힘을 강화시켜가는 정치적 헤게모니 전략을 전면화해야 한다.

그람시가 말했듯이 부르주아 국가가 지닌 필연적 약점은 "정치적·경제적 자유주의에서의 권력 분립"이다. 부르주아 지배 체제는 상품화 - 계약 - 일인일표라는 형식적 동형성을 가지고 있다는 점에서 매우 강력한 힘을 지니고 있지만 "자유주의의 약점의 원천"은 "관료주의, 즉 지도적인 요원의 고착화"에 있다(그람시, 1993: 260). 따라서 대안적인 사회운동은 정치혁명으로 나아가야 하며, 그 방향은 "'관료에 의한 지배'가 없어도 개인들과 집단들의 활동이 스스로 '국가'적인 성격을 지니는 형태"(그람시, 1993: 286)를 건설하는 데로 나아가는 것이다. 알튀세르는 그람시가 "정치사회와 시민사회에 대한 낡은 부르주아적 구분으로 되돌아감으로써 마르크스의 저 '사각 지역'을 밝게 하기보다는 오히려 더 어둡게 한 것"(알튀세르, 1992b: 81)이라고 평했지만 이것은 완전히 잘못된 논평이었다.

그람시는 "정치사회를 시민사회로 흡수"[5]하는 전략을 제시함으로써 부르주아 국가 장치로 끊임없이 흡수되는 사회운동, 그리하여 부르주아적인

5 "정치정당은 '사실상의 권력'을 지니고 있고 헤게모니적인 기능을 행사하며 '시민사회' 속의 이해들 간의 갈등을 균형지우는 역할도 수행한다. 그리고 시민사회는 사실상 정치사회와 깊이 얽혀 있어 모든 시민은 오히려 정당이 군림도 하고 통치도 하는 것으로 생각하게 된다. 끊임없이 운동하고 있는 이러한 현실에 입각할 때 전통적인 형태의 헌법을 창출하는 것은 가능하지 않다. 오직 가능한 것은, 국가의 목표는 바로 국가 자신의 종식과 소멸이라는, 다시 말해 정치사회를 시민사회로 재흡수한다는 원칙의 체계를 창출하는 일이다"(그람시, 1993: 268).

추상적 인간으로 환원되는 시민사회(Gegellscaft)가 아니라 진정한 '인간적 사회' 또는 '공동제적 사회'로의 길을 제시하고 있다. 이런 점에서 마르크스주의 외적으로는 연대의 정치를 전면화하고 이를 통해 접합적 주체를 만들어가야 한다. 적(마르크스주의)과 흑(아나키즘)은 정치혁명의 '이상'과 '목표'를 공유하며 적과 녹(생태주의) - 보라(페미니즘)는 사회혁명의 대안적 공동체와 주체 형성의 '내용', '자본의 극복', '존재의 풍요로움'을 공유해야 한다. 이들을 우리는 '적 - 녹 - 보라적 주체'라고 불러도 좋을 것이다.

'정통' 좌파의 오류는 바로 이 풍요로움, 새로운 사회 건설과 주체 형성의 내용을 앙상한 계급 모순으로 환원한다는 점에 있다. 노/자 모순의 해결만으로는 자연/인간, 남성/여성이라는 이분법을 해체할 수 없을 뿐만 아니라, 오늘날 자본주의가 야기하는 '위기'의 총체성에 대항해 형성되는 코뮤니즘적 전망을 열어줄 수도 없다. '성(性)모순'과 자연환경 및 생명의 파괴는 노/자 모순에서 나오는 것이 아니다. 따라서 더 인간적인 사회, 진정으로 공동체적인 사회를 건설하기 위해서는 적 - 녹 - 보라의 연대가 필수적이며 이들 사회의 주체들 또한 적 - 녹 - 보라적 주체가 되어야 한다(박영균, 2013 참조).

게다가 적 - 녹 - 보라의 연대적 주체를 형성하는 것은 현대 자본주의가 생산하는 위기와 위험들에 대처하기 위해서도 필요하다. 오늘날 자본주의는 임노동자를 1/3에 속한 특권적인 중산층으로 포섭하면서 그보다 더 많은 사람들을 '잉여 인간'으로 바꾸어놓고 있다. 따라서 오늘날 노동운동은 더 이상 단일하지 않을 뿐만 아니라 반자본적 운동의 특권을 가지고 있지도 않다. 기본소득이 전술적으로 필요한 이유는 이 때문이다. 기본소득은 '시혜적 복지의 관념'을 전복하며 긴급한 생존의 문제를 '인간권리'의 문제로 제기한다. 마찬가지로 대안적인 여성과 생태, 지역 자치운동들은 에너지 위기와 환경 - 생명의 파괴 문제뿐만 아니라 경제적 빈곤에 문화-

생태적 빈곤이 결합된 삼중의 빈곤 문제를 해결할 수 있는 모색들을 실천적으로 제기하고 있다.

그러므로 적-녹-보라의 연대적 정치는 오늘날 자본이 낳고 있는 사회적 위기가 요구하는 것이자 미래 사회로의 전망을 열어가는 길을 만들어가는 정치라고 할 수 있다. 물론 마르크스주의, 생태주의, 페미니즘은 각기 다른 패러다임을 가지고 있기 때문에 '하나'로 합쳐질 수 없다. 그러나 바로 그렇기 때문에 어느 하나만을 기반으로 한 변혁 운동은 불완전할 수밖에 없으며 미래 사회로의 이행을 창출하는 데 실패할 수밖에 없다. 따라서 적-녹-보라 중 어느 하나의 우위에 기초한 연대가 아니라 상호 차이를 나누는 방식의 연대가 작동되어야 한다(박영균, 2009 참조). 그렇기 때문에 노동운동가들은 생태주의와 페미니즘을, 생태운동가들은 마르크스주의와 페미니즘을, (여)성운동가들은 마르크스주의와 생태주의를 의식적으로 배우고 실천하면서 연대의 고리를 찾아가는 적-녹-보라적 주체들로 다시 태어나야 한다.

게다가 우리가 목도하고 있는 다양한 대안 공동체 운동과 다면적인 감성적 인지능력의 회복은 스스로 하나의 운동을 창출하고 있다. 또한 자본의 가치 증식 욕구는 자본의 위기를 돌파하면서 더 확장된 사회적 생산력과 사회적 욕망, 향유의 물질적 조건, 사회적 지성들을 창출하고 있다. 따라서 오늘날의 변혁 운동은 다양하게 확장된 네트워크를 통해 더욱 다면적이고 다감각적인 방식으로 사회 변혁을 추진할 수 있는 물질적 기반을 가지고 있다. 문제는 마르크스가 파리코뮌을 다루면서 말했듯이 사회혁명이 곧 정치혁명이고 정치혁명이 곧 사회혁명이라는 관점에서 양자를 분리하지 않는 자세이다. 그것은 곧 오늘날 적-녹-보라의 연대적 주체가 사회혁명을 정치혁명으로 전화시켜가면서 다른 한편으로 정치혁명을 이들 사회혁명에 근거해 추진하는 자들이라는 것을 의미한다.

그러므로 오늘날 자본의 총체적 위기에 대응해 사람들이 만들어내는 대안적 실험들을 기반으로 자기-통치적인 삶의 양식들로 바꾸어가면서 다른 한편으로 자본의 지배에 대항해 마르크스주의와 생태주의, 페미니즘 간의 연대를 구축하고 이런 이념들이 가지고 있는 가치를 보편적인 가치로 만들어가는 헤게모니 투쟁을 벌여나가야 한다. 또한 헤게모니 투쟁은 법－제도, 의회－선거까지를 포함해 제도 안과 밖, 제도 정치와 운동 정치가 결합한, 이중의 차원에서 진행되어야 하며, '행동의 조직화된 수단'이자 '사회적 해방의 정치적 형태'인 '코뮌'과 같은 자기통치적 권력체들을 사회 곳곳에서 만들어내는 방식으로 진행되어야 한다. 따라서 이들 주체는 적－녹－보라의 연대적 주체이면서도 자본에 대항해 헤게모니 투쟁을 수행하는 정치적 주체이자 대체 권력을 조직하면서 그 스스로 통치자로 성장해가는 민주주의적 주체라고 할 수 있다.

참고문헌

그람시, 안토니오(Antonio Gramsci). 1993. 『옥중수고』 I. 이상훈 옮김. 거름.

리보위츠, 마이클(Michasel A. Lebowitz). 1999. 『자본론을 넘어서』. 홍기빈 옮김. 백의.

마르크스, 카를[칼 맑스(Karl Marx)]. 1989. 『자본론』 제1권(상). 김수행 옮김. 비봉출판사.

______. 1991. 『1844년의 경제학 철학 초고』. 최인호 옮김. 박종철출판사.

______. 1995. 「헤겔 법철학 비판을 위하여: 서설」. 『칼 맑스·프리드리히 엥겔스 저작 선집』 제1권. 최인호 외 옮김. 박종철출판사.

______. 2000. 『정치경제학 비판 요강』 II. 김호균 옮김. 백의.

박영균. 2007. 『맑스, 탈현대적 지평을 걷다』. 메이데이.

______. 2008. 「맑스주의 정당, 외부라는 형식」. 경상대학교 사회과학연구원. ≪마르크스주의 연구≫, 제10호.

______. 2009. 「오늘날 맑스주의적 관점에서 적·녹·보라의 연대를 어떻게 모색할 것인가」. 메이데이. ≪진보평론≫, 40호.

______. 2010. 「노동의 신화와 노동의 종말, 그리고 문화혁명」. 메이데이. ≪진보평론≫, 46호.

______. 2011. 「주체형성의 유물론적 관점: 사회적 신체와 연대의 정치학」. 메이데이. ≪진보평론≫, 47호.

______. 2012. 「맑스의 국민경제학 비판과 현대자본주의체제 분석」. 메이데이. ≪진보평론≫, 54호.

______. 2013. 「자본주의의 내외부와 대안주체의 형성」. 『세계자본주의의 위기와 좌파의 대안』. 한울아카데미.

발리바르, 에티엔(Étienne Balibar). 1988. 『민주주의와 독재』. 최인락 옮김. 연구사.

부르디외, 피에르(Pierre Bourdieu). 2005. 『실천이성』. 김웅권 옮김. 동문선.

알튀세르, 루이(Louis Althusser). 1992a. 「당내에 더 이상 지속되어선 안 될 것」. 이진경 엮음. 『당내에 더 이상 지속되어선 안 될 것』. 새길.

______. 1992b. 「맑스주의 이론에서 국가 문제」. 이진경 엮음. 『당내에 더 이상 지속되어선 안 될 것』. 새길.

월러스틴, 이매뉴얼(Immanuel Wallerstein). 2009. 『우리가 아는 세계의 종언: 21세기를 위한 사회과학』. 백승욱 옮김. 창비.

윤소영. 1996. 『알뛰세르를 위한 강의』. 공감.

Deleuze, Gilles and Felix Guattari. 2005. *Anti-Oedipus: capitalism and schizophrenia*. Robert Hurley, Mark Seem and Helen R. Lane(trans.). Minneapolis: University of Minnesota Press.

Marx, Karl. 1962. Erster Entwurf zum, "Bürgerkrieg in Frankreich." *MEW 17*. Berlin: Dietz Verlag.

저자 소개(가나다순)

강남훈

서울대학교 경제학과 학사 및 박사, 현재 한신대학교 경제학과 교수

저서 | 『정보혁명의 정치경제학』, 『경제학자 교육혁신을 말하다』, 『기본소득 운동의 세계적 현황과 전망』, 『기본소득의 쟁점과 대안 사회』

김민정

사회학 학사, 문학 박사, 현재 성공회대학교 사회과학연구소 연구위원

저서 | 『환경사회학 이론과 환경문제』(공저) 『환경정의, 니가 뭔지 알고 시퍼』(공저)

역서 | 『마르크스의 생태학』(공역)

박영균

고려대학교 철학과 학사, 서울대학교 철학과 석사, 건국대학교 철학 박사, 현재 건국대학교 인문학연구원 HK교수, 건국대학교 대학원 통일인문학과 교수

저서 | 『맑스, 탈현대적 지평을 걷다』, 『칼 마르크스』, 『노동가치』, 『다시 쓰는 맑스주의사상사』(공저) 등

서동진

연세대학교 사회학과 학사 및 박사, 현재 계원예술대학교 융합예술학과 교수

저서 | 『자유의 의지 자기계발의 의지』, 『디자인 멜랑콜리아』, 『변증법의 낮잠』

서영표

서울대학교 국사학과 학사, 영국 에식스대학교 사회학과 석사 및 박사, 현재 제주대학교 사회학과 교수

저서 | 『런던코뮌』, 『사회주의, 녹색을 만나다』, 『저성장시대의 도시정책』(공저), 『녹색당과 녹색정치』(공저), 『환경사회학 이론과 환경문제』(공저), 『민주주의의 질과 아시아 민주주의지표』(공저) 등

역서 | 『민중: 영국 노동계급의 사회사 1990~2010』

심광현

서울대학교 미학과 박사과정 수료, 현재 한국예술종합학교 영상이론과 교수

저서 | 『맑스와 마음의 정치학』, 『유비쿼터스 시대의 지식생산과 문화정치』, 『프랙탈』, 『문화사회와 문화정치』

이성백

독일 베를린대학교 철학 박사, 현재 서울시립대학교 철학과 교수

저서 | 『현대철학과 사회이론의 공간적 선회』, 『글로벌 폴리스의 양가성과 도시인문학의 모색』

역서 | 『탈산업사회에서 포스트모던사회로』

이재현

문화평론가, 비정규직 교육서비스 노동자, 성공회대학교 및 한국예술종합학교 영상원 출강

임춘성

한국외국어대학교 문학 박사, 현재 목포대학교 중국언어와문화학과 교수

저서 | 『포스트사회주의 중국의 문화정체성과 문화정치』, 『중국 근현대문학사 담론과 타자화』, 『동아시아의 문화와 문화적 정체성』(공저), 『新世紀韓國的中國現當代文學研究』(편저)

역서 | 『중국근대사상사론』

정성진

현재 경상대학교 경제학과 교수

저서 | 『마르크스와 한국 경제』, 『마르크스와 트로츠키』, 『마르크스와 세계경제』

역서 | 『붐 앤 버블』, 『칼 맑스의 혁명적 사상』 등

최진석

러시아인문학대학교 문화학 박사, 문학평론가, 현재 수유너머 104 연구원, 이화여자대학교 연구교수, 계간 ≪진보평론≫, ≪문화과학≫ 편집위원

저서 | 『민중과 그로테스크의 문화정치학』(근간), 『불온한 인문학』(공저), 『코뮨주의 선언』(공저)

역서 | 『누가 들뢰즈와 가타리를 두려워하는가?』, 『해체와 파괴』

피경훈

고려대학교 중어중문학과 학사 및 석사, 중국 베이징대학교 중국현당대문학 박사, 현재 목포대학교 중국언어와문화학과 조교수

논문 | 「계몽의 우회」, 「문화대혁명의 '종결'을 어떻게 재사유할 것인가」, 「해방으로서의 과학」 등

역서 | 『계몽의 자아와해』(공역), 『상하이학파 문화연구』(공역)

한울아카데미 1986

혁명과 이행
러시아혁명의 현재성과 21세기 이행기의 새로운 혁명 전략

엮은이 제8회 맑스코뮤날레
펴낸이 김종수
펴낸곳 한울엠플러스(주)
편집 신순남

초판 1쇄 인쇄 2017년 4월 25일
초판 1쇄 발행 2017년 5월 10일

주소 10881 경기도 파주시 광인사길 153 한울시소빌딩 3층
전화 031-955-0655
팩스 031-955-0656
홈페이지 www.hanulmplus.kr
등록번호 제406-2015-000143호

Printed in Korea.
ISBN 978-89-460-5986-3 93300(양장)
978-89-460-6339-6 93300(반양장)

※ 책값은 겉표지에 표시되어 있습니다.
※ 이 책은 강의를 위한 학생판 교재를 따로 준비했습니다.
강의 교재로 사용하실 때에는 본사로 연락해주십시오.